JN418425

# 해외시장개척론

박승락 | 성옥석 공저

도서출판 두남

# 개정판 머리말

세계화로 인한 무한경쟁의 가속화는 전 세계의 모든 소비자들을 동질화된 표준화, 다원화의 관계로 만들었다. 기존의 시장개척 즉, 해외시장의 진출은 주로 상품을 수출입하기 위한 것이었다면 세계화, 글로벌화로 인하여 국내무역에서 글로벌무역으로 그리고 국내유통의 관점에서 글로벌유통으로 더 나아가 글로벌마케팅의 관점으로 한 국가의 관점에서 생산, 유통의 관계로 빠르게 변화되고 있다.

따라서 해외시장을 개척하기 위해 해외시장에 진출한다는 말은 국내유통시장의 확대라고 봐도 과언이 아니다. 왜냐하면 표준화, 다양화의 관계라고 하지만 전 세계의 모든 나라 국민들이 거의 동질화된 개념으로 나타나고 있고, 국경이 없는 글로벌시대에 지구촌의 백성으로 살고 있다는 점이다.

하지만 한 개인의 경제활동이 욕구충족에 있다는 점에서 기업은 이윤창출, 국가는 재원충당을 위한 노력이 그 어느 때보다 절실하다. 그러므로 무국경의 시대에 살고 있지만 보이지 않는 경제적인 이윤창출을 위한 다각도의 노력과 경제적인 관점에서 보이지 않은 경쟁은 끊이지 않고 있는 셈이다.

이에, 본서를 통하여 해외시장진출을 위한 기초적인 지식과 시장개척에 따른 추가적인 사항을 파악함에 있어 기본적인 틀을 제공하고 자 노력하였다. 다만 무한경쟁의 다변화 속에서 이론적인 내용보다는 실무적 차원의 사례분석이나 시장의 내용에 관한 구체적인 분석 및 해석에 관한 내용들을 수록하여야 하겠지만 미흡하다. 특히 조사 및 분석의 내용을 수록함에 있어 시장조사 및 마케팅조사에 관한 데이터 공개를 원치 않는 부분이 있어 실무에 가까운 이론적 차원으로 전개할 수밖에 없었다.

본서에서는 최근의 글로벌 동향과 수출입의 상황을 고려하여 보다 현실적이고 실무적인 차원에서 새롭게 편집하여 실무에 큰 도움이 될 것으로 판단한다. 그리고 본서가 수출입에 대한 기초적인 이해와 무역과 금융 등의 다양한 분야를 두루 수록하였기에 한 권의 책으로 해외시장개척과 해당의 실무에 큰 도움을 줄 수 있을 것으로 사료된다.

본서의 구성은 제1장은 세계화와 글로벌시장의 이해, 제2장에서 새롭게 변모해 가는 디지털의 개념을 도입하여 디지털경제의 이해와 전자시장에 관하여 다루었고, 제3장은 시장경제의 원리와 활용부분을 그리고 제4장에서는 다소 실무적인 접근으로 해외시장조사의 절차와 과정을 수록하였고, 제5장은 해외시장조사 방법 및 이를 분석하는 내용을 수록하였다. 그리고 제6장에서는 해외거래선 발굴과 신용조사, 제7장은 거래제의와 청약 및 승낙에 관하여 수록하였고, 제8장은 글로벌시장과 마케팅기법 및 전략을 수록하였다.

또한 제9장은 해외시장의 활성화와 수출입의 절차를 수록하였고, 제10장은 해외시장의 개척과 해외직접투자의 내용을 수록하였다. 특히 제11장은 글로벌시장을 향한 지리적 환경과 무역의 동향을, 이어서 제12장은 글로벌시장 환경에 따른 무역통상의 기구들을 살펴보았다. 그리고 해외시장개척과 시장진출을 위한 제반의 요소들에 민감하게 반응하기 위하여, 제13장에서는 외환시장과 환율의 관리적 차원을 수록하였고, 제14장은 국제수지의 이해와 통화제도를 수록함으로써 단순한 시장개척을 위한 이론적인 차원에 그치지 않고 실무적 차원과 외환관리 및 국제수지의 다양한 내용까지를 포함하였다.

끝으로 본서가 초판으로 출판될 때 받은 사랑과 많은 관심으로 3여 년 동안 수정과 연습의 과정을 통해 개정판을 마련하였음에도 출판하지 못하고 머뭇거리다가 마침내 출판에 이르게 되었다. 그러나 여전히 미흡한 점이 많고 더 깊은 실무내용과 새롭게 변모해 가는 해외시장의 관점과 내용들을 전부 수록할 수 없었다는 점이다. 그럼에도 불구하고 본서가 출판될 수 있도록 깊은 배려와 큰 사랑으로 협력해 주시고, 36도를 오르내리는 무더운 날씨에도 불구하고 출판에 큰 도움을 주신 모든 분께 다시 한 번 깊은 감사를 드린다.

2016년 8월 무더위 속에서

저자

# 머리말

글로벌시장의 경쟁우위 확보를 위한 해외시장의 진출은 글로벌기업으로의 전환과 해외시장에서의 마케팅활동 및 기업 활동을 위해 가장 기초적이면서도 가장 중요한 내용이라고 할 수 있다. 그러나 기존의 교과서적인 개념은 해외시장진출이란 내용을 단순한 해외시장으로의 진출로 막연하게 생각해 왔던 것을 부인할 수 없는 실정이었다. 해외시장을 개척하기 위한 구체적인 대안과 관련의 자료 및 해당시장에 대한 정보의 부족으로 인한 탓도 있었다. 하지만 무엇보다 중요한 개념은 해외시장진출의 한 방편을 해외마케팅이란 좁은 식견으로 이해하려 하였다. 특히 해외시장진출을 위한 기존의 마케팅활동을 좀 더 넓게 생각한 개념이 해외투자론 해외진출론 등으로 믹스하여 생각하여 왔던 것이 사실이다.

본서의 제목을 글로벌기업의 생성과 해외진출이 활성화된 현재의 단계에 있어 단순한 해외시장진출이란 개념보다는 새로운 신 시장의 개척이란 명목아래 해외시장개척론이란 말을 붙여보았다. 물론 해외시장개척이라 하여 기존의 내용을 무시하고 새로운 해외시장의 개척이론을 쓴다는 것은 결코 무리일 것이다. 그러므로 기존의 해외시장진출에서 조금 발전된 내용으로 세분화하여 생각하였으며, 또한 해외시장진출이란 개념보다는 해외시장개척이란 개념으로 새롭게 출발하여 글로벌기업과 글로벌시장에 걸 맞는 개념으로 단장해 보았다. 무한경쟁과 다변화 추세의 환경변화에 대응하기 위한 대책마련이 시급한 이때, 본서를 통하여 해외시장개척에 대한 기초이해와 전문화된 지식습득으로 해외시장에 관한 추가적인 목표와 계획 및 전략구상 등 다양한 분야에 걸쳐 최종적인 의사결정에 큰 도움이 되었으면 하는 간절한 마음이다.

본서의 구성은 제1장에서 세계화와 글로벌시장의 이해, 제2장 디지털경제의 이해, 제3장 해외시장조사의절차, 제4장 수요와 공급에 의한 시장경제의 원리, 제5장 해외시장조사의 방법과 분석, 제6장 글로벌시장의 지리환경과 무역통상, 제7장 글로벌시장과 무역통상 기구, 제8장 해외거래선 발굴과 신용조사, 제9장 거래제의와 청약 및 승낙, 제10장 글로벌마케팅 전략과 기법, 제11장 해외시장의 활성화와 수출입절차, 제12장 해외시장 개척과 해외직접투자, 제13장 글로벌 외환시장과 환율의 관리, 제14장 국제수지의 이해와 통화제도의 내용을 수록하였다.

끝으로 본서가 출간될 수 있도록 많은 배려와 사랑으로 함께 주신 모든 분들과 한 송이의 꽃이 필수 있도록 끝까지 기다려주시고 큰 사랑으로 협력해 주신 도서출판 두남의 모든 가족들에게 깊은 감사를 드립니다. 아울러 이 책을 구독하는 모든 독자에게는 확실한 미래가 보장되어 큰 결실의 아름다움이 있기를 함께 기원합니다.

2011년 12월

저자

# 차 례


## 제1장 세계화와 글로벌시장의 이해 / 15

제1절 글로벌시장의 이해 ——— 16
1. 글로벌시장의 변화와 개념 / 16
2. 글로벌시장의 생성과 발전 / 19
3. 글로벌시장과 마케팅의 장단점 / 21
4. 해외시장조사와 진출방향 / 23

제2절 해외시장조사의 분석요소와 목적 ——— 26
1. 시장조사의 정보 분류와 분석요소 / 26
2. 해외시장조사의 목적 / 28
3. 해외시장조사 항목 / 29

제3절 해외시장조사 환경적 고려요소 ——— 32
1. 정치 및 법률의 요인 / 32
2. 지리적 환경요인 / 32
3. 경제 및 환경요인 / 33
4. 사회 및 문화적인 요인 / 34
5. 글로벌시장 환경의 변화와 비용의 요인 / 34

## 제2장 디지털경제의 이해와 E-비즈니스 / 37

제1절 디지털경제(Digital Economy)의 개념과 원리 ——— 38
1. 디지털경제의 개념 / 38

2. 디지털경제의 원리와 변천과정 / 40
3. 디지털경제의 특징 / 42
4. 디지털경제의 원리 / 45

제2절 디지털경제의 주체와 역할 ——— 46
1. 생산과 소비의 주체적 역할 / 46
2. 기업과 정부의 역할 / 47
3. 디지털경제가 경제주체에 미치는 영향 / 48
4. 디지털경제의 현상이해와 시사점 / 49

제3절 디지털경제와 E-비즈니스의 전개 ——— 50
1. 디지털경제의 이론 / 50
2. 디지털경제의 문제와 방향 / 51
3. e-비즈니스의 발전방향 / 51

제3장 시장경제원리의 원리와 활용 / 53

제1절 시장경제와 수요와 공급 ——— 54
1. 시장경제와 가격과의 관계 / 54
2. 수요와 공급에 의한 가격결정 / 57
3. 시장경제의 원리와 경제문제 / 58

제2절 수요자와 공급자의 관계성 ——— 60
1. 시장경제와 수요이해 / 60
2. 소비선호와 합리적 소비 / 63

제3절 수요와 공급의 결정에 따른 변화 ——— 66
1. 수요의 결정 / 66
2. 공급의 결정 / 69

제4절 가격의 결정 ——— 72
1. 균형가격의 결정 / 72
2. 수요와 공급의 탄력성 / 74
3. 수요와 공급의 탄력도 / 76

## 제4장 해외시장의 조사절차와 과정 / 79


제1절 해외시장조사의 순서 ———— 80

1. 문제인식 및 조사목적 / 81
2. 정보자료의 결정 / 84
3. 자료의 수집과 활용 / 85
4. 자료의 분석 및 해석 / 90
5. 보고서 작성 및 의사결정 / 92

제2절 해외시장조사의 필요성과 시장의 선택 ———— 92

1. 해외시장조사의 필요성 / 92
2. 해외시장조사의 조사내용 / 93
3. 해외시장선택의 개념과 선정절차 / 93

제3절 해외시장진출의 포지셔닝 전략 ———— 95

1. 해외시장 포지셔닝 전략의 배경 / 95
2. 경쟁적 시장의 포지셔닝 전략 / 96
3. 신 시장 진입의 포지셔닝 전략 / 98
4. 시장범위로 본 포지셔닝 전략 / 98


## 제5장 해외시장조사의 방법과 분석절차 / 101


제1절 해외시장조사의 종류와 내용 ———— 102

1. 해외시장조사의 종류 / 102
2. 절차 및 내용 / 105
3. 해외시장조사의 절차에 따른 내용 / 106

제2절 시장동향조사 및 보고형식 ———— 109

1. 글로벌시장의 동향조사 / 109
2. 업체정보 보고서의 형식 / 111

제3절 목표시장의 조사절차 및 분석 ———— 112

1. 조사준비단계 / 112
2. 조사 실시단계 / 113
3. 수집 자료의 분석과 보고 및 활용 / 114
4. 중간보고서의 작성 / 115

5. 조사결과의 활용 / 115

제4절 해외시장개척을 위한 체크리스트 ——— 115

1. 해외시장개척 점검사항 / 115

## 제6장 해외거래선 신용조사 및 전자무역 / 121

제1절 해외거래선 발굴절차와 기법 ——— 122

1. 해외거래선 발굴의 개요 / 122
2. 해외거래선 발굴 준비 / 123
3. 거래제의와 거래처선정 및 절차 / 125
4. 거래선의 관리 / 131

제2절 해외거래선의 신용조사 절차와 방법 ——— 131

1. 신용조사 / 131
2. 인터넷 신용조사 / 135

제3절 전자무역의 개념과 전자결제 ——— 136

1. 전자무역(Electronic Trade)의 탄생배경과 전망 / 136
2. 전자무역(Electronic Trade)을 통한 시장의 특징 / 140

제4절 전자무역의 거래절차와 수단 ——— 141

1. 전자무역의 거래절차 / 141
2. 인터넷을 통한 전자무역거래 수단 / 141
3. 전자거래 알선의 의의 및 활용기법 / 142
4. 전자무역의 활용 / 143

제5절 우리나라 전자무역서비스의 현황 ——— 144

1. 전자무역 서비스의 발전단계 / 144
2. 우리나라의 전자무역 현황 / 145
3. 전자무역결제 시스템의 기초 / 147
4. 전자무역결제의 특징 / 148
5. 전자무역결제스템의 유형 / 149

## 제7장 거래제의 및 청약과 승낙의 기초 / 151

제1절 거래제의와 무역계약의 이해 ---- 152
1. 무역계약의 개념 / 152
2. 무역계약의 유형과 종류 / 153
3. 무역계약 관련의 당사자 / 154
4. 무역계약의 성격 / 154
5. 무역계약 관련 법규 / 156
6. 계약위반과 구제방법 / 157

제2절 무역계약의 성립절차와 효력발생 ---- 159
1. 무역계약 성립의 개념 / 159
2. 무역계약의 효력발생 / 160

제3절 청약(Offer)과 승낙(Acceptance) ---- 161
1. 청약(Offer) / 161
2. 승낙(Acceptance) / 174

제4절 무역계약서 작성과 일반거래협정서 체결 ---- 179
1. 무역계약서 의의 / 179
2. 무역계약서의 종류 / 179
3 무역계약서의 내용과 작성법 / 180
3. 전자무역계약의 성립절차와 내용 / 181
4. 일반거래협정서 / 182

## 제8장 글로벌시장과 마케팅기법 및 전략 / 189

제1절 글로벌마케팅의 이해 ---- 190
1. 글로벌마케팅의 개념과 특성 / 190
2. 글로벌마케팅 관련의 마케팅 분류 / 193
3. 글로벌마케팅의 성격과 특성 / 195

제2절 글로벌마케팅의 전략 ---- 198
1. 글로벌마케팅믹스의 의의 / 198
2. 글로벌마케팅믹스의 제품전략 / 199
3. 글로벌마케팅믹스의 가격전략 / 206

4. 글로벌마케팅믹스의 촉진전략 / 210
5. 글로벌마케팅믹스의 유통전략 / 212

제3절 인터넷마케팅의 원리 및 응용 —— 214
1. 인터넷마케팅의 이해 / 214
2. 인터넷마케팅의 이슈 / 215

제9장 해외시장의 활성화와 수출입절차 / 217

제1절 해외거래를 위한 무역의 기본절차 —— 218
1. 무역업무의 계약적 차원에서의 절차 / 219
2. 무역업무의 절차적측면의 흐름 / 221

제2절 글로벌무역의 수출입절차 —— 225
1. 수출의 절차의 의의 / 225
2. 수출절차 / 226
2. 수입절차 / 233

제3절 수출입업무의 자동화 —— 238
1. 수출입업무처리의 자동화 / 238
2. EDI방식에 의한 수출입관리 / 239

제10장 해외시장 개척과 해외직접투자 / 245

제1절 글로벌투자(International Investment)의 의의 —— 246
1. 국제투자의 개념 / 246
2. 국제투자의 형태 / 247
3. 국제 자본이동의 원리 / 251

제2절 해외직접투자의 개념과 특징 —— 252
1. 해외직접투자의 개념 및 정의 / 253
2. 해외직접 투자이론 / 258

제3절 해외직접투자의 동기 및 유형 —— 265
1. 해외직접투자의 동기 / 265

2. 전략적 동기에 따른 유형 / 268
3. 산업 조직론적 관점에 따른 유형 / 271

제4절 세계화시대 한국기업의 해외직접투자 —— 273
1. 한국기업의 해외직접투자 배경 / 273
2. 한국기업의 해외직접투자의 동기 / 275
3. 한국의 해외투자 현황 / 277
4. 해외직접투자가 투자국에 미치는 영향 / 281

제11장 글로벌시장의 지리환경과 무역동향 / 283

제1절 글로벌시장의 무역환경 —— 284
1. 글로벌시장의 경제적 환경 / 284
2. 글로벌시장의 문화 환경 분석 / 286

제2절 글로벌시장의 무역통상 환경의 변화 —— 289
1. 세계화와 무역통상의 양상변화 / 289
2. 무역통상 환경의 변화와 한국의 통상정책 / 293
3. 우리나라의 통상정책 변화 / 296
2. 한국의 통상정책과 협상정책의 문제점 / 313
3. 한국의 통상정책과 협상정책의 전망 및 전략 / 315

제3절 주요국의 무역통상 정책 —— 318
1. 미국의 통상정책 / 318
2. 중국의 통상정책 / 321
3. EU의 통상정책 / 324
4. 일본의 통상정책 / 325

제12장 글로벌시장과 무역통상의 기구 / 329

제1절 글로벌시장과 무역통상 —— 330
1. 무역통상의 개념과 중요성 / 330
2. 무역통상 정책의 변천과정 / 332
3. 글로벌무역의 통상기구들 / 334

제2절 경제통합체제의 발전 343
1. 경제통합의 현황 / 343
2. 세계화와 자유무역협정(FTA) / 348

제13장 글로벌 외환시장과 환율의 관리 / 355

제1절 외환시장 및 환율관리의 이해 356
1. 외환과 외환시장 / 356
2. 글로벌시장과 외환시장 / 361
3. 환율결정의 요인과 변동에 관한 접근방법 / 363

제2절 환율제도의 변천 367
1. 환율제도의 변천 / 367
2. 우리나라 환율제도의 변천 / 368

제3절 외국환의 관리와 외국환노출의 이해 370
1. 외환위험과 외환노출의 관리 / 370

제14장 국제수지의 이해와 통화제도 / 373

제1절 해외시장과 국제수지의 이해 374
1. 국제수지의 개념과 구성 / 374
2. 국제수지의 조정 / 377

제2절 국제통화제도의 변천과 기능 379
1. 국제통화제도의 개념과 변천 / 379
2. 국제금융시장의 구조와 기능 / 384
3. 파생금융상품의 이해 / 386

■ 찾아보기 389

# 제1장 세계화와 글로벌시장의 이해

Chapter 01

# 세계화와 글로벌시장의 이해

## 제1절 글로벌시장의 이해

### 1. 글로벌시장의 변화와 개념

#### 1) 세계화와 글로벌시장의 변화

세계화로 영향은 전 세계가 하나의 거대한 국가개념으로 변화, 발전되는 원동력이 되었다. 특히 탈 주권국가의 개념이 확대되어 표준화, 전문화를 통한 자유경쟁시장 체제로 인한 무한경쟁의 시대가 되었다. 그 가운데 시장의 세계화는 무한경쟁의 배경 하에 전 세계가 하나의 거대한 시장형태로 형성되었다. 따라서 전 세계의 모든 시장을 대상으로 수요의 동질화를 이끌어 내게 되었다. 이러한 수요의 동질화에 따라 기존의 경제성장세를 타고 발전적이고 안정적인 기업들은 신제품의 개발과 계속되는 욕구에 따른 고객감동을 이끌어 내기 위하여 신제품 개발을 통한 제품을 출시하고자 안간힘을 쏟고 있다.

특히 갈수록 증가하는 비용부문을 줄이기 위하여 글로벌경쟁의 주 요인을 경쟁기업의 경쟁우위확보를 위한 동반체제를 강화하고 있어, 이를 규제하기 위한 새로운 무역통상이 생겨나고 있다. 이른바 지역주의의 경향을 띤 자국의 무역보호를 주장하고 있다. 특히 WTO와 FTA의 출범으로 인하여 더욱 더 국가 간 상호주의를 바탕으로 통상협상을 통하여 각종 관세, 비관세 장벽을 철폐하는 한편 해외시장의 진입을 보다 수월하게 해 주고 있을 뿐만 아니라 무한경쟁을 통한 무 국경의 시대에 접하게 되었다.

### (1) 세계경제의 전망

세계경제의 경기순환은 2012년 현재 양적완화를 계기로 소비증가와 소득의 증가로 인한 호경기를 예측하였으나 기상이변과 국제농산물 가격상승, 중동지역의 정치적 불안, 일본의 대지진 및 핵 유출 등의 경제외적 사건들이 나타나 세계경제는 매우 불안한 가운데 시작되었다. 특히 미국의 소비회복과 생산증대의 선순환으로 인한 낙관적인 평가를 하는 가운데 있으나 세계적 인플레이션의 현상은 물가상승과 식료품가격의 상승으로 인한 회복세를 보이고 있다.

중동의 국제유가는 다소 상승세를 보이고 있어 세계경제의 회복에 치명적인 악영향으로 나타날 수 있다. 중동사태와 국제원자재 가격과의 관계에 있어서 중동의 정세와 천재지변 등은 국제원자재 가격의 변동에 대한 요인으로 작용할 것으로 보고 있다.

아직도 이러한 주요원인으로 인한 세계의 경제는 다소 불안한 가운데 있으나 국제원자재 가격의 안개가 걷히고 고유가의 조정정책에 관한 압력을 받지 않는다면, 전반적인 경제성장의 빠른 회복세를 나타내 보일 것으로 전망한다. 또한 수출과 설비투자의 증대로 인한 제조업의 낙후는 계속될 전망이지만 다소 회복세로 나타날 것으로 예상하며, 교역조건의 악화로 인한 부가적인 영향으로 세계경제는 다소 힘든 현상을 겪어야 할 것으로 전망하고 있다.

〈그림 1-1〉 세계경제 성장률 전망

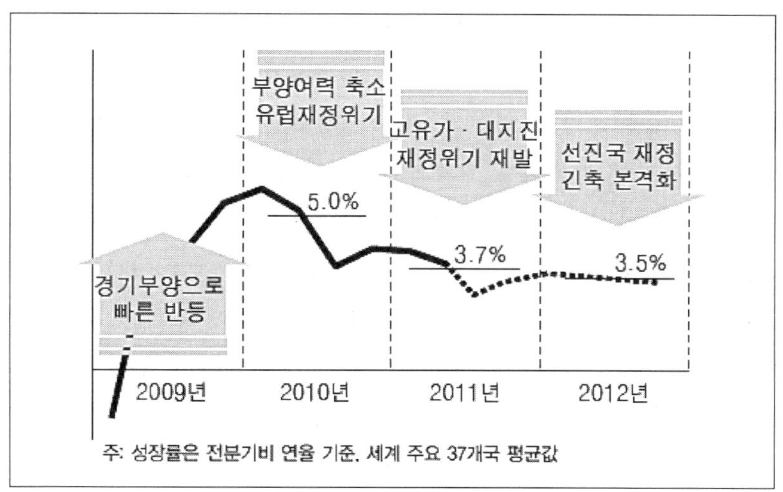


자료: Global Insight, LG경제연구소(2012년 경제전망)

세계경제의 불확실성은 리먼쇼크 이후 부채 압력으로 인한 정부의 역할수행을 제대로 하지 못한 탓에 경제주체의 심리적 불안감으로 인한 것으로서 향후 경제 변동성 및 불투명성이 더욱 높아질 것으로 보인다. 〈그림 1-1〉에서 세계경제는 점차 둔화된 성장세를 보일 것으로 예상하고 있다.

### (2) 국내경제의 전망

세계경제가 불투명한 가운데 시작된 국내의 경제는 세계경기의 흐름을 따라 다소 힘들게 시작될 것으로 보이며, 국내경기의 주요 내용으로 농산물 가격상승, 구제역 등의 심리적인 고충은 소비심리의 위축으로 이어져 계속된 소비위축의 현상으로 나타날 것이다. 이러한 세계경기의 환경 하에서 우리나라의 경기는 생산과 설비투자를 비롯한 제조업의 경기가 다소 상승세를 타고 있다.

또한 국가부채에 대한 불안감은 확산될 전망이다. 이러한 영향은 선진국의 긴축재정정책과 세계경제의 불투명한 확실성으로 인한 것으로 평가되며, 선진국의 소비심리 위축과 경제주체들의 기대심리 악화로 성장세가 둔화될 것으로 보인다.

## 2) 세계화와 경제 환경의 변화

세계화로 인한 세계경제의 다양한 변화를 통한 시장개척은 날로 위험하고 복잡한 체계를 지니고 있다. 우선 세계무역기구인 WTO의 출범으로 인하여 시장의 자유화, 정보화, 개방화, 세계화로 인하여 모든 시장이 하나의 거대한 시장의 개념으로 등장하였다. 여기에 지역주의의 경향으로 인하여 EU의 생성과 NAFTA, ASEAN, APEC 등 서유럽 북미주, 일본 등 동북 및 동남아시아의 경제지역화, 경제통합, 블록화 현상으로 인한 무역의 환경이 더욱 복잡하게 되었다.

세계화의 영향으로 해외시장 개척을 통한 자국의 산업과 이윤을 동시에 추구하려는 경향이 날로 높아지면서 해외직접투자 방식을 통한 직접적인 해외시장에 개입하는 형태를 취하게 되었다. 이에 따라 해외시장의 증가추세로 나타났다. 그리고 세계화의 영향은 전 세계가 하나의 통합과 표준화의 형식을 취하고 글로벌 경영 시대를 맞이하게 된 것이다. 그러므로 자국의 경제와 경영은 글로벌시장의 영향을 받게 되었다. 이에 따라 더욱 상호의존성과 지역적 성격이 강하게 나타났으며, 지역경제 블록의 증대는 글로벌 경제의 통합을 불러일으키게 되었다. 물론 글로벌 경영으로 인한 경영성과의 창출효과는 높지만 전 세계가 하나의 거대한 시장

으로 무한경제체제의 자유경쟁 시장으로 확대되었다.

따라서 국제화, 세계화, 지역화의 영향으로 인하여 세계경제의 변화를 가져오게 되었고, 마케팅 활동 또한 국제화 개념으로 바뀌게 되었다. 특히 세계 경제 환경의 변화로 마케팅 활동이 국제화되면서 기업들은 다양한 경영체제 즉, 해외시장을 통한 다국적 기업과 해외직접투자의 형태를 취하지 않을 수 없게 되었다. 그러므로 마케팅 활동은 수출을 위한 수출마케팅의 개념으로 해외시장을 개척하게 되었고, 이에 따른 수출마케팅 활동으로 국제마케팅 활동을 점차적으로 강화, 확대하게 된 것이다.

## 2. 글로벌시장의 생성과 발전

### 1) 글로벌화 시장

글로벌이란 말은 2000년대를 시작하면서 등장하게 된 용어이다. 글로벌화란 세계화의 영향으로 전 세계가 하나의 개념 즉, 하나의 거대한 시장이란 개념으로 등장하였다. 시장의 글로벌리즘(Globalization of Markets)의 개념은 무한경쟁의 시대로 접어들면서 모든 시장에서의 공격적인 낮은 가격으로 세계화의 영향인 표준화, 통합화에 힘입어 다양한 고객을 내국민과 같은 입장에서의 경제거래를 가능하게 만들었다. 그리고 첨단기술과 정보통신의 발달로 인하여 신속한 정보교류가 가능하게 됨에 따라 관련국의 각종 환경과 문화요소들을 실시간에 답습할 수 있게 되었다. 이러한 세계화의 작용은 글로벌시장을 하나의 국내화시장의 개념으로 만들었다. 즉, 하나의 상용화된 기술들을 습득할 수 있게 된 것이다.

이에 따라 세계마케팅 즉, 국제마케팅의 개념을 강화한 글로벌마케팅의 새로운 시장개척과 시장 확보를 필요로 하게 되었다. 특히 세계마케팅이라고 할 때 마케팅믹스의 요인을 세계적으로 동일하게 하거나 유사하게 사용하는 것은 모든 나라들이 세계화에 편승하고 있다는 것을 알게 된다. 이러한 개념은 흔히 국경을 초월한 제품의 광고와 이미지 제고에 있어서도 잘 나타난다. 가령 코카콜라는 전 세계 어디를 가든 동일한 광고의 정책을 펴고 있다는 것을 보아도 충분히 짐작할 수 있다. 특히 글로벌시장은 국가와 정부 및 기업을 비롯한 개인에 이르기까지 다양한 목적을 띠고 진행될 수 있다. 물론 해외시장에 국내의 물품을 수출한다는 개념 하에서 시작되는 시장의 활성화에 관한 시장진출이 필요하다.

### 2) 글로벌시장조사의 의의와 개념

기업에 있어 시장조사란 기업의 과거와 현재의 상태를 조사하고 분석하여 미래 지향적인 기업의 형태로 나아가기 위한 대책을 마련하고 자 하는 것이다. 아울러 기업의 장기적 발전을 도모하기 위하여 대책마련의 하나로 시장조사를 통한 전략의 수립과 의사결정의 효율성제고, 다양한 자료와 분석을 통한 기업의 객관적 토대를 마련하고 자 함이다. 그러므로 시장조사를 통하여 기업의 활동을 시장 환경에 적용하여 기업의 성장과 발전에 필요한 자료와 정보를 입수하기 위한 제반의 활동이며, 이러한 일련의 과정을 시장조사라 한다.

따라서 해외시장조사(Overseas Marketing Research)는 기업이 해외시장에 대한 자료와 정보를 입수하기 위하여 실시하는 것으로써, 관련의 목표시장, 경쟁사, 기업환경 등에 대한 조사와 분석이며 이러한 분석 자료를 통한 전략적 의사결정에 도움을 얻고 자 함이다. 그러므로 해외시장조사는 특정물품에 대한 판매와 구매가능성에 대한 조사라고 할 수 있다. 특히 수출기업의 입장에서 본다면, 해외시장의 조사는 거래선을 대상으로 어느 시기에 가장 합리적인 유통비용을 최소화하여 보다 많은 양의 물품을 수출할 것인가를 과학적인 자료와 방법에 의하여 조사한다.

세계화의 영향으로 전 세계의 모든 시장은 하나의 시장개념으로 자유 시장을 형성하게 되었다. 이러한 무한경쟁의 자유 시장에서 정부와 기업은 날로 높아져가는 기업의 위험성을 감안하여 전 세계적인 기업으로 성장하고 자 안간힘을 쏟고 있다. 특히 무한경쟁으로 인하여 국경이 없는 전 세계를 대상으로 경쟁해야 하는 탓에 해외의 시장조사는 보다 정밀하고도 발 빠른 조사와 그 대처방안을 마련하지 않으면 안 되게 되었다.

해외시장의 조사는 무역거래에 있어서 비용과 위험을 최소화하고 부가가치를 극대화하기 위한 것으로서 수출의 개척 및 증진을 위하여 해외시장의 환경과 동향을 조사하고 이를 분석한 다음 제품영역에 유리하게 작용하여 판매할 수 있도록 하여야 한다. 즉, 해외시장조사는 특정시장에 대하여 수출에 관한 정보를 수집하여 이를 탐사하고 적정 계획을 통한 전략적인 준비로서 정치, 경제, 사회, 문화면에서 수출과 관련된 상대국의 정보를 수집하는데 그 의의가 있다.

## 3. 글로벌시장과 마케팅의 장단점

해외시장에서의 마케팅의 장단점은 의사결정을 위한 정보제공과 제공된 정보의 정확성, 충분성, 이용관련 등을 파악하여 수정, 보완한 다음 새로운 시장의 동향이나 신제품 생산과 관련하여 사전에 시장의 동향과 고객의 성향을 조사하여 시장에서의 판매예측에 따른 계획을 사전에 분석할 수 있게 해 준다. 이러한 시장조사의 이점은 판매촉진비용, 유통과정의 비용, 신용정보 등에 관한 사항을 사전에 수정하고 보완할 수 있다.

따라서 시장조사를 통한 장점은 시장에서의 고객들이 지닌 특성에 대한 정보를 제공한다. 그리고 구매습관과 구매력을 알려주며, 시장조사를 통한 목표시장의 자금규모와 경제적 속성을 밝혀준다. 그리고 커뮤니케이션 제공, 아이템의 리스크 최소화 등 다양한 정보의 획득을 통한 시장의 정보와 생산성 및 사업의 운용에 미칠 영향력을 사전에 알게 해 준다는 장점이 있다.

시장조사의 단점으로는 관련의 정보수집에 대한 정확한 내용파악이 어렵다는 것이다. 주어인 변인간의 관계를 있는 그대로 조사하여 분석하게 되므로 오류를 범하기 쉬우며, 관련의 통제가 필요하며 이를 판단과 관계예측이 어렵다는 것이다. 그리고 계속적인 자료의 수집이나 관찰이 불가능하다는 점과 많은 정보의 수집에 비례해서 비용과 노력이 생각보다 적지 않게 필요하다는 것이다. 왜냐하면 관련의 자료와 정보수집 및 이를 분석함에 있어 많은 관련자들과 전문성을 가진 조사자의 능력과 기술을 필요로 하게 된다.

글로벌 무역마케팅은 수출입절차를 이행하기 위한 최초의 단계가 되는 셈이며, 무역거래에 있어서 가장 우선시 하여야 할 일이 바로 마케팅이며 이를 이행하기 위한 기초적인 단계 또한 해외시장조사이다. 글로벌 무역의 발전으로 인하여 시장의 확대와 함께 세계의 시장이 하나로 통합화된 표준의 형태를 취하게 되었다. 세계화로 인한 국제시장의 발전을 꾀하게 된 것이다. 무역의 발달로 인한 경제적인 효과는 자국 산업의 보호와 수출입의 원활한 무역거래를 통하여 경제발전을 이룩할 수 있었던 점이지만 무역을 통하여 전 세계가 하나의 시장개념으로 세계화의 영향을 통한 발전을 꾀할 수 있었다는 점이다. 즉, 자국의 산업이나 상품 및 자본, 심지어 노동과 서비스까지 자유롭게 이동할 수 있는 세계적인 경향을 띠게 된 것이다.

〈표 1-1〉 세계시장의 장점 및 단점

| 구 분 | 선진국 시장 | 중간 소득 국가 | 개도국 시장 | 최빈국 시장 |
|---|---|---|---|---|
| 장 점 | 최대시장<br>안정적인 시장 | 시장공략이 쉬움<br>시장이 비교적 큼 | 시장공략 쉬움<br>시장이 급신장 | 의외의 고수익 |
| 단 점 | 경쟁치열<br>이미지 나쁨 | 경쟁<br>비교적 치열 | 시장이 작음<br>변화가 많음 | 시장 매우 작음 |
| 표적 시장 | 대중시장<br>중산층 시장 | 중상류 시장<br>중산층 시장 | 중상류 시장 | 엘리트 시장<br>국경무역, 밀수 |
| 대표적 (예) | 현대 엑셀 (미)<br>대우소형차(유럽, 터키) | 가전 3사(스페인, 사우디, 터키) | LG 전자 ( 동남아)<br>삼성전자 (중국)<br>대우전자 (동구) | 대우 자동차<br>(아프리카 ) |

따라서 세계화로 인한 거대한 시장에서의 보이지 않는 경쟁을 통하여 자국의 이익을 꾀하기 위한 끊임없는 노력들이 다각도로 바뀌고 있어 시장에서의 경쟁은 피할 수 없는 무역전쟁으로 나타나게 된 셈이다〈표 1-1 참조〉.

특히 미국과 일본을 비롯한 서구유럽의 여러 나라들이 수출을 통한 자국의 우수한 상품들을 전 세계에 확산시킴으로서 더욱 더 세계화는 가속화 되었고, 이에 따라 모든 나라들이 동일한 상품의 혜택을 누리게 되었다. 그러므로 세계화를 통한 시장의 개방과 시장의 확대는 모든 나라들이 하나의 거대한 독립국가의 형태를 지닌 자유 시장형태에서 자유경쟁을 통한 경쟁을 피할 수 없게 된 셈이다.

1980년대 들어와 통신수단의 발달을 통한 문서의 표준화(EDI)와 전자무역, 서비스무역 등을 통하여 전 세계를 대상으로 한 시장 확보에 주력하게 되었다. 이에 따라 전 세계의 모든 국가들은 시장 확보와 생산의 증대 및 수출입의 효율성을 위한 경영전략과 수출시장에서의 주도적 역할을 감당하려는 치열한 무한경쟁시대를 맞이하게 되었다. 이러한 자유무역의 영향과 세계화를 통한 세계의 시장에서의 국제무역은 새롭게 출범한 WTO와 무역자유화를 위한 FTA 등을 통하여 새롭게 등장하는 무역장벽의 요인들을 제거하여 원활한 무역거래의 활성화에 기여하게 되었다. 이러한 영향으로 인하여 해외시장 확보와 경제활동의 이윤추구를 위하여 주어진 세계화 즉, 전 세계를 대상으로 하는 글로벌무역의 시대가 된 것이다.

## 4. 해외시장조사와 진출방향

### 1) 해외시장의 활성화와 생산을 위한 진출

국내시장의 활성화나 국내시장에서의 침체기를 벗어보려고 하는 대개 두 가지 차원에서 해외시장으로 눈을 돌리게 된다. 물론 활성화 가정에서의 해외시장 개척을 통한 시장 확보를 통한 제품의 개발과 사업의 확장을 계획할 수도 있지만 대부분 국내시장에서의 큰 성과를 얻지 못하고 한계에 도달한 기업들이 해외로 진출하기 위하여 기업을 해외로 이전해 생산하려고 하는 경우이다. 이때 국내시장에서의 성장의 한계와 침체의 어려움에서 벗어나기 위하여 대부분 원료 공급이 손쉬운 곳이나 노동력이 풍부한 곳, 또는 판매망 확보가 손쉬운 곳 등의 요인들을 선택하여 가격경쟁력에서의 경쟁우위를 갖춰 시장개척과 시장 확보의 차원에서 실시하게 된다.

해외시장의 거점 확보는 단순한 해외생산을 위한 목적보다는 해외의 시장에서의 거점을 확보하기 위한 형태로 풍부한 원재료의 공급과 노동력, 자본과 시설, 기술 등의 활용이 용이한 곳을 선정하게 된다. 특히 원료공급을 원활히 함으로써 값싼 노동력을 통한 제품생산 시 저가의 제품가격으로 인한 주변의 목표시장 확장과 해외시장으로의 수출을 목적으로 한다. 이러한 거점마련의 해외진출은 대기업보다 중소기업에서 주로 행하는 해외시장 개척과 시장 확보의 차원에서 시행하는 전략이다.

따라서 주변시장 확보를 위한 차원으로 해외시장 거점 확보를 위하여 단독해외진출이나 합작해외진출 또는 M&A를 통한 해외진출의 방식을 추구한다. 해외시장 확보와 시장 확대를 위한 거점 마련을 위하여 해외진출을 꾀하고 자 하는 기업들은 대부분 중소기업으로 해외생산 중심의 해외진출 전략을 통한 주변시장에서 판매망을 통한 거점중심의 시장형성을 통한 활동을 주목적으로 하고 있다.

### 2) 해외시장의 자원 확보를 위한 진출

기업이 보유한 자원은 사전에 확보한 만큼의 이슈를 가질 수 있을 것이다. 그러나 기업의 자원은 자본과 기술, 경영의 능력, 생산설비 및 기술을 통한 경영활동에 이르기까지 다양한 자원들을 통틀어 일컫는 말이다. 하지만 어떤 기업이 해외에서의 자원을 확보를 위하여 진출을 꾀한다고 한다면, 자원의 확보를 중심으로 한 한

정적인 범위에 목적을 두어야 할 것이다. 가령 천연자원, 수산자원, 삼림 등의 자원을 확보할 목적으로 해외시장에 진출하는 것이므로 한정적인 자원 확보에 목적을 두어야 할 것이다.

자원 지향형 해외시장 진출은 해외에 있는 자원을 보다 저렴하고 안정적인 차원에서 확보하기 위한 것이므로 기업은 이를 통하여 운영을 활성화 하고 자 하는 것이므로 해외에서의 자원 확보를 통한 경쟁력을 갖춰 나가게 된다. 따라서 자원지향형의 해외진출은 기업을 보다 안정적으로 경영할 수 있다는 이점을 갖게 된다. 물론 기업이 해외시장에 진출하는 목적은 해외시장 개척과 상품수출로 인한 이윤추구에 있지만 해외시장에서의 자원을 확보할 목적으로 해외시장에 진출하는 경우는 자원의 안정적인 확보를 통하여 기업의 경영에 안정을 추구할 목적이므로 어떤 이윤을 추구하기 보다는 장기적 차원의 기업경영을 위한 목적이므로 사전에 잘 조사하고 선정되어야 한다.

또한 자원 확보에 있어서도 자원의 질과 양 그리고 자원을 획득한 수 있는 자원의 장소가 선진국에 위치하고 있는지 아니면 후진국에 위치하고 있는지를 잘 파악하여 선정하여야 한다. 왜냐하면 선진국의 경우 선진국의 이미지와 관련하여 대외신용도가 있기 때문에 재계약이나 차후의 발생 가능한 문제에 있어서도 문제처리가 훨씬 가볍다는 것이다.

자원 확보의 어려운 점을 감안하여 해외합작을 통한 해외시장으로의 진출을 꾀하려 하지만 해외진출 기업은 여러 가지 형태로 자원개발에 참여한다. 가령, 자본공급을 통한 참여, 채취기술을 통한 참여, 설비와 관련한 참여 등으로 기업의 상황과 여건에 맞게 해외합작의 형태를 고려하여 진출하여야 한다. 이러한 자원 확보를 위한 진출은 자원 추구형(resource seeking), 시장 추구형(market seeking), 효율추구형(efficiency seeking), 전략적 자산 추구형(strategic assset or capablith seeking)의 목적이 대부분이다.

### 3) 해외시장 진입과 시장 확보를 위한 진출

해외시장을 목적으로 진출하는 경우 기업이 현지에서 현지소비자들의 선호에 알맞은 제품을 생산하여 현지 시장에서의 점유율을 높여 나가는 형식이다. 이러한 시장지향형 진출은 수출을 위한 목적으로 추진하게 되는데, 사전에 수출을 통한 충분한 경험과 관련의 정보를 축적한 기업에 있어서 시장을 좀 더 확대하고 시장

에서의 점유율을 높이기 위한 차원으로 실시하게 된다.

기업들이 주로 산업장비, 소비재를 제조하는 시설과 공장을 해외로 이전하여 해외시장진출을 꾀하지만 최근에는 서비스를 포함한 무형무역의 요인들을 많이 수출하고 있다. 이러한 것들은 주로 자본과 관련된 은행, 증권, 항공, 호텔, 광고 등의 해외진출을 늘려 나가고 있는 것을 볼 수 있다. 그러나 시장지향형 해외진출의 입지선택은 기업의 내외부적인 요인들에 의하여 결정되게 된다. 왜냐하면 시장지향형 해외진출은 거의 현지시장 확보를 통한 생산과 판매활동을 주목적으로 하기 때문에 이를 경영하기 위한 제반의 시설 및 관련의 경영자원이 현지의 해당지역 국가로 이전되기 때문이다.

따라서 해외시장 진출을 위해서는 기업의 내부적인 자체조사 내용을 바탕으로 수요, 공급자, 판매경로 등을 통한 시장성을 조사하고 이와 아울러 생산을 통한 현지에서의 반응정도를 알아본 다음 충분한 자본력과 관련의 기술력을 갖춰나가야 한다. 그리고 기업의 외부적인 요인으로는 관련 진출국의 시장규모와 시장관련의 정보, 문화, 정치, 경제, 법률 등의 기본적인 환경조사와 관련의 기술력, 경영능력 등 마케팅 활동과 관련하여 충분한 검토와 조사가 필요하다.

하지만 계속적인 노력에도 불구하고 현지의 파트너를 결정하기 어려운 경우는 M&A의 방식을 통한 상호이익을 위한 방식으로도 해외시장의 진출을 시도할 수 있다. 이와 같은 M&A의 방식은 단순한 시장의 확보 차원이 아니라 기업의 장기적 차원에서 시작을 시장개척과 시장 확보에 목표를 이윤추구로 시작하여 점차 시장을 확대해 나가는 전략적인 차원에서도 필요하며 차후에 시장에서의 경쟁력을 확보하기 위하여 사전에 시장 점유율이 높은 관련의 국가와 요인과의 합작형태로 나아가는 방법이 있다.

### 4) 무역의 장벽해소와 선진의 지식습득을 위한 진출

해외시장 개척과 해외시장 확보를 위하여 기업은 주어진 환경과 경영의 능력을 최대한 발휘하여 국제적인 시장에서의 시장경쟁을 통한 자신의 기업의 위치를 찾으려고 다양한 방법을 동원하여 해외시장 진출을 시행하고 있다. 그 가운데 무역장벽의 해소와 지식습득을 위한 해외시장 진출은 새로운 기술의 원천인 관련국가이거나 기업의 전략적인 목표의 하나인 요인을 충족할 수 있는 국가이거나 또는 새로운 기술을 습득할 수 있는 발달된 선진국 중의 하나를 선택하여 지식 지향형 해외시장 개척을 시도하고 있다.

지식지향형 형태의 해외시장 진출은 거의 선진 국가를 대상으로 이루어지기 쉽다. 해외시장에 자본을 투입하여 기술이전을 꾀하거나, 해외진출을 통한 선진기술의 습득이 목적이기 때문에 현지의 선진기술들을 습득하기 위해서는 관련의 연구시설을 통하여 습득된 기술들을 활용하여 비교적 짧은 기간 내에 다른 지역에서 관련의 기술들을 통한 경쟁을 통한 우위확보와 시장 확보의 차원에서 주로 활용하는 해외진출 방식이다.

무역장벽의 주원인은 주로 선진국에서 발생하는 것들이 많으며 갑작스런 선진국의 산업구조의 조정이나 하향산업의 보호차원에서 정책적으로 시행하게 될 때 이러한 정책의 장벽요인에 해당하지 않는 범위의 제3국을 선택하여 해외시장에 진출하게 된다. 무역장벽의 요인들을 제거하여 해외시장에 진출한 기업들의 경우 경영 장벽을 제거함으로써 효율적인 무역거래를 통한 경제효과와 현지시장에서의 판매활동을 통한 현지전략을 추구하게 되고, 이에 따라 현지에 적합한 제품과 시장 확대를 동시에 추구할 목적으로 경영 장벽을 피하여 해외에 진출하는 방식을 취하기도 한다.

## 제2절 해외시장조사의 분석요소와 목적

### 1. 시장조사의 정보 분류와 분석요소

#### 1) 거시적 환경분석

사회문화적 변화, 법적제도와 구조, 납품업자 및 유통업자의 제도적, 행태적 특성을 분석하는 것을 말하며, 특정지구 또는 지역의 현재 환경을 통한 특정 활동 또는 제 활동에 기인하는 환경 변화를 예측하는 분석한다. 거시적 환경 분석이란 문화적 환경, 경제적 환경, 인구통계 환경 등의 내용들을 분석하는 것을 말하며, 문화적 환경은 변화하는 패션, 유행, 취미 등에 따른 감성적이고 합리적인 소비와 해외소비의 확대 등에 따른 환경을 분석하는 것을 말하며, 경제적 환경 분석이란 경제 불황이나 유가급증, 물가, 실업률 등을 분석하는 것이다. 그리고 인구통계 분석이란 말 그대로 인구의 증감이나 변화에 관한 것을 분석한다. 특히 사회, 문화적

환경의 분석에 있어서 다양한 것을 포함하여야 하며, 외부 및 내부의 환경까지 파악해야 한다.

## 2) 산업의 환경분석

산업 환경 분석은 시장의 규모, 산업내의 경쟁에 관한 사항, 경쟁구조 등을 분석한다. 산업분석 즉, 산업의 환경 분석이란 동일시장 안에서 경쟁하는 기업들 간의 조직들을 산업이라고 할 때, 산업은 공급과 경쟁 및 공급자와 공급그룹을 포함하는 내용을 말한다. 결국 산업분석이란 공급과 생산측면에서 수요자에 대한 대체성이 높은 재화 및 용역을 공급하는 기업군을 말한다. 산업의 핵심적인 내용인 산업의 위협, 기회 등에 대한 요소들을 분석하여 위협은 최소화, 기회는 극대화 하자는 것이다.

## 3) 기업의 환경분석

기업의 환경 분석은 경쟁사와 자사의 강점 및 약점을 분석하여 목표시장과 경쟁사들의 시장 점유율, 성장률 그리고 전략과 정책 등에 관한 사항을 분석한다. 기업의 환경 분석이란 기업의 비전과 내부 및 외부의 환경분석에 대한 SWOT분석 등을 통한 경영전략의 방향을 결정하는 것으로서 외부적인 요인으로 정치, 경제, 사회, 문화, 기술 등의 거시적인 분석과 구조내의 경쟁요인 등을 포함하여 분석하는 것을 말하며, 내부적인 분석방법으로 7S 즉, 조직 내부보유 역량 수준을 분석하여 이를 기초로 강점과 약점을 분석, Shared Value, Strategic, Structure, System(제도), Staff(구성원), Style(리더십), Skill(기술) 등을 분석하는 기법들을 포함하여 말한다.

## 4) 소비자 환경분석

소비자 환경 분석은 소비자들의 구매나 사용 등과 관련하여 다양한 태도, 행동 및 특징에 관한 사항을 분석한다. 특히 세계화, 글로벌화의 영향은 소비성향을 보다 다양하게 변모하고 있어 기업의 입장에서는 다품종 소량의 생산방식으로 마케팅 목표를 설정해야 하기 때문에 이에 따른 소비자의 환경분석은 시장조사에서 1차 자료의 기존자료보다는 2차적인 실무적 차원의 직접적인 조사가 더 중요함을 알게 된다.

〈그림 1-2〉 시장조사의 정보와 요소

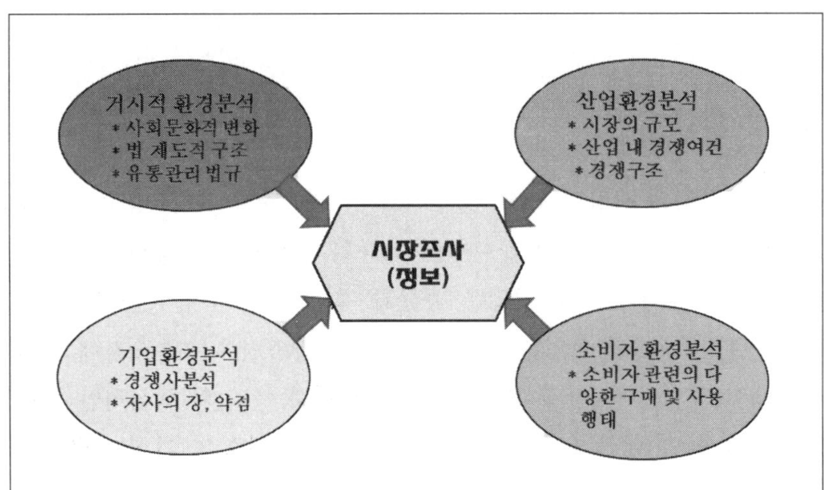


## 2. 해외시장조사의 목적

시장진출을 위한 첫 단계는 해외시장을 조사하는 것이다. 해외시장은 상품과 서비스를 수출함으로써 이윤을 얻고 자하는 단순한 방식의 해외시장 진출이 아니라 장기적이고 전략적인 차원에서 해외시장에서의 발전을 통한 경영의 확대와 세계로의 거점을 마련하기 위한 다각도의 목적으로 진행된다. 해외시장조사는 국내의 시장조사와는 달리 정치, 경제, 사회, 문화, 교육 등 다양한 요인들을 조사해야 하기 때문에 기존의 시장을 가진 기업이나 관련의 시장점유의 실적이 있는 기업과의 합작이나 M&A를 통한 여러 방법을 동원하여 해외시장으로의 진출을 꾀하고 있다.

해외시장조사(Overseas Market Research)란 수출입을 통한 상품의 판매와 수입을 위한 구매가능성의 모든 것을 조사하는 것을 말한다. 해외시장은 국내시장과는 달리 국제적인 제도와 지리적 요인, 문화, 종교, 상관습, 언어 등의 여러 요인들로 인한 어려움이 있지만 국제무역거래에서의 위험요소를 사전에 막아 이윤 극대화를 꾀할 뿐만 아니라 기업의 발전과 전략적인 목표를 수행하기 위한 목적으로 시장조사를 실시하게 된다. 해외시장조사는 국제무역 거래에 있어 가정 먼저 선결되어야 할 과제이기 때문이다.

해외마케팅에 성공하려면 정확한 정보를 바탕으로 특정시장에서의 다양한 요소에 관한 주도면밀한 조사와 분석을 통한 판정을 필요로 한다. 일차적으로 그 나라

의 기본적인 상황들을 조사하고, 차후에 구체적인 취급상품과 시장동향 및 유통구조, 경쟁대상 국가와 경쟁제품, 가격정책, 무역정책, 그리고 관련의 거래처 등을 세밀하게 조사한다. 이러한 해외시장 조사의 결과를 통해 기존시장의 변화와 추가적인 성장을 도모할 수 있으며, 새로운 시장의 개척을 통한 기업의 고객선 발굴과 함께 기업의 추가적인 발전과 밀접한 관계가 있으므로 단순한 보고식의 시장조사가 아닌 철저한 현장중심의 사고방식을 채택하여야 하는 것이다.

따라서 해외시장 조사의 목적은 해당시장의 판매 적격성 파악, 현지상관습에 대한 이해 등이다. 해당시장의 판매적격성 파악이란 관심품목의 국내외 수급동향이나 가격경쟁력, 수익성, 국내외 경쟁기업 파악을 말하며, 현지상관습에 대한 이해란 포장, 광고, 유통망, 현지관습 등이다.

## 3. 해외시장조사 항목

### 1) 기본적 조사항목

해외시장 조사는 기본적으로 시장세분화와 목표시장의 선정형태를 취하게 된다. 시장조사 자체가 무역거래의 최초단계이며 수출을 위한 목표시장을 선정한 다음 관련의 시장에 관한 환경, 상관습, 관련의 정보 등을 조사한다. 이러한 조사의 활동에 대하여 시간적, 공간적 차이를 통한 조사가 시장세분화(Market Segmentation)이다. 글로벌 시장을 향한 진출은 국내시장에서의 충분한 준비와 연습의 과정을 통하여 실시하는 것이 원칙이겠으나 경우에 따라서는 전 세계를 대상으로 한 목적으로 기존의 조사된 내용을 바탕으로 추가적인 사항을 첨가하여 관련의 정보와 함께 신 시장의 개척에 활용하게 되는 것이 통례적인 사항이다.

하지만 기존의 조사와 분석의 내용이 타당하다고 해도 시장의 상황은 날로 변화고 있으며 또한 지리적 여건과 환경, 등의 여러 제약의 요인들이 항상 도사리고 있기 때문에 방심할 수가 없는 입장이다. 조사과정이 바로 시장세분화를 통한 정치, 경제, 지리, 문화, 사회 등의 제 조건을 통한 조사와 이를 통한 상호비교 평가를 실시하는 것을 말한다. 특히 해외시장조사와 병행하여 조사해야 할 것은 해당시장에 대한 요소에 세계시장에 대한 시장상호간의 비교, 검토 등의 내용을 조사하여 관련의 자료들에 대한 취급 및 항목을 달리하여 타 시장에 대한 기본적 자료로 활용할 수 있다는 점이다.

따라서 일반적이고 기본적인 조사항목은 지리적인 조건으로 해당 조사국의 면적, 기후, 도시 분포, 국민의 소비성향 등과 정치, 경제적인 사항으로 각국의 자원과 금융재정 등의 상황과 국내 산업에 대한 보호정책과 투자관계 등을 조사하여야 한다. 더 나아가 사회적인 조건으로 각국의 시장에 대한 생활환경, 상관습 관련의 내용도 포함하여야 한다.

### 2) 정밀시장조사 항목(특수시장조사 항목)

해외시장의 조사항목 가운데 기본적인 조사 외에도 추가적인 조사 즉, 2차 혹은 정밀의 조사를 겸하여 실시하게 된다. 특히 정밀시장 조사의 주요 내용은 기존의 조사내용에 기술적인 조사와 사례연구 등을 통한 조사항목을 첨가하게 된다. 그러므로 정밀시장조사의 주요 내용은 품질, 가격, 유통, 대금결제 등에 관한 상세한 사항들을 조사하게 된다.

#### (1) 품질 및 가격동향 관련의 조사

품질에 관한 조사내용으로는 관련의 상품이 해당시장에서의 기본적인 효용과 사용능률 및 편리성을 조사한다. 즉, 관련 상품의 주요 대상과 소비계층의 실용성과 관련하여 실제 사용에 있어서의 내구성을 조사하게 되는데, 이를 바탕으로 추가적인 제품을 수정 및 보완하여 상품에 첨가하여 추가적인 고객감동 중심의 제품을 생산하게 하는 요소들을 포함하게 된다.

가격에 관한 부분은 시장에서의 가격형성이 적절한가를 검토하고 추가적인 사항에서 당해 상품의 목적시장에서의 기초가격 형성으로 인한 판매액을 예상하게 된다. 물론 판매가격을 결정함에 있어 관련의 운임, 보험, 운송관련의 추가적인 사항들을 재검토할 수 있다. 특히 상품에 대한 기본적인 효용(essential utility)인 사용능률(effectiveness in use), 편리성(convenience)을 조사한다. 이를 위하여 상품의 크기(size), 모양(shape), 중량(weight), 상표(brand), 색채와 포장 등에 관한 상품화계획의 적정성에 관한 조사를 하여야 한다. 그리고 가격의 결정에 있어서도 해상운임과 보험료(ocean freight and Insurance), 관세 등 이러한 종합적인 요인들을 포함하여 판매금액에 대한 예상을 해 두어야 할 것이다.

#### (2) 납기 및 결제방식에 관한조사

적절한 납기일을 예상하거나 이를 위하여 제품생산의 시기와 재고율을 결정하

게 된다. 국내유통과의 달리 국제적인 유통 즉, 무역거래 관계에 있어서의 상품의 조달은 상관습이나 그 나라의 정치, 경제, 사회, 취미, 기호 등 다양한 요인들에 의하여 납기일이 결정될 수 있기 때문이며, 이를 위하여 적절한 재고율과 적정시기의 납품을 위하여 관련의 사항들을 조사하게 되는 것이다. 매도인은 빠른 기일 내에 주문한 상품을 받기를 원하지만 주문을 예상하여 사전에 생산되었거나 저장된 제품들이 불량이나 재고로 인한 손실을 가져올 수도 있기 때문에 이를 신중히 검토하여야 한다.

대금결제 부분에 있어서는 시기와 내용과 조건 등에 관하여 꼼꼼히 따져보아야 한다. 특별히 상품 관련의 대상제품이나 다른 경쟁자들의 결제조건 등을 조사하여 보고, 수입상과 수출상에게 가장 유리한 조건의 결제조건과 방식을 채택하여야 할 것이다. 경우에 따라서는 수출상에게 화환신용장조건이 유리하겠으나 수입상과 관련하여 D/P, D/A 계약서와 장부에 의한 결제의 방법이 유리할 것이다.

### (3) 판매경로 및 유통경로 조사

판매경로 분석은 국내시장에서의 유통구조 및 유통관련의 내용을 조사하는 방식과 흡사하다. 무역거래에 있어서 목적시장의 최종적인 유통경로에 관한 조사부분이다. 즉, 수출업자는 관련의 무역국에 대리점이나 특약점 또는 어떤 경로를 대상으로 하여 보다 효과적인 거래관계를 확보할 수 있을 것인지를 조사하게 된다. 이를 위하여 해당시장과 관련 대상에 따라 상이하게 조사되어야 하겠으나 주로 1, 2단계의 조사내용을 근거로 하여 실증적인 조사를 하게 된다. 판매경로는 목적하는 시장에 있어서 소비자에게 어떻게 전달할 것인가를 검토하고 분석하는 과정으로서 최종소비자에게 전달하는 과정에 있어 수입업자, 대리점, 특약점 등의 어떤 단계를 통할 것인지를 사전에 선정하고 적용하는 과정이라고 할 수 있다.

상거래 있어서 시험주문(trial order), 견본주문(sample order)의 형태보다는 실험적 방법을 통한 과학적인 근거와 기준을 마련하여 이를 바탕으로 적절한 유통의 단계를 설정하게 된다. 물론 경제적이고 정치적인 여러 제약의 조건들을 충분히 소화해 낼 수 있는 제품과 관련의 제반대책을 세밀하게 구축하고 있어야 할 것이다.

## 제3절 해외시장조사 환경적 고려요소

해외시장을 개척함에 있어 해외시장의 환경과 관련하여 사회, 정치, 경제, 문화 등의 추가적인 사항에 대하여 조사에 포함하여야 한다. 하나의 시장조사를 통하여 점차 확대되어 세계화의 영향에 힘입어 무한경쟁시대의 시장에서 우위를 확보하려면 보다 주도면밀한 조사가 진행되어야 한다. 특히 해외시장조사를 함에 있어 해당 시장의 여러 환경요소에 관한 정확한 조사여부에 따라 해당시장에서의 성공과 실패가 좌우되기 때문이다.

### 1. 정치 및 법률의 요인

해외시장을 조사함에 있어 관련국의 정치, 법률 환경이 가지고 있는 영향은 매우 크다고 할 수 있다. 그러므로 해외시장 개척을 위하여 관련 상대국의 정치 상태와 법률 및 관련의 안정성 여부를 철저히 조사하여야 한다. 특히 정치 및 법률적요인의 분석은 진출하고 자 하는 국가에 대한 기초적인 조사 및 추가적인 조사에도 필요한 내용임으로 사전에 충분 타당하게 조사되어야 할 것이다.

만약 이러한 내용들을 사전에 조사에 포함하지 못하여 추후에 발생할 무역의 클레임에 관해서 지대한 영향을 초래할 수 있기 때문이다. 즉, 정책의 수시변동이나 수출제한 정책, 관세 및 비관세정책, 공업화에 따른 추가적인 정부의 정책, 관련국의 세제의 변화 등은 소비자에게 매우 민감한 반응으로 보일 수 있으므로 이에 대한 충분한 조사가 필요하다.

최근에는 이러한 정치, 법률의 관계를 교모하게 이용하여 수출입의 대금변제를 꺼려하거나 처음부터 회피하기 위한 무역의 클레임들이 늘어나고 있고, 고도의 정치, 법률의 허점을 노려 기업과 수출입에 대한 사기성이 높아지고 있음을 잘 파악해야 할 것이다.

### 2. 지리적 환경요인

지리적 환경요인의 주요한 항목은 입지, 면적, 지형, 인구, 도시의 상황, 기후, 천연자원 등이며, 이러한 조사항목은 관련 국가의 일반적인 경제특징과 국민생활의 수준 및 생활태도, 소비특성, 관습 등 다양한 특징의 영향을 미친다.

또한 지리적인 환경의 요인을 잘 파악하여 마케팅 비용을 사전에 줄일 수 있고, 질 높은 상품을 소비자들에게 선보일 수 있는 좋은 계기가 될 수도 있다. 동일한 국가 내에서도 넓은 지역의 국토를 가진 국가들의 경우를 보면, 각각 그 지역마다 문화가 서로 다른 것을 모습을 찾아보게 된다. 그러므로 해외시장을 조사함에 있어 무엇보다 이러한 환경적 요인을 상세하게 조사하여 시장에 맞는 상품들을 출시해야 할 것이다.

## 3. 경제 및 환경요인

경제적 환경요인은 소득과 소득수준, 시장의 규모와 성장가능성 등 경제정책과 관련하여 조사하게 된다. 시장에서의 구매에 있어 인구와 소득 및 소비수준을 판단하는 경우 국민총생산(GNI: gross national income)과 국민총지출(GNE; gross national expenditure), 1인당 국민소득(GNP), 1인단 국민소비, 개인소득과 그 처분, 개인소비지출의 구성 및 주요상품의 보급률 등이 이용되고 있다. 그러므로 소득수준, 소비자의 소비태도 등은 일국의 국민경제와 밀접한 관계가 있기 때문에 사전에 충분히 조사하여야 한다.

〈표 1-2〉 기업문화의 국제적 차이

| | 미국 | 일본 | 한국 |
|---|---|---|---|
| 조직기능 | 기능주의/ 분권화 | 인간중심/집권화,<br>표준화 | 가족, 연고형의 집권화 |
| 평가<br>통제 | 기능주의적 평가<br>외면적, 공식적 통제 | 연공 서열형 평가<br>내면적, 완만한 평가 | 단순 업적평가 |
| 인사관리 | 구체적 경력관리<br>개인적 책임<br>금전중심 단기유인책<br>단일임금체제 | 포괄적 경력관리<br>종신고용제<br>집단적 책임<br>비금전적 장기유인책<br>복합임금체제 | 연공 서열형<br>속인적 인사정책 |
| 리더십 | 합리주의적<br>민주적, 객관적 | 권위주의적<br>주관적, 온정적 | 권위주의적<br>온정적 |
| 의사소통 | 용이<br>하의상달 | 경직<br>상의하달 | 경직<br>상의하달 |
| 관리방식 | 과학적, 근대적 | 비과학적, 전근대적 | 비과학적, 전근대적 |

경제적 환경요인 가운데 해외시장을 분석하기 위해여 지난 10년간의 수요와 향후 5년간의 미래적 수요를 예측하여 시장의 규모와 성장성에 관한 충분한 검토가 필요하다. 그리고 현재의 시장규모가 크고 성장력이 강한 국가는 경제 전체가 활기찬 장래성이 있는 시장이므로 적극 진출하여 시장을 확보해야 한다는 취지이다. 이러한 각 국가의 경제정책은 경제의 성장, 물가의 안정, 고용의 증대 등을 목표로 하여 운영되어 국제경제와는 밀접한 관계를 가지고 있고 기업경영에도 중대한 영향을 미친다.

## 4. 사회 및 문화적인 요인

사회, 문화적 환경이란 기업이 하나의 사회구성체로 속해 있는 일국의 국민경제적인 영역에서 사회, 문화적 환경인 인구분포, 규모의 인구증가율, 성별, 문화, 생활수준 등을 포함한 언어, 교육, 종교 등의 현상에 관한 내용은 국민경제와 기업활동에도 지대한 영향을 줄 수 있기 때문에 오늘날과 같은 글로벌시대에 있어 사회, 문화, 환경적인 요인은 세밀하게 분석해야할 중요한 과제이다.

문화적 환경과 경제적 환경을 통한 해외소비자분석의 내용으로는 우선 문화적 환경으로 언어, 종교, 미적인 감각, 가치관, 교육수준, 자의식 및 공간개념, 시간에 대한 개념 등을 조사하여야 하며, 이러한 경제, 문화적 요인은 소비자의 특성과 소비자의 의사결정 과정에 관한 행동 등을 아울러 조사하여야 한다. 특히 소비자의 행동 가운데 제품을 선택하거나 상표 및 유통경로의 선택과 구매시점 및 구매량에 관한 사항도 조사하여야 하며, 아울러 마케팅의 영역까지 포함하여 조사한다. 그리고 경제적 환경요인으로는 국민소득, 경제발전 단계, 인구의 규모와 물가수준 등을 포함하여 조사한다.

문화적 환경요인에 대한 관리전략으로는 현지국의 문화에 맞춰가는 일치전략으로 새로운 문화의 수용과 적응이며, 자연적인 문화의 변화를 기다리는 전략, 또는 문화의 변화를 유도하는 전략 등으로 관리한다.

## 5. 글로벌시장 환경의 변화와 비용의 요인

세계화의 영향으로 전 세계의 시장이 하나의 단일시장의 개념으로 나타나고 있다. 특히 하나의 거대한 국가개념으로 그 범위와 내용이 좁혀지면서 전 세계의 모

든 국민들의 생활수준과 내용이 서로 비슷한 형태로 나타나고 있다. 특히 한 나라의 경제적 문제가 일개 국가에 국한하지 않고 전 세계적인 영향을 미치는 것을 보게 된다. 이러한 세계화, 글로벌화의 영향은 잘 발달된 첨단 정보통신의 발달과 각종 멀티미디어의 새로운 기술개발과 접목은 전 세계의 국민들을 하나의 국가개념으로 묶어 주었다.

따라서 글로벌시대에 걸 맞는 글로벌시장은 전 세계가 하나의 통합된 시장체제의 개념으로 변화되었다. 이러한 기술의 발전과 규모의 경제를 위한 노력은 제품의 개발과 제품관련의 비용이 확대되는 한편 이를 해소하기 위한 저 임금의 국가로 새로운 노동집약의 형태로 시장이 형성되어가고 있어 단순한 비용문제 해결을 위한 시장의 변화가 아닌 글로벌시장의 다양성을 나타내 보이고 있다. 그러나 단순히 비용을 줄이고 이윤창출을 확대해 나가려는 방향이 아니라 함께 동반성장려는 상호작용의 관계로 크게 발전하고 있어 시장변화, 시장진출, 시장개척에 새로운 요인들을 두로 살펴야 할 것이다.

# 제2장 디지털경제의 이해와 E-비즈니스

Chapter 02

# 디지털경제의 이해와 E-비즈니스

## 제1절 디지털경제(Digital Economy)의 개념과 원리

### 1. 디지털경제의 개념

디지털경제란 전자체계의 조합인 정보체계를 이용하여 데이터를 생성, 저장 및 전송하는 체계를 말하며, 시대적인 발달을 통한 또 하나의 새로운 경제이슈로 등장하고 있다. 기존의 농경사회와 산업사회로의 전환에서 새로운 과학기술의 발달로 전자화, 정보화의 추구는 점점 빨라지고 있어 이러한 전자체계를 통한 시장의 발달은 전 세계를 하나로 묶어 놓았다. 전 세계가 거대한 하나의 국가개념인 세계화, 글로벌화를 통하여 시장역시 하나의 시장으로 등장하였다. 거대한 하나의 시장은 다름 아닌 전자체계를 통한 인터넷의 보급과 활용이었다.

인터넷이란 새로운 기술을 도입하여 전 세계를 하나의 상권으로 묶어 놓았으며, 전 세계의 시민들을 대상으로 상권을 형성하고 있는 셈이다. 따라서 이러한 글로벌시대의 시장은 네트워크를 통한 실시간의 정보를 제공 및 획득 할 수 있어 신제품이나 시장에서의 경제적 흐름을 실시간에 파악해 볼 수 있는 좋은 정보체계를 갖추고 있다.

하지만 디지털경제란 말은 아직까지 정확한 개념이 정립되지 않았으며, 서로 유사한 개념으로 사용하고 있는 실정이다. 그러므로 디지털경제라고 할 때 디지털 정보기술을 활용하여 재화와 서비스를 유통하는 모든 활동을 지칭하는 것이며, 이러한 내용들을 경제와 혼합하여 사용함으로써 디지털경제란 말이 생성된 것으로 추론된

다. 그러나 디지털경제란 단순한 과학의 힘을 통한 정보체계의 활용에 그치는 것이 아니라, 디지털정보의 기술과 경제를 혼합한 형태이기 때문에 다양한 경제적 관리의 시스템이나 이를 통한 통합적인 관리시스템의 발전이 시급한 실정에 이르렀다.

디지털경제라는 말은 1996년 Tapscott이 컴퓨터와 인터넷을 통하여 기업과 개인 및 정부의 관계에서 그의 저서인 디지털경제(Digital Economy)에서 밝히면서 시작되었다. 디지털경제의 핵심원리는 정보통신기술(ICT: Information and Communication Technology)을 활용한 인터넷과 컴퓨터의 활용에서 비롯된다. 미국의 경우 상무성이 발표한 디지털경제보고서(The Emerging Digital Economy)를 통하여 전자상거래, 정보기술 산업이 국민경제에 미치는 효과를 동반한 노동시장, 경제구조의 변화에 새로운 경제 원리의 개념으로 등장한 것으로 보고 있다.

따라서 디지털경제란 디지털의 정보기술을 활용하여 인터넷의 활용을 통한 네트워크 형성과 이를 활용하기 위한 전자통신체계의 이용 등으로 인한 전자상거래, 인터넷거래 등의 활용으로 디지털경제는 한층 더 실시간의 경제적 개념과 실시간의 시장경제 효과로 나타나게 될 것으로 보인다.

**〈표 2-1〉 디지털경제의 개념(비교)**

| 개 념 | 내 용 | 비 고 |
|---|---|---|
| 지식기반경제 (Knowledge based Economy) | 지식과 정보의 생성 및 축척, 공유, 활용의 기반으로 성장<br>⇒ 새로운 경제원리 및 현상에 대한 포괄적 개념 | 디지털 경제가 지식경제의 물리적 기반 형성 |
| 신경제 (New Economy) | 정보기술의 혁명에 따라 전 산업의 생산성 향상<br>⇒ 저 물가 고성장이 장기간 지속되는 경제 | 새로운 디지털 기술혁명에 의한 생산성 향상에 초점을 맞춘 개념 |
| 사이버 경제 (Cyber Economy) | 컴퓨터 기술의 발전으로 인터넷을 통한 가상공간의 경제주체 출현과 경제거래 행위<br>⇒ 전자상거래, 전자금융 등 | 새로운 경제활동의 영역인 가상공간에 국한한 디지털경제의 하위 개념 |
| 네트워크 경제 (Network Economy) | 인터넷을 통한 경제주체간의 정보교류 강조개념<br>⇒ 유, 무형의 네트워크 연결 | 디지털경제의 특성 중 경제시스템상의 특징 강조 |
| 정보경제 (Information Economy) | 새로운 핵심 생산요소로 부상한 정보의 재화적 특성 강조 | 디지털경제의 이론적 측면 설명시도 |

## 2. 디지털경제의 원리와 변천과정

### 1) 디지털경제의 등장배경

디지털경제의 등장은 미국 경제의 장기호황에 따라 타 선진국과의 GDP격차가 1970년대에 +30%에서 1999년도에 +22%선으로 계속적인 호황의 과정에서 등장하게 되었다. 미국 경제에 있어 정보기술을 통한 생산성 향상과 IT제품의 가격인하를 통한 인플레이션 억제정책으로 인하여 1998년부터 1999년에 걸쳐 미 국무성에서는 새로운 경제현상에 대한 분석을 실시하였다. 이때 H/W, S/W, 통신망 등의 정보통신산업의 발달이 미국의 경쟁력 회복에 크게 기여하였던 바 정보통신의 발달을 통한 디지털경제의 범위와 규모가 점차 확대되었다.

디지털경제의 등장은 저렴한 비용으로 실시간에 네트워크를 통한 개방적인 관계를 형성할 수 있고 정보의 공유와 사용자의 동일한 혜택에 따른 것이었다. 인터넷과 디지털경제의 등장으로 말미암아 정보의 비대칭성이 해소되고, 시장진입장벽이 완화되는 등, 비용격차가 축소되고 양방향의 투명한 거래가 형성되어 소비자의 만족은 더욱 높아졌다. 특히 수요자와 공급자가 동시에 가상공간에서 활동할 수 있다는 점과 완전균형시장의 달성이 가능하다는 시각에서 제품의 가격을 하락시키고 소비자의 유리한 조건에 손을 들어줌으로써 발전할 수 있었다.

### 2) 디지털경제의 변화와 발전

디지털경제의 발전은 인터넷을 통한 경제활동을 말하며, E-Business를 통한 디지털경제의 핵심적 내용으로 나타나고 있다. 디지털경제는 수요와 공급의 형성은 온라인상에서 디지털을 통하여 나타내 주는 것으로서 인터넷거래, 전자상거래 등으로 인터넷검색창과 서비스를 통해 다양하게 활용되고 있다.

디지털경제는 적은 인력과 아이디어를 통하여 기술개발과 경제활동의 빠른 확산의 장점을 가지고 있다. 최근에는 이러한 인터넷 기술을 활용하여 다양한 상품과 전문화된 내용들이 인터넷이나 E-Market place를 통해 나타나고 있다. 이러한 디지털경제의 발달은 소비자들로 하여금 새로운 디지털경제 활동에 참여하게 되었다.

디지털은 연속적인 아날로그 신호(0과 1)를 조합하여 그 값을 음성이나 문자, 영상 등의 신호체계로 변환하여 전달, 처리 및 활용하는 기술이었다. 디지털 기술이

획기적인 발전을 거듭할 수 있었던 계기와 이를 경제에 접목하여 활용할 수 있게 된 동기는 다름 아닌 다양한 고객층과 실시간의 고객 및 동일한 내용을 반복하여 가공, 처리할 수 있다는 장점에서 비롯되었다고 해도 과언이 아니다.

〈그림 2-1〉 디지털 경제의 출현과 발달과정

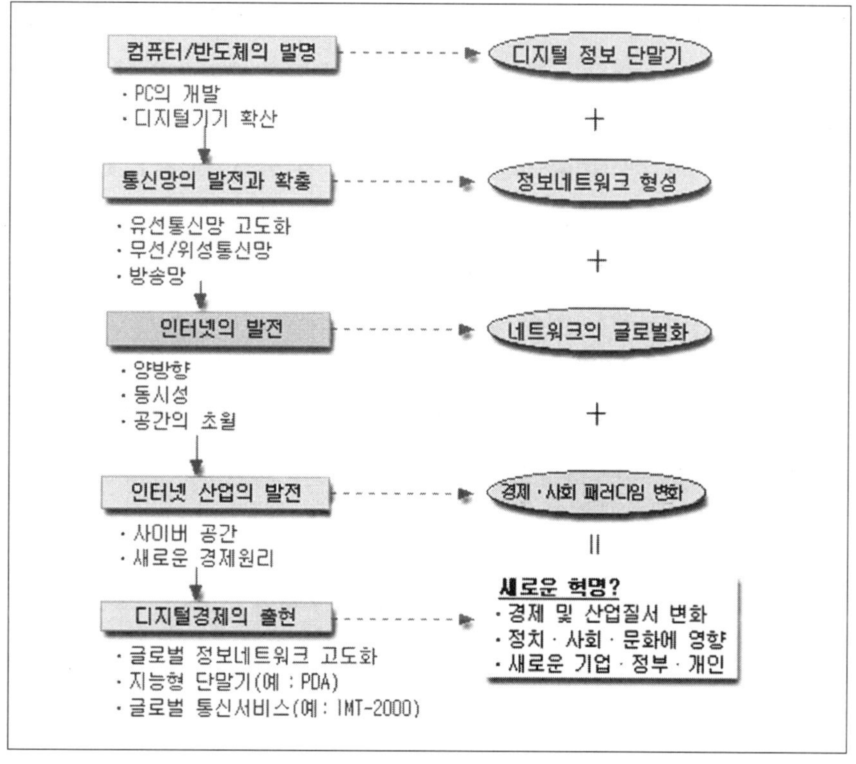


〈그림 2-1〉과 같이 디지털시대의 핵심인 인터넷 통신망과 소프트웨어와 컨텐츠의 개발은 정보기술의 새로운 기술은 모두 네트워크의 활용으로부터 비롯된다. 네트워크의 외부성을 통한시장에서의 활용은 디지털경제의 확산을 가져왔다. 그리고 그림에서 보는 바와 같이 인터넷 관련기업들이 무료로 교육 및 가입서비스 등을 통하여 고객을 확보하는 한편 기업의 이미지 제고와 관련제품들의 홍보에 적극 활용하고 있다.

인터넷이 디지털경제시대의 중심적인 내용으로 정보네트워크를 구축하여 전 세계적으로 네트워크를 통한 외부효과를 크게 확대 해 나가고 있다. 특히 호환성을 바탕으로 표준화된 개념을 도입하여 상호교환, 정보공유 등의 통합적인 시스템 개발을 통한 파급효과를 얻고 있다.

## 3. 디지털경제의 특징

디지털경제의 특징은 인터넷을 통한 전자적 거래라는 점이며, 전자적 거래형태를 활용하고 있는 점에서 완전경쟁의 시장이 될 수 있다는 특징을 갖는다. 구체적인 이유는 전자거래를 통한 경제거래이기 때문에 특별한 비용이 발생하지 않는다는 점이다. 이러한 비용발생의 문제는 소비자와 생산자 공동의 부담조건이 되겠으나 비용이 발생하지 않는다는 점에서 거래발생 시 낮은 가격으로 제품을 구입할 수 있다는 특징이 있다. 즉, 공급자와 소비자 상호 이익을 추구하게 된다는 것이다.

하지만 다른 한편으로는 소비자의 성향에 입각한 가격차별화가 더욱 심화될 수도 있다. 왜냐하면 디지털 경제는 개별소비자들의 취향이나 소비패턴이 다양하기 때문에 주어진 정보를 통하여 동일한 제품에 대해서도 가격이 다를 수도 있으며 추가적인 소비자의 부담도 고려치 않을 수 없다는 점이다. 디지털경제는 디지털 기술인 통신 네트워크가 결합됨으로써 나타난 기술혁신으로 인터넷 경제, 정보경제, 전자기술, 네트워크 등의 용어로 지식경제의 기반으로 활용되고 있다. 그러나 기존의 경제활동 원리와 다른 새로운 경제활동으로 지식기반 경제, 정보경제 등의 개념과 유사한 형태로 사용되고 있다.

〈그림 2-2〉 디지털경제의 특성

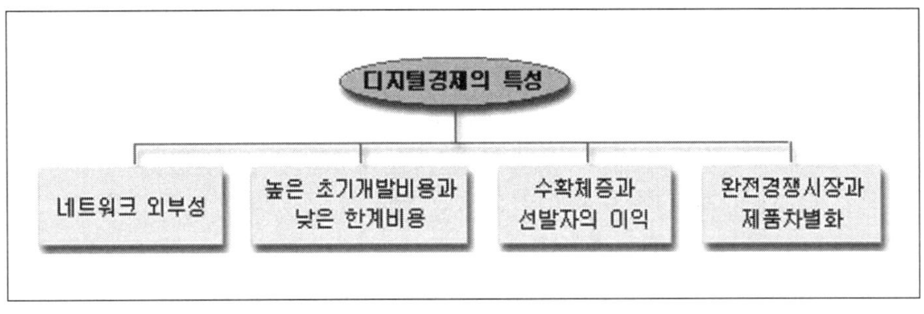


〈그림 2-2〉에서 디지털경제는 디지털 기술의 활용을 통한 생산, 소비, 유통 등의 경제활동을 연결고리 방식인 경제시스템의 하나이다. 간략하게는 생산자인 기업과 소비자의 연결망, 또는 기업과 정부의 연결망 등의 매개체 역할을 컴퓨터와 인터넷이 하고 있다. 그러므로 디지털 경제의 지식경제 기반은 전자의 물리적 기반의 관계가 형성되고 있는 것이다. 최근 들어 디지털혁명이라는 새로운 경제를 대표하는 단어로 등장하고 있다. 디지털경제가 새롭게 두각을 나타낼 수 있었던 계기는

정보처리 기술의 발달과 인터넷을 통한 네트워크 구축, 그리고 컴퓨터와 정보통신을 통한 접근이 용이하기 때문이다. 디지털경제의 주요 특징은 다음과 같다.

첫째, 경제 원리의 변화이다.

기존경제에서 생산 및 유통의 한계비중이 증가하는 수확 체감의 법칙이 작용하였으나 디지털경제 하에서는 생산자에게 있어 추가적인 비용부담 없이 추가생산이 가능하다는 점이다. 즉, 기존의 산업경제에서는 생산의 주요 요소인 토지, 노동, 자본이었으나 디지털경제에서는 지식과 정보를 바탕으로 유통 및 서비스가 가능할 뿐만 아니라 부가적인 가치를 창출하는데 따른 추가적인 비용이 크게 발생하지 않는다는 점이다.

둘째, 경제구조의 변화이다.

기존경제에서 글로벌화는 재화와 노동력 및 자본의 이동 등 물리적, 유형적인 차원의 제한적인 요인들이 많았다. 그러나 지식과 정보를 바탕으로 한 디지털경제 하에서는 세계화의 영향과 전 세계시장을 단일화 하고 국가 간 상호의존성이 높아졌다는 것이다. 실시간의 경제구현으로 말미암아 경제 환경의 변화, 새로운 기술 등의 전파와 확산이 용이하게 되었을 뿐만 아니라, 네트워크 구조로 전환되게 되었다.

셋째, 산업의 변화이다.

디지털경제에서는 고부가가치의 새로운 분야가 등장하게 되었다. 즉, 기존산업의 철강, 건설, 전자 등의 산업중심에서 서비스, 컴퓨터, 정보통신, 컨텐츠 산업 등으로 바뀌었다. 그러므로 중공업 중심의 산업에서 경공업 중심인 서비스산업과 새로운 지식경제의 기반을 갖춘 정보산업으로 산업의 변화를 가져왔다.

넷째, 새로운 사회현상과 경제문제이다.

기존의 경제영역은 대부분 좁은 지역에서의 경제활동의 범위가 한정되었다면, 디지털경제에서는 광범위한 지역으로 확산되었고 동시다발적인 다양한 경제주체와의 연결이 가능하게 되었다. 디지털 경제에서의 불확실성은 경제활동 자체가 광범위하고 순간적으로 발생함으로 경제주체가 인식해야 하는 대상이 과다하게 발생함으로 인식 대상 범위의 확대에 따른 경제적 효광예측이 애매하다.

디지털경제의 새로운 불평등 현상의 초래는 기존산업 경제에서의 노동과 자본의 양에 따른 수입결정이 소득격차를 가져왔기 때문이며, 컴퓨터를 이용하지 못하는 계층에 대해서는 상대적으로 디지털경제의 활동이 점차 감소할 것으로 보인다.

〈표 2-2〉 산업경제와 디지털경제의 비교

| 개념 | | 기존의 산업경제 | 디지털경제 |
|---|---|---|---|
| 경제원리 | 생산법칙 | 수확체감의 법칙작용<br>⇒ 한계비용증가 규모의 경제 | 생산, 유통의 한계비용<br>⇒ 수확체증의 법칙 |
| | 핵심 생산 요소 | 토지, 노동, 자본 등이 생산 활동에 투입 | 지식, 정보 활용 |
| 경제활동 | 글로벌화 | 재화, 노동, 자본 등 물리적·유형적 차원에서 전개<br>⇒ 재화, 노동, 자본의 이동 | 지식과 정보 등 정신적·무형적 차원으로 확대<br>⇒ 지식정보의 교환 |
| | 경제활동 | 시차 및 공간적 제약 받음 | 전 세계적 경제활동의 실시간화 |
| | 연결구조 | 경제단위의 계층적 구조 | 경제단위의 규모에 관계없이 네트워크 구조형성 |
| 산업구조 | 핵심 산업 | 철강, 건설, 기계 산업 등 | 컴퓨터, 콘텐츠 산업 등 |
| | 산업구조 | 생산자 중심의 제조업 | 소비자중심의 서비스업 |
| | 산업조직 | 대기업 중심 | 중소벤처기업, 소기업역할 증대 |
| 사회문제 | 불확실성의 정도 | 경제활동 영역협소로 상대적으로 안정적 | 경제활동 대상 확대로 불안정성 심화 |
| | 불평등 결정 요인 | 노동과 자본정도에 따라 수익 크기가 결정 | 디지털화 정도와 다른 소유정보의 양과 질에 의해 결정 |
| 기업외부 활동 | 설계/생산 | 소품종 대량생산 | 다품종 소량생산 |
| | 물류/유통 | 수직 통합력 이용 | 아웃소싱 및 전략적 제휴의 적극 활용 |
| | 광고/판매 | 매스(mass) 마케팅 | 일대일 마케팅 |
| 조직내부 관리 | 재무관리 | 내외부간 재무시스템 단절 | 전자적 재무 프로세스 화 |
| | 의사결정 | 상명 하달식 | 의사소통활성화로 상하 간 피드백 과정 |

다섯째, 정책결정요인의 변화와 기업경영전략의 변화이다.

기존산업경제시대의 경제정책이 디지털경제시대에도 적용되기란 어려우며 새로운 요소들을 도입해야 한다. 디지털경제의 기업경영에 있어 제품생산에 대한 최초의 비용은 최대한 높게 나타나겠지만 생산 이후의 관리와 추가적인 생산에 대하여는 신속하게 반응할 수 있어 재차 생산에 투입되는 비용은 제로에 가깝다고 할 수 있다. 디지털경제하에서의 생산은 제품의 생산과 관리적 차원에서 볼 때, 하나

의 제품을 생산하여 이를 유통과정에 이르기까지의 단계는 거의 실시간의 단계이기 때문에 별다른 비용이 발생하지 않는다.

최초의 생산에 투입된 비용이 과다한 만큼 기존산업에 비하여 디지털경제하에서는 추가적인 생산비용이 줄어든 다는 것은 네트워크의 활용과 소비자와의 연결 및 불확실한 모든 조건들을 실시간에 파악할 수 있다는 특징을 갖고 있기 때문이다. 이러한 특수한 상황에서의 디지털경제는 소비자와의 연계성과 체계성 있는 관리체계를 통한 신뢰성 구축과 의사결정의 따른 신속한 조직 관리체계를 구축하여야 한다.

## 4. 디지털경제의 원리

디지털경제는 전통적인 경제 원리와 상반된 개념으로 시작한다. 디지털경제는 디지털화된 정보를 통하여 인터넷 상의 전자상거래 등의 다양한 형태로 나타나고 있다. 인터넷의 보급과 실시간 정보의 확산으로 기존 재화들의 거래에서도 기존의 경제 원리의 변화를 추구하고 있다.

디지털경제는 네트워크 외부성을 통한 각종 단말기, 인터넷 등과 같은 정보네트워크를 통해 형성됨으로써 네트워크 외부성의 경제 원리를 갖는다. 네트워크 외부성의 경제원리란 어떤 재화들이 서로 연결되어 사용될 때 연결된 재화로부터 얻을 수 있는 효용의 변화를 말한다. 네트워크의 외부성은 컴퓨터의 하드웨어, 소프트웨어 등 다양한 요소들이 존재한다. 그리고 이들의 상호호환성 문제에 있어서도 시스템을 통합화하여 관리하거나 파급효과를 위하여 외부의 네트와의 연결을 통한 전략적인 시스템을 활용할 수 있게 되었다. 전자상거래에서의 네트워크 활용은 사이버무역의 활성화를 이루게 할 뿐만 아니라 웹사이트 상에서의 거래를 통한 다양한 정보의 연결과 유통이 가능하다.

디지털경제의 원리 가운데 또 하나가 디지털 구축에 따른 초기비용의 과다책정과 낮은 한계비용의 특성을 갖는다. 전통적인 산업부문에서 연구개발과 초기설비투자 및 고정비용이 필요하지만 디지털경제에서는 이러한 초기비용의 정보인 소프트웨어를 통한 연구개발비와 초기투입비용에 있어 단순이 고정적인 비용이 아닌, 매몰비용으로 나타나게 된다.

전자상거래를 운영하기 위한 초기비용은 증대하지만 인프라구축, 웹사이트 구축 등의 컨텐츠 구축에 따른 비용으로 구축된 컨텐츠에 대해서는 추가적인 이용자에게 제공하는 한계비용은 제로에 가깝다. 디지털경제에서 정보의 생산과 지식의 중요성이 부각된다. 즉, 정보와 지식은 생산측면에서 추가 투입에 따라 수확이 점차 감소하는 것이 아니라, 오히려 증가하는 수확체증의 법칙의 특징을 갖는다.

디지털경제의 특성 가운데 독과점의 우려가 발생할 수 있는 것이 바로 이러한 원인이다. 디지털경제에서 연구개발을 통한 새로운 제품생산은 독과점으로 연결된 일시적인 기술우위의 선점적인 역할을 감당할 것이다. 시장선점기업의 독과점을 보호하는 역할의 기술보호와 기술개발은 네트워크 외부성과 지식정보의 수확체증의 선발이익의 역할을 할 것이다.

## 제2절 디지털경제의 주체와 역할

### 1. 생산과 소비의 주체적 역할

전자기술의 발전과 컴퓨터, 인터넷의 발전으로 경제활동의 영역이 확산되었다. 네트워크를 통한 전 세계적인 시장에서의 활발한 움직임에 민감하게 작용할 수 있다는 특징을 가지고 있다. 동일한 제품일지라도 가격대비 제품과 서비스에 대한 선택의 폭이 넓어지면서 소비자들은 좀 더 저렴한 가격에 품질 좋은 상품을 선택할 수 있게 되었다. 그리고 상품을 구입하는 시간의 단축과 아울러 실시간에 주문하고 곧 바로 받아볼 수 있는 다양한 특징의 전자상거래를 이용하게 되었다.

디지털경제에서 생산자와 소비자는 전자시장이라는 가상의 공간에서 마음껏 제품을 선택하여 고를 수 있으며, 실시간에 제품을 선택하고 구입할 수 있는 특징을 가짐으로써 생산자와 소비자의 연결은 실시간에 연결되어지고 이를 관리하고 생산하는 생산자 역시 저렴한 비용과 동일한 제품의 생산 및 관리에 보다 효율적인 체계를 갖출 수 있게 되었다.

디지털경제의 역할은 소비자와 생산자의 중간매체를 줄여줌으로써 비용을 절감하고 이를 소비자에게 질 높은 서비스로 되돌려 줄 수 있어 기업은 나름대로의 경쟁력을 갖추게 되었다. 그러나 소비자들의 반응에 어떻게 민감하게 반응할 것인가에 대하여 기업은 좀 더 고차원적인 노력이 필요하게 되었으며, 소비자들의 기호에 맞는 새로운 디지털경제의 관리전략이 필요하게 되었다.

또한 생산자의 생산제품을 소비자가 선택할 기회를 넓혀줌으로써 변화되는 소비자 가까운 지역에 상품을 진열하거나 접근이 용이하도록 배치하는 새로운 이미지제고와 접근성을 고려해야만 하게 되었다. 그러므로 소비자를 위한 새로운 서비스를 개발해야 하는 기업은 상품의 질과 함께 소비자의 기호에 맞는 구매방법을 연구하고 맞춰가는 서비스가 필요하게 되었다. 물론 생산자와 소비자가 인터넷 상에서 직거래 형태의 거래관계가 형성되겠지만 보이지 않은 생산제품의 경쟁이 치열할 것이며, 오픈 된 모든 생산자의 정보에 따라 선택의 폭이 넓어지고 편리한 반면 기업의 제품에 대한 정보공개로 인한 기업의 위험은 날로 높아져 갈 것이다.

## 2. 기업과 정부의 역할

디지털경제의 기업과 정부의 주체적인 역할은 세계화의 영향에 따른 다양성과 표준화된 통합의 성격에 따른 경영환경의 변화이다. 생산자와 소비자를 실시간에 연결시켜 주는 장점이 있다고 하지만 실시간에 해당하는 정보를 제공해야 하는 번거로움이 따른다.

생산자인 기업의 입장으로서는 순수한 생산과 관련되지 않은 추가적인 유통관련의 분야에도 관심을 갖고 통합적인 시스템을 활용할 수밖에 없는 입장에 처하게 된 것이다. 실시간에 들어오는 주문에 맞춰 적극적으로 반응하려면 물류분야의 익숙한 관리가 체계적으로 필요하다.

디지털경제에서의 기업은 다양한 고객들에게 즉시 반응하기 위하여 다양해진 소비자들을 대상으로 경영의 전략을 수립해야 한다. 전 세계적으로 오픈된 자유경쟁시장체제하에서의 기업은 물론 정부의 역할도 다양하게 반응할 수밖에 없게 되었다. 상대적으로 전자상거래의 범위와 내용이 기존산업의 경제에서 볼 수 없었던 고도의 지식경제를 동반하게 되었고 복잡한 체계의 네트워크 시스템을 구축, 관리해야만 하는 새로운 분야의 확충을 가져왔다.

디지털경제의 발전과 함께 기업과 정부의 역할은 더욱 밀접한 관계를 갖게 되었다. 소비자들에게 신속하게 반응해야만 하는 인터넷거래의 특징상 기업은 기업대로의 준비가 필요하며, 정부는 기업과 가계 즉, 소비자의 경제활동에 활성화를 불어넣기 위하여 정부 나름대로의 신기술개발과 초고속 통신망 구축을 위해 투자해야 하며, 기업의 경영활동에 도움을 줄 수 있어야 할 것이다. 정부는 가계와 기업이 연계성 있는 발전을 도모할 수 있도록 유통정보의 활성화 기여와 관련의 거래에 대한 공공의 이익을 위해 충분한 개입과 발전을 겸하여야 할 것이다.

## 3. 디지털경제가 경제주체에 미치는 영향

디지털경제가 경제주체에 미치는 영향으로 개인(가계)에게는 소비경제의 디지털화로 인한 재화와 서비스의 생산에 따른 수요의 증대를 가져왔다는 점이다. E-메일, 인터넷폰, 데이터통신 등의 수요가 급증함에 따라 거래의 디지털화의 혁명을 불러일으켰다. 소비자는 인터넷을 통하여 대량의 정보를 실시간에 검색할 수 있게 되었었고 상품의 구입과 결제를 인터넷상에서 결재할 수 있을 뿐만 아니라, 각종 자본의 거래(증권, 주식거래 등)를 인터넷상에서 할 수 있게 되었다.

〈표 2-3〉 디지털경제의 현상

| 구분 | 긍정적인 측면 | 부정적 측면 |
| --- | --- | --- |
| 생산성 | - 신속한 정보의 공유가능<br>- 거래비용의 감소로 경쟁심화<br>- 경제적인 생산성 증가 | - 개별기업의 생산성 증대 효과<br>- 경제 전체의 생산성에는 기대 미진 |
| 기업이윤 | - 선점기업 및 차별화된 기업은 초과 이윤획득 가능 | - 기업 간 경쟁심화로 기업의 저이윤화 |
| 소득격차 | - 기술 확산에 따른 기술비교우위 감소<br>- 임금격차 감소 | - 고학력, 고숙련 근로자에 대한 수요증대로 소득분배의 불균등 심화 |
| 실업 | - 효율성 증대에 따른 생산성 향상으로 고용증대 효과 | - 생산, 소비의 직접 연결<br>- 전통적 경제부문의 고용감소 |

디지털경제에서 경제주체로서의 가계 즉, 소비자는 소비주권을 더욱 강화하게 되었고 가상의 공동체를 통한 수요의 독점 내지는 소비자생산의 확대를 불러왔다.

반면에 디지털경제의 주체로서 기업에 미치는 영향은 생산의 디지털화와 기업의 분화현상을 가져왔다. 기업은 단계적 제품의 생산에서 동시다발적인 대량의 생산과 생산제품의 관리를 통한 마케팅, 판매활동 등이 가상공간에서 이루어지게 되었다. 기업은 생산의 디지털화를 통하여 기업만의 특징과 장점을 살려 기업입지의 이동이나 아웃소싱, 분사 등으로 기업의 재편이 발생하게 되었다.

디지털경제의 영향이 기업에 미친 영향은 기업을 소규모의 대량생산이나 소규

모의 특정제품 생산 또는 아웃소싱의 분화적인 단계로 세분화, 정밀화, 단순화하게 되었다. 하지만 기업은 소비자의 요구에 즉각 반응할 수 있다는 특징을 갖고 있다.

디지털경제의 주체로서 정부에 미치는 영향은 행정의 효율성 및 투명성의 제고에 있다. 정부는 가상공간을 통한 투명성 제고와 관료주의의 해체를 통한 다양한 역할을 감당하게 되었다. 정부가 가계와 기업 및 시장에서의 역할은 한층 더 복잡하고 다양화되었다.

## 4. 디지털경제의 현상이해와 시사점

디지털경제의 인터넷 활용과 기업의 전략적 경영은 소비자와의 의사소통, 정보공유의 관계를 실시간에 가능케 해 줌으로써 신뢰구축이 가능하게 되었다. 기업차원에서 보면, 정보의 공유, 지식관리, 업무관리의 시스템화를 통한 내부업무 간 부가가치를 높일 수 있게 되었다. 또한 정보기술의 활용은 외부조직의 통합적인 관계 관리와 통합적구축망을 통한 연계성 있는 발전을 꾀할 수 있게 되었다.

기업은 소비자와의 직접적인 대면형식인 사이버공간을 통한 구매패턴의 변화를 추구하였다. 소비자는 다양한 루트와 정보 수집을 통한 제품에 대한 이미지와 관련 브랜드를 선택하게 되었으며, 사용한 경험이나 축척된 정보를 활용하여 낮은 가격에 구매할 수 있는 장점을 갖게 되었다. 이에 따른 공급자인 생산자 역시 고객관의 신뢰관계를 통하여 할인정책, 소비자 보호 등의 장치를 통하여 추가적인 재 구매의도를 높이고 있다.

인터넷을 활용한 디지털경제의 활성화에도 불구하고 공급자의 경쟁은 심화될 전망이며, 가격의 인하와 소비자중심의 새로운 서비스를 추구해야 하는 부담을 갖게 되었다. 전자상거래의 가속화로 인한 거래특성의 변화, 업무변화, 경제에 미치는 영향 등은 전 세계적인 시장으로 확대되어 있기 때문에 소비자의 권익증대와 생산자의 생산 부담에 대한 책임은 더욱 가중될 것이며, 기업의 사회적 책임과 정부의 새로운 관리통제정책 등은 향후 네트워크의 발전과 범세계적인 경쟁능력 추구에 크게 작용할 것으로 보인다.

# 제3절 디지털경제와 E-비즈니스의 전개

## 1. 디지털경제의 이론

### 1) 수확체증의 법칙(Law of increasing returns)

수확체증의 법칙의 법칙은 디지털경제의 발전에 따른 자본과 노동의 추가적 투입이 생산함수에서 수확체감을 가져다준다는 기존경제의 원리에서 벗어나 생산비용의 측면에서 재화의 생산에 따른 한계비용이 제로에 가까우며, 유통비용의 구조와 추가적인 생산 확대에 따른 비용증가부분에서 효과적인 관리를 할 수 있다는 특징이 갖는다. 디지털경제하에서 지식정보 자체가 무한하기 때문에 기업은 계속적인 발전을 꾀할 수 있다. 무형의 자산은 물리적 자산과 달리 확장 및 발전이 무제한적이라는 점이다.

### 2) 지식기반의 디지털시대

지식활동의 경제에 비중을 둔 지식과 정보의 신상품과 서비스는 생산과정과 반복생산 및 유통의 용이한 점을 이용한 지식에 의존하는 경향이 높아졌다. 생산요소가 노동에 의한 물리적 변화와 발전을 통한 지식경제를 기반으로 한 지식정보의 활용이라는 점에서 효율적이고 활용능력이 높은 장점이 있다.

디지털경제시대에서는 대량의 생산체제에서 고객요구에 대한 새로운 부가가치를 증대시키는 서비스의 경제로 나아가고 있다. 지식기반의 경제에 물리적, 문화적 기반이 되고 있어 디지털기술의 활용이 인간의 지적활동에 크게 향상된 양상을 띠게 되었다. 지식과 정보가 급속도로 전개되고 발전되면서 노동자들의 자리가 갈수록 줄어들고 지식을 기반으로 한 지식정보 산업이 두각을 나타내고 있다. 특히 디지털시대의 정보처리와 정보생성에 대한 기술의 발달이 손쉽게 이루어질 수 있는 만큼 인터넷을 활용한 다양한 정보의 생성과 전송이 이루어지고 있다.

디지털경제에서 가상 중요한 것은 인터넷의 활용이다. 인터넷을 통한 가상공간에서의 경제영역은 전 세계를 하나의 영역으로 동시다발적으로 커버할 수 있다는 점이다. 인터넷의 가상공간은 인터넷 비즈니라는 새로운 사업으로 나타나 유통, 도소매, 금융, 디지털 정보판매 등의 새로운 서비스 사업으로 등장하고 있다. 인터

넷으로 주식과 금융거래 및 금융서비스를 통한 경제거래 등으로의 발전과 서적과 소프트웨어의 새로운 상품으로 발전해 나가고 있다.

### 3) 생산과 소비의 온라인화

기존시장에서의 생산자와 소비자의 연결을 통한 판매가 아니라 소비자는 광고와 인터넷을 통한 다양한 루트의 정보를 수집하여 이를 활용함으로써 생산자와 소비자가 직접적으로 거래할 수 있는 매개체 역할을 하는 온라인의 인터넷과 네트워크를 사용하게 되었다.

## 2. 디지털경제의 문제와 방향

디지털경제의 발전으로 인한 정보사회의 격차는 더욱 심화될 것이며, 산업사회로부터 정보사회로의 전환을 통한 정보의 격차는 생산과 수용에서 커뮤니케이션의 과정을 필요로 하고 있다. 디지털경제의 새로운 정보에 대한 격차를 줄이고 의사소통, 정보공유 등의 제반 정책적 활동이 필요하다. 이러한 정보의 생성과 전달과정에 있어 정보사회의 경쟁력을 높이고 다양한 매체를 동원한 정보혜택의 장을 열어나가야 할 것이다. 그러므로 정보사회에 있어 정보화 교육에 대한 정부의 정책적 관심과 투자가 필요하다.

기존의 산업경제에서 새로운 것을 찾기보다 이를 효율적으로 활용하는데 주력하였다 디지털경제를 통한 네트워크의 활용을 통한 새롭게 변화되는 정보와 기회를 획득함에 있어 기존의 산업경제와 생산성과 전혀 다른 비효율성을 강조하고 있다. 디지털경제는 날마다 새롭게 변화되는 정보의 생성과 발전에 따라 기존의 정보가치가 퇴화되거나 고정적인 자리매김을 할 수 없다는 점이다. 생산자가 만든 제품이 아무리 신기술을 도입한 새로운 제품이라 할지라도 인터넷시장에서는 순식간에 전 세계에 전파되어 이를 모방한 새로운 신기술의 조합으로 신제품이 쏟아져 나올 것이기 때문이다.

## 3. e-비즈니스의 발전방향

디지털경제의 활성화는 e-비즈니스는 전자상거래(e-commerce)등과 유사한 개념으로 사용되어왔다. e-비즈니스라는 말은 웹 등의 인터넷 기술을 활용한 것으로

1997년부터 사용하게 되었다. e-비즈니스란 EDI(Electronic Date Interchange : 전자문서교환) 또는 CALS(Commerce At Light Speed)등의 컴퓨터를 활용하여 고객과 거래기업 및 각종 상거래의 모든 내용들을 네트워크를 통하여 고객, 거래처, 종업원, 주주 등에 정보를 제공하거나 마케팅 활동을 동반하는 행위이다.

〈표 2-4〉 e-비즈니스의 발전 단계

| 기준 \ 단계 | 전통적 비즈니스 | 초기 웹 단계 | e-비즈니스 |
|---|---|---|---|
| 속도 | 매주 | 매일 | 매분 |
| 제품속성 | 공급자가 선택 | 공급자가 선택 | 소비자가 선택 |
| 가격 | 리스트 | 리스트 | 시장이 형성 |
| 생산 | 판매 전 | 판매 전 | 판매 후 |
| 가치 제공 | 제품 | 정보 | 통합 서비스 |
| 전략적 자산 | 장소 | 외관 | 소비자 정보 |

e-비즈니스란 네트워크를 통하여 상품과 서비스 및 정보, 지식의 교환행위를 하는 것이다. 인터넷을 통한 거래이며, 고객과의 관계와 거래 파트너간의 관계에 있어 비용발생을 줄이고 효과를 높일 수 있다는 장점이 있다.

특히 인터넷을 통한 e-비즈니스는 폭넓은 고객층에 대하여 동시다발적으로 다양하게 반응할 수 있다는 특징이 있으며, 관련 고객관리와 거래관계에 있어서도 대금결제부분을 보다 속하게 연결시켜주는 기능을 한다. 또한 거래관계 상적, 물적 유통의 관계에 있어서도 다양한 부가적 가치를 높일 수 있고, 다양한 시너지효과를 통한 이미지제고와 혁신을 통해 새로운 부가가치를 창출할 수 있다.

# 제3장 시장경제원리의 원리와 활용

Chapter 03

# 시장경제원리의 원리와 활용

## 제1절 시장경제와 수요와 공급

### 1. 시장경제와 가격과의 관계

#### 1) 시장경제의 원리

시장경제의 원리에 있어 가장 핵심이 되는 말은 경제의 논리에 맞는 시장의 운영이다. 즉, 경제를 시장경제원리에 맞게 해야 한다는 말이다. 시장은 가격의 결정에 대한 수요와 공급을 조절하는 기구이기 때문에 소비자들은 시장에서 가격에 반응을 한다. 소비자들의 반응에 따른 움직임을 유인기제라고 표현하며, 가격조절을 위하여 정부가 시장에 개입한다. 시장에 정부가 개입하는 주원인은 시장가격의 형성에 따라 경제지표가 달라지며, 배분에 대한 기능을 아울러 감당해 주는 역할을 하기 때문이다.

예를 들어 우리나라는 대외무역의존도가 90%이상인 국가이다. 그러므로 전 세계에서 찾아볼 수 없는 원재료의 부족국가 중 하나이다. 그러나 수출에 있어 전 세계에서 10위 안에 들어갈 정도이다. 그렇다면 왜 기름 한 방울, 물 부족국가 등의 이름표를 붙이고 있으면서 에너지를 절약하지 않고 정부의 강한 간섭과 통제로 시장경제원리를 적용할 수밖에 없는 것일까라는 의문이 생기게 된다.

물론 소비자가 마음대로 소비할 수 있는 곳이 시장이며, 가격결정 또한 마음대로 할 수 있다. 하지만 수요가 부족하거나 공급이 과잉되어 발생되는 문제에 대하

여 소비자는 아무런 책임을 동반하지 않는다. 마구잡이로 소비하고 절약하고 아껴 쓰지 않는다면 계속해서 고율의 달러를 지불한다는 것을 모르고 있거나 적절한 소비생활을 할 수 없는 탓에 정부에서 시장에 개입하거나 홍보활동을 강화하고 있는 것이다.

기업은 시장을 통하여 생산된 제품에 대한 이윤을 목적으로 한다. 그러나 기업이 생산한 제품이 시장에서의 가격을 통하여 경제적 유인기제의 역할을 한다. 그러므로 이윤은 기업과 소비자의 만남인 시장에서의 중요한 경제적 원리로 작용하고 있는 것이다.

또한 재화와 서비스의 배분에 있어 특정인에만 판매하는 제도적 기능을 갖지 않고 있다. 시장은 자유경쟁에 의하여 누구든지 자유롭게 제품을 생산하고 판매할 수 있으며, 또한 그 제품을 구입하여 사용할 수 있는 권리가 있다. 자유로운 의사결정으로 시장에서의 가격의 기능에 참여하게 되는 것이며, 제품의 질이나 가격에 따라 소비자와 생산자가 시장에서 자유롭게 가경이 형성되어 지는 것이다.

시장은 기업과 소비자로 하여금 보이지 않는 자유경쟁을 통하여 소비자 중심의 새로운 상품과 다양한 가격을 통한 시장경쟁이 존재하는 것이다. 따라서 시장경제의 원리에는 다음과 같은 원칙이 적용된다.

첫째, 가격과 이윤에 대한 유인기제의 역할을 한다. 생산주체인 기업이 이윤을 목적으로 시장을 향한 상품을 생산한다. 가격이 기업에 경제적 유인을 제공하는 것은 가격이 이윤결정에 결정적인 영향을 미치고 있다는 뜻이다.

둘째, 시장경제의 원리 하에 자유경쟁, 자유로운 완전경쟁을 통하여 무한경쟁의 발전으로 세계화에 기여한다. 세계화를 통한 글로벌기업과 다국적기업을 통한 전 세계의 시장을 대상으로 하고 있다는 것이다.

셋째, 시장은 수요와 공급에 의하여 시장에 형성되며 이때 시장가격의 형성은 평균가격 즉, 수요와 공급의 량에 의하여 결정되며 자동적으로 소비자에 의해서 구매력으로 나타나게 된다. 그러므로 시장의 실패와 성공은 자기책임의 원칙하에 경제적 성장을 꾀할 수 있다.

넷째, 경쟁과 경제적 성패의 관계는 동태적이다. 경쟁력 있는 기업은 경쟁의 우위를 통한 계속적인 발전을 꾀할 수 있겠지만 그렇지 못한 기업은 쇠퇴할 것이므로 계속적인 발전의 동태적인 모습으로 나타나야 한다는 것이다. 시장은 자원배분의 주 역할을 담당하는 곳이므로 기업은 시장에서 그 평가를 받게 되는 셈이다.

다섯째, 시장의 원리와 함께 법치적 보장이 중요하다. 시장에서의 일정한 법칙이 작용하고 있다는 뜻이며, 시장에서의 공정성, 투명성, 보호성 등의 법적이고 제도적인 장치가 마련되어 있어야 모든 소비활동이 원활하게 이루어질 것이기 때문이다. 소비자들은 자발적으로 시장에서 자신이 구매하고 자 하는 양질의 상품을 값싸게 구입하려 할 것이며, 생산자 역시 값싸고 질 좋은 상품을 소비자들에게 선보이게 될 것이므로 가격과 수요에 의하여 그리고 소득과 기호 및 기대효과 등에 의하여 구매력으로 나타나는 곳이 시장경제의 원리이다.

## 2) 가격의 원리

시장에서의 가격결정은 수요와 공급에 의해서 결정된다. 즉, 구입하려고 하는 제품의 수요가 부족하다면 상대적으로 가격이 올라가고, 반대로 공급의 양은 많아 수요자가 줄어드는 현상이 발생할 때 가격을 필요이상으로 하락할 것이라는 전제하에서의 시장의 경제원리가 적용되는 것이다. 그러므로 시장은 일정한 장소와 시간이 따로 결정되어지는 것이 아니라 필요한 각종의 수단을 총동원하여 시장에서의 가격결정에 영향을 미치게 된다.

가령, 시장에서 어떤 상품이 비싸게 팔리고 있다는 정보를 입수한 소비자는 구입과 관련하여 필요한 정보를 입수하고 인터넷이나 신문, 전화 등 다양한 방법을 동원하여 보다 값싼 쪽의 동일한 상품을 구입하려고 할 것이다. 그러므로 가격의 기능은 생산과 소비의 지표가 되며 자율적인 유통의 기능을 담당하게 된다. 흔히 유통이라고 하면 생산된 제품을 시장에서 소비자와 생산자를 연결시켜 주는 기능으로 볼 수 있지만 사전에 생산자와 소비자의 관계를 연결시켜주는 매개체라는 점에서 자율적인 가격결정에도 그 영향을 미치고 있다.

한참 수확기를 맞는 사과와 배의 판매금액이 한 상자에 배는 2만원, 사과는 1만5천원에 판매하고 있다고 가정할 때, 판매자요 생산자인 농장의 주인은 시장에서의 가격을 고려하여 적정량을 판매하고 나머지 수확물은 창고에 보관하여 겨울이나 이듬해 봄에 좀 더 높은 가격으로 판매하고 자 할 것이다. 그러나 갑작스런 수요의 증가로 가격이 2배 이상으로 증가했다면, 농장의 주인은 2배의 높은 가격을 받으려고 보관하려고 하는 생각을 바꾸어 시장에 공급하게 될 것이다.

이렇게 순조롭게 가격이 형성되어 거래가 된다면 별 문제가 없겠지만 이때 정부가 시장에 개입하여 물가를 조절하고 수급기의 가격을 동결하는 등 각종의 제도를 동원하여 시장가격을 형성하려고 할 것이다. 그때 소비자들은 2배의 비싼 가격의

배와 사과를 구입하지 않고 종전의 금액과 비슷한 금액에 구입하여 먹게 될 것이다. 이러한 가격의 기능과 시장과의 관계에서 정부는 생산과 소비의 연계성을 통한 시장의 기능을 조절하고 있는 것이다.

## 2. 수요와 공급에 의한 가격결정

시장에서 판매되고 있는 모든 상품은 그 가격이 천차만별이지만 일정한 형태의 가격이 표시되어 있다. 그러나 생산자가 일방적으로 가격을 결정할 수는 없는 입장이며, 반대로 소비자가 마음대로 그 가격을 책정할 수는 더더욱 없는 노릇이다.

시장이라고 하는 자유경쟁의 장소에서 생산제품을 판매하려고 하는 공급자와 이를 구입하려고 하는 구매자 즉, 소비자 사이에서 결정지어지는 시장가격(균형가격)의 형태를 말하며, 수요와 공급에 의한 자유 시장기구, 가격기구(Price Mechanism)라는 명칭으로 사용하기도 한다.

〈그림 3-1〉에서 시장가격의 형성에 대한 수요와 공급의 내용을 표시한 것이다. 수요곡선(Supply)과 공급곡선(Demand)이 교차하는 지점을 시장가격 또는 균형가격이라고 한다. 시장은 수요와 공급을 조절하는 기능을 한다. 상품의 가격이 비싸면 소비자는 구입하고 자 하는 상품의 량을 적게 구입하게 될 것이며, 반대로 가격이 하락하거나 싸지면 소비자는 종전보다 더 많이 구입하려고 할 것이다.

〈그림 3-1〉 시장가격의 형성

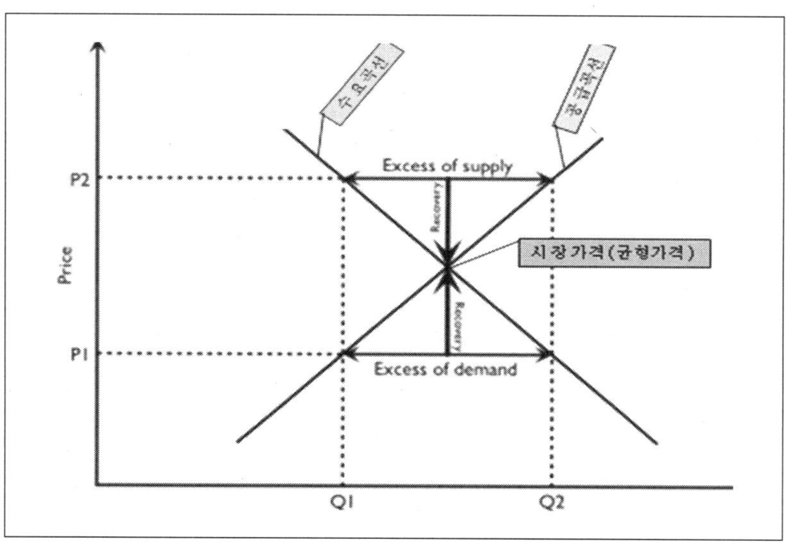

시장가격 즉, 평균가격의 원리를 보면, 도표로 표시한 부분이 시장가격의 형성 즉, 시장가격의 형성조건이 되는 것이다. 시장에서 생산자와 소비자의 관계에서 무엇을 생산하고 어떻게 판매할 것인가, 누구를 위하여 생산할 것인가 등의 문제에 있어 시장의 기능은 자동조절기능의 역할을 감당하고 있는 것이다.

## 3. 시장경제의 원리와 경제문제

시장경제의 원리는 수요와 공급에 의해서 결정되어지는 시장가격을 말하며, 누가 무엇을 얼마나 생산할 것이며, 구체적으로 누구에게 판매할 것인가에 대한 해답을 구하는 것과 같다. 구체적으로 시장에서의 수요와 공급은 소비자가 선호하는 제품이면 많이 생산하게 될 것이고, 그리고 비용이 싸지면 많이 생산하게 되는 것은 당연한 이치이다. 그렇다면 어떻게 생산할 것, 누구를 대상으로 생산할 것인가에 주목하여 다음과 같은 수요와 공급의 위치에서 설명하였다.

〈그림 3-2〉에서 수요와 공급의 관계에 관한 기본적인 원리를 설명하면 다음과 같다.

우선 공급이 일정할 때 수요가 변화하는 현상에 대하여 살펴보면, 왼쪽의 그림은 수요곡선을 중점으로 설명하고 있다. 공급이 일정할 때 수요의 변동에 대한 설명은 다음과 같다.

첫째, 수요가 증가하는 경우의 예를 들어보면, $D$에서 $D_2$로 변하게 된다.

상대적으로 공급이 감소했거나 부족한 현상을 초래한 경우이다. 이때 시장가격 즉, 균형가격은 희소성의 원칙에 따라 가격이 변하게 된다. 가령, 시장에서 닭고기의 가격이 상승했습니다. 소비자들이 닭고기 대신에 달걀을 구입하여 사용하기를 원한다면 닭고기의 가격보다 달걀의 가격이 상승세를 나타내 보일 것입니다. 이때 닭고기의 가격은 자동적으로 조절되어 수급량이 조절되어 적정가격이 부여될 것이다. 물론 독점가격을 형성하여 기업이 가격에 깊숙이 개입된 경우도 있으나 대부분 시장가격에 의해 형성된다.

둘째, 수요가 감소하는 경우, $D$에서 $D_1$으로 변하게 된다.

상대적으로 공급이 증가하였거나 새로운 제품을 출시한 경우이다. 커피의 대체제인 녹차의 가격이 상승하고 있을 때, 소비자들은 녹차대신 커피를 마실 것이다. 그때 커피의 양은 자동적으로 조절이 되어 적정가격이 부여될 것이다.

〈그림 3-2〉 수요와 공급의 기본원리

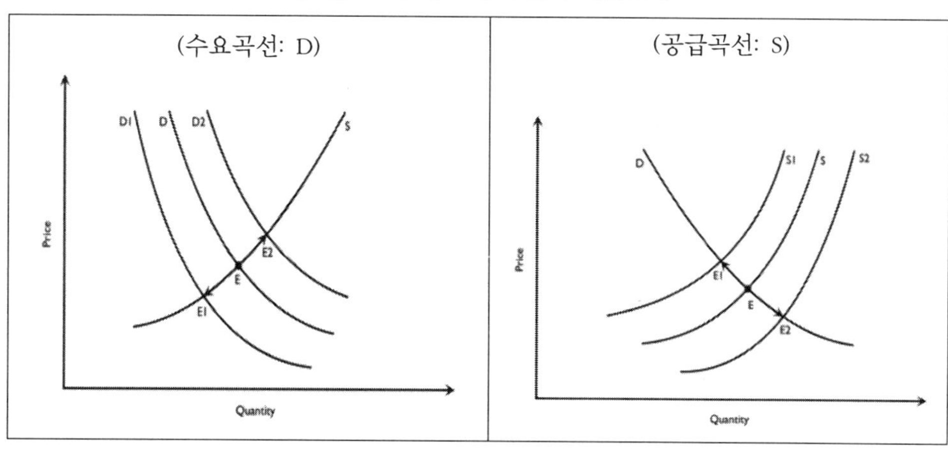


두 번째의 경우 〈그림 3-2〉의 오른쪽 그림을 중심으로 수요가 일정할 때 공급이 변화는 현상에 대하여 살펴본다. 수요가 일정한데 공급량이 변하면 어떤 현상이 나타나는가?

첫째, 공급이 증가한 경우에서 설명하면 다음과 같다. $S$에서 $S_2$로 이동하였기 때문에 수요가 감소한 것으로 보인다. 가령, 우리나라에서 컬러 TV생산을 중단하고 새로운 HD개념의 TV를 생산한다고 가정할 때 다음과 같은 원리로 생각해 볼 수 있다.

처음에는 소비자들이 새로운 신상품에 대해 관심을 갖고 구입하게 됨으로 수요가 급증하였으나 생산 공장에서의 대량생산으로 인한 가격인하와 제품에 대한 새로운 기술의 개발로 인하여 생산가격이 하락할 것이다.

이때 소비자들에게 가격부담을 줄이고 가격부담이 적은 금액으로 시판된다고 가정할 때, 공급량은 증가하였으나 수요가 급격하게 줄어든 탓도 아니고 수요가 감소한 탓도 아닌데 가격은 균형가격을 형성하게 됨으로써 공급량의 변화만을 가져오게 될 것이다.

둘째, 공급이 감소한 상태에서의 설명을 하면 다음과 같다.

우선 곡선이 $S$에서 $S_1$으로 움직였다. 상대적으로 수요가 증가한 것으로 보인다. 그러나 공급이 감소한 탓이다. 위의 TV설명에서 어느 정도 보급이 확산되어 집집마다 TV를 보유하고 있다고 한다면 이제 TV개발이나 새로운 기술도입을 위해 생산을 멈추게 될 것이다. 즉, 생산량을 감소할 수밖에 없을 것이다. 그럼에도 불구하고 TV는 계속 필요하게 될 것이다. 그렇다면 가격이 하락하는 것이 아니라, 종전의 가격대로 그 가격을 유지할 수 있을 것이다.

# 제2절 수요자와 공급자의 관계성

## 1. 시장경제와 수요이해

### 1) 수요의 개념과 결정

소비자가 가격을 지불하고 구입할 의사표시를 할 때, 생산자의 상품의 양이 소비자의 수요량(Quantity Demanded)을 충족할 수 있는지의 여부를 수요(Demand)라고 한다. 소비자가 의사표시를 하기 전에 의사결정을 하는 과정에서 어떤 제품을 얼마만큼 구입할 것인가를 최종적으로 표시하도록 만드는 것은 가격에 대한 결정이다. 수요란 소비자가 필요로 하는 상품에 대한 값을 지불하고 구매하는 행위를 말하므로 반드시 소비자의 욕구에 따른 구매력표시를 해야 한다.

지불능력이 없는 욕구상태는 수요라고 볼 수 없으며, 일정기간을 기준으로 측정되는 유량(Flow)의 개념이다. 유량과 대비되는 개념은 일정시점을 기준으로 측정되는 양인 적량(Stock)이다. 또한 수요는 개인수요(Individual Demand)와 시장수요(Market Demand)로 나눈다.

### 2) 수요결정의 제 요인

#### (1) 가격과 수요와의 관계

시장은 재화와 서비스가 거래되는 장소이며, 특정재화에 대한 매매와 교환의 장소이기도 하다. 시장에서의 상품을 구입하고 판매하는 행위는 시장기능에 의한 가격결정에 따른다.

가격의 결정은 어떤 상품의 단위와 교환되는 화폐액으로 표시하기도 한다. 수요와 공급은 시장에서 소비자와 생산자의 상호작용에 의해서 발생한다. 수요결정의 요인 가운데 가격과 소득의 관계에서 소비자는 개인적인 소득을 통하여 자신의 구매력을 나타낼 것이다. 이런 전제하에서 수요가 가격과 소득과의 어떤 관계가 있는지를 살펴보면 다음과 같다.

〈그림 3-3〉 가격과 소득에 따른 수요변화(예측)

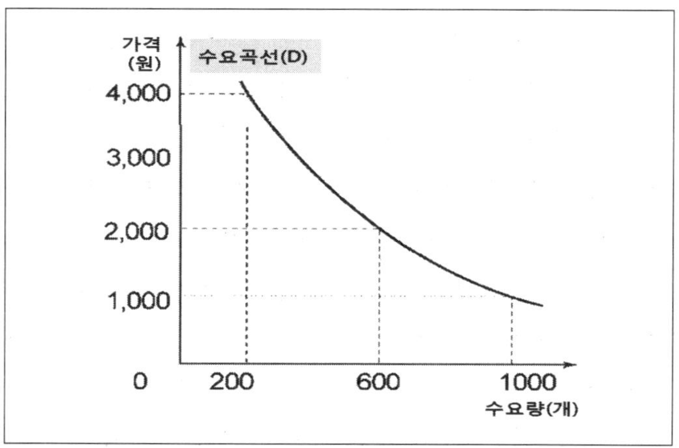


〈그림 3-3〉과 같이 어떤 상품의 가격이 1,000개에 1,000원 한다고 할 때, 가격이 1,000원에서 2,000원으로 상승한다면 소비자는 1,000개의 구매량을 600개로 줄여 소비하게 된다는 것이다. 물론 반대의 개념으로 가격이 하락한다면, 더 많은 양을 구매할 것이다.

따라서 가격의 변화에 대한 수요량을 나타낸 것을 수요의 법칙(Law of Demand)이라고 하는데 어떤 재화의 가격이 상승하면 그 상품은 수요가 감소하는 관계를 〈그림 3-2〉에서 자세하게 그림으로 나타낸 것이다. 또한 이러한 변화의 상태를 도표로 표시하면 다음과 같다. 관련된 상품의 가격이 상승함에 따라 다른 상품의 수요가 증가하게 될 때 이를 관련 상품의 가격에 대한 대체제의 효과와 구입하려고 하는 상품의 가격이 상승하여 다른 상품을 구입하려고 하는 의사가 없어 수요가 감소할 때 이를 보완재의 관계에 있다고 말한다.

**〈표 3-1〉 가격의 변화에 따른 수요변화**

| X재의 량 | X재의 가격변화 |
|---|---|
| 1,000개 | 1,000원 |
| 600개 | 2,000원 |
| 200개 | 4,000원 |

### (2) 가격과 소득과의 관계

시장에서의 가격은 소비자로 하여금 소비할 수 있는 결정의 단계를 사전에 알려주는 역할을 한다. 가령, 어떤 상품을 구입하기 전에 먼저 가격을 알아본 다음 구매력으로 표현하기 때문이다. 상품의 가격에 따라 소비자의 반응은 다르게 나타난다. 가격이 상승하면 소비가 감소하고 가격이 하락하면 소비가 증가한다.

사과 1개에 1,000원씩 받던 가게에서 갑자기 가격을 1,500원으로 올리면 소비자는 순간적으로 500원이 더 비싼 사과의 구입을 꺼려하게 될 것이다. 이때 소비자는 사과대신에 귤을 구입하여 먹던지 하는 다른 소비의 태도를 나타내 보일 것이다.

소비자의 소득과 가격과의 관계에 있어 소득이 증가함에 따라 그 수요가 증가하는 것을 정상적인 소비의 형태라고 말하며, 반대로 소득이 줄어들면 자연스럽게 지출할 돈이 줄어들기 때문에 구입량을 줄일 것이다. 이를 정상재(Normal Goods)라고 부른다. 그리고 소득이 증가함에 따라 그 수요가 감소하는 현상을 열등재(Inferior Goods)라고 말한다.

열등재에 대한 예를 들자면, 수입이 증가하여 없던 자동차를 구입하였다고 할 때 기존에 이용하던 대중교통수단이나 먹지 않았던 육류의 섭취량을 늘여갈 것이다. 이때 소득이 증가함에 따라 점차 그 수요가 감소하는 재화에 대하여 열등재라고 말한다. 쉽게 말해 소득이 증가하면 승용차를 구입하여 타게 될 것이고 또한 돼지고기를 소비하기 보다는 비싼 소고기를 소비하게 될 것이기 때문이다.

하지만 한 상품의 가격이 하락함에 따라 다른 상품의 수요가 늘어나는 경우 두 상품을 보완재의 관계에 있다고 보는데, 보완재(Complements)에 대한 예를 들어보면 자동차의 가격이 비싸면 자동차를 구입하지 않으려 할 것이고 대신에 자동차의 연료 또한 비싸다면 아무도 자동차를 선호하지 않을 것이다. 이때 정부에서는 두 수요에 대한 정책에 영향을 주어 자동차가 비싼 경우 자동차의 연료비를 줄여 준다면 어느 정도 자동차를 구입하고 또한 연료를 소비하게 될 것이므로 경제가 원만하게 돌아갈 것이다.

## 3) 수요의 결정변수

수요를 결정하는 변수는 소득, 관련 상품, 기호, 가격 등의 여러 요인이 작용한다. 그 가운데 소득에 있어서 소득의 증감변화는 수요에 큰 영향을 미칠 것이다. 소득이 증가하면 수요가 상승한다는 정상재의 경우와 소득이 증가하고 수요가 감

소한다면 열등재의 관계에서 살펴본 것과 같이 소득과 수요와 관계는 수요량의 결정적 변수로서 작용한다.

수요의 결정변수로 관련 상품이나 가격에 있어서도 마찬가지이다. 한 상품의 가격이 하락할 때 자동적으로 다른 한 상품의 수요가 감소하는 경우가 있다. 이를 대체재라고 하는데 가령 커피와 녹차, 영화와 비디오의 관계에서 이를 잘 파악할 수 있을 것이다.

보완재의 경우는 한 상품의 가격이 하락할 때 다른 한 상품의 수요가 증가하는 경우를 말하며, 이는 자동차와 휘발유, 컴퓨터와 소프트웨어의 관계에서 살펴볼 수 있다. 수요의 결정변수에 영향을 주는 기타의 요인으로는 기호와 기대의 요인들이 있다.

기호란 사회, 역사적, 심리적 요인으로 어떤 한 상품을 선호하게 될 때 그 소비자들은 계속적으로 그 상품을 선호하게 될 것이므로 수요가 급작스럽게 변동되지 않을 것이다. 예를 들어 우리나라가 김치와 불고기를 좋아하는 국민들의 식습관이 있다. 이때 김치와 불고기는 기호식품으로서 심리적으로 또는 문화와 역사적으로 많은 소비지들이 계속하여 소비하게 될 것이다. 기대에 따른 수요량의 결정적 변수는 상품과 서비스에 대한 기대는 현재수요에 영향을 줄 뿐만 아니라 잠재소득이 발생할 시 차후에 충분히 구매할 것을 사전에 예상할 수 있어 이를 수요량 예측에 포함을 시키고 있다.

추가적으로 소비자가 새로운 정보를 접하게 되거나 추가적인 지식과 정보를 습득한 경우 소비로 나타나는 경우도 수요량의 결정에 변수로 작용하게 된다. 즉, 어떤 제품이 미용에 좋다고 하거나 건강에 아주 좋다는 정보와 함께 관련의 자료들을 입수한 경우 이를 구입하려고 하는 사람들의 심리로 말미암아 수요가 증가하게 될 것이기 때문이다.

## 2. 소비선호와 합리적 소비

### 1) 소비선호와 효용의 관계

소비자가 소비하고 자 하는 것은 다양한 욕구충족에서 나타난다. 소비자가 원하는 욕구는 재화와 서비스를 통한 만족을 얻고 자 하는 것으로 이를 효용(Utility)이라고 한다. 소비자인 개인이 재화와 서비스를 소비하여 효용을 얻고 자 하는 그

효용의 가치는 소비자의 상황과 형편에 따라 다르게 나타난다.

가령 점심을 먹고 2시간 이후에 모든 사람들에게 후식으로 군고구마 한 개씩을 나눠준다고 가정할 때, 군고구마를 먹는 모든 사람들이 동일한 만족을 갖지는 않을 것이다. 배가 부른 사람은 귀찮아하거나 또는 한 개가 부족하여 한 개를 더 주었으면 하는 사람 등 천차만별로 나타날 것이다. 이때 고구마 한 개로 얻는 효용의 가치는 각자의 다르며 한 개로 만족하는 사람과 두 개 또는 그 이상으로 만족하는 사람 등의 차이가 있을 수 있다는 결론이다.

소비자가 원하는 재화와 서비스의 관계를 함수로 표시한 것이 소비선호에 대한 효용함수라 부르며 식 U = U(X, Y)로 표기한다. 여기서 U는 소비자의 효용, X, Y는 소비자의 효용과 그 소비량을 표시한 것이다. X재와 Y재 중 어느 한쪽의 소비량이 증가할 때 소비자의 효용도 동시에 증가하는 것을 나타낸다.

X재와 Y재중 어느 한 쪽의 소비량을 고정시키고 다른 한 쪽을 증가시켜 소비할 때 나타나는 현상을 한계효용(Marginal Utility)이라고 하며, 소비량을 한 단위 증가시키거나 줄일 때 총효용에 추가되는 효용을 말한다.

〈그림 3-4〉 한계효용과 총효용

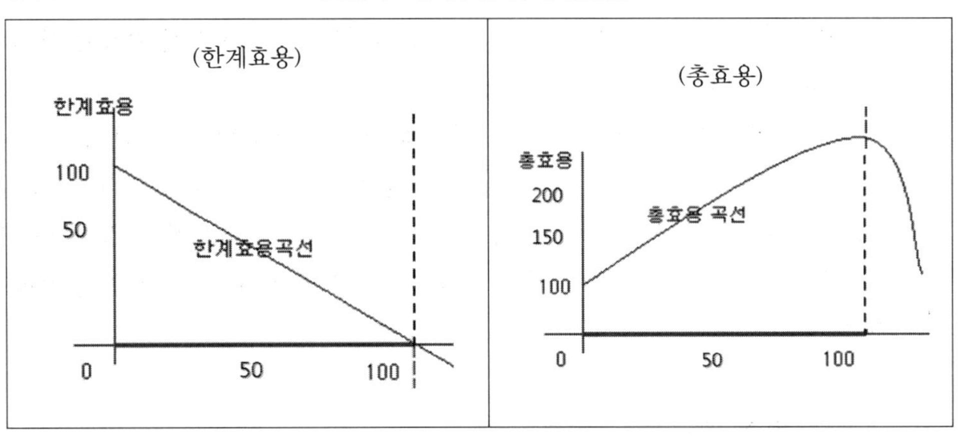


한계효용은 〈그림 3-4〉의 왼쪽 그림과 같이 100개를 지나게 되면 그 이후에는 0을 지나기 때문에 사실상 효용의 가치는 (-)로 바뀐다. 그리고 총효용은 〈그림 3-4〉의 오른쪽 그림에서 100개 이후 한계효용이 체감함으로 총요용은 감소한다. 그러나 한계효용은 체감하지만 (-)가 아니므로 한계효용의 합인 총효용은 계속적으로 증가할 것이다.

따라서 어떤 상품에 대한 소비가 증가할 때 한계효용은 양(+)일 때 총효용은 증가하지만 음(-)인 경우 총효용은 감소한다. 이때 한계효용이 100개 이하로 내려가 (0)일 때 총효용은 극대가 된다. 즉, 총효용이 극이면 한계효용은 (0)이 된다.

한계효용이 체감할 때 이를 한계효용체감의 법칙(Law of Diminishing Marginal)이라고 하며, 어떤 상품의 소비량이 고정적일 때 다른 한 상품의 소비량이 증가하는 경우 그 한계효용은 점자 감소하는 현상을 말한다. 소비의 량이 증가했다는 것은 한계효용이 체감했다는 것이다. 한계효용체감의 법칙은 〈그림 3-4〉의 왼쪽 그림과 같이 우하양의 한계효용곡선으로 표시한다.

실제로 경제학에서는 총효용과 한계비용의 관계를 이용한 총생산물, 총비용과 총한계비용, 총량과 한계량 등의 표현에서도 이러한 관계를 가지고 설명하고 있다.

**참고**

□ **수요와 공급에 대한 기본용어**

1. **수요**(demand)
   - 수요(demand): 소비자가 대가를 치르고 구입하려는 의사
   - 수요량(quantity demanded): 일정한 값으로 구입할 의사가 있는 재화의 양
   - 수요표(demand schedule): 가격과 가격변화에 따른 수요량 관계를 요약 · 정리해 놓은 것
   - 수요곡선(demand curve): 수요 표를 그림
   - 시장(mark): 재화와 서비스가 거래되는 곳(특정상품의 매매, 교환)
   - 가격(price): 어떤 상품 1단위와 교환하는 화폐액
   - 시장의 기능에 의해 가격결정(시장가격); 균형점(가격기구)
   - 시장은 전 세계를 대상으로 무한경쟁, 완전경쟁(세계화의 영향)

2. **공급**(Supply)
   - 공급(supply): 판매자가 대가를 받고 판매할의사
   - 공급량(quantity supplied): 일정한 값으로 팔 의사가 있는 재화의 양
   - 공급표(supply schedule): 가격과 가격변화에 따른 공급량과의 관계를 요약 정리한 것
   - 공급곡선(supply curve): 공급표를 그림으로 표현한 것
   - 공급계획(supply schedule): 공급자의 입장에서 볼 때 가격이 상승할 때 공급하겠다는 것.

## 제3절 수요와 공급의 결정에 따른 변화

### 1. 수요의 결정

#### 1) 수요함수와 수요곡선

수요량과 수요를 결정하는 함수관계에 있어 기호로 나타내는 것을 수요표라고 한다. 어떤 재화의 수요와 가격과의 관계를 표시할 때 가격의 변동에 따라 수요가 변동하는 관계를 표시하는 것이므로 소비자의 구매계획에 영향을 미친다. 소비자의 구매계획에 영향을 미치는 요인은 상품의 가격, 소비자의 소득수준, 미래가격, 인구 및 소비자의 기호와 기대 등의 요인이 한데 어우러져 작용한다.

〈표 3-2〉 아이스크림의 수요표

| 아이스크림의 가격 | 아이스크림의 수요량 |
|---|---|
| 1000원 | 30개 |
| 1300원 | 26개 |
| 1500원 | 25개 |
| 1700원 | 22개 |
| 2000원 | 20개 |
| 2200원 | 17개 |
| 2400원 | 15개 |

수요표(demand schedule)는 어떤 재화의 가격과 수요량의 관계를 나타내는 표이다. 아래의 〈표 3-2〉에서 아이스크림 가격에 대한 수요량을 표시한 것이다. 〈표 3-2〉의 수요표를 수요곡선으로 표기하면 〈표 3-3〉과 같이 표기할 수 있다. 수요곡선이란 어떤 재화의 가격과 수요량의 관계를 그래프로 나타낸 것이므로 수요표에 해당하는 내용을 표로 나타낸 것이 수요곡선이다.

X축은 수요의 량을 표시한 것이며, Y축은 가격을 표시한 것이다. 소비자가 구입하려는 수요가 적절할 때는 적정가격에서 이용이 가능하겠지만 가격이 올라가거나 수요가 부족한 현상이 나타날 때는 소비자의 반응은 줄어들 것이므로 가격이 재차 조정된다는 시장의 원리에 입각한 것을 나타낸 것이다. 수요의 량에 따라 가격이 결정되는 여러 요인과 수요와의 관계를 수요법칙이라고 한다.

〈그림 3-3〉의 수요의 변화와 수요량과의 관계에 있어 수요는 가격에 따라 변화된다는 것을 알 수 있다. 즉, 어떤 상품의 가격이 올라가면 수요가 감소하고 반대로 가격이 하락하면 수요량은 증가할 것이다. 이러한 수요와 가격과의 관계를 표시한 것이다.

**〈표 3-3〉 수요곡선**

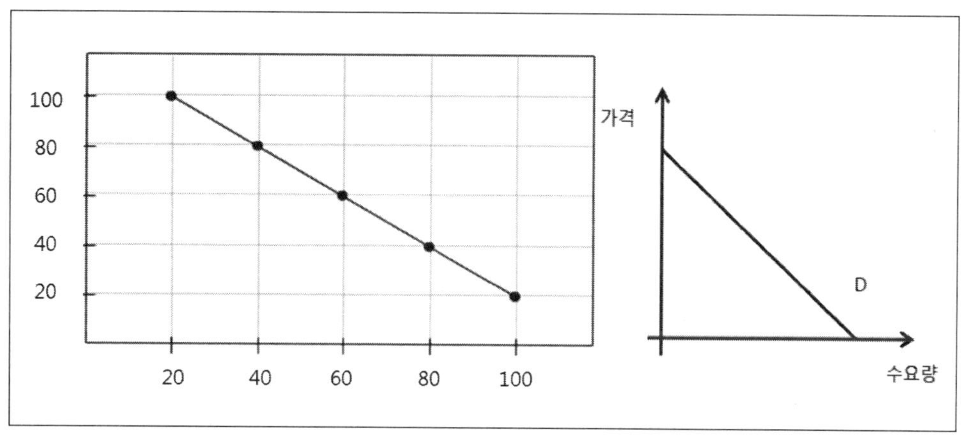


수요와 수요곡선의 법칙은 소비자의 입장에서 보면, 해당상품의 여러 조건이 일정하다고 볼 때 해당상품의 가격이 변동됨에 따라 수요량이 변화되는 것을 말한다. 그러나 모든 조건이 일정하고 수요와 가격과의 관계만을 표시하는 것이기 때문에 부분균형분석이 되는 것이다. 따라서 한계효용의 이론에서 수요곡선은 우하향하는 형태로 나타나게 된다.

## 2) 수요곡선의 이동

### (1) 수요곡선상의 이동

수요가 증가하거나 감소하는 원인은 소비자의 소득의 변화에 따른 것과 소비자의 선호, 관련 상품의 가격, 소비자의 예상 등이다. 소비자의 소득이 정상적으로 증가하여 수요가 증가하면 정상재, 수요가 감소하면 열등재인 것을 배웠다. 소비자의 소비성향은 소득이 증가하면 소비가 증가할 것이므로 대부분 정상재로 설명이 가능하나 소비자들의 선호가 달라지는 현상에 있어서도 상품에 대한 수요가 변한다. 이때 수요곡선이 오른쪽으로 이동하지만 수요가 감소하면 다시 왼쪽으로 이동한다.

특히 관련 상품의 가격에 다른 소비자의 행동은 대체, 보완적 관계를 가지고 있다. 소비자들의 생활이 점차 호전되면서 기존의 커피로만 만족하던 소비자가 홍차, 녹차 등을 통한 건강을 챙기려 한다면 커피의 소비량은 소득의 증가에 따라 감소하게 될 것이다. 이런 관계가 대체재의 관계이며, 보완재는 상호보완적인 관계에 있는 상품들을 말한다. 가령 컴퓨터의 발달로 소프트웨어의 산업이 발달하는 등의 관계를 통하여 설명할 수 있다.

따라서 수요곡선 상에서의 이동은 〈그림 3-5〉의 A그림을 통하여 수요곡선상의 이동에 따른 변화를 살펴볼 수 있다. 수요곡선상의 이동은 가격의 변화에 따라 A지점에서 B지점으로 이동하는 것을 말하며, 이때 수요곡선상의 이동(Movement along the Demand Curve)이라고 한다. 하지만 〈그림 3-5〉의 B그림에서와 같이 어떤 상품의 수요에 영향을 주는 해당 상품가격 이외의 다른 변수가 작용하면 수요곡선이 이동한다. 수요량의 변화에 따라 수요곡선 전체가 이동하는 경우 수요의 증가(Increase in Demand)라고 말한다.

〈그림 3-5〉 수요곡선상의 이동과 수요곡선의 이동

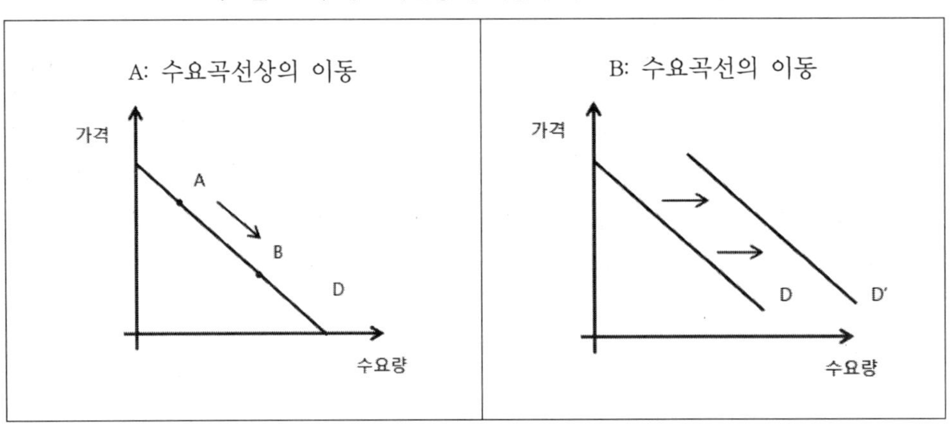


## (2) 수요곡선의 이동

개인의 수요곡선을 합하면 시장수요곡선이 되며, 수요가 우하향하면서 시장의 수요곡선은 수요와 공급이 일치하는 시장조직 즉, 자유시장기구(Free market mechanism), 또는 시장구와 가격기구를 형성하게 된다.

〈그림 3-5〉의 B그림에서 수요가 증가하는 현상과 수요가 감소하는 현상을 나타낸 것이다. 수요곡선이 $D'$ 지점으로 상향되는 조건은 주어진 가격 즉, 일정가격에

서 수요량의 증가를 나타내는 것을 말하며, 반대로 기존의 $D$지점보다 안쪽으로 수요가 감소한다면 주어진 가격 즉, 일정가격에서 수요량이 감소한 것을 나타내는 것이다. 이러한 수요의 변화에 대한 수요곡선의 이동은 가격과 수요량과의 관계를 나타내고 있다.

예를 들면, 정부에서 휘발유에 대한 소비를 줄이자는 차원에서의 정책적 수단으로 이를 홍보하고 매체를 통해 광고를 한다고 할 때, 소비자의 반응은 기름 한 방울 나지 않는 나라에서 유류의 소비량을 줄이고 친환경적인 운전습관을 통한 에코드라이빙을 정착화 하려고 시도한다고 가정할 때 소비자들은 유류의 사용을 억제할 것이다.

이때 나타나는 현상이 수요곡선의 이동현상이며, 또한 유류의 가격을 인상하여 세금을 과다하게 부과 한다고 가정할 때, 소비자들은 상승한 유류가격으로 인하여 소비가 줄어들 것이며, 결국 동일 선상의 한 지점에서 다른 지점으로 소비량의 변화를 가져올 것이다.

## 2. 공급의 결정

### 1) 공급의 결정

시장에서 공급곡선은 구체적인 위치를 결정하는 요인이 된다. 즉, 관련 상품의 가격, 예상, 시장의 범위, 산업 내에 있는 관련 기업의 수 등에 의하여 공급곡선에 영향을 미친다. 구체적으로 말하자면, 생산물의 가격이 변동하면 공급곡선이 이동하게 된다. 공급곡선이 오른쪽으로 이동하는 것은 공급의 증가를 의미하며, 왼쪽으로 이동하는 것은 공급의 감소를 뜻한다.

따라서 수요가 일정한 가운데 공급이 증가하면 가격이 내려가고 거래량은 늘어나게 된다. 대체적으로 공급이 증가하는 경우는 생산기술의 발달과 이로 인한 생산요소의 가격인하, 대체재 및 보완재의 가격변동, 예상가격의 인하 등의 원인으로 나타나게 된다. 그러므로 수요와 공급이 같이 증가하면 가격의 변동은 정확히 파악할 수 없지만 거래량은 증가할 수밖에 없는 입장이다.

어떤 상품의 수요가 증가하면 공급도 증가한다. 이러한 경우가 가장 기본적인 형태의 수요와 공급의 변동이라고 한다면, 수요가 증가하거나 또는 수요가 감소함에도 불구하고 공급의 량이 변동이 없다고 한다면 가격에 영향을 미치는 요인으로 작용하게 될 것이다. 반면, 수요와 공급이 감소하면 가격의 변동량은 확실하지 않게 되며, 거래량은 어느 한쪽의 감소량보다 훨씬 더 많이 감소하는 현상으로 나타날 것이다.

따라서 공급은 생산자가 일정한 기간 동안 어떤 가격 선에서 재화와 서비스를 판매하려고 하는 것을 말하며, 판매하기 위한 전반적인 계획과 그 수량을 말한다. 그러나 공급량의 결정은 판매하기로 결정된 순수한 수량을 말하며, 생산자가 일정기간 동안 주어진 가격에서 공급을 한다고 해도 소비자가 이를 구매하지 않는 경우라면 그 량은 줄어들 것이다. 공급의 결정은 재화의 가격, 생산요소의 가격, 예상가격, 공급자의 수, 생산자의 기술수준, 연관재의 가격변동 등에 민감한 반응을 보인다.

## 2) 공급곡선의 이동

### (1) 공급곡선상의 이동

공급은 일정기간 공급자가 정한 가격을 받고 전달하고 자 하는 상품의 량을 말한다. 그러므로 공급의 량은 유량으로 표시하며, 이러한 공급은 공급계획(Supply schedule)에 의한다. 즉, 공급자의 입장에서 보면 가격이 상승할 때 공급의 량을 늘이거나 공급을 결심하게 될 것이다. 예를 들면, 사과 1박스에 2만원 하던 것이 시장에서 사과의 소비량이 증가하고 물량이 부족하여 가격이 상승하고 있다고 가정한다면 공급자는 공급의 량을 늘이거나 공급계획을 수정하여 추가적인 공급을 시도할 것이다. 다른 조건이 일정하다고 전제할 때, 어떤 상품의 가격이 상승하면 그 상품의 공급량이 증가하는 현상이다.

공급의 법칙은 가격이 상승할 때 공급의 량이 증가하고, 가격이 하락하면 공급의 량이 감소하여 공급량이 줄어든다. 이러한 관계를 공급법칙이라고 한다. 공급을 결정하는 요인으로 상품의 가격, 생산요소의 가격, 생산기술의 진보, 기타 정부정책 등으로 살펴 볼 수 있다. 상품의 가격은 가격 상승 시 이윤증가를 고려하여 기업은 공급을 늘리고 반대로 하락하면 공급을 줄일 것이다.

생산요소의 가격은 생산요소의 가격이 상승하면 공급은 감소하고 생산요소의 가격이 하락하면 공급은 증가한다. 그러나 생산요소의 가격이 지나치게 상승할 경우 공급을 중단할 수도 있다. 생산기술은 기술이 진보하면 이전의 생산가격보다 낮은 비용으로 생산할 수 있기 때문에 기업의 이윤은 증대되어 공급의 량을 증가시킬 수밖에 없을 것이다. 또한 정부의 정책에 따라 공급의 량은 조절할 수 있다.

〈그림 3-6〉 공급곡선의 변화

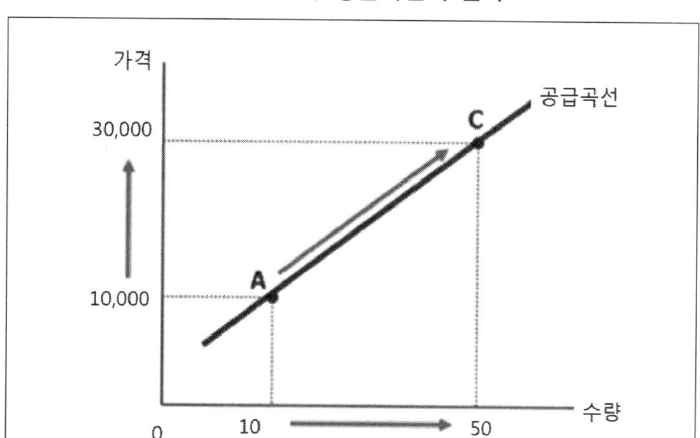


〈그림 3-6〉에서 공급은 자신의 가격, 생산요소의 가격, 생산기술, 정부정책 등에 따라 다르다는 것을 알 수 있다. 여러 조건들이 불변하고 가격수준에 대하여 공급이 변동된다고 가정한할 때 이것을 그래프로 도출한 것이며 이를 공급곡선이라고 한다. 그러므로 공급곡선은 가격과 수량에 대한 량의 표시이므로 그 관계를 표현하면 양의 기울기인 우상향의 모양을 한다.

가격에 따라 공급량의 증가요인이 발생하게 되면 공급곡선은 오른쪽으로 이동하게 되고 공급량의 감소는 공급곡선이 왼쪽으로 이동하는 관계를 공급곡선 자체에서의 변동만이 있을 뿐임을 알 수 있다.

〈그림 3-7〉 공급곡선상의 이동과 공급곡선의 이동

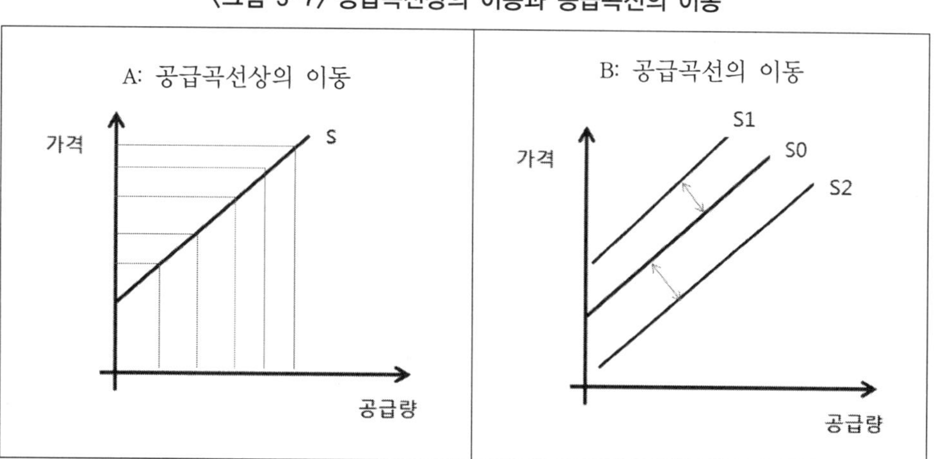

〈그림 3-7〉 A의 그림은 동일한 공급곡선 상에서 공급의 량의 증가에 따른 변화를 그래프로 나타낸 것이다. 그러므로 생산기술에 대한 획기적인 기술을 통한 신제품을 생산하였다거 할 때, 동일한 가격수준에서 공급의 량은 증대시킬 수 있음을 알 수 있다.

공급곡선의 이동은 수요곡선과 동일한 방식으로 공급곡선상의 이동과 공급곡선의 이동이 존재한다. 공급곡선의 이동이란 획기적인 생산기술의 개발로 인하여 수요가 급증한 상태를 생각해 볼 수 있다.

예를 들어 기존의 수박이 모두 둥근모양의 수박형태라고 한다면, 새롭게 기술을 개발하여 하트모양의 수박을 생산하였다고 가정할 때, 이 수박에 대하여 소비자들은 처음으로 접하는 것은 아니지만 모양이나 선물, 기타의 사용가치가 상승하여 수요가 급작스럽게 증가할 것으로 예상된다. 이때 공급자는 공급의 량을 증가시킴으로써 공급곡선 전체가 오른쪽으로 이동하는 현상을 보이게 될 것이다.

### (2) 공급곡선의 이동

공급곡선상의 이동은 공급에 의하여 공급곡선 전체가 이동하는 것을 말한다. 〈그림 3-6〉의 B에서 보면, 기존의 공급곡선 $S_0$지점에서 $S_2$지점으로 이동하는 것을 말한다. 공급곡선의 감소는 $S_0$지점에서 $S_1$으로 이동하는 것을 나타내고 있다. 공급곡선상의 이동현상은 획기적인 수요에 대한 가격의 탄력성 정도를 나타낸 것으로 다소 차이가 있을 수도 있다.

그러나 공급 상품의 가격, 생산요소의 가격(예: 유가폭등), 생산기술(예: 신기술의 개발), 정부정책 등에 의하여 발생할 수 있다. 이러한 재화의 가격이외의 다른 변수 중 어느 한쪽이 변할 때 공급곡선은 이동한다.

## 제4절 가격의 결정

## 1. 균형가격의 결정

균형가격은 수요와 공급이 일치하는 지점을 말하며, 수요곡선과 공급곡선이 교차되는 지점에서 시장가격 즉, 평균가격이 형성된다. 〈그림 3-8〉에서 수요량과 공

급량이 일치하는 지점인 E지점에서 균형이 이루어진다. 이때 균형가격 $P_0$에서 균형거래량 $Q_0$에서 거래가 이루어진다.

하지만 수요와 공급에 의해 결정된 균형가격 즉, 시장가격보다 높은 2,000원에 거래되거나 아니면 그 보다 낮은 1,000원에 거래된다고 가정한다면, 초과수요 부분이 발생하게 됨으로써 가격인상 또는 가격인하의 정책이나 압력이 나타날 수도 있다.

균형가격수준인 1,500원 수준으로 다시 회귀하여 수요와 공급이 일치할 때까지 추가적인 보이지 않는 거래가 지속될 것이며 결국 균형가격을 형성하게 된다는 것이다.

〈그림 3-8〉 시장가격(균형가격)의 형성

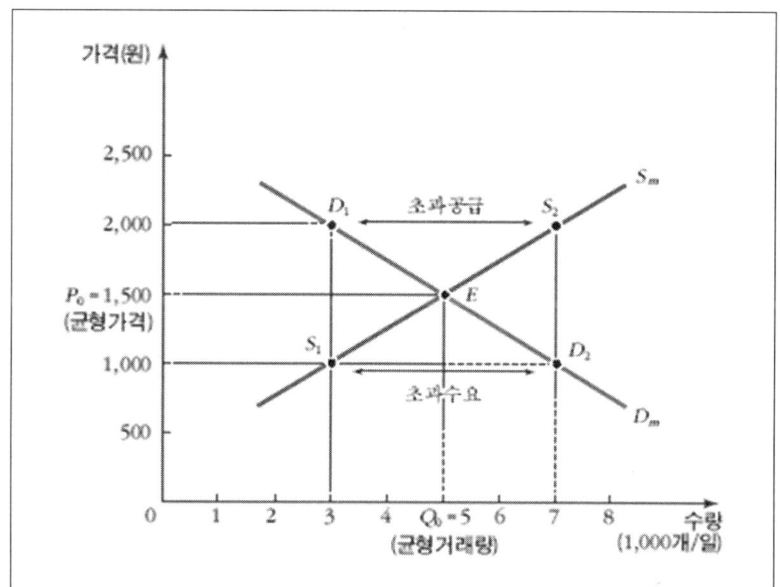


따라서 〈그림 3-8〉의 균형가격(Equilibrium price)은 수량을 균형량(Equilibrium Quantity)이라고 말하며, 수요량과 공급량이 같을 때 균형 상태라고 한다. 그러나 $D_1$과 $S_2$의 초과공급이나 $S_1$과 $D_2$의 초과수요 발생 시 이를 불균형의 상태에 있다고 말한다.

〈그림 3-9〉에서 다양한 가격이 존재하고 있다는 것을 알 수 있다. 즉, 시장은 서비스, 외환의 변동, 주가변동 등의 다양한 원인을 가지고 변화되게 된다. 특히 가

격이 $P_2$일 때 수요가 적어 실질적 거래량은 $P_2$지점의 A의 범위에서 거래가 이루어진다. $P_3$인 경우 공급이 적어 거래량은 B지점에서 공급된다. 그러므로 검게 칠한 부분은 수요와 공급이 일치하는 지점이므로 균형가격을 형성하게 되며 이때 수요와 공급은 균형을 이루게 된다. 수요와 공급의 균형가격은 수요의 증가와 파급효과로 나타난다.

〈그림 3-9〉 시장가격의 결정

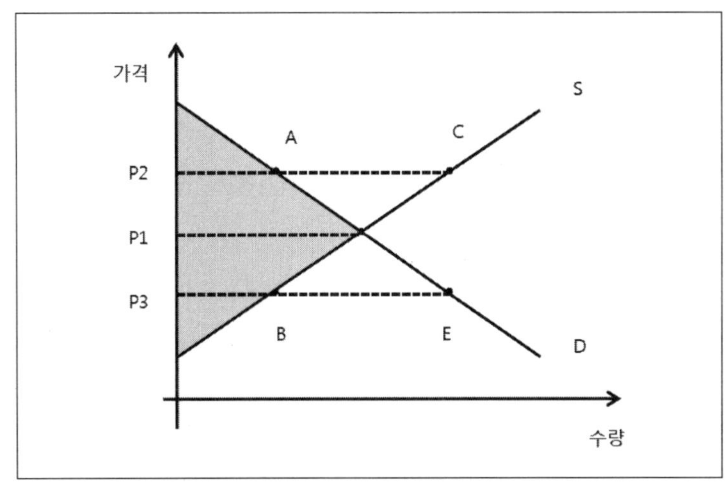


## 2. 수요와 공급의 탄력성

### 1) 수요의 탄력성

탄력성(Elasticity)은 두 변수가 서로 상호연관성을 가지고 있으며, 한 변수가 변화될 때 다른 변수가 변동하는 민감도를 그래프로 나타낸 것이다. 수요의 가격탄력성은 수요를 결정하는 변수들이 변화에 따라 수요량이 얼마나 변화되었는지를 파악하는데 사용되는 개념으로 제품의 가격변동에 따른 수요량 변동의 민감도이다.

**수요탄력성(E) = 수요량 변화율(%)/가격변화율(%)**

한 상품의 수요량이 변화될 때 가격변화 비율이 큰 경우 그 상품의 수요는 탄력적이 작을 경우 비탄력적이라고 말한다. 예를 들면 사과 한 개의 가격이 10% 상승

하였다고 할 때, 수요량은 15%감소하였다. 이때 그 수요의 가격탄력성은 E=15%/10% 이므로 1.5%를 나타낼 것이다.

〈그림 3-10〉에서 수요의 탄력성에 대하여 살펴보면, 수요탄력성이 1.0보다 클 경우 수요곡선은 탄력적이라고 말하고, 가격변화율 이상으로 수요량이 변한다. 만약 수요의 탄력성이 1.0과 같을 때, 수요곡선은 탄력적이라고 말하며, 수요탄력성이 0과 1.0사이인 경우 수요량 변화율이 가격변화율 보다 낮게 나타난다. 그리고 수요탄력성이 0일 때, 그 수요곡선은 완전 비탄력적이며 가격변화가 있어도 수요량은 변화가 없다. 하지만 수요탄력성이 무한대일 때는 수요곡선은 완전 탄력적이다.

〈그림 3-10〉 수요의 가격탄력성

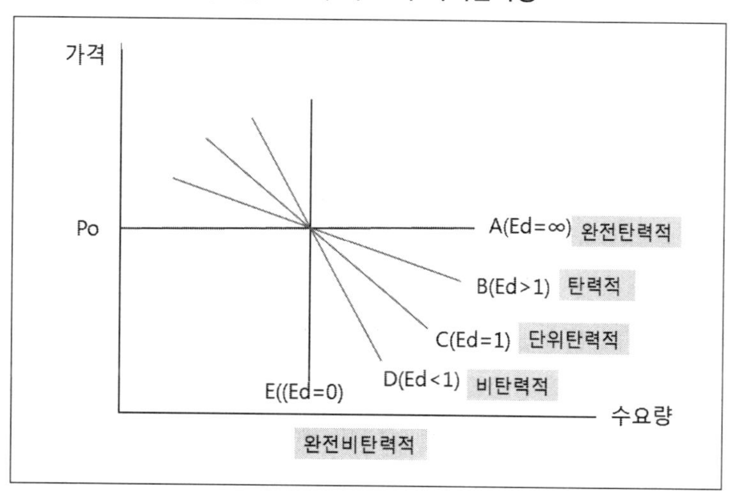


이밖에도 소득 변동에 따른 수요량의 변동이 소득 1%변동할 때 수요가 몇 % 변동하는지에 대한 관계를 소득탄력성이라고 말하고, 이는 소비자들의 소득이 변할 때 수요량이 변하는 정도를 측정하기 위해 수요의 소득탄력성을 사용한다. 이때 정상적인 재화의 소득탄력성은 +값을 가지며, 열등재의 경우 -값을 가진다.

교차탄력성은 다른 재화의 가격변동에 대한 어떤 재화의 수요량의 변동에 대한 민감도를 말하며, 교차탄력성이 +이면 어떤 X재는 Y재의 대체재, -이면 보완재의 관계가 된다. 하지만 0일 경우 아무런 관련이 없다.

## 2) 공급의 탄력성

공급탄력성(Price Elasticity of Supply)은 가격변동에 따른 공급량의 변동에 대한 민감도를 표시한 것이다. 공급탄력성은 어떤 상품의 가격변화에 대한 상품의 공급량 변화를 나타낸 것으로 공급량의 변화율과 가격의 변화율을 표시하면 다음 공식과 같이 표기한다.

| 공급탄력성($E_s$)= 공급량 변화율(%)/가격변화율(%) |
|---|

공급자가 1인의 기업 또는 1인인 경우 독점 혹은 독점기업이 되며 공급자가 다수인 경우 완전경쟁의 관계를 나타낸다. 시장가격의 형성은 수요와 공급에 의해 결정된다.

공급의 탄력성 정도는 $E_s = 1.0$일 때, 단위 탄력적이라 말하고, $E_s > 1.0$일 때 탄력적, $E_s < 1.0$ 일 때 비탄력적이라고 말한다. 어떤 상품의 공급량 변화율이 가격변화율 보다 크면 그 상품의 공급은 탄력적이고, 공급량변화율이 가격변화율 보다 작으면 비탄력적이다. 시장에서 공급의 가격탄력성을 결정하는 가장 중요한 변수는 기간이며, 단기보다는 장기적인 기간에 있어 공급은 더욱 신축적으로 조정할 수 있으므로 공급은 더 탄력적이다.

예를 들어 바나나 한 개의 가격이 1,000원에서 2,000원으로 상승한다고 가정할 때, 바나나의 공급량은 100개에서 300개로 증가되고 가격의 변화는 2,000-1,000)/1,000*100=100%이고, 공급변화율은 (300-100/100)*100=200%이므로 공급의 가격탄력성은 200&/100%=2이다. 그러므로 공급량의 변화율이 가격변화율의 2배가 되는 셈이다.

## 3. 수요와 공급의 탄력도

수요와 공급에 의한 탄력도의 관계는 〈그림 3-11〉에서와 같이 생산재화의 가격이 높다해도 소비자들의 욕구에 만족을 줄 수 없다면 높은 가격을 받기 어렵다. 또한 생산비용이 낮아도 소비자들의 수요가 많으면 그 재화의 가격은 높아진다. 이러한 관계가 수요와 공급의 탄력도에서 즉, 수요와 공급에 의해 결정되어진다고 마샬은 주장했다.

〈그림 3-11〉에서 마샬은 마치 가위의 위 날과 아래 날이 함께 작용하여 종이를 자르듯이 재화의 가격은 수요와 공급이 함께 작용하여 결정된다고 보았다. 이것이 바로 수요공급의 법칙이다. 가격의 하락은 수요를 증대시키고 공급량을 감소시키

므로 결국 시장가격은 균형가격으로 상승한다. 균형가격(equilibrium price) 또는 시장청산가격(market-clearing price)이라고 말하며, 〈그림 3-11〉에서 볼 때 E점이 균형가격인 시장가격이다.

〈그림 3-11〉 수요와 공급의 탄력도

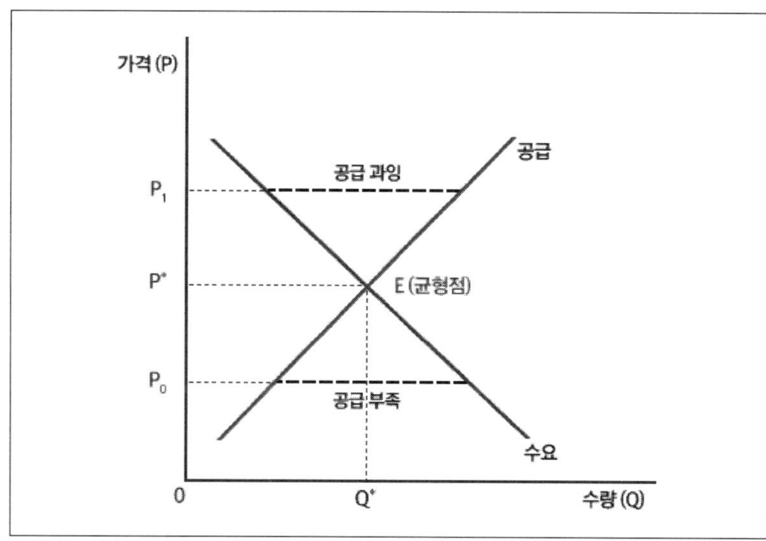

# 제4장 해외시장의 조사절차와 과정

Chapter 04

# 해외시장의 조사절차와 과정

## 제1절 해외시장조사의 순서

해외시장의 조사과정은 해외시장 조사를 위한 실행과정이며 제한된 시간과 비용을 통하여 기업의 가용 자원의 범위에서 조사를 위한 계획과 조정 및 통제의 과정을 거쳐 확신 있고 신뢰성 있는 정보의 산출을 통한 합리적인 방법을 산출해 내는 과정이다.

해외시장조사와 마케팅조사와는 서로 비슷한 형태를 취하고 있으나 마케팅의 조사과정은 문제와 정의를 통하여 조사목적을 설정한 후 정보의 원천을 결정한 다음 자료를 수집하고 수집한 자료를 바탕으로 분석, 해석 및 보고서를 작성하는 과정을 거친다.

해외시장조사는 문제의 인식과정은 동일하나 필요에 따라 정보를 확정 짓게 되며, 조사를 위한 설계도를 작성하는 차이점이 있다. 물론 조사 설계의 수립은 기법과 도구 및 표본을 설정하여 자료 분석과 조사운영의 방법을 포함하고 있다. 그리고 자료의 수집은 또 다시 1차, 2차의 자료로 구분하여 수집하게 되며, 수집된 자료를 조사하여 분석한 다음 결과를 제시하는 점이 다르다.

〈표 4-1〉에서 문제인식과 정보 확인 및 결정에 있어 가령 국내의 아토피 어린이와 비만의 어린이들이 증가하고 있다는 내용과 그에 따른 관리 및 학업과 관련하여 어떻게 하면 이러한 문제를 해결할 수 있을 것인가에 대한 문제의 인식과정을 말한다.

〈표 4-1〉 마케팅조사와 해외시장조사의 절차

| 구분 | 설정 | 계획수립 | 조사 | 분석/해석 | 결과 |
|---|---|---|---|---|---|
| 마케팅 | 문제정의<br>조사목적 | 정보원천 결정 | 자료수집 | 분석/해석 | 보고서 작성 |
| 해외시장 | 문제인식 | 조사 설계수립 | 자료수집 | 분석 | 결과제시 |
| | - 문제 인식<br>- 정보 확인<br>- 정보 결정 | - 변수 설정<br>- 조사기법 설정<br>- 조사도구 설계<br>- 표본설계<br>- 자료 분석<br>- 조사절차 결정 | - 자료은행조사<br>- 2차 자료수집<br>- 기타조사<br>- 자료 수정 | - 수집 자료의 분석 | -분석결과 제시 |

계획의 수립과정에서 이러한 어린이들을 어떤 방법으로 해결할 것인가에 대한 아이디어 창출이라고 할 수 있다. 즉, 늘어나는 아토피 어린이와 비만 어린이 치료와 학습에 대한 학교와 프로그램 및 치료약 개발 등을 통한 새로운 시장(blue ocean)의 기회에 대한 파악과 이들이 구체적으로 원하는 것이 무엇인지를 파악해야 한다. 다시 말하면 소비자의 욕구를 파악하는 것으로 일종의 조사과정이라고 할 수 있다. 조사과정에서 과연 어린이들의 아토피와 비만에 대한 어떤 치료와 어떤 학습방법 및 성장에 관한 구체적인 대안을 필요로 하고 있는지에 관한 조사라고 할 수 있다.

또한 분석 및 해석의 과정에 있어서 어린이의 아토피와 비만이 어떤 현상을 초래하고 있는지 그리고 그 내용에 있어 어떤 방법으로 해결할 것인가에 대한 아이디어와 필요한 정보 및 자료들을 총체적으로 조사 및 해석하고 분석하여 핵심적인 대안을 제시하게 된다. 핵심적인 대안의 제시는 곧 결과에 대한 보고서의 작성과정을 말하는 것이다. 이러한 제 절차와 과정을 거쳐 해외시장의 조사는 이루어진다. 구체적인 방법 및 내용에 관한 것은 다음과 같다.

## 1. 문제인식 및 조사목적

마케팅조사 및 해외시장조사의 첫 단계는 문제의 인식과 조사목적이다. 문제의 인식이란 기업이나 조사단체 및 조사자의 필요에 의해 무엇을 어떻게 조사할 것인가에 대한 물음을 가지고 시작하는 것으로써 첫 단계이며 조사하고 자 하는 문제를 정확히 인식해야만 조사목적에 맞는 계획을 수립하고 이를 설정하여 조사목적을 달성하게 되는 것이다.

조사의 목적과 계획은 기업경영상의 문제를 조사 가능한 구체적 목적을 지닌 조사문제로 정의하는 것이다. 해외시장조사를 통해서 기업이 결정해야 할 의사결정의 유형에 따라 조사절차와 조사내용 및 조사방법 등이 구체적으로 명시될 수 있기 때문에 신중하게 처리하고 사전에 조사된 자료와 추가적인 정보 및 자료에 대한 사전준비가 있어야 한다. 대체적으로 전략적 차원에서의 의사결정에 따라 필요한 정보는 2차 자료에 의존하며, 1차 자료로는 의사결정에 필요한 정보를 활용하게 된다.

〈표 4-1〉에서 마케팅조사와 해외시장조사의 절차에 관한 내용을 비교분석하여 제시하였다. 표에서 보는 바와 같이 해외시장조사는 마케팅조사와 달리 무엇보다 중요한 것은 사전조사에 많은 역량이 집중되어 있다는 점이며, 사전준비를 철저히 해야 한다는 것을 알 수 있다. 사전준비란 조사계획과 목적에 맞는 정보의 원천결정과 수집방법 및 수집원 등에 관한 구체적인 대안을 마련해야 함을 말한다.

사전에 준비된 기존의 자료와 타 자료들의 종합적인 내용들을 바탕으로 조사자나 조사업체 또는 해당기업에 맞는 조사방법과 조사목적을 수립한 후 결정되어야만 추가적인 자료수집에 따른 경비와 절차 및 내용들에 대한 효과를 얻을 수 있기 때문이다. 따라서 기업경영상의 문제(business problem)조사와 목적을 위한 조사문제(research problem)이하 할 수 있다.

**〈표 4-2〉 전략적 의사결정자료**

| 전략적 의사결정 | 자료의 유형 | 자료의 내용 |
|---|---|---|
| 해외시장 진출 여부 | 정치적 위험 | 수용 또는 몰수가능성, 안정성 평가 |
| | 재무적 위험 | 인플레이션율, 환위험, 자본의 제한 |
| | 법률적 위험 | 수출입제한, 소유제한 |
| 사업성기회 | 거시적 시장잠재력 | 1인당 GNP, GNP 성장률, GNP의 투자비율, 인구규모, 도시화 수준, 교육수준, 문화 및 환경수준 |
| 진출방식 결정 | 생산/마케팅 비용 | 전기 및 에너지비용, 인력 및 관리자 훈련, 자본과 기술의 가용성, 이자율 |
| 제품시장 결정 | 제품시장 규모 | 제품판매량, 제품소유권, 보완재 및 대체재의 판매량, 경쟁기업의 규모 |

## 1) 전략적 의사결정

〈표 4-2〉에서 전략적 의사결정이란 기업이 어떤 목적으로 어떻데 진출할 것인가를 파악하는데 고민하는 것이며, 이는 기업의 목적이나 목표를 설정하기 위한 기능적 수행과정이다. 그러므로 목적달성을 위하여 기업이 가용한 범위 즉, 자본, 기술 등의 자원을 최적으로 배분하는 기능을 통하여 전략적인 의사결정을 하게 된다.

전략적인 의사결정은 목적지향의 비일상적이고 단회적인 것이며, 신사업 진출, 설비투자, 기업인 등과 같은 결정을 위해 판단하는 것이다. 그러므로 전략적 의사결정은 사업의 영역을 결정하여 그 성장 방향을 제시하게 된다. 전략의 4가지 구성요소 및 접근법으로는 제품(시장영역), 사업 확장의 시장개척과 제품개발 및 시장 확보차원, 또는 경쟁우위와 시너지 효과를 얻기 위해서 결정하게 된다.

따라서 전략적 의사결정이란 지극히 단회적인 것이라 할 수 있겠으나 삽시간에 해당목표를 달성할 수 있는 성질이 아니다. 왜냐하면 시장개척이나 제품개발, 경쟁의 우위확보 등은 단시일에 단순한 효과로 쉽게 얻을 수 없는 것이기 때문이다.

## 2) 전술적(관리적)의사결정

의사결정(Decision Making)이란 기업목표의 설정과 목표를 달성하기 위한 결정방안을 마련하기 위한 활동을 말한다. 이러한 의사결정에 있어서 발생된 모든 문제나 대안과 관련되어 여러 가지의 필요한 정보를 수집하여 의사결정단계에서 의사결정의 근거자료로서 이용되게 된다.

정보가 의사결정 과정에서의 활동은 정보활동(Intelligence Activity)과정으로 경제적, 기술적, 사회적 환경을 파악하고, 분석하고, 정보를 수집하여 의사결정에 필요한 사항을 제공하고, 새로운 의사결정 사항을 탐구하는 의사결정단계이며, 기획활동(Design Activity)은 정보활동을 통하여 문제에 대한 대안을 제시, 탐색, 기획, 전개해 나가는 것이며, 선택활동(Choice Activity)은 설계활동의 단계에서 탐구된 가능성 있는 대안에 대한 예상되는 결과를 평가하고, 선택하고, 결정하는 의사결정단계이다.

〈표 4-3〉 전술적 의사결정 및 해외시장조사

| 마케팅 믹스결정 | 조사유형 |
|---|---|
| 제 품 | 신제품에 대한 아이디어 창출을 위한 집단조사 및 품질 및 평가조사 제품컨셉 및 마케팅 검증, 제품이익 및 태도 조사와 형성 및 특징검증 |
| 가 격 | 가격 민감도 조사 |
| 유 통 | 구매패턴 및 구매행위에 대한 설문조사, 상점유형에 대한 소비자의 태도 유통업자 태도 및 정책에 대한 설문조사 |
| 광 고 | 광고 예비검증, 광고 사후검증, 회수기록, 매체습관에 대한 설문조사 |
| 판매촉진/인력 | 판촉의 대안유형에 대한 반응도 설문조사/ 대안 판촉물의 검증 |

## 2. 정보자료의 결정

정보자료의 결정은 문제인식을 비롯한 조사과정의 처리과정으로서 조사문제에 대한 내용을 처리함에 있어 사전에 계획한 조사목적과 부합되는지와 이에 따라 필요한 정보임을 확인하고 판단하여 해당의 필요정보를 판단하고 결정한다.

특히 필요한 정보에 따른 자기 판단의 기준을 통한 정보를 판단하거나 정보의 가용성을 판단하는 것은 금물이며, 객관적인 판단 하에서 처리하여야 한다. 그리고 가용한 정보의 수집과 수집한 정보의 출처 및 가용성에 따라 기관정보를 우선으로 하여 정보를 판단하고 판단한 정보를 1, 2차로 구분하여 판단하다.

수집 가능한 외부기관의 정보를 수집하여 활용하되 2차 자료가 충분치 못한 경우라면 1차 자료에 의존할 수밖에 없으므로 사전에 충분하게 1차 자료를 준비해야 한다. 흔히 2차 자료를 구분할 때 이미 수집된 정보라고 할 수 있으나 사전에 조사하여 둔 자료를 말한다. 그러므로 기업에서는 조사비용과 시간을 절약하고 충분한 활용을 위한 사전조사를 철저히 해 두어야 한다.

사전조사라 함은 기존의 조사에서 비롯한 내용이나 판단 및 처리되고 가공된 내용들을 말하며 이러한 자료들은 대부분 정확성을 띤 기관과 정부의 정보 등에 대한 내용을 포함하여 기업이 조사한 내용들에 대한 신뢰성과 타당성을 가지고 결정하게 된다.

하지만 기존의 조사내용과 결정된 수집정보의 내용이 차후에 필요한 정보와 반드시 일치되는 것은 아니며, 다소 수정이 필요할 때도 있으므로 철저한 사전조사

와 최근의 조사자료 등을 포함하여 결정한다.

## 3. 자료의 수집과 활용

### 1) 자료수집 경로

1차 자료(Primary data)란 당면한 의사결정 문제를 해결하기에 충분하며 이러한 조사는 조사자 자신이 직접 조사, 수집한 자료를 근거로 한다. 주로 기업이 조사하는 조사의 대상은 고객이나 유통관련의 판매관련자 등에 관한 직접적인 조사를 통하여 얻어진 자료들이다.

2차 자료(Secondary data)는 1차 자료와는 달리 다른 목적을 위해 사전에 조사된 자료들을 말한다. 어떤 조사에서도 기업은 시간과 비용 및 인력을 낭비하지 않기 위해서 2차 자료가 이용한지를 사전에 확인하여 조사해 두게 된다.

〈그림 4-1〉 자료원에 따른 구분

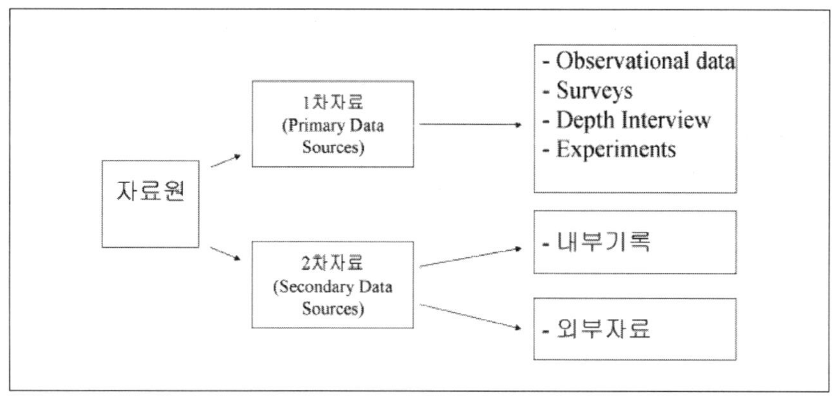


첫째, 심층조사 대상국가 및 시장의 선정에 있어서 해외시장 잠재력, 위험, 운용비용을 체계적으로 심사하기 위한 목적으로 2차 자료의 분석을 통해 조사할 대상국가 또는 시장을 확정한다.

둘째, 수요 잠재력의 추정을 위해서 조사한다. 수요 또는 시장의 규모에 따라 최초로 계량적인 추정을 시행하기 위하여 조사한다.

셋째, 환경의 변화에 대한 탐색을 한다. 환경변화의 탐색은 전 세계시장에 대한 경제, 환경적 조건의 변화를 평가하는데 주로 사용한다. 2차 자료의 수집방법으로는 공적인 정보원천(Public sources)인 공공기관에 의한 공공의 목적을 위해 조사된 자료와 사적인 정보원천(Private sources)인 거래처, 지인, 사설기관과 전문회사를 통한 조사의 내용을 말한다. 그리고 의사 소통법에는 대인면접과 우편법, 전화법 등이 활용된다. 대인면접이란 조사자가 필요한 자료를 얻기 위하여 양방향 대화를 통하여 자료를 얻는 방법이며, 우편법은 설문지 등을 통하여 우편조사를 실시하는 것을 말한다.

또한 전화를 이용하여 실시간에 조사를 하는 방법도 있다. 이 밖에서도 관찰법 등이 있으나 기업이나 조사기관에서는 조사목적에 합당한 방법을 동원하여 가장 적은 경비와 시간 및 노력을 통한 조사결과의 획득이어야 함은 적시적절한 의사결정에 가장 빠르게 응답할 수 있다는 점이다.

## 2) 시장조사 포함사항

시장조사에 포함할 사항은 수출국가의 국제무역기구의 이행과 무역정책 등 무역 관련의 법규를 사전에 파악해 두는 것이며, 관련의 인터넷 사이트와 국가별의 자료를 통한 수출관련의 협회와 해당사항의 수집 가용한 수단을 최대한 동원하여 수집한다.

특히 해외시장조사를 통한 수출마케팅의 성공적인 요소는 관련의 가용한 전 출처를 대상으로 수집된 정보를 가공, 분석처리 하는 능력을 갖춘 전문가에 의한 조사가 필요하다.

〈표 4-4〉 제1, 2차 자료의 특징

| 제1차 자료(Primary Data)특징 | 제2차 자료(Secondary Data)특징 |
|---|---|
| * 조사자 자신의 필요성에 의한 조사<br>특징: 구체적이며 복잡, 고비용, 시간과다) | * 다른 목적으로 기조사<br>특징: 빠르고 손쉬운 수집절차, 저비용 |
| - 자료 수집을 위한 시간과 비용소요 과다<br>- 전문적 조사자가 직접 관찰 및 수집<br>- 객관적 및 실험적 조사 필요<br>- 관련문제의 특정 사항에 국한될 가능성<br>- 소유정보의 비공개성 | - 자료 수집을 위한 적은 비용과 시간소요<br>- 출판된 정보원 및 타인 수집의 정보<br>- 신속한 수집이 가능<br>- 자료편견 또는 불완전성에 대한 가능성<br>- 자료의 진부성에 대한 가능성<br>- 자료의 한계성에 관한 분석 필요 |

〈표 4-4〉에서 2차 자료에 대한 장점으로는 저비용, 적은 노력과 단 시간에 자료를 수집할 수 있다는 점과 1차 자료보다 정확하게 할 수 있고, 2차 자료만으로 수집이 가능하기도 한다. 단점으로는 다른 목적으로 작성하거나 자료수집의 방법통제가 불가능할 경우 또는 자료의 내용이 부정확할 수 있을 때 사용하며, 또는 요구되는 형태로 작성되지 않거나 오래된 자료가 많고 가정을 전제로 하여 작성되기도 한다.

## 3) 잠재시장의 분석

해외시장조사의 절차는 잠재시장분석, 목표시장 평가, 자사 및 경쟁업체 분석, 해당산업 동향 분석 등이다. 잠재시장의 분석은 4단계로 제1단계는 국별 수출통계분석(주요 수출국 파악가능), 제2단계 자사제품관련 대규모, 고성장 시장(5~10개) 파악, 과거 3~5년간 시장추이 분석, 3단계 고성장 가능성 시장파악, 제4단계 세부분석을 통해 유망한 3~5개 시장선택의 방법으로 분석한다.

## 4) 목표시장 평가

목표시장의 1단계조사는 예비조사(Preliminary Screening)로 조사내용은 목표시장의 일반 환경과 고객조사이다. 목표시장의 일반 환경이란 정치적 환경, 경제적 환경, 사회문화적 환경, 무역환경으로 정치적 환경은 정치적인 안정과 비즈니스 개입정도 및 외국기업에 대한 태도를 말한다.

경제적 환경이란 경제안정과 경제성장률, 국민소득 및 물가지수, 임금 및 조세 등을 말한다. 특히 사회문화적 환경이란 인구와 인구증가율, 종교, 인종, 문화, 통신, 언어, 문맹률 등의 요소이며, 무역환경은 무역관련제도(조세, 외환, 통화), 수출입규제, 대금결제조건, 환율, 특허, 항만시설, 교통수단, 상관습 등의 요소를 평가한다.

### (1) 고객조사

고객조사는 고객층인 고객의 지역적 분포와 소득분포를 조사하며, 고객의 기호와 이미지 및 구매능력 등을 조사한다. 고객기호 및 파악의 고려사항은 5F로 5F란 기능, 자금, 자유, 느낌, 미래 등을 파악한다.

상품조사로는 수요(품목, 품질, 규격, 현재 및 미래의 수요량 및 계절수요), 공급은 주요공급선과 계절 및 특별공급 가능성을 조사한다. 그리고 가격은 수입품과 현지국 상품가격을 조사한다.

기타의 조사항목으로는 쿼터품목, 특허, 상표, 공업소유권 여부, 제품수명주기 등을 조사한다. 판매경로조사 유통경로(수입상, 판매점, 특약점, 백화점, 체인스토아, 도매상, 소매상), 서비스(사전, 사후 서비스 내용)경로조사를 한다.

### (2) 2단계 조사(시장잠재력 조사)

2단계 조사로는 해당산업의 시장잠재력을 분석한다. 2단계에 포함할 조사내용은 예비조사로 일부 유망시장 선전 후 각 시장의 잠재력을 평가한다. 특히 시장접근 및 제품의 잠재력, 현지유통 및 생산현황 등을 파악한다. 시장접근(Market access)이란 무역규제정도(관세수준, 쿼터, 무역장벽 존재여부), 기술표준 및 사업관행 등과 비관세장벽, 특허 및 상표권, 특혜협정체결 여부, 투자 및 세금, 고용 관련 법적 사항 등을 조사한다.

**〈표 4-5〉 한국무역협회 KOTIS 체계**

| 구분 | 영문표기/ 분류 |
|---|---|
| 한국무역협회(KOTIS) | www.kita.org/www.kotis.net |
| 회사명, 제품명 및 e-Catalog 검색 | Company Directory |
| 회사, 제품 홍보 유용 | Mart Korea |
| 회사, 상품정보 입력 | KOTIS(www.kotis.nte)-global.kotis.net에 생성 |
| 해외바이어정보, 오퍼게시판, 무역업체정보, 상품 및 국별 무역업체 등 | KOTIS.NEt |
| 품목별, 국별 바이어 및 셀러 발굴 유용 | Trade Leads |
| 제품카탈로그 정보(셀러 발굴유용) | Product Catalog |
| 품목별, 국별 바이어 및 셀러 정보 | Company Directory |
| 거래알선 정보 입력(Posting) | Post Trade Leads |
| 제작기능 활용 | Create My Homepage |
| 주문형 오퍼정보 자동수신 | Trade Alerts |
| 각국의 무역지원기고나 거래알선 사이트 연결(주요지역별 바이어 발굴 유용) | Business Exchange |
| 관심품목 거래알선 정보 자동수신 가능 | KOTIS 이메일 클럽가입 |

또한 제품잠재력(Product potential)분석사항으로 고객니즈, 생산 및 수입 소비 및 수요현황조사와 제품인지도 및 소비자의 반응, 경쟁업체 현황 등을 조사한다. 그리고 자사 및 경쟁업체 분석으로는 고객인지도(Customer perception factors), 내부조직요소, 시장점유율 현황파악, 경쟁업체 정보수집, 경쟁전망 및 진입장벽 분석 등을 조사한다.

고객인지도란 제품특징, 구입가격, 간접비요, 품질, 내구성, 이미지, 스타일, 디자인, 브랜드 인지도, 고객충성도, 물품인도기간, 고객서비스, 사회적 기여도 등을 조사한다. 내부조직 요소로 판매구조, 취급제품 범위, 전략적 파트너십 등을 조사하며, 경쟁업체 정보수집으로 신제품의 가격, 경쟁부문, 판매촉진방법의 차이점, 경쟁업체의 제품 주문시스템 및 포장방법, 경쟁업체의 고객접촉 방법 등을 조사하며, 경쟁전망 및 진입장벽 분석으로 현재 및 예상 경쟁업체 등을 조사한다.

〈표 4-5〉와 같이 해외홍보 및 광고매체를 활용한 조사 시 국내외 광고매체의 활용과 자체홍보물 제작 및 배포 등을 통하여 조사하거나 해외시장개척단 및 무역상담회 참가를 통하여도 가능하다. 특히 해외전문전시회 및 박람회 참가를 통해 조사를 하는 경우가 많으며 참고로 독일의 경우 교역의 60% 이상이 이러한 전시회 및 박람회를 통하여 실시하며 년 간 17천개 이상의 박람회를 개최하고 있다. 이중 전시회의 성격은 4,500개 정도로 추산하고 있다.

이밖에도 수탁조사(무역관활용), 현지직접방문조사, 국내외 유통업체(구매담당자), 마케팅브로커 및 에이전트, 국제입찰 참가, 해외교포 상공인 및 단체활용, On-Off 전문 전자무역업체 통합해외마케팅서비스 활용 등이 있다.

## 5) 온라인 기법

온라인 기법이란 전략적 종류의 기업으로 Pull전략과 Push전략을 구사한다. 이 가운데 Pull전략이란 해외유명 검색엔진을 통한 바이어 검색과 거래알선 사이트를 통한 오퍼 및 잠재바이어를 검색한다.

Push전략이란 인터넷 무역 전문사이트 전자카탈로그 제작, 오퍼등록 및 해외광고(인터넷 상품 전시장 입점), 검색엔진 등록, 사이버 전시회 활용 등을 활용하는 방법이다.

세부적인 기법으로 검색엔진 활용이란 디렉토리와 같은 메뉴명을 검색하는 방법이 있는데 이 방법은 찾고자 하는 정보를 메뉴에서 찾는 것이고, 주제어로 찾는 방법도 있다. 주제어란 일종의 키워드를 통하여 찾고자 하는 단어를 중심으로 찾게 된다. 그리고 국내외 무역거래알선 사이트 활용으로 국내거래 알선 사이트인 한국무역협회(KOTIS)를 활용한다.

### 6) 해외전시회 참가

해외전시회 참가의 주된 목적은 산업기술의 동향파악 및 신 시장 진입수단과 전자무역의 한계를 보완하기 위한 수단으로 활용한다. 해외전시회의 참가에 따른 주요이슈는 바이어와의 접촉비용을 절감하고, 쌍방간 커뮤니케이션을 통해 현장에서 직접적인 주문 및 상품관련의 정보를 제공할 수 있다는 점과 시장동향을 파악하여 새로운 아이디어 창출을 위한 기회로 삼을 수 있다는 점이다.

특히 신규상품에 대한 시장의 반응을 체크할 수 있다는 점에서 하나의 실전적인 장이 되는 셈이며 실제적인 소비자의 동향을 파악하기 좋은 이점을 가지고 있다. 해외전시회의 선정기준은 전시회참가의 목적을 설정하고 주요 공략대상을 결정하며, 자사제품의 수요를 판단할 뿐만 아니라 시장과 아울러 취약점을 파악하여 진출의 기회로 삼게 된다. 실제로 전 세계적으로 연간 17,000개 정도의 해외전시회가 있으며, 주요 전시회는 4,500개가 된다. 미국의 경우 연 2개씩 신규개최를 하고 있으며 국내의 전시회 또한 연간 130회 정도로 이중 무역협회 20회, 중기청 28회, 지자체 30회 이상, 농수산물유통공사 27회, 정보통신부 등의 순으로 개최되고 있다.

전시회 참가기법은 전시회 참가목적에 맞게 설정하되 대략적으로 12개월 전에 목표를 설정하고 계약하게 되며, 최소한 6개월 전에는 전시물품을 확보하여 결정한다. 그리고 5개월 전에는 홍보계획에 따른 액션과 초청대상을 선정한 후 4개월 전에는 선적을 하게 되고, 최소 2-3개월 전에는 초청장 발송과 각종 자료준비를 한다.

## 4. 자료의 분석 및 해석

### 1) 자료의 분석방법

해외시장에서의 수집된 자료의 분석과 방법으로 수집된 자료의 문제점을 파악하고 이에 대한 추가적인 정보와 차후의 시장정보에 대하여 사전에 준비한다. 우선 조사에 관련된 자는 현지의 환경과 기업의 관행 및 이들의 견해와 태도에 대하여 사전에 잘 파악하고 이해하여야 한다. 물론 조사자는 조사결과에 대한 사항과

자료에 대한 충분한 검토가 필요하다.

수집된 자료는 최종적으로 분석하여 보고서를 작성하게 된다. 우선적으로 분석할 사항은 관련국가의 시장에 관한 정보이며, 해외시장조사와 동일한 방법으로 조사한다. 그리고 국가 간 자료를 비교분석할 때에 비교대상국의 기초자료 활용에 대한 충분한 검토가 필요하다.

특히 정확한 시장조사의 분석을 위하여 전문기관 및 인접의 협력업체와 관련기업 등등의 다양한 루트를 통하여 분석을 의뢰한 후 분석된 자료들을 융합하여 서로 비교 평가하여 추가적인 대안마련에 활용하기도 한다.

하지만 기존자료와 분석된 관련국의 자료들에 대하여 선입견이나 기존의 분석자료를 그대로 활용하는 경우가 종종 있으며 이는 경험을 중시한 나머지 수집하여 분석하고자 하는 내용과 전혀 다른 별개의 내용이 될 수도 있기 때문에 다양한 차원에서 충분하게 조사 및 분석하여야 할 것이다.

자료를 분석함에 있어서 타당성, 신뢰성을 바탕으로 통계분석방법의 하나인 측정수준과 독립변수 및 종속변수의 수에 따라 다르게 나타나기 때문에 기준설정 또한 유의하여 선정하여야 할 것이다.

## 2) 자료의 해석

모든 자료가 종합되어 분석되면 분석된 자료를 바탕으로 해석하게 된다. 자료를 해석함에 있어 의사결정권자가 자료를 보고 충분히 의사결정을 할 수 있도록 일목요연하게 그리고 실질적으로 해석해야 한다.

따라서 충분한 조사와 분석이 이루어진 자료라면 해석하는 단계에 있어 보고자와 의사결정권자가 토의한 후에 결정을 내릴 수 있도록 해야 한다. 많은 비용과 시간을 활용하여 조사하였으나 보고자와 의사결정권자의 의사가 서로 엇갈리거나 하나의 구심점으로 통일되지 못한다면 조사결과의 활용도가 낮거나 조사자체가 유명무실해지기 때문이다.

자료의 해석은 충분한 자료의 검토와 보고자의 일방적인 보고에 의해 의사결정을 하는 것이 아니며, 최종 의사결정권자와 보고자 및 조사자와의 관계에서 하나의 목적과 하나의 일목요연한 조사가 치밀하게 이루어야만 할 것이다.

## 5. 보고서 작성 및 의사결정

해외시장조사의 마지막 단계를 보고서를 작성하여 의사결정을 하도록 하는 단계이다. 보고서는 조사와 결과에 대한 해석을 통하여 의사결정권자에게 전달되며 의사결정권자는 충분히 검토한 후에 의사결정을 하게 됨으로써 조사보고는 끝난다.

하지만 모든 자료의 조사 및 해석이 잘 되었다 하더라도 필요한 자의 요청에 의해 조사된 만큼 충분하게 필요한 자의 조사목적에 맞는지의 여부를 파악해야 할 것이다. 작성된 보고서의 양식이 서류라면 서류와 함께 충분한 자료제시와 관련자가 직접 설명을 첨부하는 것도 좋다.

# 제2절 해외시장조사의 필요성과 시장의 선택

## 1. 해외시장조사의 필요성

해외시장조사는 의사결정에 필요한 해외시장 정보를 수집, 정리, 분석, 해석하는 과정을 말하며, 해외에 진입할 시장에 대하여 관련의 절차를 수행하기 위한 기본적인 사항인 고객, 유통수단 등을 조사하는 것이다. 적시적절한 해외시장조사로 비용과 시간을 절약하고 기업의 위험부담을 줄여 이윤을 극대화한다면 경쟁의 우위를 점령하는 것이라 할 수 있다. 따라서 해외시장조사가 필요한 이유는 새로운 시장의 확보와 진입결정 및 마케팅믹스전략, 환경대응 등이다.

새로운 시장으로의 기회확보는 기업의 제품수명주기가 다한 제품에 대하여 해외시장으로 눈을 돌림으로써 새로운 기회를 확보할 수 있게 되며, 해외시장진입을 통한 해외직접투자, 현지 생산방식 등으로 발전할 수 있다.

특히 마케팅믹스전략을 통하여 해당시장의 소비자 특성과 유통구조 및 관습 등에 대해 사전에 조사하여 전략을 구사할 수 있다는 점이다. 이러한 시장조사를 통해 새로운 시장 환경에 적응하여 지속적인 발전을 꾀할 수 있다는 장점이 있다. 그러므로 해외시장조사는 해외시장 환경 분석을 통한 판매가능성(Selling Feasibility)의 조사라고 할 수 있다.

## 2. 해외시장조사의 조사내용

해외시장에서 구체적으로 조사할 내용은 정치적 환경, 경제적 환경, 법률적 환경 등이다.

정치적 환경이란 국가 간 정치제도와 법제도의 상이함으로 인하여 외국상품에 대한 반박심이나 금융제도, 정부규제 등을 알아보고, 정치적 위험이 적은 수출업자라야 대금회수에 어려움이 없을 것이기 때문이다.

또한 경제적 환경에 있어서는 경제성장률, 국민소득, 노동력 등으로 인한 경제전반에 걸친 사항도 필요하다. 특히 국제수지와 수출입의 규모, 외환관리능력 등은 대외무역에 관한 아주 중요한 사항중의 하나이다. 그리고 사회적 환경에 관한 조사내용으로는 인구, 기후, 종교 등에 관한 사항과 사회기반의 시설 등에 관하여 조사한다.

추가적으로 조사할 내용은 소비자에 대한 조사와 공급선에 관한 조사, 거래상품에 관한 조사 및 유통과정과 상품, 서비스 및 판매촉진 등에 관한 사항도 조사한다. 해외시장을 조사하는 구체적인 목적 및 이유는 해외시장에 대한 자료와 정보가 부재함으로 인한 진입과 제품 및 마케팅관리에 적합한 대안을 구사하기 위한 것으로서 문화와 환경 및 성향이 다르기 때문에 사전에 충분히 조사하여야만 실패가 따르지 않는 법이다. 특히 2차 자료가 부족하고 낮은 신뢰성으로 인하여 1차 자료수집에 대한 증대와 수집비용 및 경비를 줄이기 위해서라도 경제성을 고려하여 충분하게 파악하여야 한다는 것이다.

## 3. 해외시장선택의 개념과 선정절차

### 1) 해외시장선택의 개념과 의미

해외시장선택이란 인적자원 또는 물적 자원인 기술과 자본 등의 핵심적인 자원을 동원하여 자신들이 보유한 사업아이템과 제품 등을 가지고 시장에 개입하는 것을 말하며 이는 어떤 형태도 그 시장에 진입할 것인가를 결정하는 것이라고 할 수 있다.

우선적으로 기업은 해외시장에 참여할 때 가장 흔히 사용하는 방법 중에 하나가 판매시장에 대한 생산기지를 선택하거나 경쟁자와의 경쟁범위를 결정하여 침투하는 방법, 또는 시장 확대 전략을 활용하여 전략적인 방법을 동원하여 진입하는 방법을 사용하기도 한다.

기업은 자신들이 가진 역량을 통한 선택시장에서의 제품과 생산지역을 어디에 선택할 것인가에 주목한다. 그러므로 기업은 다양한 방법을 총동원하여 가장 적절하게 생산 및 판매할 수 있는 거점을 마련하려고 할 것이다. 따라서 기업들은 현지생산 현지판매의 거점마련에 있어 생산기지와 판매시장과의 연계성 있는 장소 및 시장에 대한 상호연관성 있는 전략이 필요하다. 특히 기업이 신진시장 개입하는 경우라면 더욱 더 기업은 초기비용을 줄이고 가장 자본의 회수가 가능한 범위에서 시장에 진입하려 할 것이다.

만약 기업이 시장에 진입하는 가운데 초기비용이 과다하여 제품생산과 판매에 큰 무리가 온다면 초기비용회수는커녕 오히려 시장에서 발을 붙일 수 없는 안타까운 현실에 접하게 될 수도 있기 때문이다.

이러한 경쟁을 피하기 위하여 초기시장 진입은 기존의 시장을 확보한 경쟁상대에게 시장진입을 선포하는 것이나 마찬가지기 때문에 상대적인 경쟁의 심리가 작용하게 될 것이므로 경쟁자와의 관계를 고려하여 경쟁에서 우위를 확보하기 위한 전략이 필요하다.

글로벌시장에서의 기업은 다양한 경쟁상대와의 치열한 경쟁우위 다툼을 할 수 밖에 없다. 하나의 생산제품이 시장에 나온 다는 것은 이미 경쟁을 선포하고 시장에 진입하는 것이니 만큼 기업이 시장을 선택하여 시장에 진입한다는 것은 사전에 철저하게 조사하고 분석하여야 함을 알게 된다. 그러므로 기업은 이러한 제반의 환경요소와 시장의 환경에 대한 전략적인 조건들을 검토하여 시장을 선택하여야 할 것이다.

## 2) 해외시장 선택의 애로점

해외시장을 선택함에 있어 현지국의 잠재력과 기업이 보유한 자원의 활용, 현지국의 경쟁 환경, 사업의 용이성 및 적합성, 전략적 시장 등의 요인들을 고려하여야 한다. 시장잠재력은 시장 진입에 영향을 주는 잠재적인 요인으로 해당국가의 시장규모와 시장성장률의 정도이다. 그러므로 잠재력이 높은 시장을 선호하게 되며, 이를 분석하기 위하여 국민소득, 경제성장률, 산업화 지수 등의 자료들을 수집 및 분석한다.

특히 잠재력은 단기적 차원의 내용들보다는 거시적이고 전략적 차원의 내용들을 포함하여 측정하는 것이 바람직하다. 특히 사회경제 환경의 분석에 있어 각국의 문화와 소비성향이 다르기 때문에 전체적인 분위기와 계절 및 소비층의 구조 등에 관한 내용도 포함하여야 한다.

따라서 해외시장의 진입을 위한 시장조사와 시장조사를 통한 해당 사업의 적합성과 환경에 관한 조사를 포함하여야 한다. 쉽게 접근하기 위해서 주변국이나 문화가 비슷한 나라를 선택하는 경우가 많다.

지리적으로 근접한 나라일수록 언어와 시장에 관한 전반적인 도움을 얻을 수 있기 때문이다. 추가적으로 시장진입과 내용에 있어 전략적 차원의 장기적이면서도 사업성이 높은 시장에 대한 선호도가 높은 쪽으로 나아가야 할 것이며, 기업의 목적과 위험부담 및 예측불가능의 모든 내용들을 충분히 커버할 수 있는 시장이라야 할 것이다. 물론 경쟁 환경에 있어서도 충분히 승산이 있다고 판단하는 경우를 말한다.

해외시장조사를 충분하게 하지 못한 탓에 빚어지는 갖가지의 사례들은 많다. 그 가운데 문화의 차이를 극복하지 못하고 이를 이행치 못한 탓에 시장에서의 진입시도를 해 보기도 전에 진출을 꺼려할 수밖에 없는 경우들이 많다. 가령 일본 사람의 가정이나 거래를 위하여 반드시 선물을 준비해야 한다는 것과 미국인은 선물에 대해 큰 의미를 부여하지 않지만 25달러 미만의 선물을 원하는 경우도 있어 이를 잘 파악하고 대처해야 한다.

특히 소비자의 기호를 망각한 채 사전 조사를 철저히 하지 않으면 낭패를 보게 된다. 상표, 브랜드, 포장, 색상 등에도 아주 민감하게 준비해야 할 것이다. 덧붙인다면 중국 사람들은 붉은 계통을 선호한다. 때문에 흰 색깔의 포장지보다는 붉은 계통의 포장지를 사용한다면 좋은 효과를 얻을 수 있다는 것이다.

## 제3절 해외시장진출의 포지셔닝 전략

### 1. 해외시장 포지셔닝 전략의 배경

포지셔닝이란 소비자의 마음속에서 경쟁제품에 비해 상대적으로 차지하고 있는 위치를 말한다. 포지셔닝의 핵심내용은 구매차원에서 소비자가 느끼는 자사제품과 타사제품과의 비교에서 소비자 자신이 느끼는 지각을 말한다.

포지셔닝은 다시 소비자 포지셔닝, 경쟁적 포지셔닝, 재포지셔닝 등으로 구별한다. 소비자 포지셔닝은 소비자의 편익적 측면과 제품의 특성이 연관되어 수립되는 것을 말하며, 제품에 대한 사용자와 사용기회에 대한 내용들을 말한다.

특히 진입시점에 따라 선점전략((preemptive strategy), 적소전략(niche strategy), 대응전략(confrontation strategy)경쟁적 포지셔닝은 경쟁자와의 비교에서 소비자 편익강조, 경쟁사 특성 연관된 상대적 포지셔닝이다. 그리고 또 한 가지 재포지셔닝은 시장과 제품의 변화에 따라 변해가는 시장을 말한다. 또한 신 시장 진입방법으로 선도시장, 생활양식 포지셔닝과 시장범위에 따른 포지셔닝으로 집중세분시장, 광범위 포지셔닝으로 구분한다.

## 2. 경쟁적 시장의 포지셔닝 전략

### 1) 선점전략(Preemptive Strategy)

선점전략이란 새로운 시장에 진입하려고 하는 기업들에게 있어서 큰 장벽으로 작용할 수 있다. 그러므로 이러한 선점전략을 통하여 시장에서의 선도자의 우위(first entrant advantage)를 확보하기 위하여 발생하는 경쟁적인 관계의 우위적 지배관계를 형성하고자 함이다.

지배적인 위치란 시장점유와 고객인지도 및 유통채널을 구축하는 것을 포함하여 의미한다. 그러므로 지배적 위치 선점을 위하여 총 시장을 증대시킬 목적을 포함하여 시장점유율을 확보하기 위한 제 수단을 강구하는 것을 말하며, 규모가 일정한 시장이라 할지라도 시장점유율은 계속적으로 확대시켜 나가야 함을 말한다.

따라서 선점전략을 통한 유통산업의 경우 유통채널의 확보가 시장침투의 관건이 되는 산업을 중심으로 하여야 하며, 또한 제품이나 서비스가 경쟁자인 타사와 차별화된 혁신제품일 경우 가능하다. 그리고 선점전략 제한산업의 경우는 가전, 자동차와 컴퓨터 산업 등과 같은 제품은 글로벌시장에서의 치열한 경쟁에서 동일 동종의 산업이 존재하므로 다소 제한적이라 할 수 있다.

이러한 점을 감안하여 국내기업들이 대부분 동남아의 시장을 개척시장으로 선점전략을 앞세워 시장 확보를 위해 선점전략을 활용하고 있는 것이다.

## 2) 적소전략(Niche Strategy)

적소전략이란 경쟁이 치열하지 않는 시장을 중심으로 진출하여 단기적으로는 경쟁을 피할 수 있다는 점과 장기적 차원으로는 경쟁자와의 경쟁에 대한 대응책을 마련하기 위한 방안으로 활용하는 전략이다.

적소전략이 규모의 경제성을 띤 제한적 시장이라는 점과 시장의 특성이 명확하게 존재하는 시장인 경우이다. 그러므로 신축성이 필요한 소기업의 경우 투자에 대한 부담을 줄이고 적은 투자를 통한 적소시장의 표적화 전략이 타당하다.

## 3) 대응전략(Confrontation Strategy)

대응전략은 글로벌시장의 수많은 경쟁자들이 이미 시장에 진출한 상태의 시장에 진출하고자 하는 것을 말하며, 현지시장에서의 시장 확보를 위해 선도 기업에게 위협을 가함으로써 적극적인 대응전략을 펼치는 전략이다. 글로벌시장의 진출은 전략적인 대응전략을 가지고 침투하게 된다.

기존의 대기업 또는 선도 기업이나 선진국 중심의 제품과 기술과의 접촉에서 발생하는 각가지의 내용들에 대하여 전략적이고 적극적인 진입을 시도해야만 하는 어려움이 있기 때문이다. 만약 선진국이나 기존의 대기업이나 선점의 경쟁자를 공략할 경우 소규모의 기업과 전 세계적인 시장의 침투를 노리는 여러 후발국들이 동시에 선점한 기업과 국가들을 공략하기 때문에 한꺼번에 같이 공략하는 전략적인 동조체제와 협력개발이 시급하다.

대응전략의 형태로는 제품라인과 국가별 공격시점 등이 중요 결정사항으로 나타나며, 여기에 저가전략을 통해 전략을 수립시행하기도 한다. 최근에는 국내 대기업들이 해외에 생산기지를 구축하고 현지화전략을 통하여 저가의 제품을 생산함으로써 선도기업의 모국시장 및 전략시장으로의 진출을 꾀하는 일들이 나타나고 있다.

하지만 국내의 기업들은 대부분 해외시장개척에 대한 선진기업들의 추종형(Follow the Leader)현상을 답습하고 있는 경향이 뚜렷하며 이러한 이유는 국내시장에서의 과점경쟁에 대한 대응전략의 하나로 평가할 수 있다.

## 3. 신 시장 진입의 포지셔닝 전략

### 1) 선도시장 포지셔닝(Spearhead Segment)

선도시장의 포지셔닝 전략은 해외에 마련된 거점이나 지점 등의 비교적 소규모 단위의 핵심적인 개인 및 조직에 대하여 집중적으로 자사의 제품을 포지셔닝하는 전략을 말한다. 자사제품을 소개함에 있어 가장 처음으로 소개할 수 있는 능력을 지닌 대상을 말하며, 이러한 대상을 표적그룹으로 선정하여 이를 집중적으로 포지셔닝 한다.

특히 개인이나 조직체 가운데 해외에 파견되어 있는 근로자, 해외이주자, 교민 등을 주 표적그룹으로 삼고 이들을 통하여 포지셔닝하게 된다. 때에 따라서는 그 나라의 문화와 세계화의 영향에 힘입어 젊은 층이나 신세대의 소비계층을 중심으로 제품을 포지셔닝 하는 경우도 있다.

### 2) 현지화 포지셔닝

현지화 포지셔닝이란 현지의 소비자를 대상으로 자사제품의 이미지를 현지화 한다는 개념에서 나타나는 포지셔닝의 방법이라 할 수 있다. 즉, 현지국의 생활양식이나 가치관 등에 맞추어 전략을 수립하고 이를 시행하는 것이다.

최근에는 글로벌시장의 범람과 다양한 방법의 전략 및 새로운 시장개척의 어려움을 극복하기 위하여 현지생산, 현지유통의 방법을 통한 다양한 방법의 포지셔팅이 나타나고 있으나 현지화 포지셔닝은 단시간에 현지국의 생활양식이나 기호 및 가치관 등에 대하여 현지중심이라는 점에서 다소 높은 포지셔닝 효과를 얻을 수 있을 것으로 본다.

## 4. 시장범위로 본 포지셔닝 전략

### 1) 집중세분시장 포지셔닝

집중세분시장 포지셔닝은 글로벌시장의 소비자들을 대상으로 유사한 특정 소비자 계층을 분리하였을 때, 자사제품에 대한 동일한 반응과 욕구형태를 가진 비슷한 소비자 그룹을 동일대상으로 선정하여 이들에 대한 자사제품이나 기업의 이미

지제고를 위한 전략이다.

가령 글로벌시장의 소비자 가운데 피자를 선호하는 그룹과 한국의 김치를 선호하는 그룹이 있다면, 이들을 각각 피자그룹, 김치그룹으로 구별하여 일관된 포지셔닝 전략을 시행함으로써 이들에 대한 편익, 사용용도 등에 대하여 동일한 효과를 얻고 자 하는 포지셔닝 전략이다. 그리고 제품의 사용조건, 사용용도 등이 서로 다를 경우 지역별, 국가별, 소비자별로 차이를 두어 포지셔팅 할 수도 있다.

따라서 집중세분시장 포지셔닝 전략은 기업의 제품이나 이미지 제고를 위하여 동일한 제품과 기호 및 가치관을 가진 소비자들을 대상으로 집중적인 포지셔닝을 펼치는 전략이며, 만약 동일한 가치관과 욕구가 발생한 경우라면 서로 다른 차이를 인식하여 포지셔닝 하는 전략이다.

## 2) 광범위한 포지셔닝

광범위한 포지셔닝은 글로벌시장을 대상으로 동일한 포지셔닝 전략을 실행함으로써 글로벌시장에서의 이미지 제고를 위한 방안이다. 특히 규모의 경제달성이 가능한 비교적 높은 재화나 소비자들의 사용조건, 편익조건이 비슷한 제품이나 시장을 세분화하기 어려운 경우에 주로 사용하는 전략이다.

또한 소비자의 기호, 가치관, 경쟁구조, 제품시장의 성숙성 여부, 구매력 등에 다라 포지셔닝 전략이 수정될 수도 있으며, 하나의 전략이 완성되면 이를 통하여 차후에 다른 나라와 다른 시장에서도 동일한 이미지 효과를 얻을 수 있는 장점도 있다.

# 제5장 해외시장조사의 방법과 분석절차

Chapter 05

# 해외시장조사의 방법과 분석절차

## 제1절 해외시장조사의 종류와 내용

### 1. 해외시장조사의 종류

해외시장을 조사하는 방법과 내용은 그 주체와 내용에 따라 상이하게 나타난다. 즉, 해외시장의 조사주체와 대상 및 내용에 따라 서로 다르기 때문에 관련시장의 정보를 수집하고 이를 의사결정과정까지의 일목요연한 사전준비와 상황파악이 중요하다.

시장조사는 절차와 방법 및 그 내용이 다양하기 때문에 해당시장의 제품 및 서비스, 경쟁업체와 해당업체의 제품, 시장진입의 경쟁상태, 관련제품군의 시장동향, 해당기업의 정보 등 매우 다양한 가운데 조사가 이루어진다. 글로벌 무한경쟁의 시장에서 다양한 제품과 서비스 및 경쟁업체의 개입으로 인한 자사의 제품을 시장에 투입하는 것은 위험의 노출이기 때문에 매우 신중하게 시장을 선택하고 이를 전략적으로 관리 및 유지하기 위한 사전준비가 필요하다.

따라서 무분별한 시장조사의 자료수집과 정보의 활용은 오히려 잘못된 관행을 답습하는 결과를 초래하게 됨으로써 시장에서의 실패의 주원인으로 작용할 수도 있다. 그러므로 해외시장을 조사함에 있어 시장정보의 출처와 자료의 수집은 다양한 루터를 통한 자료의 수집이 가능하겠으나 믿을 수 있는 기관과 기관의 자료 및 직접, 간접의 조사방법을 통한 정밀분석의 결과를 토대로 시장진입에 관한 의사결정을 해야만 진입시장에서의 승패를 좌우하게 될 것이다.

## 1) 직접조사

해외시장조사의 방법은 직접, 간접, 또는 위탁조사의 성격을 띤 조사방법이 있지만 직접조사보다는 다소 신뢰성 차원의 문제가 있으므로 해외시장 조사의 형태로는 기초직접시장조사와 환경적 간접시장조사로 구분하기도 한다.

기초직접시장조사란 현지기초 시장조사를 실시하는 과정을 말하며, 수출입의 예상지역 즉, 해외진출 시장에 대한 직접적인 전화 인터뷰, 또는 조사원 파견 등을 통한 자료의 수집방법으로 현지에서 직접 조사한다. 기초직접조사의 목적은 많은 시간과 경비가 들어가는 단점이 있지만 확실한 공급망 및 판매망과 관련의 상품을 동시에 조사할 수 있을 뿐만 아니라, 성과 면에서 큰 효과를 얻을 수 있는 장점이 있다.

해외시장조사의 방법은 직접조사 방법으로 해외지점이나 출장소, 무역사무소 등을 이용하거나 거래대상국의 출장소 등을 활용하기도 한다. 그리고 직접적인 관계망을 통한 공급처의 거래자와의 관계에서 정보를 수집한다. 이때 해당시장의 수입업자와 도매상 및 현지의 거래처별로 사전에 답사하여 조사하여야 하나 평소에 관련의 정보를 수집해 둠으로써 유용하게 활용할 수 있고, 현시성과 적시성을 띤 시너지효과를 얻을 수 있다.

직접조사는 거래대상국의 시장인 현지에 가서 조사하는 방법으로 조사비용이나 시간이 많이 걸리는 단점도 있지만 시장정보와 현지시장 관련의 모든 정보를 한눈에 알아볼 수 있는 좋은 장점도 있다.

특히 거래처에 의존하는 시장조사방법보다 실제적인 조사 방법을 활용함으로써 거래시 유리한 방향으로 거래를 성사시킬 수 있게 된다. 현존하는 직접적인 조사방법으로는 현지 직접조사, 해외거주의 지사를 통한 조사, 전시회 및 박람회 활용조사, 국내외 통상정보 및 시장관련 정보, 외국공관자료, 인터넷을 이용한 자료수집 등이 주로 활용되고 있다.

가장 기본적으로 활용하고 있는 시장조사의 방법으로 국내외 대외정책기관을 통한 조사이다. 즉, 무역협회, KOTRA, 대사관, 무역기구(OECD, IMF, UNCTAD) 등을 활용한 조사방법과 기 발행의 책자나 홍보물 등을 활용한다. 문헌조사의 방법은 발행된 각종의 통계자료를 바탕으로 현지시장에서 직접조사 하는 것이 아니라 문헌에 의한 조사이므로 오류의 발생에 관한 정확한 데이터자료를 수집하였다 하더라도 해당자료 혹은 부정확한 자료를 수집하게 되는 경우도 있으므로 세심한 주의가 필요하다.

또한 현지에 직접방문 하여 조사하는 방법도 있다. 이때 관련시장과 소비자 및 경쟁기관 등의 관계자를 통한 조사가 실시된다. 하지만 비용과 시간이 많이 소요되는 반면 좀 더 정확한 자료를 획득할 수도 있다는 장점도 있다. 기타의 방법에 의한 직접조사로는 현지의 해당 지사와 대리점 등을 통하거나 박람회 및 전시회에 직접 참관하여 조사하는 방법이 있다.

## 2) 간접조사

간접조사란 해당조사 기업이나 관련자가 직접조사하지 않고 시장조사 전문기관이나 수집 및 생산된 정보를 통하여 조사하는 방법이다. 간접조사는 직접조사의 어려운 점을 간접조사를 통하여 상호보완하게 된다. 간접조사는 자국에 들어온 외국인 대사관, 공사, 영사 등의 외국주재의 공관을 통한 정보수집과 외국의 상업회의소, 등에 의뢰하는 방법도 있다.

특히 우리나라의 경우 한국무역진흥공사를 통하여 관련국의 해당 정보를 얻을 수 있다. 그리고 시장정보에 관한 좀 더 세밀한 사항은 무역통계, 무역동향, 등의 자료를 활용할 수도 있다.

간접시장조사는 부차적인 시장조사를 시행하는 과정에서 여러 가용한 자원으로부터 정보를 제공받아 데이터 처리를 해 두는 것이다. 관련의 데이터는 주로 국제뉴스 보고서, 무역경제 관련의 통계자료, 무역 대리점 발표의 각종 자료 등이다. 따라서 일반적으로 해외시장 조사를 통한 수출입의 목적을 달성하기 위해서 기초와 환경적인 내용을 믹스한 방법을 주로 활용하고 있지만, 대부분 수출관련의 전문가를 파견하여 정보를 수집한 후에 결론을 얻기도 한다.

기타의 방법으로 국내외의 경제단계와 유관기관으로부터 발행한 자료를 이용하는 방법도 있다. 이러한 기관으로는 해외시장조사에 필요한 무역협회, 대한무역투자진흥공사 등이 발행한 통계, 시장동향, 수출입관련의 정보 등을 얻을 수 있고, 외국의 기관으로부터는 IMF 발간연보, UN무역통계연보, 외국공관의 자료 등을 통하여 수집이 가능하다. 또한 인터넷을 통하여 유익한 정보를 획득할 수도 있다.

〈표 5-1〉 시장조사의 종류와 내용

| 업 무 절 차 명 | | 업무절차 정의 및 범위 |
|---|---|---|
| 직접조사 | - 해외지점<br>- 해외출장소, 직접출장조사<br>- 주재소(수입업자, 도매상 등) | - 무역업자, 제조업자가 해외지점 및 출장소를 통하거나 해당 국가 및 시장의 정보를 입수하거나 거래대상을 통한조사 |
| | - 현지 시장조사 | - 단독 및 공동조사, 해외전시회, 박람회 등에 직접 조사 |
| | - 거래처 활용 조사 | - 거래처를 활용한 조사 및 정보교환 |
| 간접조사 | - 기관조사(대사관, 공관) | - 한국 주재 대사관, 영사관, 공관을 통한 조사 |
| | - 무역기관조사(상공회의소, 무역협회 등) | - 외국의 상업회의소, 대한상공회의소, 한국무역협회 등에 의뢰<br>- 국내 외국공관, 해외한국공관(대사관, 영, 공사관) |
| | - KOTRA 조사의뢰 | - KOTRA 활용 시장조사로서 업체에 위탁하여 조사(바이어조사, 신용조사, 해외시장 조사)대행<br>- 해외통계자료(UN무역통계월보, IMF발간연보) |
| 위탁조사 | - 전문조사업체 의뢰 | - 국내외의 조사기관에 의뢰하여 조사<br>- KOTRA 해외무역관의 유료조사 사업 활용 |
| 인터넷조사 | 검색엔지<br>국가무역정보 | 인터넷을 통한 해외기업 정보수집<br>Kompass(61개국, 150만개 기업현황 정보)<br>Thomas Register(미국/캐나다 15만개 업체)<br>Company Link96만개 미국기업정보)<br>Company Online(D&B제공 10만개 미국기업)<br>Comfind(전 세계 기업체정보)<br>Asia Business Connection(아시아 기업정보)<br>Hoover's Corporate Directory(전 세계 기업정보) |

## 2. 절차 및 내용

### 1) 해외시장조사의 절차

해외시장 조사의 절차에 따라 1차 자료의 한계점은 표본추출의 문제와 응답기피로 인한 문제 및 언어장벽의 문제에 부딪힐 수 있으며, 2차 자료의 한계점은 자료의 이용가능성에 관한 문제와 해당 자료의 신뢰성 문제 및 자료의 비교가능성

문제, 그리고 자료의 현실성이다.

실제로 좋은 자료를 수집하였다고 하지만 관련의 자료와 상관이 없는 자료는 무가치 하며 또한 철저하게 수집된 자료라고 하지만 의사결정 과정에서 묵인될 수도 있기 때문에 조사자의 입장에서는 개인적인 차원에서 조사하기 보다는 충분한 경험과 조사자로의 전문성을 띤 객관적인 조사가 실시되어야 차후에 관련의 수집 정보를 활용하기에 오차가 줄어들 것이며 추구하는 목표를 달성할 수 있게 될 것이다.

### 2) 해외시장조사의 주요내용

1차 자료의 수집방법은 주로 설문조사(survey research), 개별면담(personal interview), 전화면담(telephone interview), 우편조사(mail questionnaire), 관찰조사(observational research) 등이 있다. 시장조사의 절차는 우선적으로 잠재시장을 파악하여 가용한 유용시장을 선정함으로써 유망시장에 대한 사전평가를 효율적으로 활용할 수 있는 장점이 있다. 잠재시장은 무역통계의 자료와 인구통계 및 시장과 관련된 생산량 등을 포함한다.

## 3. 해외시장조사의 절차에 따른 내용

### 1) 일반적인 환경조사

해외시장조사의 항목 가운데 일반 환경에 관한 조사의 내용으로는 무역 상대국의 정치, 경제, 사회, 문화, 상관습, 언어 등 조사 가능한 항목을 사전에 철저하게 조사하여야 한다. 만약에 신발을 신지 않는 아프리카의 원주민에게 신발을 판매하려고 한다거나, 옷을 전혀 입지 않는 관련의 국가에 옷을 판매한다는 것은 정말 힘들고 어려운 일이다.

따라서 이러한 문화적인 요인으로서의 환경과 관련된 항목을 조사하여 무역거래의 위험부담을 줄여 효율적인 무역거래를 통한 이윤을 추구하고 자 하는 것이다.

#### (1) 주요조사 항목

조사할 항목 가운데 정치적인 문제와 관련한 위험여부, 경제적인 사정이나 국가의 물가와 임금구조, 조세 및 무역정책, 금융기관 및 국제수지의 문제 등 일반적인 경제상황을 조사하여야 하며, 사회와 종교, 인구, 문화, 통신, 언어 등의 요인도 포

함하여 조사한다.

환경과 관련하여 조사할 항목 가운데 무역과 관련된 항목은 반드시 조사하여야 한다. 무역과 관련하여 조사할 항목은 대외무역구조, 지역별수출입의 규모, 무역정책, 외환관리제도, 환율, 운송관련 사항, 상관습 등을 조사한다. 이러한 조사의 항목은 주로 마케팅 활동의 기초적인 자료로서 조사하게 된다. 환경조사의 가장 기본은 정치, 경제, 사회적 환경이다.

## 2) 고객 및 상품조사(Customer & Merchandise research)

### (1) 고객조사

해외시장조사 항목 가운데 고객관계 조사는 최종 소비자인 고객과 관련하여 조사하게 된다. 고객의 조사는 고객층에 관한 지역적 분포, 소득관련사항, 구매능력, 소비자 기호 등 고객의 취향과 품질, 상표 등에 관한 이미지의 내용을 포함한다.

### (2) 상품조사

상품조사는 취급상품의 취급과 가격 및 품목, 규격, 수요를 조사하되 미래의 수요를 포함하여 조사하고 특별히 계절적인 특별수요에 관한 것들도 조사한다. 그리고 자사와의 경쟁상품, 대체상품, 유사품의 현황 조사와 관련의 가격조사 및 현지국의 국산품의 수요량 및 공급선, 공급가능선 그리고 추가적으로 관련 상품의 특허, 상표, 공업소유권 등을 조사한다.

수출입 국가의 시장조사의 항목 중 환경조사의 내용은 정치, 경제, 사회적인 환경과 소비자의 조사, 공급처의 조사, 거래물품에 대한 조사 등이다. 특히 해외시장조사 가운데 공급처에 관한 조사는 전혀 거래가 없거나 거래가 있었다 해도 거의 현품을 보지 않은 상태에서 거래가 이루어지기 때문에 공급처에 대한 신용이나 생산능력 등의 조사는 중요하다.

## 3) 판매경로 및 판매조사(Sales route & Sales research)

### (1) 판매경로조사

판매경로조사는 고객 즉, 수입한 국가에서 자사의 상품이 어떤 방식을 통한 판매, 유통되는지에 관한 조사를 하는 것이며, 판매조사란 상품계획, 판매정책의 수립을 위하여 조사하는 것을 말한다.

판매경로조사는 판매과정과 소비자에게 전달되는 과정 즉, 유통의 전반적인 과정을 조사하는 것으로 수입상, 중개상, 전문상, 도매상, 소매상, 판매 및 특약점, 백화점 등의 거래관계에 대한 구체적인 사항을 조사함으로써 시장의 기구와 유통경로를 조사하고 추가적으로 판매 전, 후의 서비스와 관련된 내용을 포함하여 조사한다.

#### (2) 판매조사

판매조사는 주로 상품계획과 관련된 조사의 내용이 주류이며, 수출되는 상품의 품목, 품질, 디자인 및 상표, 포장, 운송, 등에 관한 판매정책을 통한 효율적인 판매계획을 수립하기 위하여 조사하게 된다. 판매촉진을 위한 광고와 전시 및 카탈로그, 견본 등을 통한 판매계획을 염두에 두고 조사를 하여야 한다.

### 4) 위탁 및 자체의 현지조사와 신용조사

해외시장의 조사 가운데 가장 신빙성이 있고 신뢰성이 높은 조사방법은 현지에서 자체적으로 직접조사 하는 방법이며 그리고 이와 반대로 위탁조사는 위탁기관이나 관련의 조사기관에 위탁하여 조사를 의뢰하는 것이다. 또한 신용조사는 수출입의 거래 관계에 있어 신용만으로 서로 대상을 보지 않고 단지 서류상으로 계약을 체결하는 것이므로 상대방의 신용상태에 관한 조사가 매우 중요하다.

과거나 현재에도 무역거래에 있어 좋지 못한 일들이 있었다. 즉, 존재하지도 않은 무역회사를 통한 거래로 인하여 수출입에 적잖은 피해를 본 사례가 있다. 그러므로 신용조사는 주로 상대방의 능력이나 관련의 정도를 조사한다.

그러나 신용조사 역시 은행을 통하거나 동업자에게 의뢰하는 등의 방법도 있고 처음부터 상업흥신소를 이용하는 것도 나쁘지는 않다. 현재 가장 널리 사용하고 있는 방법 중에 하나가 무역관련 기관을 이용하는 것이다. 무역관련 기관은 대한무역진흥공사와 신용보증기금 등이 있다.

# 제2절 시장동향조사 및 보고형식

## 1. 글로벌시장의 동향조사

오늘날의 기업은 세계화이 주역으로 등장하였던 영국, 미국, 독일 등과 같은 나라들에 의해서 근대화의 주역으로 활동하였으며, 이들 국가들을 통하여 전 세계의 시장이 움직이던 시대가 있었다. 그러나 오늘날은 대부분 해외시장 중심 즉, 전 세계를 대상으로 한 글로벌시장의 개념으로 나타나 기존의 소규모 중심의 기업이었던 형태에서 대규모의 기업인 글로벌기업의 형태로 다양하게 발전하였다.

하지만 글로벌시장의 주도권 역할을 담당하고 있는 시장의 주역은 대기업 중심이 아닌 글로벌기업으로 세분화된 기업들이 한데 모여서 대기업의 형태를 갖추었을 뿐이다. 다시 말하면, 더 이상의 국가적 개념을 도입한 시장의 형태가 아닌 전 세계를 대상으로 한 글로벌시장의 형태로 나타났다는 것이다.

여기에 주도적 역할을 담당한 것이 바로 인터넷무역, 전자무역의 형태이다. 특히 전자무역 형태의 시장은 개인과 개인을 직접 연결시켜 줌으로써 중간단계를 거치지 않는다는 새로운 글로벌유통의 개념으로 나타났다. 이러한 영향은 더 이상의 국가적 개념이 아닌 전 세계의 시장으로 새롭게 나탄 것이며, 기업들은 다양한 고객층과 날로 발전된 서비스 주문의 고객만족을 위한 글로벌형태의 기업으로 나아갈 수밖에 없게 되었다.

기존의 해외시장개척과 해외시장의 진입방식 등과는 다소 다른 느낌을 받을 수 있으나 글로벌기업의 위험과 높은 수익의 보장을 위한 새로운 형태의 기업연합이 나타나고 있으며 특히 국가적인 범위를 벗어난 새로운 형태의 이윤단체 결성을 하고 있다는 점이다. 이에 따라 기업은 기업 자체의 독자적인 투자형태에서 벗어나 합작투자, 공동투자의 형태나 간접투자의 형태로 나타나게 된 것이다.

### 1) 수요동향조사

수입통계자료와 수요의 규모에 관하여 조사한다. 상품의 동향으로는 브랜드와 디자인 가격 및 기타의 요소를 조사한다. 수요동향조사란 상품 또는 각 상품의 항목별 수량과 가격 소득 등의 관계를 분석하여 수요결정에 관한 관계를 두고 조사하는 것이다.

특정상품의 수요동향을 결정하는 각종요인을 포착하여 수요에 어느 정도의 영향을 미칠 것인가에 대한 조사로서 기업이 생산, 판매를 통한 마케팅계획에 있어 시작이라고 할 수 있다. 즉, 시장의 수요를 예측하기 위한 기초조사라고 할 수 있다.

해외시장의 수요를 예측하기 위하여 조사하는 것으로서 수요에 대한 민감한 반응과 관련국의 정치, 경제 등에 관한 추가적인 내용을 포함하여 조사한다.

### 2) 수출입 동향조사

수출입 동향조사로는 최근 3년간 국가별, 상품별, 수출입통계를 포함하여 수량과 금액을 조사하고, 추가적으로 브랜드별 수출입 현황을 조사한다. 그러므로 수출입의 동향조사의 주된 내용이 수출입의 금액만을 조사하는 것으로 오인하기 쉽지만 수출입동향조사는 해당 국가는 물론 상품 및 상품에 대한 수량과 금액, 브랜드 등을 조사하며 아울러 수출입의 최근동향에 대한 추가적 사항도 포함한다.

### 3) 경쟁동향 조사

주요 경쟁의 동향조사로는 경쟁의 요소를 비교하여 조사한다. 조사항목으로는 가격, 브랜드의 인지도, 디자인, 기타의 경쟁동향을 조사하고 특히 한국제품의 경쟁력에 관한 경쟁력 강화방안을 아울러 조사한다.

또한 경쟁동향에 있어 단순한 상품이나 경쟁관계의 가격 정도로 그치지 않고 브랜드를 포함하여 대체품, 필요시에 열등재와의 관계성도 고려해야 할 것이다.

### 4) 가격동향 조사

가격의 동향조사는 수입가격, 도소매가격, 공장도가격 등을 조사한다. 특히 브랜드, 디자인, 모델, 크기별의 가격을 각각 구별하고 비교하여 조사한다. 가격동향조사는 자칫하면 자사 중 심의 가격조사로 마무리할 수 있으나 항상 소비자 중심으로 소비자의 입장에서 그리고 경쟁의 관계에서 가격동향이나 가격에 미치는 영향등을 포함하여 조사한다.

### 5) 생산동향 조사

생산동향과 관련하여 조사할 항목은 총생산량 및 생산가능의 량을 조사하며, 주

요 생산품의 브랜드, 가격대, 디자인 등을 조사하며, 생산품의 내수 수출비중을 아울러 조사한다.

### 6) 유통구조 조사

유통구조의 조사 항목은 유통경로와 관련된 모든 경로를 조사, 유통단계별 마진 조사, 유통단계별 거래관행조사(외상매출의 기간, 어음발행 등)한다.

### 7) 수입관리제도 조사

수입관리제도란 수입과 관련한 모든 관련 사항을 조사한다. 특히 무역정책으로 관세 및 기타세금을 조사하며, 또한 수입제한 내역 및 수입품 검사제도 및 무역정책 가운데 비관세장벽을 아울러 조사한다. 기타 바이어 관련의 사항도 포함하여 조사한다.

## 2. 업체정보 보고서의 형식

해외시장조사는 단순한 보고서를 작성하는 것으로 마무리 하는 것이 아니라, 해외시장과 관련된 각종의 보고서를 통하여 최종의사결정(전략적 진출 전략)을 위한 정보자료와 영업의사결정 즉, 전술적 의사결정의 바탕 자료로 활용하기도 한다. 그러므로 해외시장 조사는 업체의 기본정보와 확인정보를 바탕으로 조사하여 보고하게 된다.

업체의 기본 정보보고서에 포함할 사항은 업체명, 주소, 전화번호, 팩스번호, 이메일, 홈페이지, 담당자의 직책과 성함 등을 조사하며, 업종조사 시에는 수입, 유통, 에이전트, 제조 등과 관련하여 조사하고, 취급품목과 설립년도, 종업원의 수 등을 조사하게 된다.

또한 업체 확인정보 사항으로는 업체현황으로 주수입선, 연간 수입규모, 자사와의 수입관련의 거래경험 유무를 조사하고, 현지시장에서의 비중을 조사할 때는 해당품목이 현지시장에서 어느 정도의 점유율을 확보하고 있는지를 조사한다.

# 제3절 목표시장의 조사절차 및 분석

## 1. 조사준비단계

### 1) 목표상품의 선정

자사에서 수출 즉, 판매하려고 하는 상품의 품목이 무엇이며 자사와의 경쟁품 및 관련의 차별화된 요소는 무엇인지를 파악한다. 이때 1차적으로 고려해야 할 요소는 용도, 품질, 가격, 기능, 디자인, 주요 수요층을 조사하고, 2차적으로 고려해야 할 요소는 차별화된 경쟁요소와 비교열세 요인 등을 파악한다.

### 2) 목표시장의 선정

상품의 경쟁요소를 극대화 할 수 있는 시장을 선정하여야 하는 절차로서, 시장수요 발전단계(성숙, 성장, 잠재)와 경제발전 단계(선진국, 개도국, 후진국), 시장개방단계(개방, 부분개방, 미개방), 경쟁요소(경쟁품 여부, 경쟁도) 기타요소(문화, 환경, 교육, 소비패턴) 등을 파악하여 선정한다.

### 3) 조사범주 및 조사항목 결정

조사목적에 맞는 조사범주 및 조사항목을 선정한다. 단순시장별 상황의 판단과 비교를 위한 선행조사인가를 파악하되 구체적으로 조사품목, 조사범위, 조사목적에 따라 조사항목을 선정한다. 그리고 현지체제 기간 동안의 단계적 조사 마케팅 계획을 세워 접촉의 대상을 찾아 조사할 항목과 범위를 결정한다.

### 4) 조사방법의 결정

조사범주와 조사항목을 결정한 후에 조사방법을 결정한다. 조사방법은 개인면접, 우편조사, 전화조사, 또는 인터넷조사, 정보수집의 장르별로 조사하되 조사대상별 체크리스트를 작성하여 효과적인 조사와 조사항목 없이 무분별한 조사와 관련의 내용과 상관이 없는 범위에까지 조사하는 폐단을 줄이고 목적에 맞게 조사되도록 효과적인 방법을 결정한다.

## 2. 조사 실시단계

### 1) 2차 정보의 수집

자사가 보유한 기존의 자료와 관련의 정보를 검색하여 조사방향과 항목을 구체화한 다음 추후에 계속될 1차 정보(Primary Data)수집의 폭과 양을 결정하게 된다. 주요 조사항목가운데 수집의 내용으로는 크게 시장동향자료와 업체정보와 관련하여 조사 및 수집하게 된다.

시장동향자료의 수집내용은 기존의 시장동향조사 보고서, 무역통계, 전문잡지, 인터넷을 통한 기관, 협회의 보유정보를 검색하고, 업체정보의 수집으로는 전화번호부, 수출입 업체 디렉토리, 생산업체 디렉토리, 인콰이어리 정보 등을 수집하여 통계자료를 통한 모니터링 및 비교분석하여 수집한다.

### 2) 1차 정보의 수집

1차 정보의 조사방법은 전화, 방문, 설문, 현장조사, 바이어 리스트 및 무역전시관 등 개별상담이나 전시장, 쇼핑센터, 도매상 등의 현장을 방문하여 수집하거나 국내수출입업체와의 면담을 통한 수집방법을 사용한다.

또한 유통구조, 소비동향, 가격동향, 브랜드, 디자인, 시장성, 수출 가능성, 상품의 라이프사이클, 수입절차, 무역정책 관련사항(관세, 비관세), 등에 관한 자료를 수집한다. 그리고 선적기관, 환율 등 상거래의 리스크와 주요 소비층, 홍보매체, 상거래 관행 등을 포함하여 조사하여 수집한다.

### 3) 방문조사와 유의사항

최소 1주일 전에 편지, 전화로 방문을 신청하는 것이 원칙이며, 방문목적과 질문내용을 미리 통보하여 효과를 높인다. 이때 면담자의 인적사항, 전문분야, 지위와 역할, 취미, 지인관계 등을 조사하여 활용하고, 현지문화에 대한 존중의 자세와 간단한 선물을 준비하여 방문한다.

### 4) 조사 진척도의 점검

조사의 진행정도 파악, 미진 부분에 대한 원인분석 및 대책수립과 필요한 자료의 수집이 지연될 경우 신속한 대안을 모색한다.

## 3. 수집 자료의 분석과 보고 및 활용

수집된 자료의 분석은 조사항목별로 수집 자료를 종합하거나 항목별로 분류하여 실시하되 경기 동향자료와 수출입동향자료, 수요동향자료 등으로 분류한다. 그리고 항목별 수집 자료간의 상관관계를 비교하여 분석한다.

특히 수요동향을 예측하여 통계전망치와 관련업계의 인터뷰 결과 및 매출계획 등을 비교하여 분석하고 비슷한 항목끼리 서로 통합하거나 상관관계를 분석한다. 그리고 분석결과의 상이한 내용에 관한 확인 및 검증을 실시한다.

마지막으로 수집 분석된 자료의 정보에 대한 시사점 및 일관성 또는 신뢰성과 타당성을 아울러 파악하고 상이점과 일치점에 관한 비교분석 및 관련의 자료를 통하여 확인 및 점검한다. 이때 필요한 추가 자료가 있을 때에는 추가로 자료를 수집하여 재차 분석하기도 한다.

조사자는 현지의 상관습, 문화적 차이, 기업관행 등의 사항을 사전에 숙지하고 조사에 포함하여 조사한다. 그리고 가능한 현지 단어의 의미와 태도 등을 세밀하게 관찰하고, 조사자는 조사결과를 잘 적용할 수 있는 아이템을 함께 개발해야 한다. 자료를 검토하고 자 할 때는 자료에 대한 충분한 보고와 결론의 제시가 있어야 하는데 이때 충분한 회의를 통한 후에 결론적 대안을 제시하는 것도 좋다.

자료의 분석방법은 수집된 자료의 분석에는 크게 두 가지 방향이 있다. 먼저 일국 시장에 대한 자료의 분석 시에는 해외시장조사와 동일하게 진행한다. 국가 간 자료를 비교분석할 때에는 비교대상국의 기초자료의 활용함에 있어 타당성을 검토한 후에 분석을 하게 된다. 국가 간 자료의 해석은 과거에 집착하여 경험의식을 살려 판단할 수도 있기 때문에 조사경험을 토대로 한 객관적인 판단을 근거로 해야 한다.

분석방법에 따라 해석내용이 크게 달라질 수도 있으므로 다양한 접근 방법을 활용해야 할 것이다. 자료를 분석함에 있어서는 측정수준과 독립변수 및 종속변수의 수에 따라 다르게 나타나므로 다양한 방법을 적용하여 충분한 검토 후에 결론을 얻도록 한다.

## 4. 중간보고서의 작성

의사결정을 위한 보고용 자료가 아니라 할지라도 수집 분석한 자료는 보고서 형식으로 작성하여 추가적인 정보 활용이나 기타자료 필요시 유용하게 활용할 수 있도록 잘 정리해 둔다. 특히 핵심적인 분석 자료나 보고 자료가 있다고 판단될 때는 보고하도록 하되 자료의 정리와 보관은 별도로 하지 않고 수집된 항목이나 관련의 자료들을 체계적으로 정리하여 관리한다.

보고서의 작성방법은 누구라도 보기가 쉬워야 하고 이해가 될 수 있도록 작성해야 하며, 설득력이 있어야 하고, 긍정적이고 정확할 뿐만 아니라 명확하게 작성되어야 한다. 따라서 필요시에는 첨부자료와 보고용 차트 및 그래프를 활용하여 보고서를 작성할 수도 있으며 충분한 증거자료를 바탕으로 체계적으로 작성하여야 한다.

## 5. 조사결과의 활용

조사결과의 활용은 최종의 단계로서 조사 및 분석된 내용이 정보로서의 활용 가치가 있는지를 평가하여 해외시장 진출의 전략 즉, 해외수출 마케팅에 활용할 수 있도록 세분화하거나 표적 및 시장별, 품목별로 활용가능 하도록 한다. 조사결과를 통하여 어떻게 적용할 것인가 즉, 어떻게 마케팅 활동에 포함할 것인지, 구체적인 대안으로 활용하게 된다.

# 제4절 해외시장개척을 위한 체크리스트

## 1. 해외시장개척 점검사항

### 1) 단계별 체크리스트

#### (1) 제1단계: 마케팅 목표설정

해외시장 개척을 위한 제1단계는 마케팅목표의 설정이다. 마케팅목표에 포함할 사항은 다음과 같다〈표 5-2〉.

제1단계는 마케팅의 목표를 설정하는 단계로서 현장에서의 운영요원에 의한 업무계획과 실행에 있어 사전에 준비하는 단계이다. 〈표 5-2〉는 농수산물 무역정보 사이트에서 제시한 해외시장개척의 각 단계별 내용을 인용한 것으로서 해외시장 개척에 대한 단계별 절차와 해당단계별 체크리스트를 아울러 파악할 수 있어 일목요연한 조사와 관리를 할 수 있다.

〈표 5-2〉 해외시장개척의 제1단계(마케팅목표 설정)

| 제1단계: 마케팅 목표설정 | 체크 및 확인사항 |
|---|---|
| 현장 운영요원의 업무분장 등 운영계획을 철저히 점검하였는가?<br>출장일정, 항공권, 복장, 현지운영 예산은 확인하였는가?<br>명함, 상담자료, 초청자 명단, 선적서류 등은 준비하였는가?<br>통역, 시음·시식도구, 상담일지 등은 잘 준비되었는가?<br>현장에서 사용할 냉장비품 작동 등은 철저히 점검하였는가?<br>사전에 현장에서 시음·시식행사를 시연해 보았는가?<br>부스는 항상 청결하고 내방객에 아늑한 분위기를 주는가?<br>ISO, HACCP 등 국제인증서류로 바이어에 신뢰를 주었는가?<br>초청자 이름을 정확히 불러주고 밝은 표정으로 맞이하였는가?<br>자사 상품 특징을 설명해 바이어가 호감을 갖도록 하였는가?<br>바이어 성향, 내방 조건을 상담일지에 잘 기록하였는가? | |

자료: 농수산물 무역정보(http://www.kati.net/homepage)

제1단계의 마케팅목표 설정은 주로 현장에서 시행될 사항이므로 기본적인 문화, 사회, 정치, 경제, 언어, 기호 등에 관한 기본적인 준비와 기타 관련의 자료 및 서류 등을 준비함에 있어 준비한 정도에 따라 차후에 조사 및 설정목표의 성취도가 높아질 것이다.

특히 주의할 사항은 조사자의 일방적인 조사와 주관적인 조사 및 판단은 사후에 보고서 작성과 보고서를 통한 의사결정에 치명적인 악영향을 미칠 수 있으므로 이를 위하여 조직 및 통제기능과 함께 해당의 담당자와 계속적인 상호관계를 밀착하여 목표달성을 위한 공동의 노력이 필요하다.

### (2) 제2단계: 상품준비 및 선적

선정된 제단계의 마케팅목표에 따라 현지시장을 분석하게 된다. 현지시장의 분석사항에 있어 〈표 5-3〉에서와 같이 해당상품 대한 규격, 포장과 디자인, 홍보를 위하여 다음과 같은 사항을 체크하여야 한다.

무엇보다 글로벌시장에서의 경쟁우위와 현지시장에서의 우위확보를 위한 상품 선별과 상품준비 및 이를 선적하는 것은 마케팅목표를 설정한 후에 이루어져야 할 가장 중요한 사항이라고 할 수 있다.

현지시장에서 소비자들의 반응과 흥미유발을 위하여 사전에 관련제품의 선택, 포장, 디자인, 관리, 홍보 등에 있어 체계적인 절차와 이를 수행하기 위한 담당자의 충분한 배경지식과 확인이 필요하다.

〈표 5-3〉 제2단계 상품준비 및 선적

| 제2단계: 상품준비 및 선적 | 체크 및 확인사항 |
|---|---|
| 해당상품은 시장분석에 따라 현지시장에 유망한 품목인가?<br>해당상품은 규격별 소포장되고 유통기한은 충분한가?<br>포장디자인은 현지어로 되었고 표기사항은 잘 되었는가?<br>상품, 홍보물은 용도별로 구분하여 포장하였는가?<br>상품은 박스, 우든, 플라스틱박스 등으로 단단히 포장되었는가?<br>냉장·냉동제품은 충분한 드라이아이스로 잘 포장되었는가?<br>성분분석표, Invoice 등 선적에 필요한 서류는 준비하였는가?<br>운송업체, 선적일정, 집하장소를 확인하였는가?<br>상품은 집하 장소에 잘 배송 되었는가? | |

자료: 농수산물 무역정보(http://www.kati.net/homepage)

### (3) 제3단계: 사전홍보 및 마케팅

사전홍보와 마케팅의 단계는 〈표 5-4〉와 같다. 이를 위한 절차와 내용은 다음과 같다. 즉, 바이어관리가 우선이다. 바이어 관리는 현지 시장정보와 바이어리스트는 확보를 비롯한 기존의 거래선, 신규바이어 등을 통한 바이어를 관리여부를 포함하여 초정대상자를 선정하고 이들에게 초청장을 보내는 일이며, 이러한 관리를 위하여 인터넷, 전문잡지, 디렉토리 등과 광고계획 등을 점검한다.

또한 사전홍보를 위하여 홍보계획과 마케팅의 내용을 포함하여 충분하게 배포 및 광고하며 필요시 현지의 각종 매체와 신문잡지 및 보도 자료를 활용한다. 이러한 모든 사항을 체크하고 점하여 사전에 홍보계획, 마케팅계획을 수립하고 시행한다.

그리고 수립된 계획과 각종의 홍보내용들은 사전에 점검하고 또한 수차례에 걸쳐 충분히 연습함으로써 문제점 발생과 추가적인 사항에 대한 대처능력을 아울러 함양한다.

〈표 5-4〉 제3단계 사전홍보 및 마케팅

| 제3단계: 사전홍보·마케팅 | 체크 및 확인사항 |
|---|---|
| 현지 시장정보와 바이어리스트는 확보되었는가?<br>기존거래선, 신규바이어 등 바이어 관리를 잘하고 있는가?<br>초청대상자를 확정하고 초청장은 제작하였는가?<br>행사장 부스번호 표기 등 초청장 내용은 문제가 없는가?<br>주최측으로부터 초청장, 무료입장권은 확보하였는가?<br>초청장은 바이어에게 여유 있게 발송되었는가?<br>인터넷'News Letter', 이메일 등은 잘 전송되었는가?<br>전문잡지, 디렉토리 등을 검토 후 광고계획을 세웠는가?<br>보도자료를 작성하고 배포계획은 세웠는가?<br>현지 Press Center 비치용 보도자료, 홍보물은 준비하였는가? | |

자료: 농수산물 무역정보(http://www.kati.net/homepage)

### (4) 제4단계: 효과적인 현장운영 및 상담요령

해외시장개척을 위한 최종적인 단계는 효과적인 현장운영과 상담을 통한 추가적인 제품 및 기업의 이미지제고와 기업의 이윤창출을 위한 활동이다. 〈표 5-5〉에서 효과적인 현장운영 및 상담을 위하여 다음과 같은 사항을 점검한다.

〈표 5-5〉 제4단계 효과적인 현장운영과 상담요령

| 제4단계: 효과적인 현장운영, 상담요령 | 체크 및 확인사항 |
|---|---|
| 현장 운영요원의 업무분장 등 운영계획을 철저히 점검하였는가?<br>출장일정, 항공권, 복장, 현지운영 예산은 확인하였는가?<br>명함, 상담자료, 초청자 명단, 선적서류 등은 준비하였는가?<br>통역, 시음·시식도구, 상담일지 등은 잘 준비되었는가?<br>현장에서 사용할 냉장비품 작동 등은 철저히 점검하였는가?<br>사전에 현장에서 시음·시식행사를 시연해 보았는가?<br>부스는 항상 청결하고 내방객에 아늑한 분위기를 주는가?<br>ISO, HACCP 등 국제인증서류로 바이어에 신뢰를 주었는가?<br>초청자 이름을 정확히 불러주고 밝은 표정으로 맞이하였는가?<br>자사 상품 특징을 설명해 바이어가 호감을 갖도록 하였는가?<br>바이어 성향, 내방 조건을 상담일지에 잘 기록하였는가? | |

자료: 농수산물 무역정보(http://www.kati.net/homepage)

주요 점검사항은 출장일정, 항공권, 복장, 현지운영의 예산 등을 확인하고 추가적으로 명함과 상담자료 및 관련의 서류들을 잘 준비한다. 그리고 준비된 절차와 내용에 따라 자사의 상품에 대한 충분한 설명과 시연 및 시식행사 등을 통한 현지의 바이어들에게 상품에 대한 호감과 관심을 고조시킨다.

### (5) 제5단계: 사후평가 관리

해외시장개척을 위한 점검 및 체크리스트 활용을 위한 각 단계별 내용 중 〈표 5-6〉의 사후평가와 관리는 최종적인 단계의 내용이다. 해외시장개척에 있어 체계적인 논리는 따로 존재하는 것이 아니라, 주어진 현지시장에서의 적응과 신속한 제품조달과 자금회수 등을 통한 기업의 이윤창출에 주 목적을 둘 것이다.

**〈표 5-6〉 제5단계 사후평가 및 관리**

| 제5단계: 사후평가·관리 | 체크 및 확인사항 |
|---|---|
| 성과를 분석하고 규모 확대, 차기 년도 참가 여부를 결정하였는가?<br>상담결과, 바이어 성향 등 을 잘 정리 분석하였는가?<br>바이어 리스트를 정리하고 등급별로 구분하였는가?<br>바이어 관심사 및 요구사항을 파악하였는가?<br>귀국 후 3일 이내 바이어에 감사 편지를 보냈는가?<br>유망 바이어를 가려내 샘플송부 등 신속히 대응하였는가?<br>지속적인 바이어 관리를 위해 Mailing List를 구축하였는가?<br>바이어와 지속적으로 접촉하고 있는가?<br>바이어 요구에 신속하게 대응하고 유대관계를 강화하고 있는가?<br>사진, 정보수집, 상담일지 등 모든 자료를 기록으로 남겼는가 | |

자료: 농수산물 무역정보(http://www.kati.net/homepage)

기업이 시장을 개척하여 단회적으로 활용하기 위하여 많은 경비를 소요하지 않을 것이다.

해외시장개척은 오랫동안 많은 인력과 시간 및 경비를 포함한 모든 수고의 결정체를 통하여 추가적이고도 현실적인 차원에서 계속적인 다양한 방법을 총동원하여 해외시장에서의 경쟁우위 확보와 장기적인 제품의 수명주기 유지 및 관리를 위한 서비스개선과 함께 중요한 전략의 하나라고 할 수 있다.

결과적으로 해외시장개척의 체크리스트는 해외시장에 대한 마케팅조사의 절차와 이를 위한 제반의 사항과 비슷한 단계의 과정을 거친다. 그러나 해외시장개척은 기존의 시장에 대한 마케팅 활동이 아니라 신 시장 즉, 새로운 시장개척을 목적으로 실시되는 마케팅이기 때문에 기존의 마케팅 계획과 목표 및 보고서 제출의 과정과는 다소 차이가 있을 수 있으나 대부분 마케팅활동의 영역에서 조사 및 활용하는 것으로 이해하면 된다.

# 제6장 해외거래선 신용조사 및 전자무역

Chapter 06

# 해외거래선 신용조사 및 전자무역

## 제1절 해외거래선 발굴절차와 기법

### 1. 해외거래선 발굴의 개요

무역거래의 방식은 기존의 무역거래에서 전자무역의 형태로 변화되어가고 있다. 그 가운데 하나가 시장조사 및 바이어발굴을 통한 거래협상과 업무처리 및 대금결제로 연결된다. 기존의 카탈로그, 매체, 광고, 전시회 등을 통한 상품의 선정은 거래알선기간이나 직접적인 방문 등을 통하여 선정하게 되고 이는 사전에 거래의 협상이 있어야 가능하다.

왜냐하면 국내의 상품거래가 아니라 국외 즉, 외국과의 상품거래이기 때문에 이를 위하여 국제전화, 우편 및 필요시 출장 등을 통한 거래협상이 이루어지게 된다. 그리고 기관을 방문하여 처리하거나 대금결제에 있어서도 은행이나 신용장을 통하여 결제하게 되는데 이것이 가장 기본적인 무역거래의 패턴이다.

하지만 현대의 전자무역은 E마켓플레이스 활용으로 자체구축의 사이트를 통한 홍보와 유즈넷, 메일링리스트, 검색엔진 등을 활용하여 타 마켓플레이스 활용 즉, 거래알선사이트, 경매사 이트 등을 통하여 E메일을 통한 협상을 하게 된다. 업무처리 EDI, XML방식의 전자처리를 통한 전자결재 및 트레이드카드 등의 대금결제 방식을 활용하고 있다.

다시 말하면 한국의 무역상인 수출업자가 인터넷을 통하여 무역거래알선시스템에 회사정보 및 상품정보를 수록하고 해외의 수출업자 및 소비자들이 이를 검색하

여 해당 상품을 구입하다고 가정할 때 소비자인 수입업자가 인콰이어리 발송(E-mail 등)을 통한 전자무역의 개념을 구성할 수도 있다.

**〈표 6-1〉 전자무역거래의 체결과정**

| 구 분 | 내 용 |
|---|---|
| 아이템 선정 | 통관정보시스템(KCIS), KOTIS, 언론 사이트 등 |
| 해외시장조사 | 국가별 통계사이트, 무역유관기관 사이트, 시장조사기관 사이트 |
| 해외홍보/마케팅 | 홈페이지, 거래알선 사이트, 유즈넷 |
| 거래선 발굴 | 거래알선 사이트, 유즈넷, 언론 사이트 |
| 거래제의 | 전자우편, 인터넷팩스 |
| 신용조사 | 신용조사기관 사이트, 기업 및 신용 DB 사이트 |
| 거래조건 협상 | 전자우편, 인터넷 및 팩스 |
| 거래체결(계약) | 전자우편 |

〈표 6-1〉에서 전자무역의 거래 및 체결과정에 대한 흐름을 살펴보면 다음과 같다. 우선적으로 계약체결과정에서 아이템을 선정하게 되는데, 아이템선정은(통관정보시스템; KCIS, KOTIS 등, 언론 사이트) 등을 통한 해외시장조사(국가별, 무역유관기관, 시장조사기관 등을 통한 조사)와 해외홍보 및 마케팅(홈페이지, 거래알선 사이트, 유즈넷)을 비롯한 거래선 발굴(거래알선 사이트, 유즈넷, 언론 사이트)을 한다.

그리고 거래제의(전자우편, 인터넷팩스), 신용조사(신용조사기관 사이트, 기업 및 신용, DB사이트), 거래조건 협상(전자우편, 인터넷 및 팩스), 수출계약체결(전자우편) 등의 전자무역거래 및 계약체결과정의 흐름을 통하여 무역거래가 이루어진다. 그러므로 해외거래선 발굴은 목표시장의 선정을 통하여 해외거래선 발굴을 하게 되며, 인터넷 글로벌마케팅은 방법으로는 매우 다양한 거래선 발굴기법이 존재한다.

## 2. 해외거래선 발굴 준비

해외거래선 발굴을 위한 준비로 무역자격 및 인프라를 구축하고 수출상품에 대한 이해와 수출가격, 무역지원기관 활용 등을 통하여 이루어진다. 무역자격 및 인프라를 구비함에 있어 무역업의 법적 자격을 구비하여야 하는데 이는 무역업 완전 자유화(2000년 1월 1일)로 인하여 무역협회에 무역업자 고유번호를 신고함으로서 이루어진다.

또한 홈페이지 및 전자카탈로고 제작을 통하여 이루어지게 되는데, 이는 EC21, EC Plaza(www.ecplaza.com)이나 전자카탈로그(무역협회, 대한상의 등의 무료제작 사업을 활용)를 제작한다. 또한 e-mail을 확보하여 통신비용 절감 및 무료 e-mail 사용을 가급적 억제한다.

전통적인 해외거래선 발굴의 방법(Off-Ling)으로 상공인 명부(Trade directory)를 활용하는 방법으로 이는 한국무역협회 대한상의 및 KOTRA 등을 통하여 정보를 입수한다. 그리고 국내외 수출지원기관 거래알선 의뢰의 방법으로는 각국 상업회의소, 세계무역센터(WTCA), 무역협회, KOTRA 거래알선실 및 국내 외국공관 등을 통한 곳에 의뢰한다.

또한 종합무역상사로 중소기업진흥공단과 종합상사 연계지원을 통한 종합무역상사를 활용하여 조사하기도 하며, 국내바잉오피스 즉 한국외국기업협회(바잉오피스디렉토리)를 활용한다.

무역자격 및 인프라 구비 후 수출상품의 이해로 수풀상품에 대한 특성을 파악하고 타제품과의 장단점을 비교하여 분석한다. 특히 품목별 수출입규제 여부를 파악하여야 하는데, 이는 수출입공고, 수출입별도공고, 통합공고 해당여부를 결정한다. 그리고 품목별 수출입동향은 국내경쟁업체의 수출입, 관심국가의 관세율, 통관정보 등을 파악하여 둔다.

수출가격의 이해에 있어 수출가격의 구성과 가격표에 대한 준비를 하여야 한다. 수출가격의 구성은 제조원가와 제조자 이익을 포함한 원자재비, 노무관리비, 세금, 수출물품 검사 및 포장비용, 제조자 이익 등이며, 수출제비용과 수출자 이익으로는 물류비용(내륙운송비, 보관료, 해상운송비, 해상보험료, 화재보험료), 행정비(수출추천비용, 수출통관비용, 허가비용, 제 증명료, 서류인지 대금), 은행비용(우편료, 신용장개설수수료, 수출보험료, 금리), 수출자 이익(대리점 수수료, 중개수수료, 통신료, 견본비용)등이다. 가격표(Pirce list) FOB, CIF 가격표준비(물류회사 활용)를 해야 한다. 그리고 무역기관을 활용한다.

## 3. 거래제의와 거래처선정 및 절차

해외시장 조사의 결과를 바탕으로 해당시장이 선정되면(목표시장) 그 다음 단계로서 목표시장에서의 거래처를 확인, 선별하게 된다.

〈그림 6-1〉 무역거래의 절차

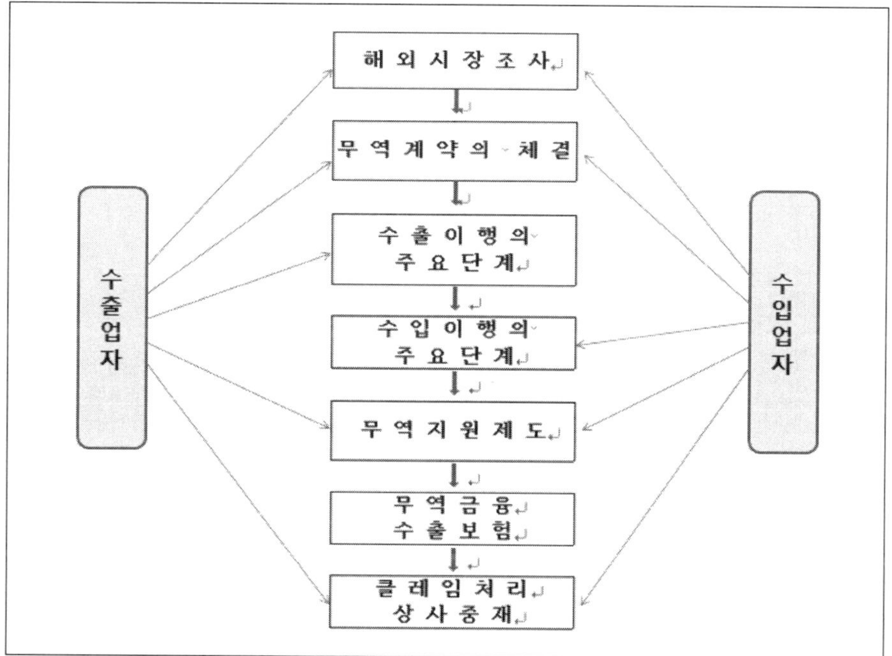


### 1) 권유장(Circular Letter)을 통한 거래제의

권유장을 통한 거래제의의 방법은 차후에 희망하는 거래관계를 예상하는 거래처에 자회사와 상품을 소개하는 권유장을 발송하는 형식을 취하게 된다. 이러한 권유장의 주요 내용은 예상거래의 고객인 만큼 예상거래처인 상대방을 알게 된 경로와 거래관계의 희망을 담은 소개와 함께 관련 상품과 영업 및 추가적인 자료 등을 오픈하여 상대방으로 하여금 거래문의를 할 수 있도록 만든다.

가장 기본적이 거래명단의 출처는 상공인명부를 통하여 설정할 수 있으며, 여기에는 업체, 업종, 주소, 전화번호 등의 정보를 쉽게 얻을 수 있는 장점이 있다. 또한 한국무역협회, 대한무역투자진흥공사, 대한상공회의소 등을 통하여 최근의 정보를 획득한다.

## 2) 무역유관기관을 통한 거래제의

무역유관기관을 통한 거래 제의는 각 국의 상업회의소나 WTCA(World Trade Center Association)체인에 거래알선을 의뢰할 수 있으며, 또한 한국무역협회, 대한무역투자진흥공사 등에서 거래알선의 서비스를 통한 무역 관련의 사이트를 쉽게 얻을 수 있다.

〈표 6-2〉 지역별 무역업자명부

| 관련지역 | 무역업자 명부 |
|---|---|
| 전 세계 | - 수출입시장정보백과(World Marketing Guide)<br>- 백화점총람(Stores of the World)<br>- Dun & Bradstreet Reference Book<br>- Bottin Mondial<br>- Maiers Adressbuch der Exporteure und Importeure<br>- Kelly's Directory of merchant, Manufacturers and Shippers of World |
| 미주지역 | - Directory of United State Importers(미국 & 캐나다)<br>- Directory of United States Exporters/U.S. Buying Guide<br>- IBAR Trade Directory of Latin American Countries<br>- Latin America Importers Directories<br>- Thomas Register of American Manufacturers, N.Y. |
| 구주지역 | - International Directory of European Importers<br>- Major Companies of Europe<br>- British Standard Importer(영국정부편찬)<br>- ABC Europe Production |
| 아프리카·중동지역 | - Owen's African and indian Ocean Business Directory<br>- Owen's Middle East and Mediterranean Business Directory<br>- SLAM Trade Year Book of Africa<br>- Major Companies of the Arab World<br>- The Arabian Year Book |
| 아시아지역 | - International Directory of Asian/Pacific Importers<br>- Asian Buyers Guide<br>- Major Companies of the Far East<br>- Standard Trade Index of Japan |

### 3) 해외광고 및 현지거래 제의

해외거래처를 발굴하기 위한 기초단계로 해외홍보용 카탈로그나 해외홍보매체를 이용하기도 한다. 그리고 현지에 직접 무역관계기관이나 거래관련자를 물색하거나 전시회 등에 참가하여 거래에 대한 방법 등을 강구해 나간다. 그리고 해외에 있는 단골 거래처나 외국환 거래의 은행에 의뢰하는 등 다양한 방법을 통하여 거래처 발굴을 위한 마케팅 활동을 강화해 나가고 있다.

**〈표 6-3〉 수출유관기관별 해외홍보매체**

| 발행 기관명 | 자 료 명 | 언 어 | 간 별 |
|---|---|---|---|
| 한국무역협회 | Korea Export | 영 어 | 연 2회 |
| | Korea Trading post | 영 어 | 격 주 |
| | 한국상품가이드 | 일 어 | 격 주 |
| | Korea Export(중어판) | 중국어 | 연 간 |
| | Korea Trade Directory | 영 어 | 격 년 |
| 한국종합전시장 | Korea Exhibition | 〃 | 계 간 |
| | Trade Market Directory | 〃 | 연 간 |
| | KOEX buying Directory | 〃 | 〃 |
| 대한상공회의소 | Korea Business Directory | 〃 | 〃 |
| 중소기업중앙회 | K.T. Directory of Small Business | 〃 | 〃 |
| 대한무역투자진흥공사 | Korea Trade & Business | 〃 | 월 간 |
| | Korea Trade | 〃 | 연 8회 |
| 기계공업진흥회 | Korea Machinery | 〃 | 격 년 |
| 전자공업진흥회 | Korea Electronics Catalog | 〃 | 연 간 |
| 완구공업협동조합 | Toys Manufacturers in Korea | 〃 | 〃 |
| 금속공업협동조합 | Korea Metal Products | 〃 | 부정기 |
| 전자공업협동조합 | Korea Electronics Buyer's Guide | 〃 | 연 간 |
| 공작기계진흥회 | Korea Machine Tool Guide | 〃 | 부정기 |
| 조선기자재협회 | Ship's Machinery & Equipment | 〃 | 〃 |
| 한국잡화시험검사소 | Korea Merchandise | 〃 | 연 간 |
| BUYE RGUIDE사 | Kirea Buyers Guide | 〃 | 월 간 |

〈표 6-3〉에서 한국무역협회를 비롯한 다양한 출처의 정보를 수집할 수 있는 루트들이 있다. 특히 이러한 루트를 통한 정보수집과 발행되는 각종의 정보자료를 활용하여 해외시장조사 및 동향조사에 기초적인 자료 및 조사내용으로 활용하게 된다.

〈표 6-4〉 거래를 위한 권유장

**JSK Company, Inc.**

45th Floor, Korea Trade Center

59 Samsung-Dong-, Kangnam-ku, Seoul, Korea 135-729

Gentlemen:

Your name has been given by the New York Chamber of Commerce as one of the reliable importers of Korean Silk Fabrics. We are, therefore, writing you With a Keen desire to have business connections with you.

In introducing ourselves to you we are pleased to comment that we have been engaged in shipping Silk Fabrics of all descriptions to all oner the world enjoying a good reputation for a good many years. Because of our excellent organization for conducting export business and close connections with the best sources of supply, we may state that should you favorably consider our proposal and favor us with inquiries for your specific requirements we are in a position to supply you with Al goods at competitive prices.

We are sending you separately a copy of our complete catalog in which we trust youb will find some that woyld suit for your trade.

In regard to the terms of business, we make it our customs to trade on a Banker's Irrevocable Letter of Credit, under which we draw a draft at sight. If you would care to deal with us on this basis, we shall be pleased to give you further details of business For any information respecting our standing and reputation,we are permitted to refer you to The Korea Exchange Bank, Kangnam branch in Seoul or KORTA organization in your area.

We look forward to receiving your early and favorable reply.

Yours very truly,

자료: 한국무역협회

〈표 6-5〉 수출자의 거래제의(예문)

Cheong Suk, 28, 2011

Messrs. OKT Enterprise CO., Ltd.
38 Liberty St., Los Aageles
N.Y. 2009, U.S.A

Gentlemen :

Your name and address have been given us from EC21(www.ec21.com), and We are writing this letter to you with a view to entering into business relations with your company.

As one of experienced exporters of travel bags, we have been doing business with Europe. U.S.A., Canada, the Middle East and other markets, and we are now very much interested in extending our business activities to your country.

Asregardsthetermsofbusiness, it is our custom to trade on Irrevocable Letter of Credit, under which we draw a draft at 30 d/s. If you care to deal with us on this basis, we shall be pleased to give you further details of business.

For any information respecting our standing, We refer you to the Korea Exchange Bank, Seoul, and we look forward to receiving your inquiry at earlist convenience.

Yours very truly,
President S. K. Sung

CHEONG SUK TRADIMG Co., LTD
URL : www. sokooo.com/rts
E-mal : suk610151@cju.co.kr
Tel : +82-041-333-8187
Fax : +82-041-333-8188
Cp : +82-010-0042-0046

〈표 6-6〉 수입자의 거래제의(예문)

**OKT IMPORTING CORP.**

**12th, DEC, 2011**

**Cheong Suk Trading Co., Ltd.**
**Dear Sirs,**

**<u>REFRIGERATORS</u>**

During Cheong Ju International Trade Fair, we had a good opporunity to see a display of your electric products. As we have a deep interest in the above mentioned goods, please send us a copy of your cotalogue and current price list.

We are one of the largest dealers in this city, and have branches in five neighbouring towns. Therefore, we expect to place regular orders for fairly large number depending on your quality and prices.

Will you please say whether, in these circumstances, you are able to allow us a special discount? This would enable us to maintain the low selling price that have been an important reason for the growth of our business. In return, we would be prepared to place orders for a guaranteed annual minimum of goods, the figure to be mutually agreed upon.

**Yours faithfully,**

**OKT IMPORTING CORP.**

## 4. 거래선의 관리

거래선을 관리한다는 것은 기존거래와 추가적인 거래관계에 있어 매우 유쾌한 시장접근과 시장관리 및 시장 확보에 영향을 미칠 수 있다. 해외시장에서의 거래선을 발굴했다면 기업의 이윤확보와 시장관리에 추가적 절차를 도입하여 전략적으로 유지 및 관리해 나가야 할 것이다.

거래선 과의 관계 관리에 있어 관계유지와 발전을 위한 노력이 필요하다. 이러한 거래선의 효과적 관계밀착을 위하여 필요한 제반의 조치를 취해야 하는데, 기업은 시장관리, 마케팅관리 등의 목표와 방향설정에 주력함으로써 추가적인 시장점유와 제품의 수명주기 및 판매에 대한 효과를 얻을 수 있기 때문이다.

구체적인 거래선의 관리는 기존의 거래와 추가적인 거래관계의 관리 및 인적관리 및 추가적인 관리관계를 분석하고 이를 데이터화 하여 시장관련의 담당기관과 관련자 및 판매 및 제품생산 등의 모든 관련자들에게 해당 정보를 제공하고 정보를 공유함으로써 거래동향과 거래선에 대한 추가적인 관리 및 평가를 이루어 낼 수 있을 것이다. 특히 하나의 시장에서 하나의 상품을 판매하기 위하여 고객과의 관계, 제품관계, 시장의 동향 등에 대한 체계적인 관리와 유지 및 발전을 필요로 한다.

# 제2절 해외거래선의 신용조사 절차와 방법

## 1. 신용조사

### 1) 신용조사의 개념 및 필요성

무역거래에 있어 수출자와 수입자의 관계인 매매계약의 체결과 이를 이행함에 있어 물품의 인수거절이나 대금지급을 거절하는 등 수출입에 관한 신용의 유지와 계속적인 거래에 이르기까지 위험을 동반한 일들이 존재하고 있다.

따라서 매매계약을 함에 있어 신용조사는 해당의 거래처를 신뢰할 수 있는 지의 여부를 사전에 조사하고 판단하여야 한다. 왜냐하면 철저한 신용조사를 바탕으로 무역거래를 개설하였다 하더라도 예기치 않은 천재지변이나 국가의 정책변동 등 여러 가지의 문제를 내포하고 있을 뿐만 아니라 결국 무역 대금을 회수할 수 없거나 또는 물품인수를 거절당하는 결과를 초래할 수도 있기 때문이다.

〈표 6-7〉 해외의 신용조사기관

| 기 관 명 | 소 재 지 | 신용조사가능지역 |
|---|---|---|
| Dun & Bradstreet International | 1 World Trade Center Suit 9069 New York N.Y. 100487, U.S.A | 전 세계 각국 COMECON 포함 |
| Amalgamated Trades Protections Ltd. | Sellotape House 54/58 High Street Edware Middlesex HA87HX U.K | 세계 154개국 (적성국 제외) |
| Commercial Report Australia Pty Ltd. | Launens House 180 Finders Lane Box 2630 Gpo Melbourne Vic 3001 Australia | 대양주 |
| Avetis Johnnes. | Trade Inquiry Office 51 Khiaban Ramsar Av. Shareza Tihran 15 Iran | 중 동 |
| Tokyo Shoko Japan International Co., Ltd. | P.O. Box 1064 Tokyo Central Tokyo Japan | 아 시 아 |
| Exim Recoveries Ltd. | Investment House(Ist)21/25 Broad Street C.P.O Box 8016, Lagos Nigeria | 아프리카 |
| Ausktnfe Burgel Centrale Gmbh | D-57100 Aachen EL isabethstrabe 14 Postfach 310 W/Germany | 유 럽 |
| Veritas Argentina | Maipu 286 Buenos Airs, Argentina | 중남미 |
| Tile Research | 109-A. Frankel Avenue Singapore 15 | Singapore |

〈표 6-7〉에서 해외의 신용조사에 있어 조사기관을 활용한 전문적인 신용조사를 의뢰 및 활용하는 방법들이 있다. 매매계약서에 기록된 거래관계를 성실히 이행했다고 할지라도 일정기간 동안 끊임없이 신용조사와 거래처에 대한 신뢰조사를 실시하여 무역 관련의 예기치 못한 상황에 대비한 사전의 조처를 취해야 한다. 신용조사가 필요한 이유는 격지 간의 거래에 대한 불확실성의 제거와 인터넷 무역사기 급증에 대처하기 위하여 실시한다.

## 2) 신용조사 내용

신용조사의 항목은 성격, 자본, 능력으로 이른바 3C's라고 하는 신뢰도 측정의 요소에 의하여 실시한다. 먼저 성격에 관련된 조사항목으로는 관련 업체의 개성,

성실성, 회사관련의 인지도, 영업태도, 채무변제이행 정도, 계약이행 정도 등에 관하여 조사한다. 무엇보다 중요한 것은 관련의 예상 거래처가 대금결제 부분에 있어 성실하게 담당하고 있는 지의 여부와 경영진의 성실성 등을 주도면밀하게 조사하여 한다.

또한 자본에 관한 조사는 해당업체의 재무 상태를 조사한다. 재무상태의 주요조사항목으로는 수권자본, 납입자본, 자기자본과 타인자본, 기타 자산상태 등 지불능력과 관련하여 조사하게 된다. 이러한 조사항목은 결국 능력과 관련되어 조사하게 되는데, 해당 업체가 연간매출액, 영업형태, 업종, 연혁 등의 내용 등을 조사하되, 신뢰성 정도에 관하여 중점을 두고 시장상황(Condition), 담보능력(Collateral), 거래통화(Currency), 소속국가(Country) 등을 추가적으로 조사한다. 신용조사는 신뢰도(reliability)를 조사 및 측정하는 것을 말하며, 이는 3C's, 4C's, 5C's 등의 항목을 측정하는 것을 말한다.

특히 바이어의 신용조사를 위하여 3C(Character, Capital, Capacity) 즉, 도덕성, 지불능력, 영업능력 등은 바이어에 대한 조사내용으로 기본적으로 성실성을 포함하여 영업의 태도, 계약이행 정도, 상대방의 재정상태 및 경영능력 등을 참고로 조사한다.

**〈표 6-8〉 신용조회의 항목**

| 구 분 | 내 용 |
|---|---|
| 3C'S | - 상도덕(Character): 개성, 성실성, 영업태도, 변제도 등<br>- 거래능력(Capacity): 매출액, 업체형태, 영업권, 등<br>- 지급능력(Capital): 재무 상태와 지급의 능력상태 등 |
| 5C's | - 거래조건(condition)/담보능력(Collateral)/거래통화(currency)⇒ 3요인 중 2요인을 포함하여 5C's |

### (1) 인격(Character)

인격의 조사 및 측정이란 거래 대상의 개성(personality), 성실성(integrity), 업계와 관련의 거래처 등의 영업에 대한 평판(reputation), 업무태도(attitude toward business), 채무이행열의(willingness to meet obligation)등 상대방에 대하여 어느 정도 신뢰할 수 있는지에 관한 조사이다.

### (2) 자본(Capital)

자본은 상대방의 재무상태(financial status), 즉 수권자본금(authorized capital), 납입자본금(paid-up capital). 자기자본과 타인자본, 매출액, 손익상태 등 재무제표를 통한 대금지급 능력을 평가 및 조사하는 것으로 주로 재무제표를 통하여 지급능력의 보유정도를 측정하는 것이다.

### (3) 능력(Capacity)

능력이란 주로 상업능력의 조사를 말하며, 조사내용은 영업형태, 회사의 인지도, 경영자의 경력(career), 영업권(goodwill), 거래실적, 취급상품, 거래처 등 주로 영업과 관련된 능력을 조사 및 측정하는 항목이다.

### (4) 시장상황(Conditions)

상대방의 주변 상황 즉, 현지시장의 정치적, 경제적 상태를 조사하는 항목이다. 현지시장의 정치적 불안이나 국제수지악화, 수입규제 등은 신뢰성 평가를 낮게 할 수 있으며 차후 거래에 치명적인 손상을 입을 수도 있다. 그리고 통관절차나 항만사정, 노사분규상황, 운송시설에 관하여도 조사하여야 한다.

### (5) 담보능력(Collateral)

담보능력의 조사내용은 물적 담보, 인적담보(신용담보)와 기타 거래통화(currency), 소속국가(country) 등을 포함하여 조사하는 경우도 있다.

## 3) 신용조사 방법

신용조사의 방법은 은행조회, 동업자조회를 이용하는 방법과 국제적으로 거명한 상업흥신소, 해외 신용조사기간 등을 이용하여 조사하는 방법이다. 가급적이면 동업자조회보다는 은행관련의 조사를 활용하는 것이 바람직하나 필요시 신용조사기관이나 상업흥신소에 의뢰하여 조사하기도 한다. 신용조사에 있어, 세계적인 상업적인 신용기관으로는 미국(D&B), 영국(Bradstreet), 일본(Tokyo mercantile Agency) 등이 있으며, 국내의 전문신용조사기관으로는 수출보험공사, KOTRA, 신용보증기금 등이 있다.

〈표 6-9〉 신용조회처의 유형

| 구 분 | 내 용 |
|---|---|
| Bank Reference (은행신용조회) | - 수출입의 대상이 거래 은행에 거래의 상대에 대한 신용 상태를 조회 |
| Trade Reference (동업자신용조회) | - 수출입의 대상이 거래하고 있는 주요거래처에 대한 신용 상태를 조회 |
| Merchantile Agency (상업흥신소조회) | - 거래에 관련된 조사, 통신, 주재 등의 파견대상을 통하 여 신용조사를 하는 전문회사에 대상의 신용상태 조회 |
| 신용보증기금조회 | - 해외신용조사를 전문업으로 하는 회사와 제휴관계가 있 는 한국의 신용보증기금을 통한 신용조회 |

은행조회란 자사가 거래하는 거래처에 대하여 신용상태를 조사를 말하며, 이는 신용조회(credit inquiries)를 통한 일종의 레피런스(reference)행위를 하게 된다. 특히 은행조회 가운데 환거래계약체결은행(bank correspondent arrangement)을 통한 신용조회를 말한다.

그리고 단골고객을 통한 신용조사회를 의뢰하는 경우를 동업자조회(trade reference)라고 한다. 하지만 은행조회와 단골조회는 전문신용조사기관의 조사내용이 아니기 때문에 100% 신뢰를 기대할 수는 없다.

## 2. 인터넷 신용조사

인터넷에 의한 신용조사는 한국수출공사(www.keic.or.kr)의 사이버수출보험(Cyber keic)를 활용하게 되는데 건당 보통 3만원 내외의 경비를 부담해야 한다. 그리고 KOTRA 해외무역관을 이용할 경우 유료로 제공하지만 요금과 조사소요기간과 지역에 따라 상이하다. 그리고 중진공 인터넷 중소기업관으로 삼성화재와 중진공간 업무제휴로 D&B사 신용정보 무료제공 등이 있다.

인터넷 신용조사와 무역의 사기를 방지하기 위한 대책으로 소액결제 미끼형, 행방불명형, 책임 전가형, 고의 부도형 등의 사례들이 있으므로 사전에 한국수출보험공사 수출보험을 활용하여 확인을 해 보는 것도 좋으며, 연락처 확인, 이메일주소 확인, 단순한 정보의 바이어 경제, 대량오더 제시 바이어 주의, 미사여구에 현혹되지 말 것, 특히 선불을 요구하는 바이어나 Letter of intent(interest)제시 오퍼는 무시하는 것이 좋다.

거래제의를 할 때 반드시 상대방을 알게 된 경위, 업종 및 취급품목과 거래실적 및 거래국가, 자국 내 위치와 경험, 생산규모, 거래조건 등 신용조회처를 잘 파악해야 한다.

## 제3절 전자무역의 개념과 전자결제

### 1. 전자무역(Electronic Trade)의 탄생배경과 전망

#### 1) 전자무역의 의의

##### (1) 전자무역의 탄생배경

세계화의 영향으로 전자무역은 전자상거래의 발전과정에 탄생하게 되었다. 1970년대 초반 사설통신망을 통한 전자자금이체(EFT: Electronic Funds Transfer)의 도입으로 전자상거래가 시작되었다. 특히 1980년대 이후 전자자료 교환, 전자우편의 기술발달로 인하여 문서작업의 시간단축과 표준화를 통한 자동화시스템의 도입 등으로 비즈니스의 효율화를 이루게 되었다.

글로벌무역에 있어서도 전자상거래로 인하여 주문서, 선적서류 등 전통적인 종이서류의 방식에서 전자문서교환방식(EDI)으로 전화되었고 이러한 기술을 통하여 글로벌무역은 1990년대 초에 전자메시지의 전달기술과 정보공유 등으로 인하여 사이버공간을 통한 온라인 서비스가 강화되어 전자무역 즉, 인터넷무역이 성행하게 된 것이다.

특히 1990년 초 인터넷 월드와이드웹(World Wide Wdb)의 출현으로 정보공시, 정보배포, 등이 용이하게 됨으로써 전자상거래에 전환점을 맞이하게 되었다. 전자상거래는 월드와이드웹을 통한 저렴한 방법에 의한 규모의 경제를 실현하고 다양한 거래활동을 통하여 범위의 경제를 실현할 수 있게 되었다.

또한 1980년대부터 UN/EDIFACT의 무역절차 간소화 및 전자문서표준화에 따라 우리나라도 1991년 한국무역정보통신(KTNET)을 출범, VAN/EDI망을 구축하고 단계적으로 무역자동화 서비스를 확장해 왔다. 이후 1990년대 중반부터는 인터넷의 확

산과 관련기술의 발전을 통해 무역계약 체결전의 무역거래알선, 인터넷마케팅 등 무역의 대금결제처리까지 전자정보통신기술에 의하여 손쉽게 처리할 수 있게 되었다.

따라서 e-비즈니스라는 새로운 개념의 등장으로 기업내부 정보시스템과 외부 정보시스템을 연동하여 업무의 편의성을 높이고, 기업의 경쟁력을 통한 전자무역(e-Trade)을 탄생시켰으며, 저렴하고 손쉬운 확장이 가능한 XML기반의 개방형 EDI로 전환하여 글로벌전자무역시대를 열어가고 있다.

**〈표 6-10〉 무역거래의 처리방식 변화**

| 년대 | 처리방식/수단 | 내 용 |
|---|---|---|
| 1960년대<br>무역거래 표준화 | - E-Marketplace<br>- Trade Portal Site | - 신용장 통일규칙(UCP-500)<br>- 정형거래조건해석규칙(INCOTERMS) |
| 1970년~1980년<br>무역절차 간소화 | - E-C/O<br>- E-L/C<br>* 전자민원시스템 | - 국가별 무역절차 간소화<br>- 국제연합 유럽 경제위원회(WP4)<br>- CEFAST의 활동 |
| 1980년~1990년<br>무역 자동화 | - E-Logistframe, MFCS<br>- E-L/G, E-B/L | - UN/ECIFACT의 EDI국제표준<br>- TEDIS(전자문서교환시스템)<br>* 한국(KTENT), 미국(ITDS) 등 |
| 2000년 이후<br>무역 전자화 | - 관세청 및 KTNET<br>* 전자통관절차 시스템화 | - E-Trade System<br>- E-EDI, 볼레로, Trade Card |

### (2) 전자무역의 특징 및 발전전망

전자무역은 전자 및 정보통신 기술의 발달로 인하여 기존의 무역 관련의 사무를 자동화에 의한 사무화로 만들어가면서 점차 글로벌무역자동화를 실현하였고, 인터넷을 통한 전자상거래의 개념이 확산되면서 글로벌전자무역으로 발전할 수 있는 계기를 마련한 셈이다.

따라서 전자적인 사이트를 통하여 고객과의 실시간의 거래가 가능하다는 점이다. 고객과의 정보가 전사적으로 이루어짐으로써 전자 카탈로그, 쇼핑몰, 등 24시간 동시에 개방되어 있다는 점이다. 전자적 업무처리를 통한 기업의 비용절감의 효과, 전자서류에 의한 정보공유와 소비자들의 반응을 통한 제품의 생산과 전달 등은 의사소통을 원활히 해 준다.

〈그림 6-2〉 전자무역의 프로세스

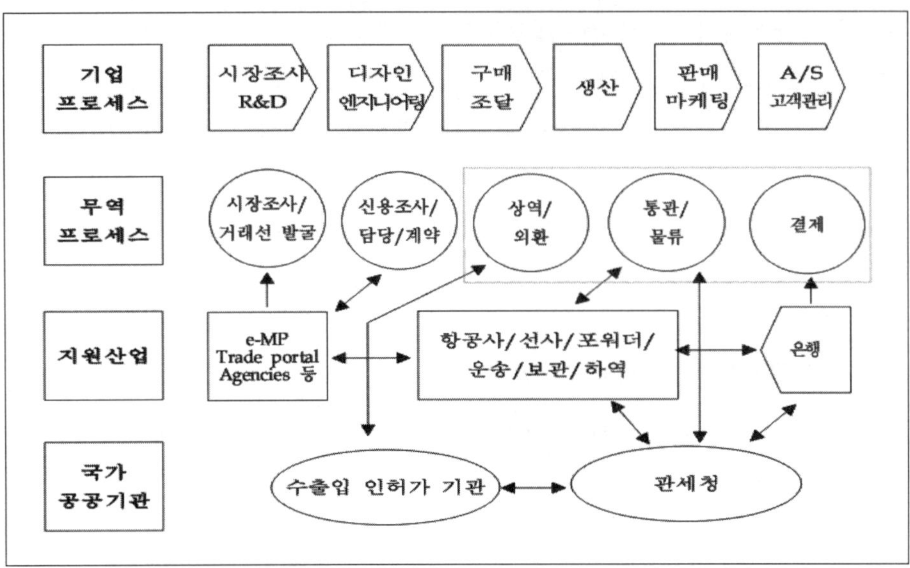


자료: 한국무역협회(홈페이지)

〈그림 6-2〉와 같이 우리나라는 1991년 무역자동화법 제정이후 정부와 유관기관 및 민간의 힘으로 상역, 외환, 통관, 물류 등의 네트워크화를 통하여 무역자동화 추세로 나아갈 수 있어 이를 바탕으로 전자무역 프로세스 기반을 조성하였다.

## (3) 전자무역의 특징

세계화의 영향은 글로벌기업을 통한 글로벌무역이 성행할 수 있게 되었으며, 무역의 성향도 달라졌다. 가령 무역중개인에 의한 중개무역이 달리 필요치 않게 된 셈이다. 글로벌전자무역으로 인하여 무역상의 수입과 수출은 물론 이를 위한 접속, 처리, 활용 등도 전자화된 시스템을 활용함으로써 가능하게 되었다.

글로벌전자무역을 통하여 전 세계시장이 하나로 통합되고 표준화된데 이어 상품과 서비스의 내용과 질도 거의 동질화된 셈이다. 즉, 기업과 소비자 간의 철저한 시장원리의 적용으로 인하여 합리적인 기준거래가 이루어지게 되었고, 인터넷에서의 가격과 제품에 대한 차별화를 통하여 구매에 적용할 수 있게 되었기 때문이다.

전자무역은 무역거래에 있어 신속하고 정확하게 거래할 수 있도록 시간적, 경제적 부담을 덜어주고 거래상대방과 모든 소비자에게 관련의 정보를 오픈한다는 점에서 글로벌 전자무역은 보다 무역거래가 활발하게 이루어져 세계적인 물류의 이동이 손쉽게 이루어질 것이다.

## 2) 전자무역의 개념 및 정의

통신기술과 인터넷의 발달로 인하여 가상공간(Cyberspace)을 이용한 통신망을 통해 대량의 정보교환이 가능하게 되었다. 이러한 가상공간에서 이루어지는 거래관계를 전자상거래 또는 전자무역이라고 한다. 그리고 1989년 미국의 국립 로렌스 리버모어 연구소에서 미국방성 프로젝트의 수행과정에서 생성되었다.

E-Business는 IT에 의해 형성된 디지털환경 하에서 전자적인 커뮤니케이션(고객, 협력업체간 정보의 커뮤니케이션) 및 E-Commerce를 통한 비즈니스이며, E-Business에는 직접 판매와 서비스지원, 브랜드, 고객 등의 관리를 포함하는 B2B, B2C, B2G, C2C 등의 전자거래형태를 총괄하는 개념이다. 전자무역(E-Trade)은 기업 간 전자상거래의 B2B개념과 글로벌 전자상거래의 개념을 포함한 E-Business의 개념이 포함된 복합적 성격을 지닌다. 2000년 12월 개정된 대외무역법에서 전자무역이라는 용어가 사용되면서부터 전자무역(e-Trade)의 공식용어로 등장하였다.

**〈표 6-11〉 전자무역의 정의**

| 구 분 | | 정 의 |
|---|---|---|
| 1997년 | OECD | 개인, 기업이 텍스트나 음성, 화상 등을 통한 디지털화된 데이터를 처리, 전송하는 상업적 활동 및 관련의 거래형태 |
| | 유럽연합 | 텍스트, 음성, 화상 등을 포함한 데이터의 전자적인 처리, 전송을 기반으로 기업의 업무를 전자적으로 처리하는 방식 |
| 1998년 | WTO | 전자적 수단에 의한 상품 및 서비스의 생산, 유통, 마케팅의 매매, 교환활동 |
| 1999년 | 미상무부 | 인터넷, 웹사이트를 기반으로 한 시스템에서 거래 방식 |
| 2000년 | 공정거래위원회 | 재화, 용역의 거래에 있어 일부 또는 전부를 컴퓨터 등에 의한 정보처리능력을 가진 장치에 의한 전자적 형태의 송, 수신 및 저장의 전자적 거래형태 |
| 2001년 | 통계청 | 컴퓨터와 네트워크라는 전자적인 매체를 통해 상품 및 서비스의 거래가 이루어지는 방식 |
| 2005년 | 전자거래기본법 | 정보처리시스템에 의한 전자적 형태로 작성되어 송수신 및 저장된 정보 |

따라서 무역거래를 함에 있어서 인터넷이나 무역정보처리시스템 및 무역정보망을 통한 업무처리방식을 전자무역이라도 한다. 전자적상거래 또는 EC 즉, 전자상

거래라고 하며, 광의의 의미로는 인터넷이 보급되기 이전의 단계에서부터 추진되어 사용되었던 전자자료교환(EDI)과 칼스(CALS), 인터넷 등을 통한 사이버비즈니스 등을 포함하는 상행위를 말한다.

### 3) 전자무역과 e-비즈니스와의 관계

전자무역은 전자상거래 및 e-비즈니스와 밀접한 관계가 있다. 즉, 전자무역과 전자상거래 및 e-비즈니스는 관련의 기술을 기반으로 하고 있다는 점이다. 이러한 관련의 기술은 e-Commerce는 컴퓨터와 통신망을 의미하는 Electronic과 재화 및 서비스의 거래를 뜻하는 Commerce와의 합성어로 전자적인 기술을 바탕으로 한 상거래이다.

e-비즈니스는 e-Business가 Electronic과 Business의 합성어로 기업 내 정보시스템 활용과 기업 간의 영업 및 마케팅 활동 등을 포괄하며, 정부기관 및 소비자와의 인터넷을 통한 연결 등의 개념까지도 포함하는 개념이다. 따라서 전자무역이란 무역프로세스의 e-비즈니스라고 볼 수 있다.

## 2. 전자무역(Electronic Trade)을 통한 시장의 특징

### 1) 세계화로 인한 표준시장으로의 통합

세계화의 영향으로 인한 세계시장의 단일화와 표준화를 이룬 것은 과학기술의 발달과 정보통신기술의 발달을 통한 가속화로 전자무역시대를 열게 되었으며, 또한 전자무역은 전 세계의 시장을 하나로 묶는 단일화, 통합화를 이룬 셈이다. 인터넷의 보급과 국경 없는 글로벌시대의 무역거래는 전자무역을 통해 국내시장과 동일개념의 시장으로 효율적이며 활성화된 시장의 모습을 찾아보게 된다. 전자무역은 그 대상이나 국가 및 상품 전체가 사이트상에서 24시간 오픈되어 있다는 장점과 실시간에 상품을 구매할 수 있다는 특징을 갖고 있다.

### 2) 전자무역으로 인한 거래비용의 절감

전자무역을 통한 무역거래는 전 세계의 모든 상품들을 마음대로 사고 팔 수 있는 국경 없는 무한경쟁의 시장에서 거래비용을 절감한 효과를 통한 모든 경제적 부담과 손실을 아울러 해결할 수 있다. 그리고 기존의 무역절차의 까다로운 무역

통관의 제 절차를 생략하고 직접 전자무역을 통한 고객확보 및 관리를 동시에 추구할 수 있다.

### 3) 글로벌 마케팅을 통한 거래활성화

인터넷을 통한 거래방법으로 인하여 공간적, 시간적 제약을 거의 받지 않는다. 또한 인터넷을 통하여 실시간 마케팅을 실시할 수 있으며, 마케팅과 관련된 모든 절차와 비용을 간소화하는 한편 고객과의 직접적인 대화와 참여를 통하여 원하는 정보를 실시간에 주고받을 수 있어 거래의 투명성제고에도 한 몫을 더하게 된 것이다.

인터넷상에서 표준화 또는 적응화의 전략으로 세계적인 통용의 언어와 문자 및 문화의 차이와 목표시장을 고려하여 해당되는 시장별, 국별, 상품별로 다양하게 마케팅 할 수 있다는 점이다.

## 제4절 전자무역의 거래절차와 수단

### 1. 전자무역의 거래절차

전자무역 프로세스는 전통적인 무역프로세스와 별 차이는 없으나 무역업무 처리에 있어 과거의 내용과 달리 훨씬 엎그레이드 된 기술로 차이가 있다. 따라서 이러한 새로운 기술들은 전자무역 프로세스를 통한 시장조사와 거래선 발굴 및 신용조사에 이르기까지 다양하게 적용 및 활용하고 있다. 특히 통관 및 물류와 대금결제에 있어서도 전자무역 프로세스를 통하여 쉽게 처리할 수 있다는 장점이 있다.

### 2. 인터넷을 통한 전자무역거래 수단

인터넷을 통한 전자무역거래는 IP주소를 가지고 인터넷상에서 연결된 각종의 통신망과 연결된 컴퓨터에 부여되는 고유한 번호이다. 도메인의 이름은 숫자로 표시되며 인터넷 주소를 일반인들이 인식하기 쉽게 영문으로 표기하고 있다. 그리고 전자우편, 메일링리스트, 검색엔진, 유즈넷, FTP 등으로 전자우편은 인터넷상에서 특정사용자 간에 컴퓨터를 통하여 파일형태의 텍스트, 그림, 형식이 있으며 문서를 전달하고 받은 수단이 된다.

메일링리스트는 유즈넷과 비슷한 특성을 가지고 있으나 한 번 가입하게 되면 계속적으로 메일을 받을 수 있다는 점과 가입과 탈퇴가 자유롭다는 점이 있다. 그리고 검색엔진은 인터넷에 존재하는 웹 페이지의 내용을 색인하여 놓은 일종의 데이터베이스이다. 유즈넷은 공통관심분야에 대한 관심을 가진 사람들이 모여 대화할 수 있는 토론의 그룹이라고 할 수 있다.

## 3. 전자거래 알선의 의의 및 활용기법

전자거래 알선의 특징과 장점은 시공간적인 제약이 없다는 점이며, 거래처 발굴이 자유롭고 쌍방향 통신이 가능한 점을 통하여 실시간의 정보를 공유, 멀티미디어 정보의 유통 가능, 업무처리 시간단축, 마케팅비용의 절감 등의 효과를 얻을 수 있다.

〈표 6-12〉 전자무역 관련의 국제기구

| 구 분 | 내 용 |
|---|---|
| OECD | - 1988년 전자상거래 인증, 소비자보호와 관련의 정보보안문제 거론<br>- 1999년 소비자보호지침 권고안<br>- 2002년 정보시스템, 네트워크 보안지침 권고안<br>- 2003년 전자적 전달, 광대역 망을 통한 디지털 콘텐츠 논의<br>* 콘텐츠, 글로벌 가치사슬, ECT기술고용 및 활용 등 |
| UN | - 2001년 ebXML기반의 국제전자상거래 표준합의 발표<br>- 2002년 UNCTIRAL의 전자상거래 작업반회의(전자계약, 국제협약 초안마련)<br>* 새로운 전자상거래 통일규범 역할 |
| APEC | - 2002년 한국을 비롯한 호주, 대만, 싱가포르가 전자무역 활성화 동참<br>* 아태지역 국제 B2B연계 시범사업 착수 |
| WTO | - 1999년 전자상거래 무관세 논의<br>- 2001년 DDA출범<br>* 전자무역의 자유화 선언, 전자전송은 서비스임을 확증하고 개도국 지원강화 |
| EU | - 2002년 인터넷을 통한 무형상품 거래의 과세결정<br>* 전자상거래 촉진환경 조성의 각서 발표(프랑스) |
| ICC | - 2002년 전자신용장통일규칙(E-UCP) 시행<br>* 글로벌 행동계획 3판, 디지털거래 보장의 일반관례 개정판 발표 |

특히 인터넷을 통한 전자거래 알선이 전통적인 거래에 비하여 시간과 비용을 절약할 수 있다는 장점이 있으나 현재 중소기업들이 많이 참여하는 시장개척단, 전시회 등의 거래알선 방법을 완전히 배제하는 것이 아니라 온라인과 오프라인을 병행하여 추진하는 것이 더욱 효과적이라고 할 수 있다.

## 4. 전자무역의 활용

### 1) 마케팅과 경영 관련요인

전자무역의 마케팅 분야의 활용은 전자무역의 필요성에 따른 기업의 업무와 정보 활용 및 능력에 따라 다르게 나타난다. 즉, 글로벌화, 세계화의 영향으로 국제적인 기업 활동을 해 나감으로써 전자적인 규모가 거대해지고 관련의 기업들은 새로운 전자적 기술을 도입하여 전 세계시장을 온라인화 하게 되었다.

전자적 무역거래의 업무는 경제성을 띤 새로운 전자적 무역으로 성행하여 관련의 제품, 서비스 등을 실시간에 고객에게 전달할 수 있게 되었다. 새로운 정보기술의 도입으로 혁신적 정보기술을 활용하기 위한 교육과 관련의 지식을 통한 적절한 구성원의 조직이 필요하다.

### 2) 서비스와 운영상의 요인

전자무역의 활용은 전자적인 요건과 제반의 기술능력 및 장비의 적정한 유지 및 발전이 필요하다. 전자무역에 있어서도 업무를 다루기 위한 다양한 하드웨어와 관련 프로그램의 활용을 위한 소프트웨어 기술을 기반으로 무역의 업무를 효율적으로 처리할 수 있다면 기술혁신을 통한 EDI의 활성화를 가져올 수 있다.

정보기술을 통한 다양한 서비스의 질을 높이고 고객만족과 고객의 요구사항에 즉시 응답할 수 있는 전산화된 시스템을 개발하여 이를 활용함으로써 서비스의 수준을 높여 나갈 수 있다. 그러므로 전자무역의 서비스 활성화를 위하여 무역업무 체제를 단일화된 창구 시스템을 활용하여야 한다는 점과 정보화시스템을 추구하는 것이 급선무이다. 물론 마케팅을 비롯한 상역, 통관의 물류, 결제 등에 있어서도 연계성 있는 발전과 체제를 유지 및 시스템 해 나가야 한다는 것이다.

〈그림 6-3〉 전자무역서비스의 체계

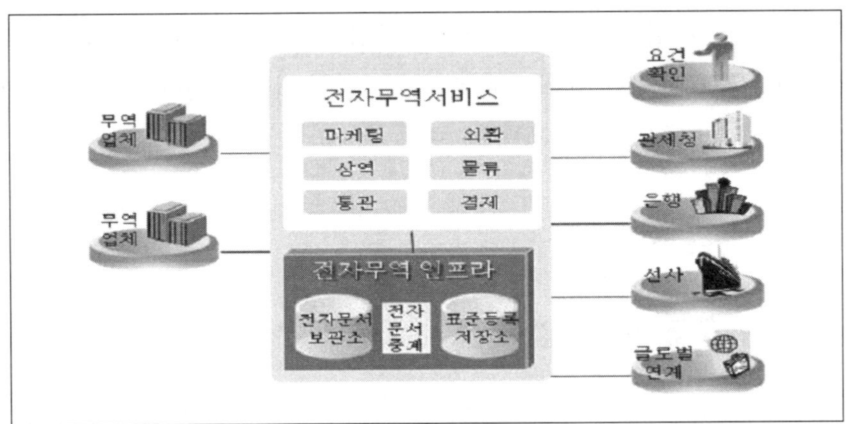


자료: 지식경제부

## 제5절 우리나라 전자무역서비스의 현황

### 1. 전자무역 서비스의 발전단계

#### 1) 제1단계 : VAN/EDI 중심의 무역자동화(1990~1999)

제1단계는 VAN/EDI중심의 무역자동화를 통한 서비스를 제공하던 단계이다. 1990년부터 1999년까지의 무역자동화 개념은 VAN/EDI를 기반이었다.

#### 2) 2단계 : XML/EDI 중심의 인터넷 전자무역(2000~2001)

제2단계는 XML 등장이후 2000년대와 2001년대에 있어 인터넷을 통한 인터넷과 XML/EDI를 기반으로 한 포털 서비스의 인터넷 전자무역시대로, 기존의 VAN/EDI 기반의 시스템을 확장이 손쉬운 XML/EDI 기반의 시스템과 인터넷을 기반으로 한 전자상거래 환경을 요구하게 되었다.

#### 3) 3단계 : ebXML 중심의 글로벌 전자무역(2001~현재)

1999년 11월 글로벌 전자무역에 대한 국제적인 표준의 필요성에 따라 전 세계

EDI 표준화 기구인 UN/CEFACT와 XML 표준화 기구인 OASIS가 공동주관 하에 표준화 작업을 수행하여 2001년 5월 ebXML 표준을 발표하였다. ebXML은 모든 기업과 조직들이 서로 다른 전자무역환경에서도 일관된 방식으로 개방적인 XML 기반의 인프라스트럭처를 제공하는 것이다.

〈표 6-13〉 전자무역의 발전단계

| 단 계 | 주요내용 | 기업 활동 |
|---|---|---|
| 제1단계 | - 무역자동화시스템 활용 | - 전자문서에 의한 기업정보 교환 |
| 제2단계 | - 자사의 웹사이트 개설<br>- B2B 사이트이용 | - 기업 및 상품정보 제공 및 검색 |
| 제3단계 | - 웹사이트를 통한 거래<br>- B2B 사이트와의 연계 | - 웹사이트를 통한 제품거래<br>- 개방형 e-마켓플레이스, 비개방형 사이트를 통한 거래 |
| 제4단계 | - 자사 웹사이트와 내부시스템 간 통합 | - 자사의 전자무역 웹사이트와 기간시스템 과의 통합 |
| 제5단계 | - B2B 및 내부시스템 간 통합 | - 개방형 e-마켓플레이스 비개방형 사이트와 자사의 기간시스템을 연계 또는 통합 |

## 2. 우리나라의 전자무역 현황

우리나라의 전자무역은 세계적 수준의 통신 인프라가 갖추어져 있으며, 무역자동화시스템에 의한 수출입을 관리하고 있다. 이와 관련하여 역자동화 추진법, 대외무역법 등을 통한 법적 기반도 갖추어 나가고 있다. 2010년 우리나라의 무역업체에 따르면 수출입업체 80%이상이 전자무역에 의한 무역거래를 선호하고 있다는 것이다. 이러한 전자무역의 필요성을 인식하고 있음에도 불구하고 특별한 대책이 없는 경우가 개별 기업차원에서의 본격적인 전자무역 시대에 대비한 준비가 미흡하다는 지적이다.

또한 전자무역의 핵심인 EDI의 사용은 외환, 통관부문에서 주로 사용되고 결제, 상역부문에서는 사용이 부진한 것으로 나타났는데, 이는 전자문서의 국제협약 및 국내법상의 법적 효력의 문제가 해결되지 않은데 기인하고 있는 것으로 보고 있다. 우리나라의 무역업체들은 전자무역활성화를 이한 적극적인 참가를 원하고 있지만 해외마케팅을 통한 전자무역의 활성화에 따른 도약단계에 미치지 못하고 있는 실정으로 나타나고 있다.

### 1) 우리나라 전자무역의 법적근거

우리나라의 전자무역은 전자무역 촉진에 관한법률 제8852호와 전자무역 촉진에 관한 법률시행령 대통령제20678호에 의하여 법적근거를 갖는다.

### 2) 배경 및 내용

우리나라의 전자무역 배경은 1991년 무역자동화법 제정 이후 상역, 외환, 통관, 물류 등 부문별 자동화를 시작으로 추진하여 왔다. 그러나 부문별 무역자동화에 집중되어 기관 간 협조를 통한 무역에 대한 혁신에는 한계가 있었다.

최근 정보환경의 변화로 글로벌무역의 추세에 따라 무역 유관망간 유기적인 체제와 새로운 전자무역체제 도입과 프로세스 개선을 가능케 하였다. 마침내 2003년 7월 국가 전자무역 추진을 위한 민, 관 합동의 국가전자무역위원회가 구성되어 그 해 12월에 국가전자무역 종합계획이 수립되게 되었다.

따라서 국가전자무역위원회는 전자무역의 추진과 관련된 기본방향 및 종합계획에 관한 사항과 법, 제도정비 및 개선에 관한사항 등을 협조 및 조정하게 되었다. 관련의 정부부처와 무역협회 등으로 전자무역추진 T/F(Task Force)를 구성하였다.

### 3) 전자무역 활성화 조건 및 청약과 승낙

전자무역이 활성화되기 위해서는 다음과 같은 제 조건을 충족해야 한다. 먼저, 전자무역과 관련된 정보인프라 구축이 필요하다. 전자무역을 활성화하기 위해서는 관련의 모든 기관과 실시간의 정보를 주고받을 수 있는 체계가 필요하며, 이를 위하여 통신네트워크 구축과 표준화된 상용의 시스템이 필요하다. 이러한 사이트를 통해 무역 관련의 주문과 통관 및 운송의 각종 사항에 관한 전반적인 업무처리를 통합시스템에 의하여 처리할 수 있기 때문이다.

또한 거래대상자의 신용평가, 당사자 확인, 전자문서의 법적보장 문제 등의 관련 정보보안이 필요하다. 무역의 관련기관의 인증기관을 통하여 인증시스템을 통한 공인된 바탕위에 결제시스템과 다양한 거래정보와 관련의 사무 처리를 자동화

시스템에 의하여 처리케 된다. 국가제도와 무역시스템, 금융시스템 등의 국제표준화를 통한 신속한 대응과 자체적인 연구 및 활성화에 노력을 기울여야 할 것이다.

〈표 6-14〉 우리나라의 전자무역 서비스구축

| 단계별 구분 | 내 용 |
|---|---|
| 2004년~2006년<br>전자무역서비스 1,2 차<br>구축사업 | - 전자무역 문서보관서 시범구축<br>- E-L/C 서비스 구축(은행)<br>- 전자무역서비스 포털구축(수출입 연계 서비스)<br>- 통합연계 구축 |
| 2007년<br>주한외국은행 E-L/C ASP ISP<br>전자무역서비스 3차 구축사업 | - 통합포털구축, 시범 서비스 구축<br>- E-B/L Title Registry 시범구축<br>- 주한외국은행 E-L/C ASP 구축 |
| 2008년<br>전자무역서비스 BRP/ISP | |

자료: 한국무역협회

〈표 6-13〉과 〈표 6-14〉를 통해서 볼 때, 정보시스템에 의한 실시간 정보처리의 서비스가 이루어져야 한다. 현재 전자무역을 수행하는 사이트의 대부분이 무역거래과정 중에서 해외마케팅을 비롯한 다양한 관련의 거래가 가능하도록 발전시켜야 한다. 세계화에 발맞춰 표준화, 적응화를 통한 해외시장과 국내시장에서의 동시화 개념도 추구해 나가야 할 것이다.

## 3. 전자무역결제 시스템의 기초

전자무역결제시스템은 전자결제수단은 일반적으로 은행과 고객 및 고객과 고객관의 관계 등을 통한 기본적인 결제시스템을 통한 전자결제수단의 활용으로 발전하였다고 볼 수 있다. 특히 이러한 거래관계에서의 결제를 물품이나 서비스 등에 대한 대금지불을 전자적인 수단을 통한 결제행위를 의미하고 있다는 점에서 일반적인 금융거래의 개념과는 차이가 있다.

다시 말하면 전자무역에 의한 무역대금결제 또는 전자적무역결제 더 나아가 전자무역결제 등의 용어로 사용될 수 있겠으나 전자무역결제의 핵심은 무역거래에 있어 수출입의 관계에서 물품대금에 대한 거래적인 관계의 대금결제부분에서 송금방식이나 추심 및 신용장방식에 의존하지 않고 전자적 매체를 활용하여 결제한다는 점이다. 따라서 결제에 따른 지급수단으로는 어음, 수표가 아닌 전자자금의 이체, 전자화폐, 전자수표, 각종 카드시스템 등이 활용된다.

특히 전자적 매체에 의한 무역대금의 결제에서 서류교환이나 전자무역의 확대추세 등에 따라 새로운 전자식 결제방식으로 변화, 발전되어 왔다. 물론 전자적인 결제에는 전자결제를 할 수 있는 환경조성이 필요하다. 이를 위해서 정보보안, 신뢰성, 해당의 기술확보 등이 우선되어야 한다. 그리고 전자문서에 보안문서, 기밀, 무결, 인증 등의 내용을 추가적으로 확보해야 하거나 암호화하는 등 전자서명과 신용확인 여부 등의 내용도 포함되어야 하기 때문에 간편한 결제방식이라고 하지만 나름대로의 복잡한 정보체계를 아울러 갖춰야 한다.

그러므로 전자적인 결제를 위해서는 기본적으로 법적안정성과 무역서류에 대한 표준안의 마련을 통한 유동성이 확보되어야 하고, 신뢰성 및 상호인증제도, 거래관행유지, 비용 및 편의성 등의 여러 문제를 안고 있다.

## 4. 전자무역결제의 특징

전자무역결제의 특징은 정보기술을 활용한 무역거래의 결제시스템이라는 점에서 기존의 결제제도에 대한 비효율성을 제거한 효과적인 결제수단이라는 점이다. 전자결제는 1994년 세계무역센터의 프로젝트로 시도되었고, 중소기업의 무역비용 절감을 위한 방안으로 적용되었다. 1997년 세계무역협회의 자회사로 트레이드카드사가 설립되면서 2001년 트레이드카드시스템이 시작된 셈이다. 이러한 내용을 포함하여 신용평가, 계약체결, 수출입의 서류간략화, 문서표준화, 대금지급의 보증 및 결제의 통합시스템 등으로 확대되었다.

주요지급방식으로는 자동승인지급(Auto Approved Payment)의 방식으로 수출보험기관인 수출금융차관(Coface)으로부터 수입업자의 신용상태를 제공받아 대금지급을 보증한다. 그리고 수입업자가 작성한 구매주문서를 수출업자가 승인하여 계약을 체결할 수 있도록 되어있다.

절차로는 수입업자의 신용한도요청- 신용한도 배정- 구매주문서 작성 및 전송- 승인한 주문서를 수출업자에게 전송- 전자서명(무역계약 체결)후 전송- 화물선적- 선적서류 트레이드카로사로 전송- 계약서와 선적서류 검토- 결제금융기관에 지급지시- 무역대급지급의 절차로 진행된다.

## 5. 전자무역결제스템의 유형

전자무역결제시스템 가운데 신용카드형은 네트워크상에서 신용카드 거래를 기반으로 하여 전자보안거래(SET: Secure Electronic Transaction)가 업체표준으로 사용되고 있다. 신용카드를 이용하는 방법은 기존의 카드사용의 결제시스템에 네트워크를 이용한 것이다. 신용카드형은 기존의 신용카드사에 의한 신분보장 폭넓은 사용자 층 및 손쉬운 결제법 제도적 문제 해소가 가능하나 소액결제에 부적당 결제의 안정성 보장곤란 및 신용카드 발급의 제한이 따른다. 다만, 신용카드는 전 세계에서 사용 중이며 신용카드사의 보증이 있어 안심하고 물품을 발송할 수 있다는 점이다.

전자화폐시스템은 정보기술을 통한 기존의 화폐를 전자적으로 발전시킨 것으로써 일반적인 화폐의 개념인 지급, 저장, 가치척도 등의 문제점을 보완하여 원격통신기능, 휴대 및 보관관리의 편리성을 추가하였다. 그리고 전자수표형시스템으로는 전자수표를 이용한 발행, 교환, 추심 등 수표거래의 전 과정에 인터넷이나 공중통신망을 이용하는 지급수단이다.

전자무역 결제시스템으로 볼레로 프로젝트, 트레이드 카드 등이 있다. 볼레로는 선하증권을 포함하여 무역서류의 전자화를 시도하였고 무역과 관련된 문서의 전자적 교환에 필요한 법적 규정인 관계를 규정한 다자간 계약 체계이며 볼레로 서비스에 참여하기 위해서는 이 Rule Book에 서명해야 한다. 그리고 트레이드 카드는 출입 서류의 전송과 대금결제 방법을 전자화 하는 사업의 하나로 소액이나 거액의 대금결제와 소액결제의 필요서류에 대한 단계적 추적도 가능하다.

# 제7장 거래제의 및 청약과 승낙의 기초

Chapter 07

# 거래제의 및 청약과 승낙의 기초

## 제1절 거래제의와 무역계약의 이해

### 1. 무역계약의 개념

무역계약(Trade Contract; contracts for the international sale of goods)은 서로 다른 나라에 있는 매도인과 매수인의 합의에 의한 계약체결로 이를 물품매매계약이라고 한다. 무역이란 자국과 다른 각국과의 사이에서 행해지는 글로벌상거래이다. 글로벌상거래시에 반드시 필요한 것이 매매계약이다. 계약이란 원래 당사자 사이의 합의에 의한 법률적인 쌍방의 계약을 말하며, 국제간에 거래관계에 있어 매매계약을 체결하는 것을 무역계약이라고 한다. 그러므로 무역계약이라고 하는 말은 무역과 계약이라고 하는 말이 합친 말이다.

무역계약의 성격은 매도인(Seller)과 매수인(Buyer)사이의 계약체결로 매도인은 매수인이 주문한 물품을 매도인은 매수인에게 양도하고 매수인은 이를 인수함과 동시에 관련의 대금을 지급하는 관계적인 내용을 무역계약이라고 한다.

따라서 무역계약은 계약서상에 기록된 내용을 그대로 이행하는 것이며, 매수인은 물품을 인도할 의무를, 그리고 매수인은 물품을 인수할 의무를 가지게 되는 것이다. 하지만 계약의 종료와 동시에 계약을 파기하거나 추가적인 거래사항이 없을시 이를 계약종료로 본다라고 하는 문구를 삽입하기도 하지만 통상적으로 해당 계약이 종료되면 계약조항에 따라 종료시점으로 보기도 한다.

## 2. 무역계약의 유형과 종류

### 1) 무역계약의 유형

무역계약의 유형은 물품매매계약 이외에도 합작투자계약, 대리점 계약, 국제라이선스계약, 플랜트수출계약 등의 방식도 포함된다. 이러한 유형의 매매계약은 광범위한 내용을 망라하여 계약하는 것이 아니라 매도인과 매수인 사이에 필요한 일반적인 사항을 계약하는 것이므로 이를 국제물품거래라고 본다.

### 2) 무역계약의 종류

#### (1) 개별계약(Case by case contract)

무역계약은 원래 하나의 품목에 관하여 청약과 오퍼의 관계를 통하여 계약을 작성하고 그 계약이 종료되면 매 거래 건별로 또 다시 새롭게 계약서를 작성하는 방법을 말한다. 이러한 방법은 거래상대방과의 초기 거래처 확장 등으로 인하여 새롭게 계약을 체결해야 할 거래대상에 보통 적용되는 계약방식이다.

개별계약은 수출입계약을 체결할 경우 계약당사자는 청약과 반대청약에 의하여 이를 최종적으로 합의하여 계약내용을 확정한다. 즉, 매도인이 무역계약서 2부를 작성하고, 서명한 다음 매수인에게 송부하면 매수인은 이를 확인하여 서명한 후 1부를 보관하고 1부는 매도인에게 발송(회송)한다. 개별계약의 경우 확인해야 할 계약서의 내용은 수출자(매도인)의 경우 매매계약서와 매도확약서 및 주문확인서를 확인하고, 매수인(수입자)의 경우는 매입확약서와 매입계약서 및 주문서를 확인한다.

#### (2) 포괄계약(Master contract)

포괄계약이란 개별계약의 단점을 보완한 계약으로 매매 당사자 간에 상호 또는 장기간의 거래를 통하여 계속적인 거래를 하고자 할 때 사용하는 방식으로 한 번 주문한 상품의 계약이 종료되었음에도 불구하고 추가적인 주문발생이나 거래발생 시 또 다시 계약서를 작성하지 않는 것이 특징이다.

특히 상호간에 불편한 느낌을 주거나 거래상대방을 신뢰하지 못하는 오해를 불러일으킬 수도 있기 때문에 조심스럽게 추가적인 계약에 관하여 피차 계약서를 추가로 작성하지 않고 기존의 계약서 내용이나 추가적인 항목만을 덧 붙여 계약 상태를 유지하는 방식이다.

따라서 포괄계약 방식은 수출입의 계약서를 추가로 작성해야 하는 번거로움을 해소하기 위한 방안으로 활용하는 방식이며 수출입거래당사자는 당사자 간의 향후 수출입거래 준칙으로 일반거래조건협정(Agreement on General Terms and Conditions of Business)을 수출입의 본 계약으로 작성하되 추가적인 항목에 관하여는 거래 일반약정(General Terms and Conditions)사항과 거래건별로 오퍼 및 확정을 확인하는 방법이다. 이밖에도 독점계약(Exclusive Contract)으로 특정품목의 수출입에 관하여 지정된 수입업자나 수출업자 외에 동일품목을 수출입하지 않겠다는 조건부의 계약이다.

## 3. 무역계약 관련의 당사자

무역계약의 당사자는 일반당사자, 공법적 당사자, 정부당사자, 대리인으로 구별한다. 일반당사자는 법인당사자(Corporate party), 법인이 아닌 당사자(Non-Corporate party)로 구별하며 주로 법인당사자가 대부분이다. 그리고 국가로부터 독립적인 법인격을 가진 당사자로 계약체결, 국내영업활동 등을 통하여 주권면제특권 획득여부의 검토가 요망 된다.

정부의 당사자는 정부 자체 또는 기관이 계약의 당사자가 되어 주권면제특권의 인정여부와 계약에 필요한 행정절차와 준수여부에 대한 검토를, 그리고 대리인은 무역계약서 상에 본인이 아닌 대리인으로 특정의 영업에 관한 일부 또는 전부에 대한 대리권을 부여받아 계약 체결시 대리인이 계약의 당사자가 되는 경우이며, 이때 의무관계를 명확히 하여야 후일의 분쟁발생을 예방할 수 있다.

## 4. 무역계약의 성격

### 1) 낙성계약(Consensual Contract)

무역계약은 일정한 조건에 따라 매도인(청약)과 매수인(승낙)의 합의에 의한 의사표시로 계약이 성립되는 낙성계약이다. 물품의 점유, 소유, 위험이전과 문서작성, 문서교부 등이 성립조건이 아니지만 통상적으로 문서를 작성하여 계약내용을 확인(Confirmation)한다. 따라서 이를 요식계약이라고 한다.

### 2) 쌍무계약(Bilateral Contract)

쌍무계약이란 매매당사자간에 계약이 성립됨에 따라 쌍방이 채무를 부담하는 채무계약이 된다. 즉, 매도인은 물품의 인도, 매수인은 물품의 대금지급의무를 갖는 계약으로 쌍방이 일정한 대가의 관계가 성립되어 채무이행, 소유권이전, 위험부담 등의 문제가 발생한다.

### 3) 유상계약(Remunerative contract)

유상계약은 무역계약 당사자가 서로 대가적 관계에 있으므로 급부를 할 것을 목적으로 성립된 계약이다. 유상계약은 합의계약이며, 쌍무계약의 성격을 가짐으로써 오늘날의 계약관계가 주로 유상계약의 성격을 띠고 있음을 알 수 있다.

### 4) 불요식계약(Informal contract, Single Contract)

불요식계약이란 매매계약의 형식이 어떤 요식에 의하지 않고 문서, 구두 등 계약 당사자 간의 합의에 의한 의사표시를 하면 된다. 즉, 당사자 간의 전달방식과 자유의사에 의하여 체결되는 계약방식이며, 구두로 합의 후 문서를 작성하거나 아니면 문서를 작성한 후에 구두로 추가적인 계약을 하는 형태를 말한다.

### 5) 유인계약(Causal Contract)

유인계약이란 당사자 간에 계약에 의해 발생되는 채무가 계약서와 무관한 원인이라면 그 사실이 없기 때문에 채무도 성립하지 않는다는 말이다. 따라서 계약서에 매도인의 물품인도의무와 매수인의 대금결제의무가 서로 계약의 조건이 되는 것이다.

### 6) 국제계약(International Contract)

국제계약은 국내에서 발생하는 유통의 과정의 주문서에 의한 단순한 납품의 형식이 아니라, 국가 간에 이루어지는 국제무역 관계의 계약이다. 즉, 국내무역과 반대되는 개념이다.그리고 무역계약의 주계약인 물품의 수출입거래의 기본이며, 종속계약으로 운송, 보험, 대금결제(환계약), 그리고 관련 기타 계약 등이 있다.

〈그림 7-1〉 무역계약과 종속계약과의 관계

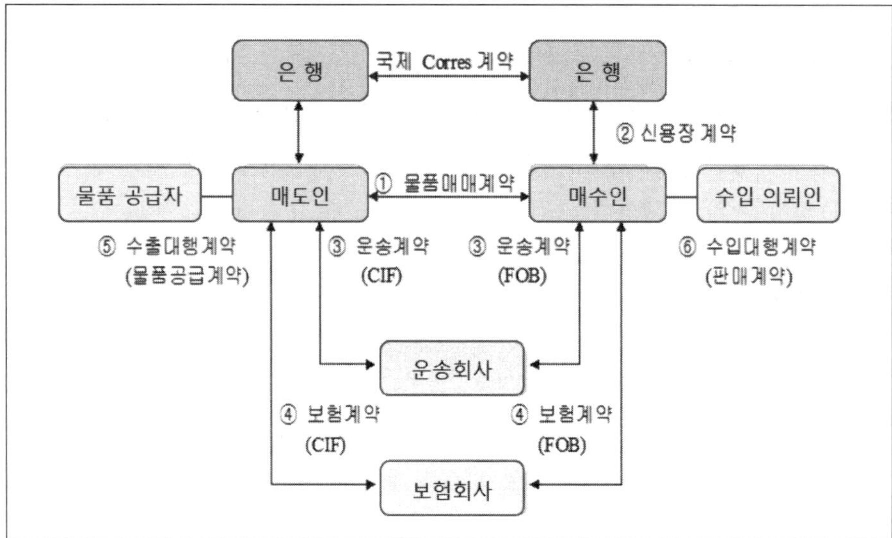


## 5. 무역계약 관련 법규

무역계약 관련 국제법은 UN이나 국제상업회의소(ICC)가 제정한 것으로서 무역계약에 공통적으로 적용되는 일반법과 정형무역거래조건에 관한 법으로 구분된다. 또한 영국물품매매법(SGA: Sale of Goods Act), 미국통일상법전(UCC: Uniform Commercial Code) 등의 관련법규가 있다. 그리고 준거법(Governing law)으로 무역계약에 적용, 해석기준이 되는 법규도 있다.

준거법의 구성은 UNIDROIT(로마사법통일국제협회)으로 국제물품매매에 관한 계약체결과 계약효력에 관한 통일규칙을 명시하고 있으며, UNCITRAL(UN Commission on International Trade Law)이 제정한 법규로 무역계약서의 효력시효와 국제물품에 적용되는 법에 관한 UN협약이 있다. 우리나라의 국내법규는 국제간의 물품매매에 적용되는 단행법은 없지만 민법과 상법에 포함되어 있다.

국제상관습에 관한 법규로는 상거래관행을 단일적으로 통일화한 국제상거래의 관습법으로 국제상업회의소가(ICC)제정하고 개정한 인코텀즈(INCOTERMS 2000)와 화환신용장에 관한 통일규칙 및 관례(UCP 600) 등이 있다.

### 1) 무역계약(국제매매)의 일반법

#### (1) 비엔나 협약(Vienna Convention)

비엔나 협약은 CISG(1980)이라고도 하며, 모든 국제매매계약에 적용되는 무역계약의 공통법으로 UN의 국제무역위원회(UNCITRAL)가 제정하였다. 비엔나 협약의 주요내용은 계약의 성립과 물품매매의 총칙, 매도인의 의무, 매수인의 의무, 위험이전, 매도인과 매수인의 의무에 대한 공통규정 등에 관하여 규정하고 있다.

#### (2) 사법통일국제협회 국제상거래계약에 관한 원칙(UNIDROIT Principles)

1994년 국제상거래계약에 관한 사법통일국제협회 원칙(UNIDROIT Principles of International Commercial Contracts)은 각국의 국내법이나 비엔나협약 등의 국제법규의 해석에 관한 보충규정이며, 총칙과 계약의 성립, 효력, 해석, 내용, 이행, 불이행 등에 관한 규정으로 되어 있다.

#### (3) UNCITRAL 전자상거래 모델법(UNCITRAL Model Law on Electronic Commerce)

전자상거래 즉, 전자무역을 포함하여 데이터 통신과 이를 위한 송수신 및 특정영역에서의 전자상거래에 관한 물품운송 등의 내용으로 구성되어 있다.

## 6. 계약위반과 구제방법

### 1) 계약위반

#### (1) 이행지체(Delay in Performance)

계약위반에 있어 이행지체란 관련 채무자가 변제능력이 있음에도 불구하고 채무의 변제를 이행하지 않는 경우를 말하며, 계속하여 관련계약을 이행하지 않을 경우 계약해제와 손해배상을 청구할 수 있다. 따라서 계약위반에 관한 사항으로는 주로 선적지연, 계약이행의 지체 등으로 계약이행에 관한 독촉을 받는 것을 말한다.

#### (2) 이행불능(Impossibility of Performance)

이행불능이란 계약지체로 인한 사유와 채무를 이행할 수 없는 상태에 이른 것을 말하며, 계약초기에는 이행이 가능하였으나 계약 성립 이후 이행불능의 상태에 도달한 것으로 대부분 채무자의 책임으로 인한 이행불능의 상태인 것으로 나타난다.

#### (3) 이행거절(Renunciation, Repudiation)

쌍무계약에 있어 당사자 중 어느 한쪽이 계약이행의 시기가 도래하였음에도 불구하고 이행할 의사가 없거나 이행할 수 없는 상태에 이르렀을 경우 이를 이행거절의 상태라고 보는 것이다.

### 2) 계약위반에 관한 구제방법

#### (1) 손해배상과 계약해제

계약위반에 관한 구제방법은 손해배상이다. 쌍방계약에 의하여 어느 한쪽이 계약을 위반하였거나 계약이행을 할 수 없는 상태에 이르렀을 경우 이에 대한 손해부분에 관하여 금전적으로 보상함으로써 계약이행과 동일한 지위에 있게 하는데 그 목적이 있다. 따라서 성실한 계약이행이 관건이나 계약불이행에 관한 타당성과 관련의 증빙자료를 첨부하여 이를 증명할 수 있을 때 손해배상이 가능하게 된다.

또한 계약의 해제에 있어서는 매매계약이 성사되었다 하더라도 이를 이행치 않음에 있어서 처음부터 이 계약은 없었던 것으로 간주하는 것을 원칙으로 하는 것이며, 계약이 해제된다고 해서 해제만으로 모든 책임이 마무리 되는 것이 아니라 계약해제에 관한 손해배상이 이루어져야 끝이 난다.

#### (2) 특정이행

특정이행이란 국제물품매매계약에 있어 UN협약과 영국의 물품매매법 등에서 볼 때, 매수인이 선적서류 및 물품의 인수 또는 대금지급을 거절할 경우, 매도인은 매수인에 대하여 대금지급과 서류인도 및 계약의 이행을 청구할 수 있다.

### 3) 구제방법의 선택

계약위반으로 인하여 무역거래의 쌍방이 강제성을 동원한 매매계약을 체결하지 않았기 때문에 계약이행에 있어서도 쌍방이 책임을 지고 이를 이행하여야 한다. 그러나 강제이행이나 계약해제는 쌍방이 자기에게 유리한 조건으로 구제방법을 선택하려고 할 것이다.

따라서 구제방법은 쌍방이 매매계약을 체결하였던 것과 같이 계약을 성실히 이행하는 것이며, 그렇지 못한 경우는 한 쪽이 유리하게 주장한 내용에 대하여 변경하거나 또는 추가할 수 없는 입장이기 때문에 구제방법에 관하여는 특별한 대책이 존재하는 것이 아니다. 계약의 이행으로 최선의 구제방법을 선택하는 것이 최선의 해결책이라 할 수 있으며, 그렇지 못한 경우 계약에 의해서 손해배상의 의무를 이행하는 것이 국제무역거래에 있어 추가적인 손실을 회피할 수 있는 방책이 될 수 있을 것이다.

## 제2절 무역계약의 성립절차와 효력발생

### 1. 무역계약 성립의 개념

무역계약은 일반적으로 매도인과 매수인의 서로 대립되는 의사표시의 합의에 의하여 결정되는 것으로서 의사표시는 곧 법률적인 행위로 보며, 제3자의 개입에 의한 당사자의 합의는 사실상 의견의 불일치나 마찬가지이며 반드시 당사자 간의 합의된 의사표시를 행해야 한다.

또는 약인과 당사자의 행위능력 등 계약이행의 성실한 태도에 의하여 의사표시의 일치를 보게 됨으로써 비로소 계약이 성립된다. 하지만 합의 및 일치된 의사표시라고 하여 자국의 입장에서 볼 때 문자, 언어, 내용 등이 동일하다는 개념은 아니며 반드시 각 국의 의미 있는 표시를 함으로써 실질적으로는 내용상의 일치를 의미한다.

따라서 국제물품매매계약 역시 당사자의 의시표시의 합치에 의하여 성립된다. 이때 합의 및 합치된 의사표시인 의견의 일치는 청약(Offer)과 승낙(Acceptance)으로 간주한다. 청약과 승낙의 표시는 인과관계의 성립과 계약의 내용에 대한 요건 성립의 일치라고 본다.

#### 1) 무역계약 성립의 의의

무역의 계약은 당사자 즉, 청약(offer)과 승낙(acceptance)에 의해 결정되며, 실질적인 계약의 성립은 교섭에 의하여 체결되는 경우도 있으나 오랜 시간을 두고 서로의 의견을 교환함으로써 비로소 성립된다. 하지만 아무리 복잡한 과정과 내용이라 할지라도 최종적으로는 청약과 승낙에 의하여 계약이 체결되는 것이다.

### 2) 무역계약의 성립요건

#### (1) 의사표시의 합치

무역거래의 계약이 계약으로서의 성립요건을 갖추려면 2인 이상 계약당사자의 합의가 있어야 한다. 즉, 합의의 성립에는 유효한 청약과 이에 부합되는 유효한 승낙이 있어야 한다.

#### (2) 당사자의 행위능력

당사자는 유효한 계약을 체결할 능력(행위능력, 계약능력)을 가지고 있어야 한다. 만약에 계약을 핑계로 하여 허위계약이나 자격요건에 맞지 않는 계약을 이행할 시 그 계약은 무효로 간주된다.

#### (3) 의사표시의 진의성과 적법성

무역계약에 있어서 유효한 계약의 성립은 법률적 효과를 발생시킬 의사가 있어야 한다. 거짓이나 허위계약(false contract) 또는 위법한 계약(illegal contract)이 아니어야 한다.

## 2. 무역계약의 효력발생

### 1) 일반적인 효력

무역계약이 일정한 요건을 갖춘 계약으로 성립되어 유효조건을 갖추게 되면 효력이 발생한다. 구체적인 효력의 발생은 계약당사자의 자유의사에 의한다. 그리고 계약의 효력이 발생하면 일반적으로 계약의 내용을 확정할 수 있어야 하며, 만약에 해석이 불가능하거나 확정할 수 없는 내용이라면 계약은 유명무실한 것으로 계약자체가 무효가 된다.

계약의 내용은 가능한 한 특별한 규정을 원칙으로 내세우지 않는다. 다만 당사자의 합의에 의한 의사표시로서 그 효력이 발생하게 되지만 만약의 경우 거래통념상 자연과학적인 불가사의한 일이 발생할 경우 이는 계약 이후의 예기치 않은 것

으로 당사자의 의사와는 아무런 관련이 없는 관계로 인하여 계약자체가 무효가 되지는 않지만 이를 이행할 수 없는 형편에 되거나 위험부담이 발생할 경우라 할지라도 그 계약은 유효한 것으로 본다.

계약의 일반적인 효력으로 내용의 확정성과 내용의 가능성을 염두고 있고, 또한 사회적인 타당성을 바탕으로 하고 있다. 즉, 포괄적 강행법규에도 위반되어서는 안 된다는 개념이다. 공법상의 효력규정에도 위반되지 않아야 하는데, 이러한 사회질서와 공법상의 제한을 회피한 계약은 그 자체가 무효가 된다. 공법상의 제한으로 대표적인 것은 수출입허가나 제한, 외환통제에 관한 법률이며 이러한 공법은 당사자의 합의보다도 우선한다.

따라서 행위능력의 하자인 무능력, 무권한, 부도덕, 불법 등은 계약 자체가 무효이며, 의사표시의 하자가 발생한 경우에도 마찬가지이다. 대표적인 의사표시의 하자는 의사표시의 착오, 사기, 강박 및 현저한 불공정의 등이다.

### 2) 특별효력

특별효력은 법률의 규정 및 당사자의 약정에 의한 계약의 일반적 유효요건 이외에 특별요건이 요구되는 경우이다. 이러한 특별요건이 요구되는 대표적인 계약은 국가의 허가나 증명을 필요로 하는 계약들이다. 그리고 증명을 요하는 계약이라 할지라도 증명을 얻는다 해도 계약으로서의 효력발생에 관한 제 요건을 갖춰야 한다.

## 제3절 청약(Offer)과 승낙(Acceptance)

## 1. 청약(Offer)

### 1) 청약(Offer)의 개념

청약이란 청약자(Offeror)가 피 청약자(Offeree)에게 계약에 관한 사항을 미리 준비하여 계약체결의 의사를 문의하는 것으로 일종의 주문서라고 보면 된다. 즉, 일정내용의 계약을 성립시킬 목적으로 언어, 문자, 기호 등의 일정한 양식은 없으나 법적 구속력을 갖춘 확정적인 의사표시를 말한다.

## 2) 청약의 내용과 유의사항

청약(Offer)은 특별한 규정이나 규칙에 또는 법적인 양식은 따로 없다. 다만 거래물품, 거래방식과 형태에 따라 다양한 형태를 취할 수 있고 거래방법도 달라질 수 있다. 아래의 내용은 기본적인 청약의 주요내용에 대한 유의사항을 설명하였다.

### (1) 품명(Commodity)

무역거래에 있어서 주로 사용되는 용어가 단순한 상품이 아니라 물품이라는 용어를 사용한다. 즉, 물품이란 다양한 상품의 종류를 통틀어 일컫는 말이며 또한 다양한 형태의 여러 종류를 포함하고 있다는 것이다. 따라서 무역거래에 있어 계약에서의 품명은 정확하게 표기되어야 착오가 없기 마련이다. 왜냐하면 상품의 혼돈으로 인하여 무역거래의 착오와 오해가 발생할 수 있기 때문이다.

품명은 제조업체에서 받은 청약의 내용을 그대로 적용하여야 한다. 또한 수량이나 관련의 내용 역시 요구가 없는 한 1개씩 청약함이 타당하나 필요시에는 "order minimum"을 명시하여 수량을 명시해 주는 것도 혼돈과 오해의 소지를 줄일 수 있는 좋은 방법이다.

### (2) 규격(Grade or Specification)

글로벌 무역에 있어서 나라와 나라사이에는 규격이 서로 상이한 경우가 많으며, 같은 품목일지라도 품질, 규격은 차이가 발생할 수 있다. 따라서 규격을 정확하게 기재하고 후일에 발생 가능한 분쟁의 사항을 사전에 줄이는 것이 바람직하다.

### (3) 원산지(Origin)

수출입의 계약에 있어 반드시 기재하여야 할 사항의 하나로 원산지의 표시이다. 원산지의 표시는 거래되는 국가와 생산지에 따라서 가격의 차이를 가져올 수 있기 때문에 원산지의 표시를 반드시 해 두어야 한다.

### (4) 유효기간(Validity)

모든 청약(Offer)에는 유효기간이 명시되어 있다. 특히 청약에는 일정기간 또는 유효기간(reasonable period of time)을 표기함으로써 무역거래에 있어 수시로 변동되는 환율이나 가격의 변동 등으로 인하여 유효기간을 기록하여야 한다. 그러나 대개가 유효기간을 발행일로부터 1주일 정도로 하는 것이 통례적이며, 급작스런

변동사항이 있을 것을 대비하여 사전에 이를 확인해 두고 자 한다면"Remark"란에 체크하여 관련의 사항에 관한 변동이 있다는 것을 표시해 둘 필요가 있다(예: 환율의 변동이 있다는 것을 표시하는 것 등)

〈표 7-1〉 유효기간의 표시방법(영문표기 및 기재)

| 구분 | 유효기간의 표시방법 |
|---|---|
| 기일에 의한 표현 | - We offer firm for your reply within seven days. |
| 기간에 의한 표현 | - We offer firm for your reply reaching us by the23rd Feb, 2011. |
| 단기임을 표시하는 표현 | - We offer firm for your reply reaching us bytomorrow (within 23 hours).<br>- We offer firm for immediate(prompt, urgentreply). |
| 유효기간 연장의 표현 | - Extension of offer<br>- Extension of Validity of offer |

### (5) 선적일(Shipping date, Delivery date)

무역거래에 있어 물품인도와 인수는 매우 중요한 계약조건의 하나이다. Offer에는 계약서에 명시된 대로 언제까지 해당 물품을 선적해 줄 수 있다는 선적관련의 일자(Delivery date)가 표기되어야 한다. 다만 수출업자는 빠른 시일에 선적하여 대금을 받고 자하거나 수입업자의 경우 적절한 시기에 물품을 받고 자 할 때 수출입자 모두 적기에 선적을 하겠다는 의사표시를 하게 된다. 즉, 언제부터 언제까지 선적을 해 달라는 요구를 하기도 한다(예: not earlier than, not later than).

실제적인 상무에서는 주문한 날짜와 납기일을 확정하여 명시하는 것이 아니라 신용장을 받은 후 또는 T/T선수금을 받은 후 몇 일 이내라고 표시하는 것이 통례적이다(예: Within 30days after receipt of your L/C at sight).

### (6) 포장방법(Packing Method)

글로벌 무역거래에는 각 상품마다 그 포장상태가 다르기 때문에 포장의 재질은 무엇이며 포장의 단위에 대한 설명 즉, 포장의 단위와 내용물의 단위 및 규격에 관한 간략한 내용과 이를 식별할 수 있도록 표기하거나 그 포장의 내용을 사전에 알려주어야 한다. 주로 활용하는 포장방법에 대한 예시는 다음과 같다(예: 방수재료로 포장하였으며 나무상자 안에 상품을 넣고 철대로 묶었다는 표시를 한다).

〈표 7-2〉 포장에 관한 식별표식

| 구분 | 식별표시의 방법 |
|---|---|
| 일반적인 포장의 형태 | - Standard Export Packing<br>- Export standard packing, Completely free from moisture and water |
| 방수재료로 포장하여 나무 상자 안에 포장하고 철대로 묶은 경우 | - Standard Seaworthy Export Packing, Export Standard Packing |
| 항공운송 상품(가벼운 상품인 경우) | - Carton Box |
| 선박운송 상품 | - Wooden Case |
| 비닐 백에 넣고 100개씩 포장하여 다시 카톤 박스에 포장한 경우 | - Each in a vinyl 100 pieces in a carton box |

### (7) 수량(Quantity)

통상적인 무역거래에 있어 수량은 무리하지 않는 범위 안에서 공급 가능한 수량만을 offer한다. 수량의 기준에 있어서는 개수(Price), 무게(Weight), 길이(Length), 용적 등 다양하다. 특히 상품에 따라 단위의 수량표시도 다르기 때문에 단위사용에 각별히 주의하여야 한다.

### (8) 단가(Unit Price)

무역거래에 있어서 중요한 단가의 표시는 상품규격과 마찬가지로 각국의 화폐단위로 표시되기 때문에 사용화폐에 대한 표기를 분명하게 해야 한다. 특히 단가를 기재할 때는 단가를 계상한 기초자료인 수량, 금액, 통화 등의 내용을 표시하여 가격산정에 대한 내용과 가격의 조건 등을 제시하여야 한다(예: CIF SEOUL인 조건으로 1t당 $100인 경우-US$100.00 per ton, CIF SEOUL).

### (9) 대금결제방법(Payment Condition)

대금의 결제는 offer의 내용 중 최종적이며 가장 중요한 부분이다. 대금의 결제에 있어 그 방법의 선택은 송금결제, 신용장 결제, 추심결제 등의 방식 중 어떤 방식으로 결제할 것과 상품인도 혹은 대금지급에 관한 기간에 관하여 명시해 두어야 한다. 가령 상품인도 즉시 전신환 송금으로 받는다든지 또는 선적과 함께 미화 달러로 받는다든지 하는 조항을 제시해 두어야 한다(예: 취소불능신용장의 일람불환어음조건인 경우의 기재요령: By a sight draft under and irrevocable L/C).

## 3) 청약(Offer)의 종류

### (1) 청약의 주체에 의한 분류(발행자)

청약의 발행자에 의한 분류는 매도청약(Selling Offer)과 매수(매입)청약(Buying Offer)로 구분한다. 매도청약은 매도인이 상품의 판매에 관한 제 조건과 의사를 표시하는 Offer이며, 이때 매도인은 Offeror가 되고 매수인은 Offeree가 된다. 매수청약은 매도청약과 반대의 개념으로 매수인이 매도인에게 구매조건과 구매의사를 표시하는 것이다. 통상적인 무역거래에 있어서는 청약이란 매도인이 매수인에게 제시하는 매도청약을 가리킨다.

**〈표 7-3〉 청약의 분류**

| Offer의 분류 | | 내 용 설 명 |
|---|---|---|
| 효력의 기준 | 확정청약<br>(Firm offer) | - 청약의 유효기간 내에 승낙하면 계약성립(기한부청약 또는 취소불능청약)<br>* 유효기간이 없어도 확정일자, 취소불능의 표시가 있으면 확정청약으로 간주 |
| | 불확정청약<br>(Free offer) | - 청약에 관한 유효기간, 확정표시가 없으며 승낙이전에도 변경, 철회가능<br>* 청약확정이 있어도 최종확인을 조건으로 하는 청약 |
| | 반대청약<br>(Counter offer) | - 청약의 내용을 피청약자가 추가, 변경, 제한하여 새로운 조건 제의의 청약<br>* 반대청약은 원 청약의 거절, 새로운 확정청약으로 계약성립 |
| | 교차청약<br>(Cross offer) | - 쌍방이 동일조건, 내용을 동시에 청약(상호청약)함으로 청약과 승낙의 구분이 없음<br>* 영미법은 인정치 않고 한국만 인정 |
| | 조건부청약<br>(Conditional offer) | - 청약의 내용에 조건, 단서가 있어 피청약자의 승낙과 청약자의 최종확인으로 계약성립<br>* 법률적으로 청약이 아닌 청약유인<br>(청약유인: Invitation to offer) |
| 청약의 주체 | 매도청약<br>(Seller's offer) | - 매도인 발행의 청약(판매청약)<br>* 품질, 가격, 수량 등을 제시 |
| | 매입(매수)청약<br>(Buyer's offer) | - 매수인 발행의 청약(매입청약)<br>* 매입주문서 형식, 주문, 조회의 성격 |

### (2) 발행지에 의한 분류

Offer의 발행지에 의한 구분은 국외발행 Offer와 국내발행 Offer로 구분한다. 국외발행의 Offer란 외국의 매도인이나 그 대리인이 발행한 Offer이다. 반면 국내발행 Offer는 국내의 대외무역법상 갑류무역대리업자의 발행한 Offer이다.

### (3) 효력의 기준(확정)에 의한 분류

가장 일반적인 청약의 형태는 확정청약이며, 확정청약은 유효기간의 명시가 되어 있느냐 없느냐에 따라 다르다. 즉, 확정청약의 유효기간 유무에 따른 구분으로 확정청약(Firm Offer)과 무확정청약(Free Offer)으로 구분한다. 확정청약은 Offer의 유효기간 내에는 내용의 변경(Amendment), 취소(Cancellation), 철회(Withdrawal)가 불가능하다.

따라서 확정청약에 의한 승낙은 유효기간 내에 승낙이 이루어져야 유효한 매매계약이 성립되는 것이다. 확정청약에는 유효기간(Time of validity, expiry date)이 명시되거나 취소불능의 문구표시가 있어야 하며, 가격, 수량, 선적, 대금결제 등의 거래조건이 확정되어 제시되어야 한다. 특히 확정청약이라 할지라도 피청약자에게 도달하기 전이나 도달과 동시에 청약자가 그 내용을 변경, 취소, 철회할 수 없다. 반면에 무확정청약(Free Offer)은 유효기간의 명시가 없거나 취소불능의 문구가 없는 경우이다. 피청약자의 승낙이 있기 전까지는 청약자가 그 내용을 임의로 변경, 취소, 철회 할 수 없다.

### (4) 조건부 청약(특수청약)

#### ① 무확약 Offer(offer without engagement)

무확약청약은 Free Offer의 형태이며, 시황(market situation), 시황변동(market fluctuation)에 따라 사전통고(prior notice)없이 제시가격이 변동될 수 있음을 조건으로 한 오퍼이다.

#### ② 재고잔유조건 Offer(offer subject to prior sale) 또는 선착순매매조건 Offer

재고잔유조건청약은 Free Offer의 형태이며, 재고잔유조건오퍼 또는 선착순매매조건오퍼이다. 이러한 오퍼는 한정된 물량을 다수인에게 오퍼하여 현저하게 매매활동이 이루어지고 있다고 판단한 매수인이나 또는 관련의 상품을 발행하는 경우를 말하며 이때를 “Offer subject to being unsold”라고 한다. 특히 승낙의 표시가 청

약자에게 도달(발신)하였을 때 미판매에 대한 재고가 남아 있는 자(거래처, 매수인)에 한하여 청약이 유효하다는 조건의 조건부 오퍼이다.

### ③ 점검 후 매매조건 Offer(offer on approval)

점검 후 매매조건 Offer란 Offer와 함께 보낸 물품을 피청약자가 점검한 후 구매의사가 있는 경우에는 승낙의 요건이 따로 필요하지 않고 대신 물품의 금액을 송금하거나 아니면 물품을 반환하는 Offer이다. 무역거래에서 주로 사용되는 점검 후 매매조건의 Offer인 경우의 표기는 다음과 같다. "You can keep it for a week. If you like it, send U$5. If not, you may return it to us without any obligation of your part."

**〈표 7-4〉 조건부 청약의 유형 및 특징**

| 유형 및 특징 | | 내 용 |
|---|---|---|
| 유형 | Offer without engagement<br>(무확약청약) | - 예약불능 청약(시황변동에 따라 통보없이 가격변동이 있다는 조건<br>* 시황변동조건부청약<br>(Offer subject to market fluctuation) |
| | Offer subject to prior sale(being unsold)<br>(재고잔고조건청약/선착순매매조건청약) | - 승낙의 표시가 청약자에게 도달했을 때 재고가 남아있는 것을 조건으로 하는 청약<br>* 잔고조건부청약/선착순매도조건부청약 |
| | Offer on approval<br>(점검 후 매매조건청약) | - 점검부 청약으로 오퍼와 함께 물품을 보낸 후 대금을 송금함으로 계약 성립, 아니면 반품할 것을 조건으로 하는 청약 |
| | Offer on sale or return<br>(반품허용조건청약) | - 판매 후 잔금인수조건부청약으로 오퍼와 함께 물품을 보낸 후 판매한 부분에 대해 송금을 그리고 잔품에 대하여는 반품하는 청약 |
| 특징 | - 청약자에게 조건이나 제약이 붙은 청약이다.<br>- 청약자의 최종적인 확인 없이는 법적 구속력이 없다<br>- 법적체계로 보면 청약이 아니라 청약의 유인이다.<br>- 승낙을 하기 이전에라도 얼마든지 청약의 내용과 조건을 변경할 수 있다.<br>- 청약에 대한 유효기간을 따로 표시하지 않는다. | |

### ④ 반품허용조건 Offer(offer on sale or return)

반품허용조건의 Offer란 Offer와 함께 물품을 보내는 것은 검검 후 매매조건 Offer와 비슷한 형태이며, 다른 점은 반품허용조건이 붙었다는 것이다. 즉, 물품과 함께 보낸 Offer에 대해서 판매 후 남은 물품을 반품 받아주는 조건으로 발행하는 Offer이다. 따라서 반품허용조건의 Offer는 일종의 Firm Offer(확정청약)이다. 대부분 무역거래에서 주로 위탁판매를 중심으로 성행하는 Offer이다.

## 4) 청약의 유인

### (1) 청약유인(Invitation of offer, invitation of treat)

청약유인이란 상대방으로 하여금 계약체결을 위한 행동을 취하도록 만드는 것으로써 예비교섭(preliminary negotiation)의 의사표시를 하는 것을 말하며, 계약이 완전 성립된 것이 아니기 때문에 상대방의 승낙을 재차 얻어야 한다. 따라서 청약의 유인(예비교섭)은 청약을 이끌기 위한 것으로 승낙을 통하여 계약이 성립된다.

### (2) 청약유인의 형태

청약유인의 형태로는 확인조건부 청약(sub-con offer, offer subject to confirmation), 정찰제 상품진열, quotation, catalogue, price-list, circular letter, 광고, auction, tender 등이다.

〈표 7-5〉 청약과 청약유인의 형태

| 구 분 | 청 약 | 청약의 유인 |
|---|---|---|
| 계약 성립 | 청약에 의한 승낙으로 계약체결 | 피청약자가 승낙한 경우에라도 계약이 성립되지 않고 청약자의 재차 확인 후 계약성립 |
| 청약자의 의도 | 피청약자의 승낙으로 자신의 의사표시에 구속되려는 의도 | 피청약자의 승낙만으로 구속되지 않고 청약자의 확인으로 구속 되려는 의도 |
| 청약의 대상 | 특정인, 특정집단 | 불특정인, 불특정집단 |
| 특징/비고 | Firm Offer는 확정청약이며, Sub-con Offer는 확인조건부청약(Offer subject to confirmation)으로 거래제의 서한(circular letter)이나 경매(auction)는 청약의 유인에 해당한다. | |

## 5) 청약의 통지방법

청약의 통지를 하는 이유는 상대방이 서로 계약 성립과 동시에 성실히 이행할 것을 전제로 통지할 의무가 있다. 그러나 청약의 내용을 상대방에게 통지할 의도가 없는 의사표시는 하나의 의도표시에 불과하기 때문에 법적 구속력을 갖지 못한다. 그리고 피청약자로서는 그 청약의 구체적인 사항을 알지 못하거나 통지받지 못한 경우에는 승낙을 이끌어 낼 수가 없다.

청약의 통지방법으로는 주로 전보형식이나 팩스, 서면, 등으로도 가능하나 최근에는 컴퓨터를 통한 통신수단이나 e-mail 등을 통하여 통지하고 있다.

## 6) 청약의 효력발생과 소멸시기

청약의 효력은 청약이 상대방에게 도달한 직후에 그 효력이 발생한다는 도달주의(receipt rule)를 원칙으로 하고 있다. 이러한 청약에 관하여는 영미법, 비엔나협약, 대한민국의 민법에 모두 동일하게 적용받고 있다. 하지만 청약의 불착이나 연착에 관한 불이익은 청약자의 몫이다.

청약의 효력 상실은 승낙에 의한 합의가 이루어지지 않았거나(청약소멸) 청약의 거절 또는 반대청약(rejection of offer or counter offer)에 의한 것으로 부분적 승낙(partial acceptance)은 청약의 효력을 발생시키지 못하기 때문에 거절된 것으로 본다. 또한 청약의 철회(revocation of offer)사항으로 청약에 대한 효력의 소멸은 반드시 상대방에게 통지되어야 하며, 상대방이 청약을 승낙하기 전까지 도달해야 한다. 이밖에도 당사자의 사망(death of parties)이나 시간의 경과(lapse of time)에 의한 청약의 효력은 소멸된다. 즉, 승낙은 거절되며 효력은 발생하지 않는다.

〈표 7-6〉 Offer Sheet(물품매도확약서의 예시1)

# OFFER SHEET

***Exporter & Manufactures***

Messrs. Cheong Suk INC.

Offer No.

Date: Dec 22, 2011

Ref. No. ________________

Ref. No. ________________

We are pleased to offer the under-mentioned article(s) as per conditions and detailsdescribed as follows:

| Sample No. Commodity & (Code-Word)Description | Unit Price | Quantity | Total Amount (markets) |
|---|---|---|---|
| AUTOMOBILE TRBES<br>SIZE VALVE<br>500-13TR-13<br>600-14TR-13 | FOB CHEONGJU<br>per Set<br>US$26,000.00 | 6,000 PCS | US$26,000,000.00 |

Origin : Republic of Korea
Packing : SOK Trading Co. Ltd.
Shipment : Export standard packing
Shipping port : Within 30 days after receipt of Letter of Credit
Inspection : Ours to be final
Destination :
Payment : By an Irrevocable Letter of Credit in our favor
Validity : By end of Dec, 2011
Remarks : (subject to our final confirmation)

Looking forward to your valued order for the above offer, we are,

yours faithfully.

SOK TRADING CO., LTD.
Authorized Signature

〈표 7-7〉 Offer Sheet(물품매도확약서의 예시2)

4[th] Floor Coex, Samsung-Dong, Kangnam-Gu, Seoul, Korea
TEL:+82+2+3663+0093/4 FAX:+82+2+3665+5504 E-mail:loveoflover@naver.co.kr

| DATE | February 20, 2008 | REF# | UN20070702-03 |
|---|---|---|---|
| TO | Pacific Range Co., Ltd. | | |
| ATTN | Mr. J W Peter/President | CC: Miss Shelly Chen | |
| FAX | 703+332+8062 | TEL | 703+332+8093 |
| ADDRESS | www.pacific@rhood.com | | |

## OFFER SHEET

We offer you the following items on the terms and conditions specified below;

| Commodity | Quantity | Packing | Unit price | Amounts |
|---|---|---|---|---|
| Cabon Air Filter (AKI-0001) | 2000 EA | 12 EA / CTN | USD 45.00 | USD 90,000 |
| Scana Filter (AKI-0002) | 2000 EA | 12 EA / CTN | USD 53.00 | USD 106,000 |
| Air Purifier (AKI-0003) | 2000 EA | 12 EA / CTN | USD 55.00 | USD 110,000 |

**HS CODE:** 8421.39-9090
**ORIGIN:** Republic of Korea
**PACKING:** Export standard packing
**SHIPMENT:** Within 45days after receiving your L/C or by T/T.
**SHIPPING PORT:** Incheon Port
**INSPECTION:** Seller's inspection at the factory before shipment shall be final.
**DESTINATION:** Vladivostok, Russia
**PAYMENT:** An Irrevocable letter of credit confirmed by HSBC Bank
**VALIDITY:** End of March.
**BENEFICIARY:** AKI Co., Ltd. (Account No: Korea Exchange Bank 1784-077212-32-703, Seoul Korea)

Best regards,

***Allan C. Kim*** / President

〈표 7-8〉 Offer Sheet(물품매도확약서의 작성)

# OFFER SHEET

SOK INDUSTRIAL CO., LTD
Manufacturers, Exporters & Importers

C.P.O. BOX : 7917 CheongJu TEL : 621/7135
CABLE : FONECA CheongJu FAX : 321/1946
TELEX : DESCO K24416 CheongJu, KOREA
621/8194

Messrs. OKAMOTO INDUSTRIES INC. Offer No. sok*O9874*

Date. Dec 24, 2010

Gentlemen :
We are pleased to offer you as follows :
① Origin : *Republic of Korea*
② Shipment : *Within 45 days after receipt of your L/C*
③ Packing : Each piece to be packed in a polybag
④ Shipping Port : *Busan, Korea*
⑤ Payment Terms : *By an irrevocable L/C at 60 days after sight to be opened in our favor.*
⑥ Validity of Offer : *By Jan 31, 2010.*

| ITEM | ⑦ COMMODITY & DESCRIPTION | ⑧ QUANTITY | ⑨ UNIT PRICE | TOTAL AMOUNT |
|---|---|---|---|---|
| | AUTOMOBILE TUBES | ⑩CIF YOKOHAMA, JAPAN/PC | | |
| | SIZE<br>VALVE<br>500-13TR 13<br>600-14TR 13 | 2,000 PCS<br>4,000 PCS | @ US $ 2.80<br>2.90 | US $ 3,900.00<br>7,100.00 |
| | TOTAL : | 6,000 PCS | | US $ 11,000.00 |
| | * * * * * * * * * * * * * * * * * * * * | | | |

Very truly yours,

SOK INDUSTRIAL CO., LTD.

Accepted By :

Date of acceptance O. K. Sung, manager

〈표 7-9〉 OFFER SHEET 작성요령

| 번호 | 명칭 | 작성요령 및 방법 |
|---|---|---|
| ① | 원산지<br>(Origin) | 수출물품의 원산지기재는 정확해야 하며 사전에 명시되어야 하고 최종적으로 확인되어야 한다. |
| ② | 운송일<br>(Shipping Date) | 물품의 운송조건은 운송 일을 확정하거나 운송기간을 제시하여 둔다.<br>- 일정기간 내 운송조건(Within 45 days after receipt of L/C)<br>- 단월조건(May Shipment, Shipment during September)<br>* Early May Shipment, Mid May Shipment, Late(End) May Shipment와 같이 한 달을 3등분으로 표시. |
| ③ | 포장방법<br>(Packing Method) | 포장방법은 제품의 내용과 규격 및 용량, 용적 즉, 제품의 성질에 따라 다르기 때문에 포장방법을 선택 후 정확한 포장방법을 제시해 주어야 한다. |
| ④ | 선적항<br>(Shipping Port) | 물품을 선적할 선적항을 기재한다(선적항의 정확한 위치표현) |
| ⑤ | 대금결제조건<br>(Payment Terms) | 대금결제는 어떻게 할 것인가에 대한 사항으로 대금결제를 송금방식, 신용장에 의한 방식, 추심결제에 의한 방식 중 어떤 방식인지를 기재한다.<br>- 신용장일 경우: By an irrevocable at sight L/C to be opened in our favor(in favor of Co Name & Address)<br>- 추심결제방식일 경우: By 180 days D/A after B/L date(sight), Documents should be sent to××Bank(거래은행명)로 표시. |
| ⑥ | 유효기일<br>(Validity) | 오퍼의 종류에 관계없이 오퍼에는 유효기일이 명시되어 있다. 특히 확정오퍼(firm offer)의 경우 재확인 기회가 없으므로 사전에 철저히 확인한다. 특히 시차적인 가격제품일 경우 그 특수성을 고려하여 유효기일을 정할 때 신중을 기해야 한다. |
| ⑦ | 품명 및 규격<br>(Commodity & Description) | 품명 및 규격에 있어서는 상대방이 충분히 이해할 수 있고 알아볼 수 있도록 표기한다. |
| ⑧ | 수량<br>(Quantity) | 수량조건의 불명확으로 Claim이 발생하는 경우가 빈번하며, 주로 중량(Weight)단위에 문제가 가장 많다. |
| ⑨ | 단가<br>(Unit Price) | 화폐의 단위를 분명히 표시(예 : US$, ￥,£,₩, 등) |
| ⑩ | 가격조건<br>(terms of price) | 매매가격의 산정방법, 거래에 사용되는 통화의 결정을 명확히 한다.<br>* 일부 동남아시아나 블랙 아프리카 지역으로부터 견적서를 요구받으면 Offer No. 대신 Pro-forma Invoice No.××로 표기하여 견적송장을 보내줄 것을 요청하고 있으며 이는 수입상들이 자국 내에서 수입허가나 외화배정을 받기 위함이다. |

## 2. 승낙(Acceptance)

### 1) 승낙의 의의

청약에 대한 응답의 목소리를 승낙이라고 보며, 승낙은 청약에 대한 계약 성립의 의사표시라고 할 수 있다. 즉, 피청약자가 지정한 조건에 따라 구두, 행위로 청약에 대하여 내용, 조건 등을 수락하고 계약을 성립시키겠다는 의사표시인 것이다.

### 2) 승낙의 요건

청약에 의한 승낙은 상대방과의 계약이 성립되었음을 의미한다. 즉, 청약에 의한 내용과 조건은 승낙함으로써 의견일치의 뜻을 내포하고 있다. 이러한 승낙의 요건을 경상의 원칙(mirror image rule)이라하며 계약법의 기초가 됨과 동시에 수정 불허의 절대적이며 최종적인 사항이다. 하지만 청약에 대한 승낙은 청약에 기록된 기간에만 행사할 수 있다. 그리고 상대방의 Offer에 의하여 Acceptance한다 할지라도 의사표시가 없는 것은 승낙으로서의 의미가 없으며 반드시 Offer에 의한 Acceptance의 의사표시를 상대방에게 통보하여야 한다.

### 3) 승낙의 방법과 특징

승낙의 방법에 있어 승낙의 방법이 지정된 경우 그 방법에 따라야 하지만 승낙이 지정되어 있지 않다면 합리적 방법으로 해야 한다. 합리적인 방법이란 청약에 의한 승낙의 방법이동일해야 한다는 뜻이다. 가령 전보로 받은 청약에 대한 승낙의 통보는 전보로, 그리고 팩스로 된 경우에는 팩스로 승낙하는 경우이다. 또한 침묵에 의한 승낙(acceptance by silence)도 있지만 원칙적으로 승낙되지 않은 것으로서 계약의 관계가 성립되지 않은 것으로 본다.

따라서 청약의 특징은 절대적이며 무조건적이어야 하고, 청약의 조건과 승낙은 일치하여야 한다. 그리고 유효기간 내에 승낙되어야 함과 동시에 불요식성이 있다. 특히 침묵이나 무위(무행위)는 승낙에 해당되지 않으며, 만약 승낙의 철회를 희망하는 경우에는 승낙을 발신하였다 할지라도 승낙의 철회통지가 승낙의 효력이 발생하기 이전이나 그와 동시에 도달하는 경우에는 철회가 가능하다.

또한 지연된 승낙은 청약자가 구두로 유효하다는 통지를 하거나 그러한 취지로 통지를 발송하는 경우에 승낙으로서 유효하다(비엔나협약 제21조 1항). 승낙의 특

징은 승낙은 약정된 기간 또는 합리적인 기간 내에 이루어져야 한다. 그리고 청약이 특정인으로 지정되었다면 승낙 또한 지정된 사람에 의하여 이루어진다.

## 4) 청약의 효력발생시기

청약의 기간은 전보인 경우 발신을 위해 교부된 때, 서신인 경우는 서신에 표시된 일자 또는 겉봉투에 표시된 우체국 날인 일자, 전화, 텔렉스 또는 동시적 통신수단인 경우는 피청약자에게 도달한 시점, 승낙기간 중에 포함된 공휴일 또는 비영업일은 효력의 시기에 포함되며, 이때 최종영업일까지 연장된다.

청약의 효력발생 시기는 영미법, 일본, 한국은 민법에 의하여 격지자간의 경우 승낙에 대한 발신주의(Mailbox Theory)를 원칙으로 하며, 실무적으로는 거래당사국의 법률이나 관례를 모르기 때문에 Offer Sheet상에 도달주의를 채택하는 것 등의 표기를 해 두어야 한다(예: This offer is subject to acceptance reaching(arriving) here (to us) by Dec 24, 2010).

〈표 7-10〉 승낙의 효력발생시기

<table>
<tr><th colspan="3">통신수단 / 준거법</th><th>한국법</th><th>일본법</th><th>영미법</th><th>독입법</th><th>ULFCIS</th><th>UNCCIS<br>(비엔나협약)</th></tr>
<tr><td colspan="3">승낙표시의 일반원칙</td><td colspan="6">도달주의</td></tr>
<tr><td rowspan="6">승낙의사<br>표시</td><td rowspan="4">대화자간</td><td>대화</td><td colspan="6">도달주의</td></tr>
<tr><td>전화<br>FAX<br>EDI</td><td colspan="6">도달주의</td></tr>
<tr><td>텔렉스</td><td colspan="6">도달주의</td></tr>
<tr><td colspan="7"></td></tr>
<tr><td rowspan="2">격지자간</td><td>우편</td><td colspan="3">발신주의</td><td colspan="3">도달주의</td></tr>
<tr><td>전보</td><td colspan="3">발신주의</td><td colspan="3">도달주의</td></tr>
</table>

* ULFCIS: 국제물품매매계약 성립의 통일법(Uniform Law on the Formation of conrtacts for International Sale of Goods) ⇒ UNCCIS로 통합됨.

* UNCCIS: 국제물품매매계약에 관한 UN협약(비엔나협약:UN Convention on Contracts for the International Sale of Goods)

승낙의 효력발생시기에 관하여는 발신주의, 도달주의, 요지주의가 있다. 발신주의는 피청약자가 승낙의 의사표시를 발송(우편, 전보, 팩스)할 때로부터 계약 성립이 되었음을 의미하는 것으로 한국과 일본 및 영미법에서 채택하고 있다. 그리고 도달주의는 피청약자의 승낙의 의사표시가 청약자에게 도달(대화전화, 텔렉스)할 때로부터 계약이 성립되었다는 것이다. 이는 대화자간에 적용하는 것으로 독일법, 비엔나협약에서 채택하고 있다. 또한 요지주의는 승낙의 의사표시가 물리적으로 청약자에게 도달했을 뿐만 아니라 청약자가 관련의 내용을 인지한 경우 계약이 성립되었음을 인식하는 이론이다.

〈표 7-11〉 Offer Sheet의 Acknowledgement(청약에 대한 주문승낙서; 예)

Feb 12, 2010

Sok Trading Co., Ltd.
637 2ka Ulchiro Chungku
ChinogJu, Korea.
Gentelmen:

We wish to ①acknowledge with thanks your order of Decmber 24 for the folling:

| Quantity | Number | Descriptions | Unit Price | Amount |
|---|---|---|---|---|
| 40cases | 48 | Max Caffee, 24 can per c/s | $1.00per 1b.con | $500.00 |
| 40bxs, | 159 | Carnation Instant Dry Milk, 12oz pre c/s, 40c/s per bx | 50cent/s per c/s | $400.00 |
| 20bxs. | 384 | Roeding's ②Dried Figs, 12oz per c/s 40 c/s per bx | 60cents per c/s | $300.00 |
| | | Totel Amount<br>Export discount 5%<br>Banance C.I.F CheongJu | | $1,029.00<br>$62.30<br>$1,030.00 |

We will pack the goods carefully and ship them by the ③m/s "President Wilson", leaving San Francisco for CheongJu on Feb 24. ④as ussal we shall draw on you at sight for $1,030.00 under the Confirmed L/C ⑤issued by Bank of Korea.
⑥We do highly appreciate your business and shall be glad serve you again.

Yours very tryly,
Cheong Sok Inc.

〈내용설명〉
① 청석회사의 주문에 대한 주문수락
② 건조된 무화과열매(가루)
③ 동력선
④ 거래조건은 이전거래조건 그대로
⑤ 개설된
⑥ 귀사의 주문에 대한 감사

〈표 7-12〉 Sales Note(판매확인서)

CheongJu mercantile Corporation
50 1-ka, Myungdong Jung-ku
CheongJu, Korea

Dec 24, 2010

cable Address : "SOK IT"
Telex Call No : TK0984

SALES NOTE NO.0347

Messrs. A.P Gordon & Co., Ltd.
Auckland, New Zealand

①We are pleased to confirm having sold to you the following goods on the terms and conditions ②set forth below:

Commodity : Canned Beer, "STAR" Brand ③of Korean origin.
Quality : ④Same as above
Quantity: 8,000 cans in 400 cartons, each containing
20 cans : each can containing 500cc, net.
Price : ⑤N.Z.$2.50 per carton, CIF Auckland.
Total Amout : N.Z. $1,000.00
Packing : Packed in export cartoons.
Payment : By a Confirmed Irrevocable Letter of Credit
⑥available against a sight draft.
Shipment : By Feb 24, 2010
Shipping Mark : A.P.G
Auckland
Made in Korea
⑦C/#001-300
Insurance : ⑧Institute All Risks, including Institute War and S. R. & C.C. Clauses.
Remakrs : Your cable of June 9 & ours of the same date.

SOK IT CORPORATION(Signature)
Export manager

〈내용설명〉

① 다음의 물품의 귀사에 판매하였음을 확인함
② 아래에 제시한(규정한)
③ 원산지는 한국(한국산)
④ 위와 같음
⑤ 뉴질랜드 달러로 계산(2.50불)
⑥ 일람불어음발행
⑦ 하번의 약호(case number)
⑧ 협회전쟁약관 및 협회동맹파업, 폭동, 소요약관을 포함한 협회전위험담보약관(A/R)

*A/R은 All Risk 또는 AAR(Against All Risks)라는 의미이며 이는 해상적화보험(marinecargo insurance)에 관한 협회적하약관(ICC)가운데 하나이며 전위험담보약관이다.

# 제4절 무역계약서 작성과 일반거래협정서 체결

## 1. 무역계약서 의의

무역계약의 작성은 무역거래에 있어 당사자의 합의에 의한 계약으로 이를 확인하고 또한 서명함으로써 계약내용에 관한 분쟁과 추가적인 제반의 문제를 해결할 수 있는 근거자료가 되며 또한 계약 성립의 확인을 받을 수 있다. 하지만 무역계약은 거래내용이나 계약 당사자에 따라 자유롭게 정할 수 있다.

무역거래에서 무역계약의 주된 목적은 수출입자(당사자): Seller와 Buyer)가 의도하는 바를 법률적으로 명확히 하고, 당사자의 의도를 구체적으로 집행하는 경우에 발생하는 문제에 있어 계약당사자를 구속하는 규범(Rule)을 설정해서 당사자 간의 불필요한 분쟁의 발생을 사전에 방지하고 자 함이다.

〈표 7-13〉 무역계약의 당사자

| 구분 | 내 용 |
|---|---|
| 본인거래 | 자기 이름을 중심으로 이루어지는 물품매매의 거래 |
| 대리인거래 | 타인의 이름을 통하여 이루어지는 물품매매의 거래 |
| 본인 | 거래에서 발생하는 각종 권리와 의무이행의 주체가 되며 자기의 계산과 위험으로부터 거래를 행하는 자 |
| 대리인 | 거래로부터 발생하는 각종 권리와 의무이행의 주체가 타인으로 타인의 계산과 위험으로 거래를 행하는 자 |
| 지급보증대리인 | 지급보증수수료를 받고 대리점의 거래관계의 매수인이 채무불이행으로 인한 손해를 배상할 책임이 있는 대리인 |

## 2. 무역계약서의 종류

### 1) 개별계약(Case by Case Contract)

무역거래에 있어 거래가 필요할 때마다 관련 품목에 대한 거래가 성사되려면 당사자 간의 거래조건에 합의함으로써 계약이 성립되는 것으로 Sales Note(매약서)나

Purchase Order(매입서 또는 구매서)가 필요한 경우를 개별계약이라 한다.

### 2) 포괄계약서(Master Contract)

매매당사자 상호간에 장기간거래시 혹은 동일한 상품을 지속적으로 거래할 때 매 거래시마다 계약을 체결하는 것이 아니라, 년간 혹은 장기간의 기준을 잡아 체결하는 계약의 방식이다. 포괄계약서란 무역거래에 있어 지정품목에 대하여 일반거래조건을 협의한 후 상호 합의점에 도달하였을 경우에 이를 문서화하는 것으로 통상적으로 일반거래협정서라 한다. 이는 매거래시마다 제 조건 등을 재확인 내지 계약하는 번거로움을 없애고, 문제발생시 그 책임이 분명해진다.

### 3) 독점계약서(Exclusive Contract)

독점계약이란 특정품목의 수출입에 있어 수출업자는 지정수입업자 이외에는 동일품목을 오퍼하지 않고 수입업자 역시 수출국의 다른 수출업자로부터 동일품목을 취급하지 않는 것을 조건으로 하는 계약이다. 특정 상사간의 매매를 국한시키는 계약을 말하며 이러한 경우에도 계약서를 작성하여 쌍방이 서로 교환한다.

## 3 무역계약서의 내용과 작성법

### 1) 개별계약서 작성방법 및 문서화

개별계약은 통상적인 무역거래에서 오퍼의 승낙에 의하여 계약이 성립되면 이를 확실히 하기 위하여 Sales Note(sales confirmation note)와 Purchase Note(purchase order note)를 교부함으로써 계약이 완결된다. 보통 매도인이 2통(in duplicate, in original and duplicate)을 작성 및 서명한 후 매수인에게 발송하고 매수인은 특별한 변경사항이 없는 한 2통에 서명한 후 1통은 보관하고 1통은 매도인에게 발송 및 교부한다.

관련서식은 대부분 미리 준비된 양식을 사용하며 매도인이 작성하는 경우 Sales Contract 혹은 Sales Note가 사용되고, 매수인이 작성할 때는 Purchase Contract 또는 Purchase Note나 Order Sheet가 사용되기도 한다.

### 2) 일반계약서 작성방법 및 문서절차

일반적인 계약서(sales contract, contract sheer)의 작성 및 사용은 주로 계약의 규모가 큰 경우와 복잡한 경우에 주로 사용한다. 즉, 플랜트수출입, 선박, 철도차량 등의 대형기계류의 수출입거래의 복잡한 거래조건에 개별계약서(Sales Note or Purchase Note)로는 까다롭고 복잡한 계약의 내용을 일일이 묘사할 수 없기 때문이다. 그러나 일반계약은 매도인이 발행한 offer sheet에 매수인이 서명하거나 매수인이 발행한 order sheet에 매도인이 서명하는 방법으로 이러한 절차를 통하여 서신이나 전신으로 통보함으로써 계약의 효력을 갖는다.

따라서 일반적인 계약서의 주요내용으로 정형계약서를 사용하는 경우는 전면과 이면에 기재하고 서명한다. 전면에는 주로 계약체결일, 계약당사자, 상품명세, 수량, 금액, 대금결제조건, 선적조건, 보험조건, 검사, 특별조항 등에 관한 사항이며, 이면약관에는 계약서 작성의 기본적 약정사항을 일반조건협정서로 구성되어 있다. 하지만 정형계약서를 사용하지 않는 경우도 있다. 가령 규격을 정할 수 없는 상품이나 대량의 화물, 상세한 규정이 필요한 사항이 결부된 상품에 관하여는 별도의 계약을 필요로 한다. 즉, 석탄, 석유, 곡물, 광석, 시멘트 등의 경우에 좀 더 상세한 규정을 필요로 한다.

## 3. 전자무역계약의 성립절차와 내용

전자무역계약은 수출입절차의 간소화와 관련 제 비용부담을 줄일 수 있고 관련 절차가 까다로운 문서형식보다 전자문서화시스템을 통한 관련절차를 손쉽게 해결할 수 있다는 장점이 있다. 전자무역계약은 전자적 의사표시의 발신과 수신이 동시에 이루어질 수 있기 때문에 구체적인 계약의 시기와 성립의 시기에 관하여 언급하기는 매우 곤란한 점이 있다.

전자무역의 의사표시는 전자문서상에 표기하거나 정보처리스템을 통한 수출입업자간의 의사표현을 다른 사람에게 전달된다. 통상적으로 의사표시를 행할 때 네트워크에 접속이 되어 있어야 하며, 송신자와 수신자가 상이한 메일서버나 전자사서함을 이용하는 등의 방법으로 법률적인 효력발생의 내용 정립과 관련절차 및 도달단계를 재정립해야 하는 복잡한 단계에 있다.

전자적 의사표시를 통하여 기술적으로 이를 검증할 수 있는 시스템과 정보 관련 각종 처리기술 등을 개발을 통하여 전자무역의 체계를 마련해야 할 것이다. 전자무역은 빠른 시간에 관련 업무를 해결할 수 있다는 장점이 있고 무역거래의 효율성을 제고하는데 크게 이바지 할 것으로 기대된다.

## 4. 일반거래협정서(Agreement on General Terms and Conditions of Business)

일반거래조건에 관한 협정서는 약칭으로 "General Agreement"라고 한다. 물론 다른 표현으로 "Meme 혹은 Memorandum, Memorandum of Understanding(MOU)"이란 용어를 사용하기도 한다. 일반거래협정서는 매매계약 당사자들이 거래를 할 때마다 구체적으로 약정해야 하는 계약의 내용을 제외한 사항으로 대부분 공통으로 적용되는 일반적 사항에 대하여 합의 결정하고 문서화하는 것을 말한다. 일반거래협정서는 예측불허의 발생 가능한 무역거래의 각종 분쟁에 대비하여 거래개시 이전에 필요한 내용으로 후일에 당사자가 구체적으로 체결하게 되는 계약내용이 기초가 되는 조건들을 명시하여 둔 것이다.

일반거래협정서의 거래형태는 본인 대 본인거래(business as principal to principal), 본인 대 대인인 거래(business as principal to agent), 수수료거래(business on commission) 인지를 구분하여 기재한다. 계약의 기본적인 조건으로 11가지의 형태로 분류한다. 즉, 품질(quality), 수량(quantity), 가격(price), 확정오퍼(Firm offer), 주문(order), 포장(packing), 결제(payment), 선적(shipment), 지연선적(delayed shipment)과 불가항력(force majeure), 보험(insurance), 클레임(claims) 등이다.

## 매매계약서 작성방법(예문)

이 계약은 [2000. 3. 1][ABC]사(이하 매수인: 미합중국 뉴욕주 뉴욕시 웨스트 51가 140 소재)와 [한국상사(주)](이하 매도인: 대한민국 서울특별시 강남구 삼성동 159 소재)간에 체결되었다. 매수인과 매도인은 향후 [5]년간 [500]만대의 [T.V]를 매매하고자 희망하므로 여기에 기재된 약속을 약인으로 하여 당사자들은 다음과 같이 합의한다.

**제1조(상품매매)** 매수인과 매도인이 계약에 규정된 조건으로 신제품 [T.V. 세트](이하 상품)를 매매하기로 한다.

**제2조(수량규격품질)**

1) [2000. 3. 1]부터 [2002. 2. 28]까지 향후 [5]년간, 매수인은 매도인으로부터 [매년 100만대]씩 총 [500만대]의 상품을 매입하고 매도인은 이를 매수인에게 판매한다.
2) 상품의 명세는 첨부된 표 [1]의 명세서에 기재된 바와 같다.

**제3조(가격)**

1) 합의된 상품의 단가는 [운임보험료 포함가격]으로 [미화 200불]이다.
2) 위의 가격은 [2000. 9월말] 이전에 선적된 상품에 적용되고, 그 이후의 가격은 매도인의 요청에 의하여 매 [6월]마다 조정한다.

**제4조(지급)**

1) 당사자 간에 달리 합의하지 않는 한, 상품대금은 매도인을 수익자로 하는 [매도인이 지정한 국제적인 1급 은행이 확인한] 취소불능 신용장으로 결제하여야 한다. 신용장은 표 [2]에 기재한 예정 선적일자보다 최소한 [2개월] 전에 개설되어야 하며 동 신용장은 일람출급 화환어음으로 결제되며, 허용된 최후 선적일로부터 최소한 [30일] 동안 유효한 조건이어야 한다. 매수인은 신용장 개설과 관련한 은행비용을 부담한다. 분할선적, 환적, 신용장에 의한 부분적인 결제 등이 허용되는 조건이 신용장에 명시되어야 한다.
2) 매수인이 신용장을 지연하여 개설하는 경우, 이 계약의 이행기간은 신용장 개설 후, 합리적으로 노력하여 상품을 인도할 수 있을 만큼 연장된다. 매수인의 귀책사유로 신용장의 개설이 지연되는 경우 매수인은 지연되는 1주일마다 관련신용장 금액의 [0.2%]를 예정손해금으로서 매도인의 청구를 받은 후 [3일] 이내 현금이나 일람출급어음으로 매도인에게 지급하여야 한다. 그러나 예정손해금은 관련 신용장 금액의 [1%]를 초과하지 못한다. 신용장의

개설이 [5주] 이상 지연되는 경우에는 매도인은 위 예정손해금의 청구를 포함하여 이 계약에 의한 매도인의 권리를 침해함이 없이 이 계약을 해제할 수 있다.

제5조(선적)

1) 표 [2]로 첨부된 선적스케줄에 따라, 매도인은 상품을 [대한민국의 항구]에서 매수인에게 인도한다.
2) 매도인은 [미국, 뉴욕]이나 C.I.F. 가격이 증가되지 않는 범위 내에서, 관련신용장에서 매수인이 지정한 기타 항구를 목적항으로 운송하는 운임선급의 적절한 국적선을 수배하여야 한다. 매도인은, 매수인이 상품의 인수 및 내륙수송을 위한 필요한 조치를 취할 수 있도록 선적시마다, 선적일 [7일] 전에 텔렉스나 모사전보로써 매수인에게 관련정보를 통지하여야 한다.

제6조(인도지연)

1) 매도인의 귀책사유로, 선적스케줄에 의한 선적이 지연되는 경우에는 매수인은 예정된 인도에 관한 예정손해금 없이 [7일간]의 유예기간을 허용해야 한다. [7일간]의 유예기간 후, 매수인은 예정된 인도기일로부터 [7일] 후부터 실제로 선적된 일자까지 매주마다 선적이 지연된 상품의 계약금액의 [1%]를 손해배상으로 청구할 권리를 가진다. 예정손해금의 총액은 지연된 상품의 계약금액의 [6%]를 초과하지 못한다.
2) 상품의 인도가 [6주] 이상 지연되는 경우, 매수인은 위 예정손해금의 청구를 포함하여 이 계약에 의한 매수인의 권리를 해함이 없이 계약을 해제할 권리를 가진다.
3) 불가항력의 경우, 인도지연에 대한 예정손해금은 적용되지 아니 한다.

제7조(포장과 하인) 상품은 수출시 사용하는 관례적인 방법으로 포장되고 하인이 표시되어야 한다. 특별지사가 필요한 경우에는 매수인은 매도인에게 상품선적을 위한 적절한 시일내 동 지시를 통지하여야 한다.

제8조(보험) 매도인은 모든 적하에 대하여 송장금액의 110%에 상당한 금액으로 [협회적하약관(B)]조건의 해상보험에 부보 하여야 한다.

제9조(담보)

1) 매도인은 인도한 모든 상품에 대하여 정상적인 사용을 조건으로 재료와 기술상의 하자가 없음을 명시적으로 담보한다.
2) 하자담보는 매수인의 창고에 입고된 후부터 [12월]까지 유효하다.
3) 위 담보책임은 상품이 예정 외의 목적에 사용되거나, 상품의 마멸, 사고에

의한 손상, 오용, 남용, 운송중 손상 등의 경우에는 적용되지 않는다.

4) 이 담보조항에 의한 매도인의 책임은 상품의 재료나 기술상의 하자에 대한 매도인의 기타의 모든 책임으로 대신할 수 있거나, 명시적으로 또는 묵시적으로 매수인이 유보하는 성문법이나 보통법상의 기타 담보책임으로 대신할 수 있다. 그러나 어느 경우에든, 매도인은 상품에 관한 파생적, 간접적 손해에 대하여는 책임을 지지 않는다.

제10조(클레임) 이 계약으로 인하여 발생하는 어떠한 종류의 매수인의 클레임도 상품이 선화증권에 기재된 목적지에 도착한 후 [30일] 이내 전신으로 제기하여야 한다. 전신 후 [15일] 이내에 동 클레임의 명세는 서면으로 작성되어 등기우편으로 매도인에게 송부하여야 한다. 상품의 품질이나 수량이 문제가 되는 경우에는 매수인은 상세한 검사보고서를 제시하여야 한다.

제11조(불가항력)

1) 매도인이 인도한 상품대금의 지급을 제외하고, 어느 당사자도 전쟁, 준전시상태, 천재지변, 파업, 태업 또는 기타 노동쟁의, 공장폐쇄, 전염병, 홍수, 지진, 폭풍, 수출금지, 매수인 또는 매도인 국가의 법규, 기타 당사자가 통제할 수 없는 사유로 계약조건을 불이행[전부 혹은 일부]하거나 이행을 지연한 경우에는 상대방에 대하여 그로 인한 책임을 부담하지 않는다. 위의 경우 기간 및 이행에 관한 이 계약의 조건은 불가항력 사유가 지속되는 동안만큼 연기된다.

2) 채무불이행 당사자는 불가항력 사유가 발생한 날로부터 [5일] 이내에 상대방에게 텔렉스, 모사전보 또는 전신으로써 지연사유의 개시일자와 이 계약에 열거된 지연사유를 통보하여야 한다. 또한 채무불이행 당사자는 지연사유가 종료된 후 [5일] 이내에 상대방에게 텔렉스, 모사전보 또는 전신의 방법으로 지연사유의 종료일자와 예상되는 계약의무이행 완료일자를 통보하여야 한다.

제12조(계약위반, 보상)

1) 일반 당사자가 계약상 또는 제3자에 대한 의무를 위반하거나 계약이행을 지연하거나 상대방의 계약이행을 방해하는 경우에는 상대방이 입은 합리적인 직접손해에 대하여 책임을 진다. 제3자가 법적인 절차를 개시하고, 동 절차에 의하여 일방 당사자가 타방에게 배상을 주장할 수 있는 때에는 일방은 즉시 타방에게 통지하여 타방 당사자가 위 절차 및 그의 해결을 위한 모든 과정에 적절히 참여할 수 있도록 하여야 한다. 일방이 위의 통지를 하지 않

거나, 상대 당사자가 위의 절차에 적절히 참여하도록 하지 못한 경우에는 그 상대 당사자가 입은 실질적인 손해만큼 배상권리가 경감된다.

2) 특히, 양 당사자는 매수인만이 [미국 연방 또는 지방당국]이 부과하는 상품 수입에 관한 규제사항을 준수할 책임이 있으며 또 규제사항에 의한 책임과 의무 또는 규제사항 위반에 의한 어떠한 클레임에 대해서도 매도인을 보호하여야 하며, 매도인은 면책되는 것으로 양해하고 합의한다.

**제13조(세금, 관세, 불칙비용)**

1) 상품 또는 이 거래와 관련하여 [한국] 이외의 [미국] 정부 또는 기타 당국에 의하여 부과되거나 부과될 수 있는 수입과 수출의 조세, 관세 혹은 기타 세금, 경비 등은 매수인의 부담으로 매수인이 지급한다.

2) 계약 체결시 예상할 수 없었거나 존재하지 않았던 전쟁이나 전운, 전쟁상태, 항만 적체 혹은 기타 긴급 상황으로 인한 운임인상, 보험료 인상 그리고 혹은 추가경비 등은 매수인의 부담으로 한다.

**제14조(사후판매서비스)** 매수인의 요청과 매도인의 동의에 따라 매도인은 이 건 상품과 관련하여 효율적인 사후서비스를 위하여 [미국]내 일부지역에 유능한 기술자를 파견한다.

**제15조(권리침해)** 표 [1]로서 첨부된 명세서에 따라 제조된 상품과 관련하여 매수인은 상표, 특허, 저작권 또는 기타 제3자의 재산권 침해로 인하여 제3자가 제기한 손해 및 손실 그리고 소송이나 클레임에 대하여 책임을 지며, 매도인은 면책이 된다.

**제16조(계약종료)**

1) 이 계약은 다음 경우에 종료한다.

1. 서면에 의한 당사자의 합의에 의하여 ;
2. 계약의무불이행이 있고, 이에 따른 채무불이행 당사자가 상대방의 서면에 의한 이행최고후 [30일] 이내 구제조치를 하지 않을 때, 그 상대방에 의하여 ;
3. 일방이 (a) 일부 채권자들만의 이익을 확보해 주기 위한 사해행위를 하거나, 파산선고를받거나 지급불능인 상태가 되는 경우 (b) 해산 또는 청산을 구하는 소가 [60일] 이내 정지 되지 않거나 기각되지 않은 경우 (c) 기타 이유로 영업을 중단한 경우 그 상대방에 의하여 ;
4. 이 계약 제4조 제2항에 규정된 바와 같이 배수인이 [5주] 이상 관련신용장을 개설하지 않은 경우, 매도인에 의하여 ;
5. 이 계약 제11조의 불가항력 상황으로 인하여 계약을 지속한다는 것이 불합리한 경우, 어느 일방 당사자에 의하여 ;

2) 이 계약이 종료되는 경우, 상대방에 대하여 종료 이전의 이 계약에 의한 책임과 의무를 지지 않는다. 다만, 당사자들이 서면으로 이와 다른 약정을 한 경우에는 그러하지 아니한다.

3) 이 계약의 어느 조항도, 어느 일방이 계약종료를 대신하여 이용 가능한 구제조치로서 이 계약의 조항을 강제하는 것을 방해하지 못한다.

**제17조(중재)** 이 계약으로부터 또는 이 계약과 관련하여 또는 이 계약의 불이행으로 말미암아 당사자 간에 발생하는 모든 분쟁, 논쟁 또는 의견 차이는 대한민국 서울특별시에서 대한상사중재원의 상사중재규칙 및 대한민국법에 따라 중재에 의하여 최종적으로 해결한다. 중재인(들)에 의하여 내려지는 판정은 최종적인 것으로 당사자 쌍방에 대하여 구속력을 가진다.

**제18조(무역조건의 해석기준 및 준거법)**

1) 이 계약에 의한 무역조건은 Incoterms, 1990에 의하여 준거되고 해석된다.

2) 이 계약은 한국법에 의하여 준거되고 해석된다.

3) Incoterms, 1990과 한국법이 상충되는 경우에는 Incoterms, 1990이 우선 적용된다.

**제19조(계약의 양도)** 어느 일방 당사자도 상대방의 서면에 의한 사전 동의 없이는 이 계약을 제3자에게 양도하지 못한다. 상대방의 서면동의에 의하여 계약을 양도하는 경우에도 양도한 당사자는 이 계약에 대한 의무를 면하지 못하며 계약이행에 대하여 책임을 진다.

**제20조(권리불포기)** 이 계약에 따른 당사자의 클레임이나 권리의 전부 또는 일부는 그러한 클레임이나 권리의 포기를 서면으로 승인하거나 확인하지 않는 한 포기한 것으로 간주되지 않는다.

**제21조(통지)** 당사자 간에 달리 합의하지 않는 한, 이 계약에 의한 모든 통지, 송장, 통신 등은 이 계약의 서두에 기재된 주소로 송부되어야 한다. 모든 통지는 등기우편으로 이루어져야 하며, 상황에 따라 전신, 모사전보, 텔렉스로 통지하는 경우에는 항공등기우편으로 확인하여야 한다.

**제22조(통합조항)** 이 계약은 당사자가 합의한 모든 것이며, 종전의 모든 표시는 이 계약에 통합되어 있으며 양 당사자 간의 정당한 권한을 가진 대리인의 서명이 있는 서명에 의하지 않고는 변경할 수 없다.

**제23조(효력발생일 및 기간)** 이 계약은 정당한 권한을 가진 양 당사자의 대리인이 서명한 즉시 효력을 발생하며 [2002. 2. 20]까지 유효하다. 다만, 제16조에 따라 계약이 조기에 종료하는 경우에는 그러하지 아니하다.

증인 앞에서 양 당사자는 서두에 기재된 일자에 본 계약을 작성한다.

# 제8장 글로벌시장과 마케팅기법 및 전략

Chapter 08

# 글로벌시장과 마케팅기법 및 전략

## 제1절 글로벌마케팅의 이해

### 1. 글로벌마케팅의 개념과 특성

#### 1) 글로벌마케팅의 개념

세계화의 영향으로 마케팅(Marketing)이란 용어를 모르는 사람이 없을 정도로 표준화된 경향으로 나타나고 있다. 특히 모든 사람들이 마케팅을 영업활동으로 착각하였던 과거의 개념과는 달리 아주 작은 일에서부터 광범위 하고 복잡한 일에까지 마케팅이라고 하는 용어를 사용하고 있음을 확실히 세계화 속의 마케팅 즉, 국제마케팅의 개념으로 변화, 발전되었다고 볼 수 있다. 이러한 마케팅의 개념에 있어서도 시대와 학자마다 그 뜻을 달리하여 왔으며, 다양한 여러 정의를 내리고 있다.

마케팅이란 개념으로 가장 널리 사용하고 있는 개념이 미국마케팅협회(AMA: American Marketing Association)의 규정을 따르고 있다. 미국마케팅협회의 정의는 마케팅을 개인과 조직의 목표를 충족시키기 위한 교환을 창출과 제품 및 아이디어, 서비스 개발, 가격, 촉진, 유통에 대한 계획을 수립하고 이들을 실행하는 일련의 과정이라고 정의한다. 흔히 글로벌 마케팅, 국제마케팅 하는 개념들은 모두 마케팅의 개념에 국제 또는 글로벌이란 단어를 붙여 만든 것으로 그 활동의 범위가 점차 확대되어 전 세계를 대상으로 마케팅 활동을 하고 있음을 의미하고 있으며 동시에 세계화의 영향으로 인한 표준화의 개념과 통합의 개념이 더욱 더 강하게

나타나고 있음을 알 수 있다.

글로벌마케팅은 기업이 해외시장에 개입하는 정도인 국제화 수준과 강조하고 있는 마케팅활동에 따라 여러 명칭으로 분류한다. 수출마케팅, 해외마케팅, 다국적 마케팅 등 해외시장을 중심으로 마케팅활동을 강조하고 있다. 따라서 개별 해외시장을 대상으로 하는 것이 아니라 통합과 조정을 통한 범세계적인 마케팅을 통하여 자국과 외국을 구별하지 않고 전 세계를 하나의 통합된 시장의 개념으로 보고 마케팅 활동을 영위해 나가는 것이다.

마케팅의 정의는 개인과 기업의 욕구충족을 위한 것이며, 동시에 교환활동을 통하여 소비자의 욕구와 기업의 목표를 동시에 충족시키는 교환적 역할을 감당하며, 이를 위한 구체적인 수단으로서의 마케팅활동을 하게 된다. 즉, 고객이 원하는 것이 무엇인지를 파악하여 제품화하여 이를 교환함으로써 개인과 기업이 동시에 욕구만족을 얻을 수 있는 활동이다.

## 2) 마케팅의 기본적 개념

글로벌마케팅을 위하여 우선적으로 개인적인 마케팅활동 즉, 조직이나 기업의 마케팅의 목표에 맞는 계획과 전략이 필요하다. 이에 관하여 코틀러(P. Kotler)는 개인 및 조직의 목적을 달성하기 위하여 교환활동을 창출해 나가는 과정이라고 하였다. 그러므로 마케팅이란 전 세계적인 개념으로 어디서든지 동일한 개념으로 적용될 수 있으나 구체적인 실행방법에 따라 다르다. 이는 그 나라와 고객, 경쟁자, 유통경로, 광고매체 등에 따라 달라질수 있어 환경의 변화와 전략적 수정이 필요한 것이다.

마케팅의 역사를 통하여 기본적인 개념을 살펴보면, 미국의 경우 1970년대의 마케팅은 전통적인 제품에 중점을 둔 판매활동이었으며, 1980년대에 들어와 판매중심에서 고객중심으로 새로운 현대적 서비스 마케팅의 개념으로 바뀌게 되었다. 고객을 중심으로 고객감동을 위한 마케팅 활동을 전개하였기 때문이며, 제품에서 고객으로 바뀐 것이다. 이때 탄생한 4가지 개념의 마케팅 수단인 제품(Product), 가격(Price), 유통(Place), 촉진(Promotion)이었다.

그리고 최근에 경향으로는 4P의 요소에 첨가하여 조사활동(Probe)이나 사람(People)을 덧붙여 5Ps라고 말하기도 한다.

〈표 8-1〉 글로벌마케팅의 개념

| 구분 | 글로벌마케팅의 개념 |
|---|---|
| 카테오라<br>(P. R.Cateora) | 한 나라 이상의 소비자 또는 사용자에게 기업의 제품, 서비스를 이동시키는 기업 활동 |
| 크래머<br>(R. L. Kramer) | 타국에 있는 개인, 기업, 단체 및 정부실체와 비즈니스를 수행 |
| 텝스트라<br>(V. Terpstra) | 한 나라 이상의 국경을 넘어선 기업 활동 |
| 제인<br>(S. C. Jain) | 인간의 욕구 충족을 위해 국경을 초월한 거래활동 |
| 찐코타와 론카이넨<br>(M. R. Czinkota & I. A. Ronkainen) | 개인 또는 기업의 욕구를 충족시키기 위하여 국경을 초월해서 전개되는 마케팅활동 |
| 페어워터<br>(J. Fayerweather) | 국내마케팅의 한 부분으로 국제마케팅 프로그램을 조직할 능력과 해외시장조건에 적응할 능력이 있어야 부가적인 기술이 필요한 마케팅 |
| 자넷과 헤내시<br>(J. J. Jannet & H. D. Hennessey) | 복수국가 속에서 전개되는 마케팅활동 |

〈표 8-1〉에서 글로벌마케팅의 개념을 종합하여 보면, 글로벌마케팅이란 다른 나라 국민들을 대상으로 한 기업 활동 및 이와 관련된 서비스 활동이다. 그러므로 한 나라 이상에 있는 소비자 혹은 사용자에게 제품, 서비스를 국제적으로 이전시켜 유통활동을 통한 기업 활동이라고 할 수 있다. 그러므로 국내마케팅과 정반대 개념이 글로벌마케팅의 개념인 셈이다.

글로벌 기업이 수행하는 마케팅활동을 글로벌 마케팅이라고 하며, 우리나라의 개념은 수출마케팅(Marketing to foreign countries)의 개념이며 미국의 개념은 국제마케팅(Marketing to foreign countries)이나 EDI의 개념으로 볼 때는 현지생산과 현지의 판매를 말한다.

## 2. 글로벌마케팅 관련의 마케팅 분류

### 1) 수출마케팅(Export Marketing)

수출마케팅은 자국의 제품, 서비스를 글로벌무역을 통하여 전 세계의 원하는 소비자에게 즉시 소유권 이전, 유통의 기능을 통한 기업 활동이며, 또한 전 세계의 어떤 나라의 제품이든지 국내의 소비자에게 이전, 유통시켜주는 수출과 수입의 기능을 동시에 감당하는 쌍방의 기업 활동이다. 그러므로 단순한 수출을 위한 마케팅과는 그 차원이 다르다. 수출마케팅의 경우 완성품, 현지조립, 현지제조 후 제3국 수출, 현지생산 후 본국으로 역수출 등의 모든 개념을 포함하고 있기 때문이다.

따라서 수출마케팅은 자국의 제품과 서비스를 생산단계에서부터 타국의 소비자에게 이전시키는 것과 관련된 모든 마케팅 활동을 말하며, 글로벌마케팅은 이러한 모든 절차와 내용을 전부 포함한 개념이라고 볼 수 있다.

### 2) 해외마케팅(Overseas Marketing)

해외마케팅이란 수출마케팅의 발전된 개념이며 외국마케팅(Foreign Marketing)의 개념으로 보는 것이다. 그 이유는 국내의 생산제품의 판매 즉, 수출만을 위한 마케팅활동이 아니기 때문이다. 가령 기술제휴, 합작투자, 현지생산, 현지판매 등을 위하여 해외에서의 기업 활동을 할 수 있기 때문에 이를 해외마케팅이라고 한다. 그러나 궁극적으로 따지면 해외마케팅과 국제마케팅 즉, 글로벌마케팅의 개념과 별 차이는 없다.

하지만 해외에서의 사업 활동을 위하여 점차 기업을 확대하거나 해외시장에서의 마케팅 활동이라는 점에서 해외마케팅이라고 부른다. 좀 더 세분화하면 국제마케팅과 수출마케팅 사이를 해외마케팅이라고 한다.

### 3) 다국적 마케팅(Multinational Marketing)

다국적 마케팅은 다국적기업의 활동에서 쉽게 그 의미와 내용을 파악할 수 있다. 다국적 마케팅은 해외시장에 자체 생산시설과 생산마케팅 활동을 하는 것으로서 여러 국가에서 운영하고 있는 다국적기업의 마케팅활동이라고 하였다(Keegan, 1980).

다국적 마케팅을 다국적 국내마케팅이라고 하며, 각 해외시장에서 현지마케팅

활동을 수행하는 것을 의미한다. 해외시장의 특성과 차이점을 보다 명확하게 인식하여 마케팅활동을 현지시장의 특성에 맞춰 차별화하게 된다.

### 4) 글로벌마케팅(Global Marketing)

글로벌마케팅이란 전 세계의 시장을 하나의 거대한 시장의 개념으로 보고, 이를 통합하거나 세분화하여 각국 시장 간의 시장특성과 소비자 행동 등의 비교분석이 해외시장조사를 통하여 하나의 유기적인 연결을 통한 세계적인 관점의 마케팅활동이다. 따라서 다국적 마케팅이 개별국가시장을 통한 발전을 꾀한다면, 글로벌마케팅은 개별국가를 하나의 세분시장으로 보지 않고 여러 국가에 걸친 동질적 세분시장으로 본다. 따라서 세계화의 영향으로 인한 표준화된 마케팅 전략을 중요시한다.

〈그림 8-1〉 글로벌마케팅의 분석모델

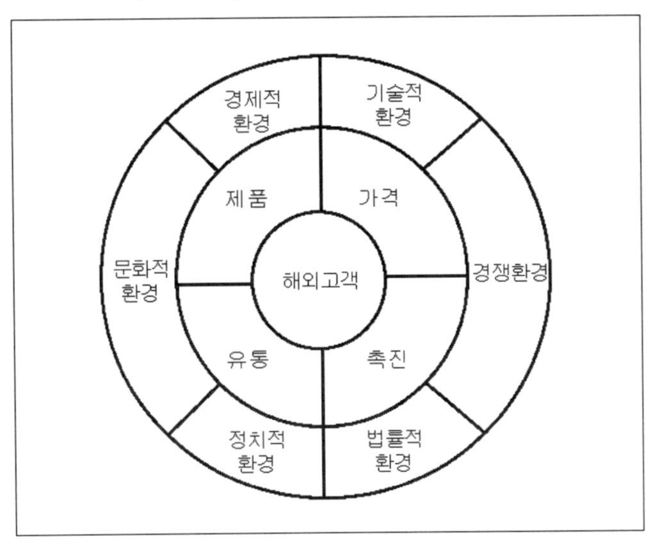


하지만 마케팅의 개념을 하나하나 구별하여 정확하게 근거자료를 제공하기는 어렵다. 그러므로 마케팅활동은 서로 유기적인 관계가 있으며, 세계화의 영향으로 인하여 해외마케팅, 글로벌마케팅 또는 국제마케팅이니 하는 개념들은 모두가 하나의 개념으로 보아지며 또한 마케팅 활동이 이윤추구를 위한 수출마케팅이란 점에서 현지에서의 마케팅과 해외에서의 마케팅의 개념은 모두 동일한 것으로 보아지며 결국 획일적이고 통일적인 개념들이라 할 수 있다.

## 3. 글로벌마케팅의 성격과 특성

세계화로 인하여 전 세계가 하나의 거대한 시장으로 바뀌었다. 그리고 무한경쟁의 시장 하에서 기업의 활동을 통한 마케팅 활동은 기업의 사활이 달린 중요한 문제로 등장하고 있다. 그러므로 전 세계의 모든 기업들이 국제교역에 깊이 관여하고 있으며, 국제화, 세계화의 영향을 받고 있다. 특히 기업의 활동이 국내지향기업이든 해외지향기업이든 모든 기업들은 각국 시장의 국제화, 세계경제의 상호의존도의 심화, 경쟁의 격화, 세계시장의 범세계화 등의 장기적이고 세계적인 조류에 영향을 받고 있다.

세계는 급격히 하나의 거대한 시장경제의 개념으로 되어가기 때문에 직접적으로 국제경영에 개입하지 않았던 기업도 위와 같은 경향에서 벗어날 수 없다. 글로벌무역과 세계화의 경향으로 인한 기업 활동은 그 경영의 영역에 있어 국제적이다. 재무, 기술, 연구개발, 투자, 생산설비, 마케팅활동, 판매망 등 모든 기업의 활동은 세계화의 경향으로 나타나게 된다. 그러므로 글로벌마케팅의 등장은 기업의 재품과 서비스가 하나 이상의 나라의 고객들에 전달되게끔 하는 기업 활동이라 할 수 있다. 그리고 경쟁, 법적규제, 정부의 통재, 기후, 소비자 등 통제 불가능한 변수들이 마케팅플랜의 성공여부에 영향을 미치고 있다.

따라서 성공적인 결과를 얻기 위해서는 자기 자신을 그 변수들에 맞추어 적응하여야만 한다. 글로벌마케팅에 관한 접근태도는 상이한 환경 즉, 경제적, 문화적, 사회적, 정치적 환경을 이해하여 자기준거기준(Self Reference Criterion)인 자기문화의 가치관이나 의식구조에 의해 타문화를 평가하고 이해하려는 태도에서 이탈하여야 한다.

### 1) 글로벌마케팅의 개념 변화

해외마케팅과 국내마케팅은 조직과 그 조직의 시장 간의 교환을 창조하고 관리한다는 것이 목적이라는 면에서는 본질적으로 동일하다고 하겠다. 해외마케팅과 국내마케팅은 국내와 해외의 환경이 다르다는 점이며, 그리고 국경을 넘어서는 활동을 포함하며 따라서 독특한 문제에 관여하게 되며, 그리고 특수한 기법과 방법이 필요한 경우도 있다. 국제기업들이 이러한 특수한 과제와 문제를 다루어가는 방법은 해외마케팅을 수행하는 국가와 개념에 따라 다르다. 국제마케팅의 발전단계는 수출마케팅(Foreign Marketing)에서 다국적마케팅(Multinational Marketing)으로 그리고 범세계적마케팅 즉 글로벌마케팅(Global Marketing)으로 바뀌어 간다.

따라서 글로벌화 시장은 마케팅을 통하여 세계화의 영향과 함께 무한경쟁의 시장으로 나타나고 있다. 이러한 마케팅시장의 글로벌화는 먼저 규모의 경제를 활용한 자본비용이 차지하는 비중이 증가하였고, 국제경제 체제의 변화에 따란 통상마찰을 줄이기 위해 해외직접 투자를 시작, EU, NAFTA로 인한 유럽 및 북미에 직접투자 확대와 UR로 인하여 WTO체제는 글로벌화를 촉진하게 되는 계기가 되었고 자체의 경쟁력과 박차를 가할 수밖에 없게 되었다.

또한 교통과 정보통신기술의 발달은 정보교환과 의사결정을 손쉽게 해주었으며 각국의 시장을 동질화됨에 따라 지역마다 상이한 마케팅 프로그램 대신 표준화된 마케팅 전략을 수행하는 것이 가능하게 되어 기업의 글로벌화를 촉진하게 되었다. 그리고 연구개발 비용의 증가로 가속화되는 기술혁신과 제품수명주기의 단축으로 연구개발에 막대한 자금이 필요하게 되었고 이에 따른 투자금액을 마련하기 위해 해외시장에 진출하지 않을 수 없게 되어 기업 간의 전략적 제휴가 빈번해지게 되었다.

### (1) 시장 확장의 개념

시장 확장의 개념을 가지고 있는 마케팅의 개념에서는 기업 활동을 펄무터의 EPRG모형에서 자국 중심적 기업으로 분류된다. 오늘날에는 중소 수출업자나 국제경영의 초기단계에 있는 기업들의 주된 개념이며, 이러한 개념을 가지고 기업 활동을 하는 기업들은 해외시장은 국내시장에 비해 이차적이거나 국내와 같은 제품을 가지고 만족시킬 수 있다고 가정한다. 해외시장은 잉여 생산물의 배출구나 국내시장의 수급을 맞추는 수단, 규모의 경제를 달성하거나 이윤율을 높이는 수단으로 여긴다.

### (2) 다수국가 시장의 개념

다수국가 시장의 개념을 가진 기업 활동은 해외마케팅기회가 국내시장기회와 마찬가지로 중요하다고 가정한다. 다수국가시장개념은 해외시장기회를 이용하여 해외마케팅활동과 경험을 통합, 조정함으로써 좋은 업적을 올릴 수 있다는 내부적인 인식에서 파생된다.

마케팅전략은 각 해외시장의 필요와 욕구, 시장조건에 맞게 수립하여야 하며, 각국의 지사는 서로 독립적으로 마케팅계획과 플랜을 세우며 국내시장과 그 이외

의 해외시장은 서로 거의 상호 관계없이 별개의 마케팅믹스를 사용하여 시행된다. 제품에 있어서는 구별하지 않고 시장에 맞게 변형되며 광고, 가격, 유통경로등도 따로 결정된다. 다수국가시장개념아래 영업하는 기업은 EPRG모형의 다 중심적으로 분류될 수 있다.

### (3) 범 세계화마케팅의 개념

범 세계화마케팅의 개념으로는 범 세계기업으로 분류된 기업들이 마케팅 활동을 하는 것으로 세계마케팅이다. 세계화 마케팅 기업들은 표준화된 제품을 개발과 적정가격을 통한 판매를 함으로써 범 세계시장에서의 효율성을 추구한다. 즉, 세계전체를 하나의 시장으로 보며 기업은 범 세계전략을 세우려 노력한다.

기업은 EPRG모형에서 지역 중심적 혹은 지구 중심적으로 분류된다. 각 나라시장 전체를 하나의 단위로 보며 표준화를 추구하는 마케팅전략을 수립한다. 마케팅계획과 마케팅믹스는 범세계적 관점에서 접근되며 가능할 때에는 표준화가 시도된다.

〈표 8-2〉 마케팅의 단계별 특성

| 특성 \ 단계 | 국내마케팅 | 수출마케팅 | 다국적마케팅 | 글로벌마케팅 |
|---|---|---|---|---|
| 경영자 사고/목표 | 본국 중심의 마케팅활동 | 본국 지향 | 현지시장 지향 | 세계시장 지향 |
| 마케팅 전략 | | 수출마케팅전략 (표준화) | 다국적마케팅 전략(차별화) | 글로벌전략 (통합화) |
| 세계관 | | 국내시장의 연장 | 현지시장 | 세계시장 |
| 주요자산 | | 핵심능력 집중 | 분권화 및 현지화 자립 | 전 세계 배치 |
| 경쟁우위 | | 가격경쟁력 납기수준 안정적 품질 | 현지시장 (유연성/적응능력) | 세계적 통합 (조정능력) |

글로벌마케팅은 국내의 시장에서 본국중심의 마케팅활동을 바탕으로 점차 수출확대 및 수출마케팅 중심으로 발전하여 해외시장에서의 시장개척을 통한 해외진출을 확대하여 다국적 마케팅으로 발전하게 된다. 그리고 다국적기업 활동은 글로벌마케팅으로 발전한다.

## 제2절 글로벌마케팅의 전략

글로벌시장의 환경은 WTO의 탄생으로 인하여 국가 간 무역장벽을 철폐하고 통신 및 수송수단의 발달과 소비자들의 기호가 세계화로 인하여 유사해지거나 통합화 되었으며, 글로벌전략은 국경 없는 무한경쟁의 경영을 이룰 수 있게 되었다. 글로벌화의 촉진요인은 시장의 요인으로 소비자기화의 통일 및 글로벌 브랜드 선호와 글로벌마케팅의 도입이다.

그리고 비용요인으론 규모의 경제와 기술혁신을 통한 글로벌 생산방식을 도입하였고, 정부요인으로는 국가 간의 무역장벽 해소로 인한 개방적 시장경제가 확산되어 경쟁의 무한시대 즉, 글로벌 무한경쟁시대를 맞이하게 되었으며 글로벌마케팅으로 인하여 점차 고객들이 글로벌화 되었다.

### 1. 글로벌마케팅믹스의 의의

#### 1) 글로벌마케팅믹스의 개념

글로벌마케팅 믹스의 개념과 국내마케팅 믹스의 개념은 서로 동일한 개념으로 본다. 이는 마케팅믹스가 기업이 목표시장에서 마케팅 목표를 달성하기 위하여 사용하는 통제가능의 마케팅수단들의 집합이다. 마케팅 믹스는 기업이 제품의 매출이나 수요고객들이 반응을 위한 제품, 가격, 촉진, 유통 등으로 구성되어 있다. 기업은 이러한 마케팅의 목표 달성을 위하여 효과적인 마케팅을 위하여 통제가 불가능한 마케팅 환경에 적절히 대응할 수 있는 최적이 마케팅믹스를 활용케 되는 것이다.

#### 2) 글로벌마케팅믹스의 적용문제

마케팅믹스의 표준화 및 적응화는 국제기업에 있어 해외사업 활동의 과정에서 나타나는 복잡한 전략선택의 과제이며, 마케팅 관리자는 마케팅활동 및 적용을 전세계에 표준으로 적용할 것인지, 현지시장에 맞춰 나갈 것인지를 결정하게 된다. 국제마케팅 믹스의 표준화는 국내시장에서 사용하던 마케팅믹스를 해외시장에서 동일하게 적용하여 사용하는 전략의 하나이고, 적응화의 개념은 각국 현지시장에

상황과 여건에 맞게 수정하여 적응시키는 전략이라 할 수 있다.

표준화 또는 적응화 전략의 활용에 있어서는 의견이 분분하다. 하지만 갈수록 세계화의 영향으로 전 세계가 하나의 통합된 개념으로 나타나고 있기 때문에 섣불리 현지국의 시장에서 새롭게 적응화 전략으로 나갈 수도 없는 입장이다. 왜냐하면 시장개척이나 시장 확보는 그에 상응한 비용과 시간이 필요하며 이에 따른 제품 등의 계획을 새롭게 추진해야 하기 때문이다. 하지만 표준화 전략을 활용한다 해도 문제는 있다. 현지국의 경제, 문화, 정치, 사회 등의 환경적 요인이 작용하고 있기 때문에 환경적 격차를 줄이고 맞춰간다는 것은 결코 쉬운 일이 아니기 때문에 외부여건의 변화에 새로운 전략적 차원으로 표준화와 함께 전략적 선택을 고려하여 시행하게 되는 것이다.

## 2. 글로벌마케팅믹스의 제품전략

### 1) 글로벌 제품전략

기업의 제품전략은 마케팅믹스의 한 요소로서 기업의 입장에서 소비자들에게 무엇을 어떻게 제공할 것인가에 고민하게 된다. 즉, 소비자가 원하는 제품이 무엇이며, 소비자 만족을 위한 제품을 어떻게 제공하여 시장에서의 경쟁의 우위를 확보하고 장기적인 매출을 통한 기업의 이윤을 창출해 나갈 것인가에 주력하게 된다.

〈그림 8-2〉 글로벌 제품전략

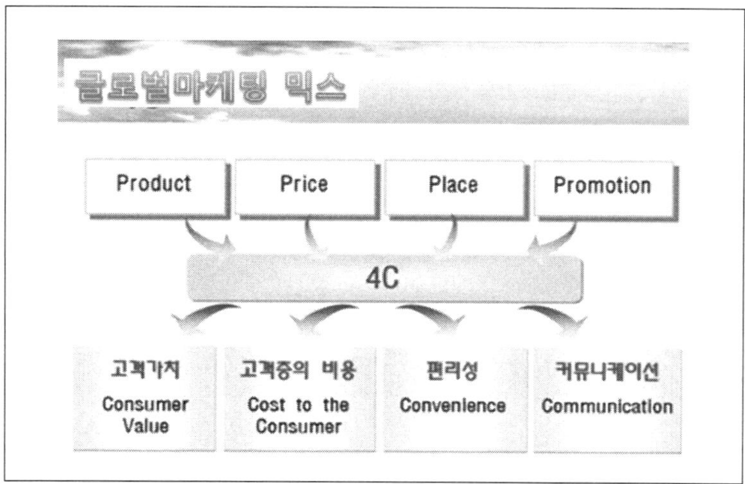

제품이란 전통적으로 제품, 서비스로 제품은 유형의 재화, 서비스는 무형의 재화를 말한다. 제품과 상품이라는 용어가 혼용하여 사용하고 있지만 제품은 생산단계의 개념이고 상품은 판매단계의 개념이다. 하지만 제품은 소비자의 욕구를 얼마만큼 충족시키느냐에 따라 핵심제품, 유형제품, 확장제품 등으로 구별한다. 이 가운데 핵심제품은 소비자가 그 제품으로부터 원하는 편익을 말하며, 유형제품은 소비자가 제품으로부터 추구하는 물리적 특성에 관한 것들을 유형화시킨 것이다.

〈그림 8-2〉와 같이 글로벌마케팅 믹스의 제품과 가격 및 촉진과 유통 중 먼저 제품전략으로 고객가치, 고객층의 비용, 편리성, 커뮤니케이션 등으로 요약할 수 있다. 즉, 글로벌마케팅 믹스의 제품전략은 고객중심을 위한 제품을 통하여 고객만족의 극대화를 추구하는 것이다.

### (1) 현지적응전략

현지적응전략은 각 나라별 시장의 특성 즉, 소비자의 기호, 법률적 규제, 표준규격, 기후, 경쟁상태 등에 맞춰 제품을 수정함으로서 현지에 적응하는 것이다. 가령 중국에 수출하는 상품의 포장은 가급적 붉은색 계통으로 해야 한다든지, 프랑스에 꽃을 수출할 때는 카네이션은 장례식 때 사용함으로서 시기를 잘 맞춰야 하는 등 현지의 문화와 현지소비자의 기호에 맞게 제품을 적응 또는 수정해야 한다.

제품적응전략에 있어 생산된 제품을 새롭게 수정해야 한다면 제품에 추가적인 비용이 소요되고, 현지국 소비자들의 자사제품 특성에 적응할 수 있도록 마케팅전략을 잘 세운다면 촉진비용을 절감할 수 있게 된다. 따라서 현지국의 시장에 잘 적응하여 판매 전략을 세운다면 높은 판매성과를 달성할 수 있을 것이다.

### (2) 글로벌표준화 전략

제품의 글로벌표준화 전략은 세계화의 영향으로 인하여 전 세계적으로 통일된 제품 즉, 표준화된 제품을 개발, 진출시키는 전략이 필요하다. 왜냐하면 각 나라와 시장별로 서로 상이한 특성이 제품이 필요하다면 사전에 제품전략을 세워 소비자들로 하여금 제품수정에 요구되는 비용을 절감할 수 잇도록 특성을 맞춰나갈 수 있는 전략이 필요하다는 것이다.

표준화제품전략은 제품수정에 요구되는 비용을 절감하여 현지국 소비자들의 자사제품 특성을 선호하게끔 하는데 높은 촉진비용을 필요하게 된다. 따라서 먼저 진출해 있는 시장특성이 유사할수록 제품표준화 전략의 사용가능성이 높다.

### (3) 절충전략(Glocal Strategy)

절충전략은 기업들이 사전에 제품의 속성인 형태, 크기, 색상, 디자인, 가격, 품질 등을 완전한 표준화전략 또는 완전한 적응전략을 적용하기란 어렵다. 따라서 제품의 일부 속성에는 표준화전략을 그리고 또 다른 속성에는 적응전략을 택하는 이른바 절충전략인 글로칼 전략을 채택하는 경향이 높아지고 있다. 현지시장에 내재된 공통의 동질성을 규명하여 표준화된 글로벌 제품정책을 개발한 후, 이를 현지시장에 적용해 나가는 것이다.

## 2) 제품 포지셔닝(Product Postitioning)

제품 포지셔닝은 최대의 시장잠재력을 개발하고자 진출시킬 제품의 특성을 결정짓는 작업이다. 제품의 특성에 대한 소비자 인식은 국가마다 상이하기 때문에 진출할 해외시장에 자사제품의 올바른 포지셔닝과 이에 따른 전략을 구사하기 위함이다.

따라서 제품의 포지셔닝은 제품에 특성에 대한 분석이 우선시되어야 하며, 제품의 특성은 상품의 크기, 색상, 상표, 품질, 가격, 실용성과 기능, 재료, 형태, 수명 등으로 제품에 따라 우선시해야 할 사항이 달라진다. 가령 자동차의 경우 안정성, 내구성, 스타일, 크기, 안락성, 경제성, 기술성, 속도, 색상 등이 특성이 중요시될 것이다. 그리고 제품의 여러 특성 중에서 현지국의 잠재소비가 구매조건으로 가장 중요시 하는 제품의 특성을 살려야 한다. 또한 현지시장에서 중요시 하는 제품의 특성을 근거로 현지시장에 대한 경쟁사의 제품위치를 파악한다.

## 3) 제품의 수명주기에 의한 분류

글로벌마케팅 믹스요소 가운데 제품수명주기(Product life cycle)는 국제제품정책을 수립하는데 중요한 사항이다. 국가와 제품에 따라 다소 차이는 있으나 대개가 제품의 도입기→성장기→성숙기→쇠퇴기의 단계의 제품수명주기를 거친다.

#### ① 도입기(Introduction)

처음으로 제품을 시장에 도입할 경우 시장에서의 반응을 얻고 있는 상태가 아니기 때문에 성장률 저조, 이윤감소, 판매저조, 소규모 유통 등으로 인하여 손실이 발생할 수도 있다. 이때 자사의 브랜드보다는 제품 자체에 대한 일차적 수요자극과 가격전략으로 소비자들의 반응을 얻고자 한다.

하지만 처음부터 고각전략으로 나가는 것이 좋으나 시장점유율을 조기에 확보하고 경쟁업체 진입을 억제하기 위하여 대부분 저가전략으로 판매 전략을 세우기도 한다.

따라서 도입기의 마케팅믹스의 가장 핵심적인 사항은 소비지로부터 인지도를 높이는 것과 구매할 수 있도록 구매유도와 사용을 시작으로 제품을 시장에 선보이게 되는 과정이라 할 수 있다.

### ② 성장기(Growth)

성장기의 전략은 판매가 급속히 증가하고 있는 추세이므로 소비자들로 하여금 점차 높아지는 인지도와 제품취급점이 날로 늘어나고, 경쟁업체도 이미 시장에 진입하여 치열한 경쟁이 예상된다. 따라서 성장기의 특징으로는 마케팅 촉진비용, 제품개선비용, 유통기관의 개척 등으로 인하여 비용이 많이 소요되지만 반대로 판매가 대량으로 늘어나 대량생산에 의한 원가절감효과와 이윤증대의 효과를 동시에 가져올 수 있다. 성장기의 마케팅전략은 촉진비용을 현 수준으로 하되 경쟁사와의 경쟁에서 뒤처지지 않기 위해서 제품광고와 제품개선, 유통의 개방정책 등으로 가격부분을 예의주시하여 염두에 두고 점차 가격을 낮춰가는 전략을 세워둔다. 이러한 상태로 고객을 계속적으로 확보해 나간다.

### ③ 성숙기(Maturity)

제품의 개선과 시장에서의 다각적인 노력에도 불구하고 매출성장률은 지속적으로 둔화되기 시작하는 시점이다. 이러한 단계가 성숙기이다. 그러나 매출은 최고의 매출을 올릴 수 있고 판매고의 증가는 둔화되는 시점이다. 이때쯤이면 경쟁기업들도 가격을 낮추거나 판촉으로 인하여 공격적 마케팅을 실행하고, 우수한 제품으로 승부수를 던지게 된다.

따라서 성숙기에서 가격과 우수제품의 개발에 따른 영향으로 인하여 취약한 경쟁사의 제품들은 도태되거나 재조정될 것이다. 이러한 상태에서 시장개발, 제품개선, 마케팅믹스의 수정을 통한 적극적인 전략대책이 필요하다.

### ④ 쇠퇴기(Decline)

쇠퇴기는 제품이 성숙기를 통한 판매량이 점차 줄어들기 시작하는 시점이다. 시장에 진출한 모든 제품들이 이러한 제품의 수명주기를 맞이하게 된다. 쇠퇴기에

나타나는 주요현상은 제품의 공급과잉으로 인하여 가격인하로 기업의 이윤이 점차 감소하게 된다. 이때 마케팅 전략을 통한 새로운 시장의 개척으로 나아가던지 아니면 철저한 원가관리를 통한 비용절감으로 나아가다가 새로운 신제품을 개발하게 된다.

따라서 쇠퇴기에 접어든 제품일수록 제품관리에 더욱 철저한 관리체계를 갖춰야 한다. 시장개척도 많은 시간과 경비가 소요되는 일이지만 시장 확보란 더욱 더 어려운 상황이므로 시장에서의 자리매김은 참으로 중요한 것이다. 그러므로 자사 제품의 수명주기와 새로운 제품의 출시를 잘 파악하여 적절한 시기에 신제품을 투입한다면 시장관리를 통한 제품전략의 성공을 가져올 수 있을 것이다.

### 4) 신제품 개발전략

신제품개발은 제품수명주기의 이론에 입각하여 새로운 신제품을 통한 계속적인 시장 확보와 고객 확보를 위해 매우 민감한 사항이며, 신제품의 개발과 출시로 인하여 자칫 잘못하면 신제품으로 인한 개발비, 연구비 등으로 인하여 기업이 막대한 손실을 입을 수도 있으며 기업의 존재에도 커다란 위험이 발생할 수도 있기 때문이다.

따라서 신제품개발과 출시로 인한 손실을 미연에 방지하기 위하여 글로벌마케팅 조사활동을 활성화하여 기업의 이미지와 미래적인 새로운 아이디어의 신제품을 개발해야 한다. 물론 신제품을 개발하기 위해 아이디어의 창출과 계속적인 연구를 거쳐 아이디어에 관한 심사를 통하여 사업성을 분석하고 분석된 자료를 통하여 제품을 개발한다. 개발한 제품은 또한 시장에서의 시험과정을 거쳐 시장의 반응을 예의주시하고 그 결과를 제품에 믹스하여 상품으로 실제 생산을 통한 마케팅을 실행하는 과정에 이르게 된다.

하지만 이러한 전 과정에 아무런 문제가 없다고 해도 시장에서 성공하는 것도 아니며, 반대로 이러한 과정을 어렵게 거치지 않고 나온 제품이라고 해서 시장에서 실패하는 법칙은 없다. 다만 시장자료와 시장의 소비자 감동을 줄 수 있는 신제품을 개발에 전력을 다하여야 할 것이다.

특히 수출기업을 경우 소비자들의 기호와 욕구에 맞는 신제품을 개발하는 것이 무엇보다 중요하다. 어떤 특징을 부각시켜 소비자들로 하여금 호감을 갖고 신제품을 구입하게 할 것인지에 관한 구매동기를 위해 제품컨셉 개발이 중요하다.

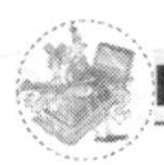
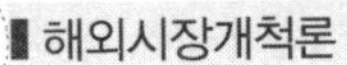


글로벌마케팅에서 신제품은 새로운 제품이거나 시장에 출시된 후 자사에서 처음으로 취급하는 제품, 그리고 특정시장에 처음으로 판매되는 제품 등을 말하며, 기존의 제품을 변형하거나 새로운 용도로 개발하여 제품의 수명주기를 연장하는 것도 신제품개발전략에 포함하고 있다.

### 5) 품질관리 전략(표준과 적응)

세계화로 인한 전 세계시장이 동질화, 표준화되어 감에 따라 전 세계에서 사용하는 제품이 동질화를 이루어가고 있다. 따라서 시너지효과와 규모의 경제 획득, 질서 있는 시스템의 정립 및 기업과 제품을 동시에 PR하는 것이 가능하게 해 주는 요인이 표준화이며, 현지 시장에서의 계속적인 성장을 위해 적응화전략이 필요하다. 적응화란 기업내외 환경에 따라 적응화 정도를 조절하고 4P의 배합에 따라서 적응화의 다양한 유형이 나타날 수 있다. 그러나 무엇보다 중요한 것은 현지국의 소비자에 대한 특성을 고려하여야 한다는 점이다.

글로벌마케팅 믹스전략 가운데 제품과 관련하여 소홀한 관리정책으로 인하여 현지국의 소비자들의 불편을 해소하지 못하는 사례가 적지 않다. 즉, 현지국 소비자들의 기후, 소비성향 및 기호에 맞지 않게 자국중심으로 생산한다면 제품과 품질관리에 상당한 애로사항이 있을 것이다. 그리고 색상이나 중량 및 크기 등에 있어서도 국내에서 생산한 제품을 그대로 글로벌시장에 적용할 것인지의 문제도 제품 전략적 차원에서 연구되어야 할 것이다.

수출제품의 전략 가운데 하나가 표준화전략, 적응화전략, 신제품개발전략, 해외상표 등의 전략이 필요하다. 그 가운데 표준화전략은 생산제품의 변경 없이 개발된 제품 그대로를 현지국의 시장에 출시하는 전략으로 기업의 계속적이고 통일된 이미지제고와 소비자들의 상표 충성도를 최대한 활용하여 보다 적극적인 마케팅 활동을 할 수 있다는 것이다.

적응화전략으로 제품을 현지시장에 적합하도록 변경하여 현지국 시장에 공급하기도 하지만 현지국의 환경적 요인과 소비자의 선호, 현지국의 유통시스템 등을 고려하여 활용하여야 한다. 이러한 점을 감안하여 현지국 시장에서 현지인을 통한 마케팅이나 현지의 조건과 소비자의 기호에 맞는 차별화된 마케팅전략을 적용하는 현지 적응화전략으로 경영자의 무조건적인 표준화전략의 단점을 보완할 수 있는 적응화전략의 장점이라고 할 수 있다.

## 6) 브랜드 전략

브랜드 전략이란 브랜드와 관련된 상표, 광고, 선전 등을 자사제품의 PR방식으로 경쟁자의 동일제품과 자사제품의 차별화를 통하여 경쟁에서의 우위를 확보하고 자 하는 전략이다. 브랜드 전략의 최대목적은 차별화(Differentiation)에 의한 브랜드의 이미지를 높이는 것이다. 차별화란 기능, 품질의 차이가 별로 없는 상태이지만 타사제품과 상당한 차이가 있음을 시사해 줌으로써 특정브랜드의 상품을 선호하도록 만드는 심리적 전략이다.

글로벌마케팅에서 브랜드 전략이 두각을 나타내고 있는 것은 브랜드 자체가 무형의 자산으로 20세기 후반의 기업 합병의 성행으로 인한 적대적인 기업매수와 같은 외부의 공격을 막기 위한 수단으로 브랜드의 가치를 통한 기업의 이미지 제고에 나서게 되었다. 특히 기업관계자들이 브랜드의 가치를 통하여 유수 기업들의 브랜드를 순위별로 발표하는 등 기업의 이미지에 따라 투자와 제품의 가치에 미치는 영향이 지대하다.

따라서 단시간에 얻을 수 없는 전략이기도 하지만 체계적인 관리와 전략을 통한 브랜드의 이미지제고를 위해 브랜드 가치 중심의 경영이 기업경영의 핵심전략으로 등장하게 되었다. 브랜드는 기업의 얼굴이며 제품을 대변해 줄 뿐만 아니라, 소비자들로 하여금 신뢰를 바탕으로 계속적인 거래를 통한 기업의 자산으로서의 가치를 갖게 되는 것이기 때문이다. 그리고 브랜드 전략은 단시간에 축적할 수 없기 때문에 꾸준한 노력과 함께 자산가치의 효율적인 관리와 체계적인 전략을 통하여 브랜드 경영에 의한 제품전략으로 제품의 이미지 제고를 아울러 창출해 나가고 있다.

## 7) 제품보증 및 서비스 전략

제품과 보증 및 서비스 전략은 소비자들로 하여금 계속하여 자사제품을 선호할 수 있도록 유도하는데 목적이 있으며, 제품의 보증은 제품에 하자가 있을 경우 수리를 해 주거나 교환, 반품, 환불 등을 통하여 대고객 서비스 증진 차원에서 보증기간 이후에라도 제품에 관한 서비스와 관련의 정보를 제공해 주는 것이 좋다. 제품보증은 보증기간 내에 제품의 고장과 수리 및 사용미숙으로 인한 손상 등 다양한 범위까지 확대하여 실시하여야 하며, 예기치 않은 사고로 인하여 제품에 하자가 발생하였을 경우 유상으로 처리할 수 있는 제도적 장치가 필요하다. 특히 소비자의 현장에서 직접 서비스 및 하자수리를 해 줄 수 있는 체계적인 시스템이 필요하며, 각종 서비스망을 구축하여 관련의 정보와 서비스의 범위를 확대해 나가고 있는 실정이다. 실제로 서비스를 통한 기업과 제품에 관한 이미지제고를 통한 해외시장에서의 제품선호를 높이는데 매우 효과적이라 할 수 있다.

## 3. 글로벌마케팅믹스의 가격전략

### 1) 글로벌 가격전략

글로벌가격전략은 국내가격전략과 비슷하지만 해외시장의 진출상황이 다르기 때문에 그 개념과 특성을 달리하고 있다. 글로벌가격전략은 수출입상품의 가격결정 문제를 다루는 것으로 글로벌마케팅 관리에 있어 수출국과 현지국 즉, 수입국의 소비자들의 성향은 다를 수 있기 때문에 현지국의 소비자 성향을 잘 파악하고, 현지에서의 판매가격 및 수출가격의 문제를 다루며, 현지시장에서의 가격결정은 다른 국가의 시장에도 영향을 미치게 됨으로 글로벌 가격전략이 세계화의 관점에서 결정되어야 많은 문제들을 고려하여야 한다.

글로벌가격전략은 국제기업 활동에 있어 가격에 관한 활동이므로 기업의 가격결정은 경쟁기업의 가격변화에 대한 경쟁전략의 하나로 가격을 조정하거나, 현지국의 소비자들을 대상으로 한 대응전략, 또는 글로벌기업이 당면하고 있는 이해관계 차원에서 가격의 전략을 결정짓게 된다.

가격의 결정은 마케팅믹스의 구성내용 가운데 큰 어려움 없이 즉각 대처할 수 있다는 점에서 자사제품의 시장수요 결정과 시장경쟁력을 통한 시장점유율에 영향을 주게 된다. 이러한 가격의 정도에 따라 국제수지와 자국의 기업 및 글로벌기업에까지 그 파급적인 영향을 줄 수 있다. 글로벌가격전략은 해외시장의 다양한 환경요소에 관하여 경쟁자, 경쟁구조, 경쟁우위와 같은 경쟁의 제 조건에서 국별로 파악하여 가격결정 전략에 활용하기 때문에 국내의 가격전략보다는 좀 더 복잡하고 어렵다.

### 2) 글로벌 가격전략의 목표

글로벌가격전략의 목표는 마케팅을 통한 적극적인 수단으로 인식하는 경우, 그리고 기업이 의사결정을 하는데 있어 하나의 정채적인 요소로 보는 경우이다. 글로벌마케팅가격전략은 투자수익(Return on Investment), 시장안정, 시장점유율 확보

및 개선효과, 경쟁자와의 대립관계에서 우위확보, 제품의 차별화 반영을 위한 토대를 마련하게 된다.

특히 침투시장에서의 대량생산에 의한 저가격전략으로 인하여 가격과 제품수명주기를 고려하여 경쟁에서의 우위를 다지기도 한다. 또한 조기현금 회수와 촉진적 목표를 통한 신규의 시장진입을 사전에 방지하기 위한 차원으로 가격전략을 통하여 시장 확보와 진입을 사전에 막음으로서 추가적인 우위를 통한 계속적인 이윤획득을 가능케 해 줄 수 있는 강력한 조치라고 할 수 있다.

따라서 글로벌마케팅가격전략에 있어서 가격을 결정해야 할 시기는 시장에서의 가격경쟁의 움직임과 세계화를 통한 표준화된 가격정책의 변화와 자사제품의 가격이 시장에서의 경쟁우위를 가지고 있어 계속적인 선두주자로 나갈 것인지 또는 제품수명주기를 고려하여 가격을 낮춰야 할 시점인지를 결정하게 된다.

### 3) 글로벌 가격전략의 종류

글로벌가격전략의 결정은 제품의 원가를 고려한 최저가격과 유사한 제품의 경쟁가격 및 고객의 구매능력에 의한 최고가격 및 시장가격 즉, 수요와 공급에 의해서 결정되는 가격으로 볼 수 있다. 하지만 가장 적절한 가격의 결정은 수요와 공급이 일치하는 시장가격인 적정가격(Optimum Price)이라고 할 수 있다.

#### (1) 초기 고가격전략(Skimming Price strategy)

고소득층 중심의 가격전략은 해외시장에서의 시장 개척이나 시장 확보의 입조건과는 상관없이 신제품을 시장에 출시하여 글로벌시장가격보다 높은 가격으로 설정하여 고소득층 고객들을 초기에 흡수하려고 하는 전략으로 이윤을 단시간 내에 획득할 수 있다는 장점이 있다.

따라서 처음에는 고가정책을 그리고 시간이 지남에 따라 제품수명주기를 고려하여 중저가, 저가정책으로 변환함으로써 초과이윤을 얻게 된다. 이러한 가격전략은 주로 신제품이 개발과 출시를 통한 가격탄력성이 높은 소비자를 흡수하는 전략이므로 상층흡수, 또는 초기 고가전략이라 할 수 있다.

하지만 초기 고가격전략은 품질이나 이미지가 소비자들의 반응과 수요의 가격탄력성이 낮은 경우와 소량생산과 대량생산 간에 비용의 차이가 크지 않은 경우, 제품개발초기 고가격 설정에도 관계없이 신규참여기업으로부터 충분한 경쟁의 우위가 있을 때 주로 사용한다.

### (2) 개발가격전략(Development Price strategy)

개발가격전략이란 경쟁의 우위가 있는 타사제품을 방어할 목적으로 시장진입 시 우위를 확보하고 자 고의적으로 낮은 가격으로 진출하는 것을 말한다. 이러한 개발가격전략으로 낮은 가격으로 인하여 기업이 많은 손실을 입게 되지만 장기의 전략적 차원에서 개발효과가 충분하고 비용이 저렴하며, 실질적인 생산이 규모의 경제를 달성할 수 있다는 전제하에 대량생산의 방식으로 대량판매를 통하여 경쟁자의 참여를 억제시키고 자하는 정책이라 할 수 있다.

### (3) 경쟁적 가격전략(Competitive Price strategy)

경쟁적 가격전략은 해외표적시장에서 경쟁자들의 가격과 조화를 맞춰나가는 전략이다. 특히 이러한 경쟁적 가격전략은 소비자들이 현저하게 알아볼 수 있는 제품이어야 하며, 소비자들의 구매력을 가격에 두어야 할 시기적인 입장이며 주로 경쟁자를 추격하기 위한 하나의 수단으로 활용하기도 한다. 경쟁적 가격전략은 경쟁적 입찰조건 하에 정부기관과 주요 산업별 소비자에 대한 판매 시 활용하는 가격전략이다.

### (4) 프리미엄 가격전략(Premium Price strategy)

프리미엄 가격전략은 자사제품의 이미지와 품질, 브랜드 등의 인지도가 높은 현지시장에서 가격탄력성이 낮은 경우 경쟁사보다 일정비율 높게 가격을 유지해 나가는 것을 말한다. 이러한 프리미엄 가격전략은 일명 차별화가격전략이라고도 할 수 있으며 현지국의 소비자와 시장의 동향에 따라 시장과 소비자에 따라 각각 다른 가격을 적용하는 가격전략이다.

따라서 자사제품의 가격이 경쟁사 제품의 가격과 비슷하다면 비합리적인 소비자들은 제품의 질을 신뢰하지 못하는 경향이 있기 때문에 고품질의 이미지 제고를 위해 고가격전략이 합당하게 적용될 수도 있다. 해외시장에서의 고품질의 이미지 유지와 기업의 적극적인 마케팅 노력에 의해서만 가능한 것이다.

### (5) 차별화가격전략(Discrimination Price strategy)

제품의 가격책정은 대개가 소비자별, 제품별, 장소별의 특징에 의하여 책정되게 된다. 그리고 동일제품이라 할지라도 현지시장에서의 각각 다른 가격을 적용시키는 것을 차별가격전략이라고 한다.

글로벌마케팅의 가격전략에 있어 차별가격으로 효과를 거두려면 세분화된 시장별로 가격탄력성이 달라야 하고, 저가격시장에서 판매한 제품이 고가격시장으로 재판매되는 일이 없어야 한다. 또한 자사제품이 고가격으로 판매되고 있는 시장에서 경쟁사의 제품이 저가격으로 판매하는 일이 없어야 한다.

### 4) 글로벌 가격결정의 요인

글로벌가격결정의 요인은 내부요인과 외부요인을 나눈다. 내부요인은 마케팅목표, 마케팅믹스전략, 원가, 가격결정조직 등이다. 글로벌마케팅 목표는 가격결정의 기본적 사항으로 해외시장에서 달성하고 자 하는 목표가 무엇인가를 파악해야 적절한 가격선정이 가능하며 전략적 의사결정을 할 수 있다. 그리고 마케팅믹스전략은 글로벌가격은 기업이 마케팅목표를 선정하기 위하여 취하는 마케팅믹스 요소 가운데 하나로 가격결정이 글로벌제품, 유통경로, 촉진 등의 요소와 조화를 이뤄야 글로벌마케팅 전략을 수립할 수 있게 된다.

또한 외부요인으로는 수요, 경쟁, 법적규제, 환율, 인플레이션, 시장점유율 등으로 수요는 글로벌기업의 제품, 서비스에 대한 소비자들의 지불능력 및 가치와 연관성이 있으며, 가격을 결정하는데 경쟁의 조건은 적정가격을 결정하도록 하는 기준을 제공하는 셈이며, 법적규제는 현지국의 관련 정부와 기업들의 무분별한 가격조정을 규제하기 위한 법적근거를 마련해 두는 셈이다.

특히 환율의 변동은 가격에 영향을 주게 됨으로서 가격이 상승한다면 소비자에게 부담을 주게 됨으로 이를 해소하기 위하여 적정이윤에 입각한 운영이나 마케팅비용의 절감 등으로 환율의 변동에 관하여 소비자에게 부담을 줄 것인지, 중간상인인지의 결정에 있어 기업의 어느 선까지 가격을 양보할 수 있을 지에 관한 책정이라고 볼 수 있다. 물론 인플레이션으로 인하여 원가의 상승요인으로 인한 가격의 상승을 동반할 수 있기 때문에 해외시장에서의 가격책정은 이러한 요인들을 잘 고려하여 해외시장에서의 적정이윤 확보와 시장유지에 전략적으로 대처해 나가야 할 것이다.

## 4. 글로벌마케팅믹스의 촉진전략

### 1) 글로벌 촉진전략

#### (1) 촉진활동의 개념

글로벌마케팅믹스 전략은 제품, 가격, 촉진, 유통의 4P이다. 그 가운데 3번째로 다루게 되는 내용이 글로벌마케팅의 촉진전략이다. 촉진전략이란 잠재적 소비자를 대상으로 다양한 커뮤니케이션을 활용하여 구매자를 자극시켜 제품, 서비스에 관한 정보를 제공하는 마케팅믹스의 모든 수단을 포괄하는 활동이다. 즉, 제품에 관한 관련의 정보와 가치를 인지시켜 주고 호의적인 태도를 통한 최종적 단계에서 자사제품을 구매하도록 유도하는 모든 과정을 말한다. 따라서 커뮤니케이션의 방법인 송신자 측에서 기호화한 메시지매체를 해독하여 수신자에게 전달하는 과정이다.

촉진활동의 주요 내용은 광고와 인적판매, 홍보, 판매촉진 등의 활동이며, 광고주가 제품, 서비스, 아이디어 등을 광고내용을 매체를 통해 알림으로써 구매자를 자극하는 광고, 판매자들이 예상고객을 직접만나 구두로 정보를 제공하는 촉진활동의 형태의 인적판매, 그리고 홍보활동과 이러한 활동을 제외한 모든 활동, 소비자와 유통업자의 수요를 자극하는 광고, 인적판매, 홍보 이외의 모든 촉진활동을 판매촉진활동이라 한다.

### 2) 글로벌 광고전략

#### (1) 글로벌 광고의 이해

글로벌 광고는 기업의 아이디어나 제품 및 서비스 관련의 정보를 각종 전달매체를 통하여 전달하여 줌으로써 판매촉진을 유발시키는 활동이다. 이러한 글로벌 광고 전략은 현지국의 다양한 문화, 정치, 경제, 제도, 언어, 등의 제요소를 고려하여야 한다. 그리고 글로벌 광고의 유형으로는 개척광고, 경쟁광고, 재확인광고, 제품광고, 기업광고, 공익광고, 방송매체, 유통업자 광고, 소비자광고 등이 있다.

개척광고란 새로운 제품에 대한 소개를, 그리고 경쟁광고는 경쟁 브랜드 중에서 자사제품 구매를 설득하기 위한 목적이며, 재확인광고는 제품의 특성이 잘 알려졌거나 브랜드 인지도가 높은 제품에 관하여 실시하는 광고이다. 또한 제품광고는

제품과 서비스에 대한 정보제공과 이에 대한 광고이며, 기업광고는 특정제품의 광고가 아니라 기업의 이미지제고를 위한 광고이다. 그 밖에도 방송매체와 유통업자 및 소비자 광고가 있다.

글로벌광고(International Advertising)란 수출광고(Exporting Advertising), 해외광고(Overseas Advertising), 다국적광고(Multinational Advertising) 등을 말하며, 수출광고는 수출상품과 서비스에 대한 광고만을 위한 것으로 글로벌광고의 축소개념이다. 그리고 다국적광고는 다국적기업에 대한 의미로 사용하기 때문에 글로벌광고와는 상이한 개념이라 할 수 있다. 흔히 글로벌광고를 해외광고라고 하나 글로벌광고는 전 세계의 시장을 대상으로 한다는 점이다.

### (2) 글로벌 광고와 촉진전략

광고 전략은 소구점, 비주얼, 카피 등 중요한 사항을 자국에서 사용하던 그대로를 사용할 것인지, 아니면 현지국에 맞는 새로운 광고 전략으로 나갈 것인지, 또는 새로운 광고 전략으로 나갈 것인지에 대한 세부적인 결정이 필요하다. 이러한 기본적인 전략은 광고의 확장, 현지적응광고, 창조광고 등의 차원에서 전략적으로 다뤄야 할 과제이다.

글로벌촉진전략으로 인적판매, 판매촉진, 공중관계, 전시회 및 박람회를 통한 촉진전략도 있다. 인적판매란 기업전체적인 차원에서 조정되는 통일적인 접근방법이 필요하므로 복잡하고 가격이 높은 경우에 요구된다. 판매촉진은 쿠폰이나 샘플, 경품, 소비자교육 등을 통하여 저렴한 비용을 통한 촉진활동으로 소매기관과 현지국 정부의 규제를 잘 파악해야 한다. 공중관계는 직접적인 경제적 부담이 적고 신뢰도가 높은 메시지를 전달할 수 있어 다국적 기업이 많은 관심을 보이고 있는 분야이다.

전시회 및 박람회의 성격은 업계의 최신동향과 추세와 관한 정보수집의 좋은 기회이며, 자사제품을 전시하여 고객, 공급업자, 관련기관 등에 제품을 설명하는 것이다. 그러나 시간과 경비가 많이 소요되는 단점이 있지만 동시에 관련정보를 수집하거나 효과적인 마케팅활동을 기대할 수 있을 뿐 아니라 적절한 유통업체와 고객들과의 접촉, 시장조사의 좋은 기회가 될 수 있다.

### (3) 글로벌 광고활동의 제약요인

글로벌광고는 기업의 광고 전략은 글로벌표준화, 글로벌적응화의 차원에서 결정되어야 한다. 글로벌광고에서 가장 먼저 우선시 하는 것은 표준화전략 혹은 적응화 전략에 바탕을 두고 광고를 조직하게 된다. 그리고 광고의 조직에 있어서도 기업의 표준화된 글로벌 광고를 통하여 가까운 해외시장이나 활동영역이 좁은 지역에 적합한 집중화(Centralization)전략과 해외지사 및 자회사들의 독자적인 광고의 분권화(Decentralization), 그리고 이를 혼합한 절충형으로 조직한다.

글로벌광고 활동의 제약요인으로는 언어의 차이, 기호 및 태도의 차이, 정부의 규제, 매체의 이용가능성 등이며, 언어의 차이는 번역의 어려움이나 어감상의 차이는 해석상의 오류를 낳게 됨을 인지해야 하며, 기호 및 태도의 차이에 있어서는 색깔이 갖는 상징적인 의미를 잘 파악해야 할 것이다. 그리고 정부규제는 메시지 전달을 제약하는 요소로 특정제품, 비교 광고, 시간대, 대상, 특별세 등이 여기에 해당된다.

글로벌광고 전략 가운데 광고 자체가 서비스 산업이기 때문에 관련의 전문성과 창조성을 띤 업체를 선정하여 메시지를 설계하고 대행사들을 통하여 활용하는 방법도 있다. 특히 매체선정이나 대행사의 선정에 있어 브랜드의 인지도와, 구매 전 단계를 광고하는 것이기 때문에 세심한 주의와 선택이 필요하다.

## 5. 글로벌마케팅믹스의 유통전략

### 1) 글로벌 유통전략

#### (1) 글로벌 유통전략의 의의와 개념

글로벌유통전략은 유통경로에 관한 전략으로 제품과 서비스를 소비자에게 전달하는 과정에서 발생하는 개인이나 관련조직들의 집합을 말한다. 그러므로 생산자의 제품을 최종소비자에게 전달해주는 과정이며, 이러한 과정 속에는 거래를 함으로써 발생하는 금융, 운송, 보관 등의 상적기능 조성과 물적 기능조성을 통한 마케팅활동을 촉진시켜 주는 활동이다.

또한 글로벌유통이란 일반적인 개념으로는 한 국가의 생산자가 중간유통업자와 해외시장의 최종소비자에게 제품을 이전하는 모든 단계의 절차와 과정들이다. 이러한 개념은 국내에서의 유통의 개념에 해외시장이라는 시장과 다른 나라라고 하는 개념만 바뀌었을 뿐이다.

따라서 글로벌유통전략이란 현지국의 시장에 대한 유통경로조사를 비롯한 글로

벌마케팅활동의 관리전반에 걸친 관리와 이를 유지 및 발전시키고자 하는 개념이 모두 포함된다고 하겠다.

### (2) 글로벌 유통전략의 설계

글로벌유통전략의 단계는 국가 간의 경로인 시장진입방법인 수출, 현지생산 및 판매, 제3국수출, 라이선싱 등의 경로설정과 현지시장내의 유통경로로서 현지국의 시장과 상황에 맞는 시장의 유통경로를 선정하게 된다. 그러나 현실적으로 경로구조나 현지국 시장의 상황에 알맞은 유통경로 적용은 흔하게 주어지는 과정이 아니므로 현실감 있는 설계가 필요하다.

글로벌유통의 전략설계는 우선적으로 유통경로에 대한 상황을 분석한 후 경로의 목표를 설정한다. 경로목표의 설정은 경로 커버리지 결정을 통한 통제수준의 결정에 이르기까지 경로설계를 하게 된다.

상황분석은 고객의 구매행동, 서비스 요구에 따른 위치적 편리와 구매 최소단위까지의 대기 및 전달시간, 제품의 다양한 구색 등을 분석하고 특히 경쟁사와 중간업자에 관한 상황을 분석하여 유통에 영향을 주는 요인들을 사전에 분석한다. 이러한 상황분석을 바탕으로 경로목표를 설정한다. 경로목표란 서비스 요구에 따른 수익률, 시장점유율, 매출성장률 등을 설정하게 된다. 이때 장, 단기로 구분하여 경로목표를 구분하여 설정할 수도 있다.

경로 커버리지 결정이란 커버리지란 말 자체가 목표달성을 위한 점포선정의 범위를 선정하는 것이므로 어떤 지역을 중점적으로 활용할 것인가를 결정하게 된다. 이러한 경로의 결정은 집중적 경로, 전속적 경로, 선택적 경로에 따라 선정하게 된다. 집중적 경로란 많은 점포들이 자사제품을 취급하도록 하는 것이다.

전속적경로란 일정한 지역에서의 특정 점포가 자사제품을 독점적으로 취급하게 하는 경로의 유형이며, 선택적경로란 집중적 경로와 전속적 경로의 중간 형태인 절충형으로 특정한 지역 내에서의 자격요건을 갖춘 중간상을 활용하는 형태를 말한다. 이러한 경로 커버리지의 결정은 통제수준을 결정하는데 구체적인 대안자료가 된다. 즉, 제조업체가 경로 상에서 어느 정도의 유통관련의 통제범위를 가질 것인가에 대한 수준결정을 하게 되는 것이기 때문이다.

이밖에도 경로설계의 요인으로 고객의 특성과 문화 및 경쟁, 기업의 목표, 소요자본과 비용을 고려한 시장침투의 범위, 통제, 연속성 및 커뮤니케이션에 이르는 다양한 요인에 관한사항들을 설계할시 고려해야 한다.

## 제3절 인터넷마케팅의 원리 및 응용

### 1. 인터넷마케팅의 이해

인터넷마케팅이란 인터넷을 이용한 마케팅이라는 점이다. 기존의 마케팅의 개념과 다를 바는 없으나 마케팅활동의 영역을 인터넷에 국한하고 있다는 것이다. 가상공간을 이용한 소비자와 공급자와의 연결을 통한 상품과 서비스의 거래를 수행하는 것이다. 인터넷마케팅을 통한 장점은 유통단계의 축소, 시간절약, 개별거래, 소액투자로도 가능, 쇼핑이 편리한 점 등이 있다.

하지만 상권이 파괴되고 정보에 대한 무분별한 사용으로 인한 허위정보와 거래에 대한 법적인 문제와 시장상황파악이 신속하게 이루어지기 때문에 쉽게 회의해지는 현상 등이 단점이다. 물론 정보의 유통과 이용의 편리성, 구매과정의 신속성, 판매시간의 단축 등의 장점이 있어 최근에는 인터넷마케팅을 활용하는 기업들이 점차 늘어나고 있다.

#### 1) 1차적 마케팅조사

##### (1) 온라인 질적조사

질적조사 방법으로 온라인을 통한 마케팅조사의 방법 가운데 온라인 표적집단과 온라인 브레인스토밍, 온라인 인터뷰, 채팅의 방법 등이 있다.

##### (2) 온라인 양적조사

양적조사란 온라인 서베이조사, 온라인 패널조사, 온라인 리뷰, 컨조인트 분석, 시뮬레이션의 방법 등을 통한 조사방법이다.

#### 2) 2차적 마케팅조사

2차적인 조사방법은 외부조사, 조사된 자료의 정보, 디렉토리, 간행물 등이다. 이러한 2차적인 조사를 통하여 시간과 경비를 절약할 수 있다는 장점이 있으나 조사내용에 부합된 자료를 찾거나 관련 자료와는 다소 연관성이 희박한 자료들이 많기 때문에 선별과정에서 불필요한 자료로 분류되기 쉽다. 2차적인 자료의 조사원

천은 주로 정부조사 자료, 정부통계, 단체, 정기간행물, 전문학회지, 전문협회, 기업원천 등이 있다.

## 2. 인터넷마케팅의 이슈

인터넷마케팅의 조사방법은 누구나 조사할 수 있다는 점과 또한 쉽게 정보를 파악할 수 있다는 장, 단점을 가지고 있다. 그러므로 인터넷마케팅조사는 위험성이 높다고 할 수 있다. 즉, 표본자료에 있어 소비자들의 목소리와 각종 정보 및 의견들을 무분별하게 녹음, 녹취하여 사용함에 다소 위험이 따르고, 내용이나 방법 또한 단순한 방법으로 주관적일 수 있기 때문에 편향된 자료처리의 오류를 범할 수 있다.

또한 가상의 공간이라는 점에서 다소 비윤리적인 조사자료 및 통계수치를 나타낼 수 있다는 점도 감안해야 할 것이다. 그러므로 조사 자료에 대한 신뢰성, 타당성, 계획성, 샘플링 등에 있어서도 조사목적과 내용 및 계획과 조정 통제 등을 통한 조직화를 이루어야 한다는 점이다.

인터넷마케팅은 다변화, 정보화 사회에 있어 전문가를 통한 리서치와 사내의 전문기관을 통한 정보를 획득하기도 하지만 좀 더 정확하고 객관적인 자료를 얻기 위하여 정기, 또는 부정기적으로 타 조사기관이나 전문조사 기관 및 전문용역을 통한 조사 자료의 첨부 및 제공이 필요하다.

# 제9장 해외시장의 활성화와 수출입절차

Chapter 09

# 해외시장의 활성화와 수출입절차

## 제1절 해외거래를 위한 무역의 기본절차

### 1) 계약의 성립형태 파악

무역상무의 실무적 차원에서는 크게 계약의 흐름과 그 절차를 이해하고 파악하여 전반적인 과정과 각종의 법규 등을 숙지해야 한다. 특히 무역업무의 일반적인 계약 성립의 흐름에 있어서 계약을 체결하기 전에 사전계약의 단계와 계약 성립의 정확한 의사표시인 청약과 승낙의 표시를 확인함과 동시에 이러한 계약서가 언제 효력을 발생할 수 있는지에 관하여 그 흐름을 파악하여야 한다.

### 2) 물품의 이동방향 파악

글로벌무역의 거래관계에 있어 무역 상대국은 어떤 국가이며, 관련국가의 시장, 신용상태, 거래할 대상품목과 물품운송 및 보험관계 등의 무역에 관한 제 조건과 구체적인 방법 및 내용 등을 조사한다.

### 3) 무역대금의 결제에 관한 조사

무역거래에 있어 가장 중요한 부분은 물품대금의 회수일 것이다. 물품의 회수에 관하여는 각종의 결제방법과 관련의 서류 및 통화가치와 환율 등을 조사하여야 한다.

### 4) 무역거래의 서류에 관한 조사

글로벌무역의 성실한 이행을 위하여 무역거래의 계약서 작성과 이를 이행함에 있어서 계약서에 명시된 그대로 이행하였는지에 관한 여부를 조사하고, 관련의 서류들이 대금결제를 받기에 충분한 조건과 자격을 갖추었는지에 관한 관련의 서류와 내용들을 조사한다.

### 5) 무역 관련의 법규 파악

무역거래는 자국과 타국과의 거래이므로 무역 상대국의 상관습이나 관련의 각종 규칙 및 법규 등을 사전에 파악하여 둔다. 특히 관련국의 정치, 경제, 사회, 문화적인 요소와 국제적인 상관습의 매너에 관해서도 사전에 파악하여 둔다.

〈표 9-1〉 무역 관련법

| 구 분 | 내 용 |
|---|---|
| 대외무역법 | - 대외무역 진흥과 공정거래질서 및 국제수지의 균형을 통한 통상의 확대 및 국민경제의 발전을 위한 목적 |
| 관세법 | - 조세의 성격으로 관세의 부과, 징수 등은 수출입통관을 적절하게 조절하고 관세수입을 통한 국민경제발전에 기여 |
| 외국환거래법 | - 외국환거래 및 대외거래의 자유보장과 시장기능 활성화 목적으로 하며 대외거래의 원활화와 국제수지의 균형을 이뤄 통화가치의 안정을도모하고자 함이다. |

## 1. 무역업무의 계약적 차원에서의 절차

### 1) 무역계약의 체결

무역계약의 체결은 무역거래의 당사자가 물품매매계약을 체결함으로서 성립이 된다. 국제 물품매매계약의 성립은 청약과 승낙으로 계약서를 작성함으로서 비롯된다. 즉, 청약자(예: 수출자)가 피청약자(예: 수입자)에게 계약에 관한 일정요건을 갖춘 후 계약을 체결하자는 의사를 타진하였을 때 피청약자가 이를 수락한 의사표시를 함으로써 계약이 확정된다.

따라서 확정된 계약은 곧 계약의 이행을 위한 계약서를 작성하여 차후에 발생할 거래관련의 분쟁을 위하여 쌍방이 각각 작성 교환하게 된다.

### 2) 무역계약의 이행

계약서상에 기재된 각종의 내용은 매도인인 수출상 또는 매수인인 수입상은 계약서 이행과 관련하여 운송, 보험, 금융 등의 계약을 체결한다. 운송계약은 화물을 운송하는 운송인(수입자 또는 수출자)과 화물의 운송을 의뢰하는 송하인 사이에 운임을 지급할 조건으로 수출자 및 수입자(운송인)가 원하는 장소에까지 운송하는 약정이다. 그리고 해상보험은 운송도중 발생 가능한 위험에 대하여 이해관계를 위하여 보험료를 납부하고 보험계약을 하게 됨으로써 손해를 보상받게 된다. 또한 대금결제에 있어서는 매도인이 계약내용에 대한 물품을 인도하고 매수인은 그 물품에 대한 대금을 결제하게 된다.

대금의 결제방법은 신용장을 개설한 경우 신용장의 조건과 일치하는 범위에서 결제하게 되고, 추심결제방식인 경우에는 일람출급 환어음 또는 기한부 환어음을 발행하여 추심의뢰은행을 통하여 대금결제를 받게 되는 것이다. 그리고 송금결제방식은 수출상의 약정 상품이나 상품에 대한 권리를 나타내는 권리증권 등의 서류를 인도 한 후 또는 인도하기 전에 수출업자에게 물품에 대한 대금 전액을 외화로 송금함으로 결제하는 방식이다. 기타 방법으로는 팩터의 지급보증이 수반되는 국제 팩토링이나 분할결제방식 등이 있다.

**〈표 9-2〉 무역거래 당사자(단계별)**

| 거래관계 | 수출상(수출업자) | | 수입상(수입업자) |
|---|---|---|---|
| 매매관계 | 매수인(Buyer) | | 매도인(Seller) |
| 무역거래 | 수입상(Importer) | | 수출상(Exporter) |
| 신용장 | 개설의뢰인 | (Applicant) | 수익자(Beneficary) |
| | | (Opener) | 신용장 사용인(User) |
| | | (Customer) | 신용장 수령인(Addressee) |
| 환어음 | 지급인 | (Drawee) | 발행인(Drawer) |
| | | (Payer) | 대금수취인(Payee) |
| 운송관계 | 수화인(Consignee) | | 선적인(Consignor) |
| 계정관계 | 대금결제인(Accountee) | | 대금수령인(Accounter) |
| 대금관계 | 수취인(Payee) | | 지급인(Payer) |

### 3) 무역계약의 종료

무역계약의 종료는 무역거래 당사자가 계약서상에 기록한 약정내용을 모두 이행한 후에 계약이 종료된다. 계약의 종료는 당사자 간의 합의, 계약기간 만료, 이행불능, 계약위반 등이다.

## 2. 무역업무의 절차적측면의 흐름

### 1) 매매계약 체결

수출상과 수입상이 상호 합의 작성한 계약을 바탕으로 대금결제와 예상분쟁을 위해 보관한다.

### 2) 신용장 개설(신청)-송부-통지

수입상은 환거래은행(신용장 개설은행), 수출상 앞으로 신용장을 개설해 줄 것을 요청한다. 수입상 거래은행 발행의 신용장을 수출상의 통지은행(네고은행)에 송부하고, 신용장 개설에 관한 내용일체를 수출상에게 통보한다. 수입상의 거래은행(환거래은행) 발행의 신용장을 받은 수출상의 거래은행 또는 통지은행 즉, 네고은행에서는 수출상에게 신용장 도착을 알린다.

### 3) 수출품의 준비(구매와 제조)

수출상은 국내의 제조업자와 수출물품의 가공업자에게서 수출물품을 확보한다.

### 4) 포장 및 화인

수출상은 제조 및 가공된 물품을 수출을 위한 포장 및 화인(貨印)하고 상업송장 및 포장명세서를 작성한다.

### 5) 수출의 통관

관세사에게 수출신고서 제출한다. 이때 수출승인품목인 경우는 수출승인서를 첨부하여야 한다. 이를 받은 세관장은 수출신고를 수리한다.

### 6) 운송업무

수출상과 수입상의 거래조건의 계약에 따라 선박회사에 선복을 요청(S/R제출)하고 선박회사의 승인이 떨어지면 운송계약이 성립되며 운송계약에 따라 선적지시서를 발행한다. 이때 계약서에 명시된 거래조건인 CIF(운임보험료포함조건), 또는 CFR(운임포함조건)에 의하여 선박회사는 운송계약을 체결하게 됨으로 신중을 기해야 한다.

### 7) 물품의 선적(통지)

선적지시서와 수출신고필증(수출면장)을 제출하여 물품이 본선에 적재된 후 본선수취증을 발행하며 이를 받은 선박회사는 선하증권을 발행한다.

### 8) 보험처리

수출상과 수입상은 사전에 계약상의 조건에 따라 보험관계를 처리하게 되지만 이때 보험회사는 관련의 보험료를 받고 보험증권이나 보험증명서를 발행한다.

### 9) 서류준비

수출상은 상업송장, 명세서, 중량용적증명서, 기타서류(계약서나 신용장에 명시된 기타 관련의 서류)를 준비하여 필요시 영사송장, 원산지증명, 검사증명, 위생증명 등을 증명서류를 입수한다.

### 10) 화환어음(발행)-매입-발송

수출상은 선하증권과 보험증권, 상업송장 등을 구비하여 신용장조건과 일치여부를 파악한 후 신용장 개설은행을 지급인으로 하여 화환어음을 발행하게 된다. 네고은행에 환어음 및 선적서류를 제출하여 신용장조건과의 대조를 통해 일치가 확인되면, 네고은행(매입은행)에 수출대금 가운데 수수료(환가료)를 공제한 나머지의 수출대금을 받게 된다. 매입은행은 환어음과 운송서류를 보통신용장 개설은행에게 발송한다.

### 11) 서류심사

개설은행은 신용장에 명시된 내용과 준비된 서류와의 일치여부를 심사한다.

### 12) 화환어음 및 선적서류(제시)

개설은행은 환어음과 서류를 수입상에게 제시하여 인수할 것을 의뢰한다.

### 13) 대금결제

수입상은 개설은행이 제시한 환어음을 매입하고 그 대금을 지급한다.(일람출급의 경우). 그러나 기한부 환어음을 발행했다면 어음 만기일에 어음금액을 지급하게 되며, 신용장 개설은행은 결제대금을 수출국에 있는 매입은행에 송금하여 신용장 대금을 상환하게 된다.

### 14) 운송서류(입수)

수입상은 신용장 개설은행으로부터 수입대금을 결제한 후 B/L과 관련의 물품의 서류를 받게 된다.

### 15) B/L(제출)

수입상은 B/L을 선박회사에 제시하고 선박회사로부터 물품인도지시서를 받는다.

### 16) 수입통관

수입상은 관세사를 통하여 수입신고서(관련서류: 수입승인서, 추천서, 원사지증명, 기타서류 등)를 세관에 제출하고 과세품목이라면 관세를 납부한 후 수입신고를 마친다.

### 17) 물품(인수)

수입신고를 마친 후 인도지시서를 제출하고 보세창고로부터 수입물품을 인수받는다. 일반적인 수출절차의 기본적인 모형의 도식이며 해당의 절차를 간소화하여 수출입을 진행하기도 하지만 무역거래에 있어서 가장 기본적인 모델이며, 특히 무역거래에 있어 초보적인 단계에 있는 관련자들이나 수출입을 처음으로 개설하는 무역업자들에게는 이러한 기본적인 절차를 잘 숙지하여 차후에 간소화된 전자문서표준화의 체계화된 무역업무처리에 도움을 얻을 수 있을 것이다.

**〈그림 9-1〉 수출절차의 기본적 단계**

| 해외시장조사 | ➡ | 거래처 발굴(설정) | ➡ | 교섭 | ➡ | 수출계약 체결 | ➡ |
|---|---|---|---|---|---|---|---|
| 수출상 →<br>· 직접방문<br>· 유관기관을 통해 | ➡ | 수출상 →<br>수입상<br>(신용조회) | ➡ | 수출상 ↔ 수입상 | ➡ | 수출상 → Offer<br>수입상 →<br>Acceptance | ➡ |
| **신용장 내도** | | **수출승인** | | **소요량 발급** | | **외화획득용 원료조달** | |
| 통지은행<br>→ 수출상 | ➡ | 승인대상품목의<br>승인기관<br>→ 수출상 | ➡ | 외국환은행 등<br>→ 수출상 | ➡ | 외국환은행 →<br>· 내국신용장<br>· 구매승인서<br>· 외화획득용<br>원료 수입 | ➡ |
| **무역금융 수혜** | | **제품 생산** | | **운송계약 체결** | | **적하보험계약체결** | |
| 외국환<br>은행→·원자재금융<br>·생산자금<br>·포괄금융 | ➡ | 원자재확보→완제품 | ➡ | 수출상 → ·선박회사<br>·항공화물<br>대리점 등 | ➡ | 수출상→보험자 | ➡ |
| **수출 통관** | | **선(기)적** | | **운송서류 구비** | | **수출대금 회수 (Nego)** | |
| 수출상 → 세관 | ➡ | · 선박회사→B/L발행<br>· 항공화물→Airwaybill<br>대리점 발행 | ➡ | 신용장 등과 일치 | ➡ | 수출상→외국환은행 | ➡ |
| **관세 환급 및 외화획득용 원료의 사후관리** | | | | | | | |
| 수출상 →<br>· 환급지정은행<br>및 세관(환급신청)<br>· 승인기관(사후관리) | | | | | | | |

# 제2절 글로벌무역의 수출입절차

## 1. 수출의 절차의 의의

### 1) 수출절차의 개념

수출절차란 수출과 관련하여 수출품목이 준비되면 수출업자는 국내법에 따라 규정된 법규의 절차를 준수하여 수출을 하게 된다. 이때 수출을 하기 위하여 취하는 제반의 조치를 수출절차라고 한다. 그러므로 수출절차란 수출을 하기 위하여 수출입이 허용된 품목에 관하여 관련의 수입자와 계약을 체결하고 이를 이행하기 위함이며, 최종적으로 수출대금을 회수하여 관련의 계약이 종료될 때까지의 모든 절차를 말한다.

수출절차는 국내무역 관련법규와 국제상관습 등을 이해하고 관련의 절차를 숙지함으로써 수출에 따른 제반의 사항을 잘 처리할 수 있게 될 것이다. 이러한 수출은 수출과 관련된 관계법을 준수하여야 하며, 관련의 관계법은 대외무역법, 외국환거래법, 관세법, 기타무역 관련의 법규를 준수하여야 한다. 특히 수출품의 품질향상과 보험, 중재, 무역자동화촉진에 관한 법률 등을 세밀히 검토하여야 한다.

### 2) 대외법상의 수출의 개념

무역거래를 위한 매매와 교환 및 임대차, 증여 등의 원인으로 국내에서 해외로 반출되는 물품의 이동에 관한 것과 유상으로 외국에서 외국으로 물품을 인도하는 것 등에 관하여 산업부장관이 고시한 기준에 해당하는 것을 말한다. 그리고 거주자와 비거주자에게 전자적형태의 무체물(문자, 음성, 부호, 영상, 이미지 등)의 전송에 관한 것 등이다.

또한 수출계약의 일반적인 절차로는 수출과 관련하여 해당 물품이 수출품목에 포함되어 있는지를 파악하고, 관련의 시장을 조사하여(무역상대국의 시장) 거래를 파악한 후 거래를 제의하여 거래관계가 발생하면 수출계약을 체결하게 된다.

〈표 9-3〉 수출절차 흐름도

| 수출절차 순서 | 관 련내 용 |
|---|---|
| 1.무역업등록 | 무역업의 신고 ⇒ 무역업의 신고면제 ⇒ 무역대리업의 신고 ⇒ 무역업과 무역대리업의 비교 |
| 2. 거래처 발굴 | 해외시장조사 ⇒ 거래처의 발굴 |
| 3. 신용조회 | 거래제의 ⇒ 조회(inquiry) ⇒ 신용조회 |
| 4. 무역계약 체결 | Offer ⇒ Acceptance ⇒ 무역계약의 체결 |
| 5. 수출승인 | 수출승인 ⇒ 수출거래형태의 인정 |
| 6. 수출결재방법 | 수출결제방법에 대한 허가 |
| 7. 신용장 내도 | 신용장의 개념 ⇒ 신용장의 기능 ⇒ 신용장거래의 과정 ⇒ 신용장의 당사자 ⇒ 신용장의 종류 ⇒ 신용장 수취시 유의사항 ⇒ 신용장의 조건변경 ⇒ 신용장의 양도 ⇒ 신용장의 해석 |
| 8. 수출물품확보 | 수출물품의 확보방법 ⇒ 완제품 및 원재료의 국내구매 ⇒ 외화획득용 원료의 수입 |
| 9. 운송 | 수출승인 ⇒ 수출거래형태의 인정 |
| 10. 해상보험 | 해상보험의 개념 ⇒ 해상보험의 종류 ⇒ 기본 용어 ⇒ 고지의무 ⇒ 보험기간 ⇒ 보험조건 및 위험약관 ⇒ 해상손해 ⇒ 해상보험 실무 |
| 11. 수출통관 | 수출품의 장치 ⇒ 수출신고 ⇒ 수출신고의 보완, 취하, 각하, 취소 등 ⇒ 수출통관의 특례 ⇒ 보세구역장치물품에 대한 보수작업 ⇒ 위약물품 등의 반송 |
| 12. 사후관리 | 수출제한물품이나 특정거래형태의 사후관리 ⇒ 수출대금의 사후관리 ⇒ 외화획득용 원료의 사후관리 |
| 13. 수출대금회수 | 화환어음거래약정의 체결 ⇒ 환어음 및 운송서류의 작성 ⇒ 운송서류의 매입의뢰 ⇒ 수출대금회수절차 |

## 2. 수출절차

### 1) 해외시장 조사

수출절차 중 처음으로 시작되는 단계가 수출의 통상적인 매매 목적물을 외국에 매각하는 것이므로 시장에 관한 조사로부터 비롯된다. 따라서 해외시장 조사는 기존의 국내시장 조사 자료와 관련정보를 기준으로 특정시장의 판매망을 통한 정보, 거래처의 정보, 타사와의 동종 및 관련의 시장조사 내용 등을 통하여 수입업자 즉,

소비자가 무엇을 원하고 있는지를 파악해야 한다.

## 2) 수출계약의 체결

글로벌무역에 있어 수출입의 계약은 청약(Offer)과 승낙(Acceptance)에 의한 쌍방의 계약을 매매계약으로 보며, 이러한 매매계약은 구두, 문서, 계약서 혹은 신용장에 의한 계약으로도 가능하지만 차후에 발생 가능한 클레임과 관련하여 사전에 충분한 협상과 거래관계 및 계약의 관계를 철저하게 명시해 두어야 한다.

수출계약서인 매매계약서에 기재할 사항은 기본적으로 상품명, 품질, 수량, 가격, 선적사항 등의 표준적 요소와 개별적인 요소인 불가항력, 무역조건, 이권침해, 클레임 제기기간, 준거법, 중재 등의 거래조항을 명시한다.

## 3) 수출신용장 수취 및 수출승인

수출계약서 상의 결제방식을 신용장에 의한 결제방법으로 결정한 경우에는 계약조건에 따라 수입업자가 수출업자에게 발행은행을 통하여 신용장을 발송하게 된다. 따라서 신용장은 수출계약을 통하여 수입자의 거래은행(신용장 개설은행)이 대금결제 보증을 함으로써 수출업자에게 대금회수와 관련된 위험을 제거하여 수입업자에게 화물인수에 따른 위험을 제거하는 제도이다.

신용장에 의한 수출의 승인은 대외무역법에 준한 것으로 상품에 대해 개별수출에 대한 사전승인을 요하고 있다. 수출입공고, 별도공고 등에 의하여 수출이 제한되는 상품을 수출하고자 할 때는 지식경제부장관의 승인을 얻어야 한다. 신용장의 기재내용이 수출계약의 조건과 확인하여 일치한다면 수출승인 등의 절차를 이행하게 된다.

## 4) 수출승인

수출의 승인은 대금결제사항이 제외된 상태의 수출입공고 및 수출입별도 공고 등에 의해 수출제한 물품이 수출되지 않도록 규정하고 있기 때문에 종전에는 외국환은행장의 승인 하에 수출승인을 받았으나 현행의 수출승인제도는 수출승인대상의 관리체계를 원칙허용, 예외규제로(Negative System)전환함에 따라 수출입공고와 수출입별도공고 및 외화획득용 원료, 기재의 수입 및 산업설비수출물품에 관한 승인만을 대상으로 하고 있다.

따라서 수출계약 체결로 인한 수출승인을 받아야 하는 품목은 다음과 같다. 먼저 수출입공고대상품목, 수출입별도공고 대상품목, 회화획득용 원료, 기재로 수입하는 물품 등은 승인대상이 되며 이에 해당하지 않은 품목에 관해서는 세관신고로 수출승인을 대신한다.

## 5) 수출물품의 준비 및 무역금융 확보

무역거래의 계약서에 명시된 수출신용장을 수취하고 수출승인의 해당물품을 해당기관의 장의 수출승인을 받은 후 수출물품을 확보하여야 한다. 수출물품을 확보함은 수출을 위하여 관련의 상품을 준비하는 것이며, 수출물품을 준비하는 방법은 다음과 같다.

### (1) 제조설비 및 공장의 유무에 따른 구분

수출물품을 수출업자의 공장에서 직접 제조 및 생산하는 방법과 수출물품 자체를 국내의 제조 및 생산업체에 위탁하거나 또는 관련의 물품을 직접 구매하는 방법이다.

### (2) 수출물품을 제조, 생산의 원재료 확보방법에 따른 구분

수출물품을 제조 및 생산함에 있어 원재료의 확보방법은 외국에서 원재료를 수입하는 방법과 수출물품의 원료를 국내에서 구매하는 방법이 있다.

### (3) 수출물품의 확보에 따른 결제방법에 의한 구분

수출물품의 제조와 원재료 또는 물품의 확보에 있어 결제방법에 의한 구분으로는 내국신용장에 의한 방법과 구매확인서에 의한 방법이 있다. 우리나라는 수출진흥차원에서 수출물품을 제조 또는 가공하는데 소요되는 원재료의 조달과 관련하여 내수용에 비하여 금융 및 세제상의 혜택을 부여하고 있는 실정이다.

수출을 위한 무역의 금융은 한국은행 총한도액 대출관련 무역금융 취급세칙에 준한다. 수출목적물의 특성에 따라 상품수출을 대상으로 하는 일반 수출금융, 건설, 용역수출을 위한 건설용역 수출금융, 농수산물과 관련한 농수산물 수출준비자금대출 등이 있다. 또한 수출을 장려하기 위하여 원재료의 수입에 필요한 자금과 제조 및 생산에 필요한 생산자금을 지원하거나 수출신용장을 근거로 무역어음을 발행하기도 한다.

### 6) 수출화물의 검사와 관련한 준비

수출화물의 확보함에 있어 수출물품을 수출업자가 직접 제조 및 생산하거나 또는 위탁하여 가공 생산하는 경우를 포함하여 무역계약서에 약정된 내용대로 수출물품을 검사(Inspection), 포장(Packing), 하인(Shipping mark)을 준비하여 제조후의 수출관련의 검사준비를 마친다.

수입자가 계약서나 신용장의 조건상으로 수입자가 직접 검사하는 경우와 수입자의 대리인이 검사하는 경우 또는 수입자가 지정한 검사기관을 통하여 검사하여야 한다는 조항이 있을 때는 반드시 이를 이행하여야 한다.

수출입은 신용장을 통하여 수입상과의 연결된 거래이므로 상당부분 위험요소들이 존재하고 있다. 수출검사는 주로 수출포장으로 상품의 성질, 종류, 운송방법, 수송수단, 도착지의 기상, 환적, 항만설비 등을 고려하여 포장하고 수출검사를 하게 된다.

### 7) 수출화물의 운송계약과 보험계약 체결

수출물품에 대한 수출검사를 마친 수출업자는 수출물품을 수출계약조건이나 신용장 조건에 해당하는 내용에 따라 정한 날짜와 선적의 방법 및 관련의 절차를 이행하게 된다. 특히 선박회사의 선정과 운송계약체결 및 보험계약의 체결은 계약에 협의된 사항이므로 이를 사전에 철저히 조사하고 파악한 다음 이행하여야 한다.

그리고 운송관련의 제반 위험사항에 관하여 사전에 위험을 담보로 하여 상품을 보험에 가입하는 조건에 있어 수출상, 수입상의 책임선이 다르다. 주로 수출가격조건이 보험료를 포함하는 경우에는 운임 및 보험료포함가격인(CIF), 운송비와 보험료지급인도조건(CIP)의 내용을 보험회사와 보험계약을 체결하게 된다.

### 8) 수출통관 및 선적

수출물품의 생산이 완료되어 수출물품의 구매를 통한 수출물품 확보가 완료되면 수출업자는 해당 수출물품을 지정된 운송수단에 의뢰하기 전에 관세법에 의한 수출통관 절차를 밟아야 한다. 수출의 경우 수출하는 물품이 계약내용대로 잘 이행되었는지의 여부를 파악하고 관련의 법규와 규정에 따라 확인하는 과정이다.

우리나라의 수출물품에 관한 세관통제는 하지 않으나 다만 수출통관시 전자문서교환방식(EDI: Electronic Data Interchange)에 의하여 수출신고서와 수출통관의 관련절차 업무를 서류 없는 방식(P/L: Paperless)을 원칙으로 적용하고 있다.

선적은 수출화물을 본선 상에서 적재하는 것을 말하며, 무역의 대부분은 해상운송을 의미한다. 선적이 끝나면 본선의 화주에게 화물수령증을 받아(본선화물수령증)세관에 수출신고 필증을 받으면 된다. 선적이 끝나면 수입상에서 계약번호, 품명, 수량, 선적일 및 출항일 등을 미리 알려줄 수도 있다.

## 9) 무역서류 준비(화환어음)와 수출대금 회수

수출물품의 선적을 완료한 후 운송서류를 준비한 수출업자는 수출대금 회수를 시작한다. 수출대금의 회수절차는 계속적인 거래가 있었던 경우라면 거래은행(외국환은행 또는 환어음거래은행)이 되고 처음 거래하는 경우는 외국환은행과 환어음거래약정을 체결한다. 그리고 선적을 완료한 후 수출신용장 또는 환어음을 비롯한 운송서류를 작성하고 이를 매입 또는 매입은행(Nego Bank or Negotiating Bank)에 의뢰한다.

매입은행은 수출자가 제시한 선적서류와 신용장조건과의 일치여부를 확인한 후 서류상의 하자가 없는 경우 발행은행이 수출물품대금을 지급할 것을 요청함과 동시에 서류상의 하자가 발생할 시는 개설은행 즉, 거래은행이 물품대금을 지급을 거절할 수도 있다.

〈그림 9-2〉 신용장(L/C)에 의한 결제방식(수출대금회수)

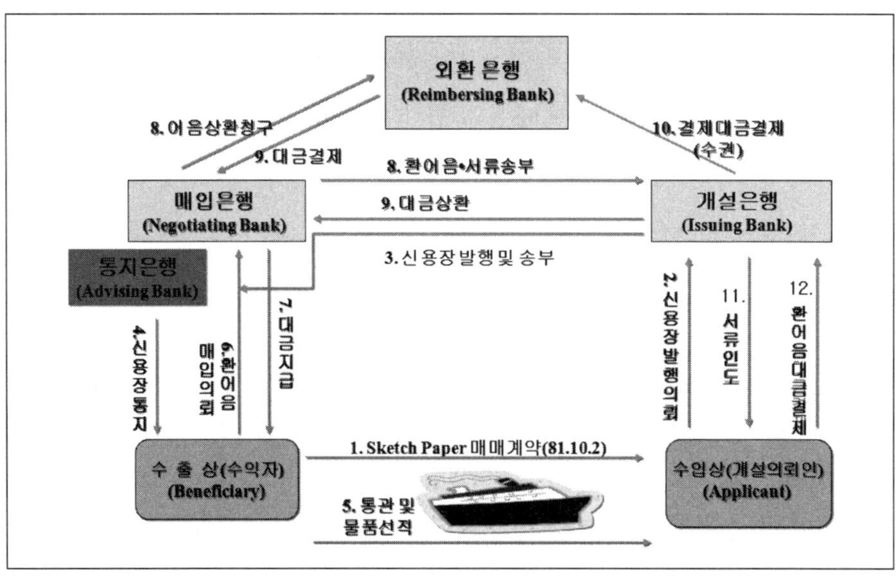

관련의 서류는 선적화물을 대표하는 선화증권(B/L: Bill of Lading), 보험증권, 상업송장, 선적화물의 송장 등을 신용장에 명시된 서류항목을 첨부하여 외국환은행(거래은행 또는 매입은행)에 어음을 할인 후 수출대금을 회수하게 된다.

〈그림 9-2〉와 같이 신용장에 의한 무역대금을 받게 될 때, 무역계약에 의한 수출자(수출업자, 수익자)와 수입자(수입업자, 수입상)의 거래은행과 신용장을 개설하게 된다. 신용장을 개설 한 후 신용장 개설에 관한 사항을 통지하게 되며, 신용장 개설 통지를 받은 다음 수출관련의 상품을 선적한다. 또한 선적함과 동시에 화환어음을 수출자의 거래은행 즉, 매입은행에 제시하며, 이때 매입은행은 관련의 서류를 확인 후 선적서류를 매입하여 수입자의 개설은행에 환어음과 함께 선적서류를 송부하게 되면 서류를 받은 개설은행은 하자가 없다면 곧 바로 수출대금을 수출자의 거래은행(매입은행)에 상환하게 된다.

그리고 수입자는 자신의 개설은행으로부터 선적서류가 도착하였음을 통보 받은 후 서류를 수취하고 수입상품의 대금을 납부한 후(환어음 대금지급)에 관련의 서류를 바탕으로 선적된 상품을 받게 된다.

## 10) 관세 환급 및 사후처리

관세 환급은 수출용 원자재를 수입할 때 납부하였거나 차후에 납부할 물품이며, 이는 수출할 목적으로 제조, 가공한 후 수출한 경우에 한하여, 수출물품에 대한 수입원재료 부분에 대한 납부세액을 수출자나 수출물품 생산자에게 환급하는 것을 말한다. 특히 외국에서 수입한 모든 물품에 대하여 관세 환급을 실시하는 것이 아니라 반드시 수출물품을 생산할 목적으로 수입된 원재료를 말하며, 이때 원재료의 품명, 규격, 수량 등의 의하여 산정된 소요량계산서에 의한 납부세액을 산출하여 세관에 제출하면 환급 받게 된다.

환급방법은 간이정액환급, 개별 환급이 있다. 간이정액환급이란 정부가 수출 금액 당 수출상품에 소요된 원재료의 수입에 관한 세금을 일정금액으로 지급하는 방법이며, 중소기업체에서 활용하면 편리하며 환급신청 없이 자동으로 지급된다. 개별 환급은 수출상품제도에 소요된 원재료의 납부세액을 소요량제도에 의한 증빙서류에 기재된 만큼 환급금을 산출하는 방식이다.

〈표 9-4〉 신용장에 의한 수출입절차

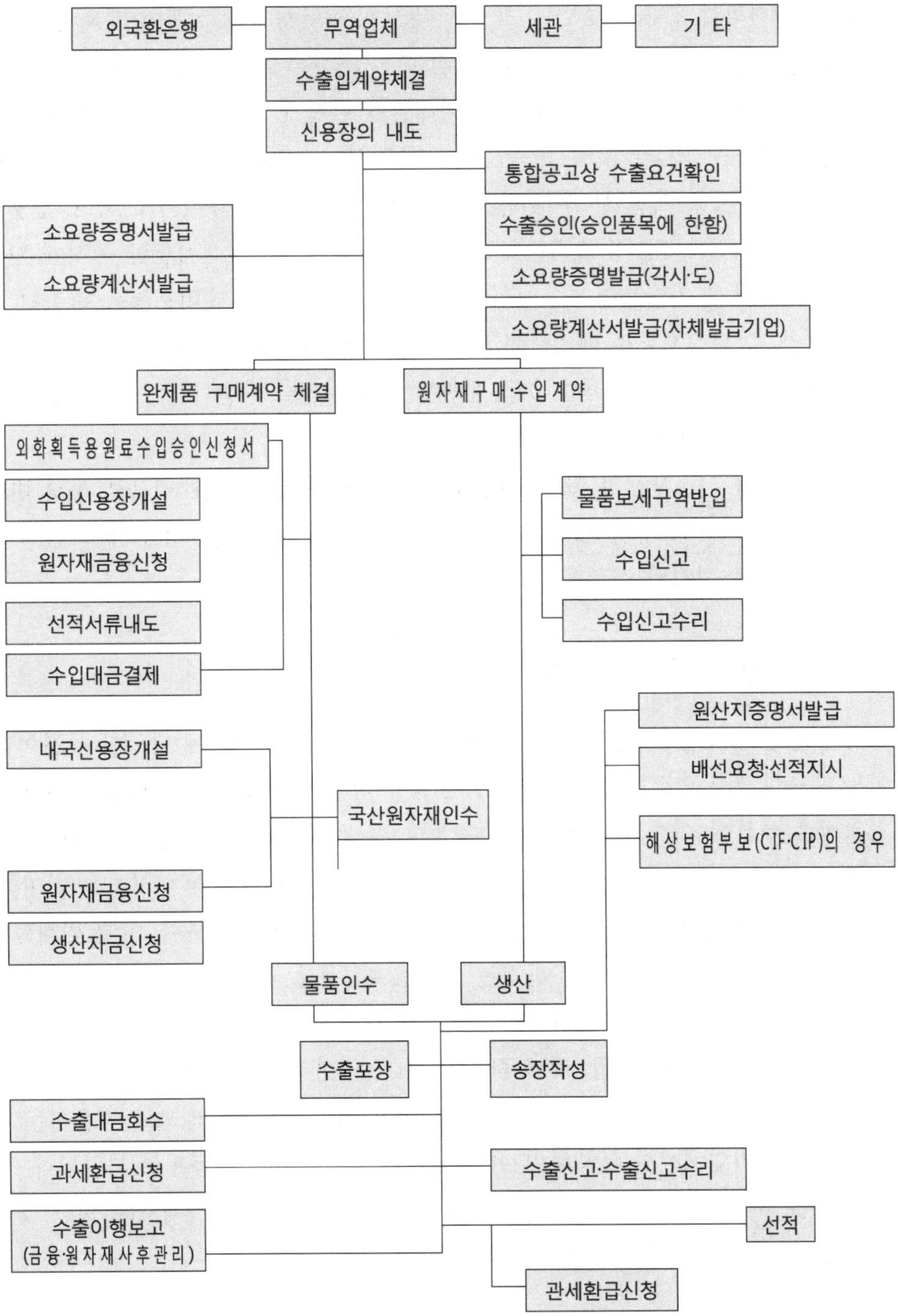

## 2. 수입절차

### 1) 수입절차의 개요

수입절차는 수입의 종류, 결제방법, 계약 등에 따라 다르다. 수입절차는 수입승인으로부터 신용장 발행, 서류 및 화물인수, 수입통관, 통관화물의 수취에 이르기까지 모든 행정절차와 사후관리의 전 분야를 포함한다. 신용장에 의한 일반수입절차는 다음과 같다〈표 2-5〉.

**〈표 9-5〉 신용장에 의한 일반 수입절차**

- 수입계약체결
  - 수입요건확인 (통합공고상의 개별법에 의한 주무부서)
- 수입승인 (승인품목에 한함)
  - 수입보증금적립 (외국환은행)
- 수입신용장개설 (외국환은행)
  - L/G 신청 (외국환은행)
- 대금결제 및 운송서류 인수 (외국환은행)
  - 수입물품양륙
  - 보세구역반입
- 수입신고 (세관)
  - 서류심사 및 물품검사(C/S품목) (세관)
- 수입신고수리 (세관)
- 물품반출
- 관세납부 (관세사후납부인 경우)

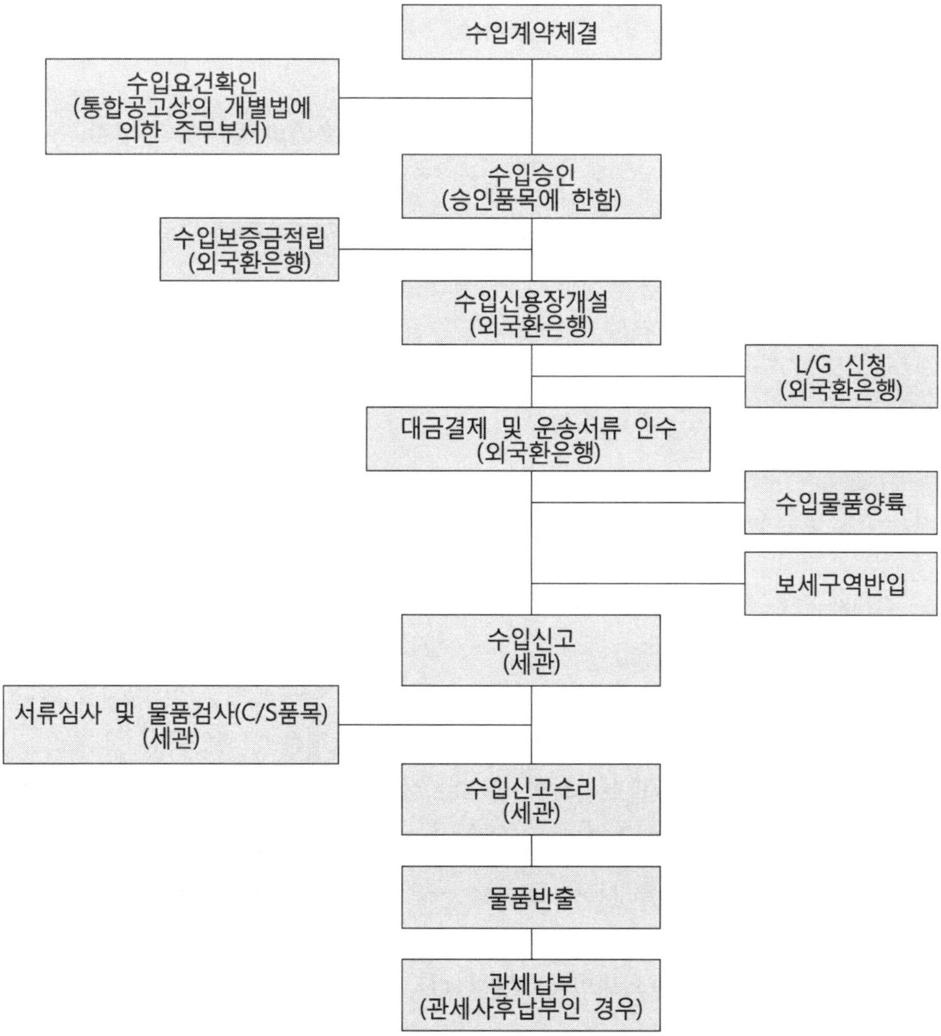

## 2) 청약과 승낙에 의한 계약체결

수입의 계약은 주로 청약과 승낙의 계약체결에 따라 다르다. 수입자는 수입하고자 할 때, 해외시장조사 및 조회 등을 통하여 먼저 관련의 대상을 찾는다. 특히 외국의 수출업자로부터 직접, 또는 간접적으로 청약(Offer)에 대한 승낙(Acceptance)으로 수입의 계약이 체결된다.

## 3) 수입승인

수입승인은 수입업자가 특정상품을 수입하고 자 할 때는 반드시 수입승인(I/L: Import License)이 필요하다. 대외무역법상 수출입공고, 별도공고 등에 따라 수입이 제한되는 상품을 수입할 때 지식경제부장관의 승인과 해당물품을 관장하는 기관이나 단체장에게 위임되어 시행하고 있다.

대외무역법상 수출입공고, 통합공고 등에서 제한수입의 품목을 수입할 경우 산업자원부장관의 승인을 필요로 하고 있다. 그러나 대부분 무역업무의 절차상 권한을 해당물품을 관장하는 기관이나 단체장에서 위임되어 시행하고 있다. 따라서 수입물품의 수량과 금액 등 매매계약조건과 수입승인서의 내용이 일치할 경우 수입이 가능하다. 만약에 이러한 내용상의 변경이 있는 경우 이미 받은 수입승인서나 수출입 승인사항 변경승인신청서를 작성하여 변경사실을 증명할 증빙서류를 갖춰 수입승인기관에 제출하여 신청한다.

## 4) 수입신용장 발행

수입업자가 매매계약의 내용에 따라 유효기간 내에 거래은행을 통한 신용장을 발행하여 신청한다. 수입대금 결제방식에는 신용장, 송금결제, D/P, D/A, International Factoring 등이 있다. 만약 수입계약에서 대금결제를 신용장에 의한 결제를 한다고 약정되어 있다면 수입업자는 거래은행에 신용장 발행을 의뢰하여야 한다.

신용장이란 수입업자(발행의뢰인)의 요청에 의하여 수입업자의 거래은행(발행은행)이 상대방 수출업자(수출자, 수익자)에 대하여 신용장 조건과 일치하는 무역서류의 제시가 있고, 수출화물의 대금을 지급하겠다는 확약을 하게 된다. 이때 신용장 거래약정서(Commercial Letter of Credit Agreement)에 의한 약정에 의한 신용장거래의 제비용과 발행의뢰인이 부담한다는 것을 포함하여 발행어음이 결제될

때까지 수입화물은 발행은행이 담보로 소유하게 된다는 점이다. 그러므로 수입상은 거래은행에 신용장발행신청서(Application and Agreement for Irrevocable Documentary Credit)를 제출한다.

신용장 발행시 필요한 관련의 서류는 각 외국환은행마다 상이하지만 대체적으로 볼 때 신용장발행신청서, 물품매도확약서(계약서), 보험서류, 수입승인서, 담보제공증서, 수입거래약정서 등의 서류를 거래은행에 제출하여야 한다.

### 5) 무역서류와 수입대금 결제

수입상은 매매계약서 상의 물품을 선적 또는 인도완료 후 신용장 관련의 서류 즉, 상업송장, 포장명세서, 선화증권 등을 갖춰 환어음을 발행한다. 그리고 거래은행의 수출환어음을 매입한다. 이때 매입은행은 환어음 및 관련의 서류를 수입상의 거래은행(신용장 발행은행)에 송부한다. 신용장에 의한 발행은행이 신용장 조건에 일치하는 무역서류의 제시에 대하여 그 대금을 지불하겠다는 약속이다. 이를 해외의 거래처 매입은행에서 지급하거나 매입된 어음과 무역서류가 도착하게 되면 발행은행은 무역서류가 발행된 신용장 조건과 일치여부를 판단한다.

특히 환어음에 기재된 사항이 정확한지를 파악하고 기타의 무역서류를 확인한다. 이러한 절차를 거친 다음 수입상에게 인도하고, 무역서류의 원본과 부본이 각각 별도로 작성되므로 둘 중 어느 하나가 먼저 도착하면 나머지는 자동적으로 상쇄된다.

따라서 이러한 절차를 거친 다음에야 화환어음과 이에 첨부된 무역서류의 심가가 끝나게 되고 발행은행은 비로소 발행의뢰인에게 대금의 결제를 청구하게 된다. 발행은행은 화환어음이 신용장 조건과 동일한지를 파악한 후 관계무역서류 및 통지서로 어음을 제시하여 지급, 인수한다.

### 6) 수입통관 절차

수입통관이란 수입신고를 받은 세관장이 신고사항을 대외무역법 외에 54개 법령의 요건을 확인한 후 수입물품과 수입신고서의 기재내용과 일치여부를 확인하고 외국에서 수입해 온 물품을 내국으로 반입하기 위한 통관절차이다. 외국물품은 수입신고수리를 위한 통관절차를 거친 다음에야 내국물품처럼 국내시장에 유통될 수 있다. 수입신고가 끝나면 수입물품에 대한 관세 및 내국세를 납부한 후 물품을 국내로 반입하게 된다. 이러한 과정에서 수입신고, 수입신고 서류심사 및 물품검사, 수입신고수리 등을 수입통관절차라고 한다.

통관절차는 수출통관 자동화시스템에 의하여 실시되며, 수입통관하물에 있어서도 수입화물 선별검사시스템(C/S: Cargo Selectivity System)을 통하여 등록된 기준에 의한 예상물품을 선정하여 집중조사 및 검사하게 된다.

〈그림 9-4〉 수입통관 절차도

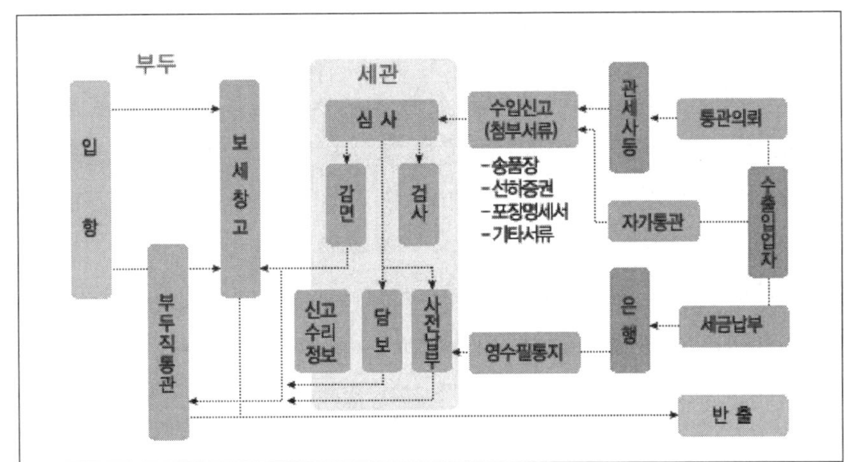


## 7) 사후관리

사후관리란 수출 진흥과 관련하여 대외무역법의 발전을 꾀하기 위하여 수출입의 거래방법, 거래지역, 거래가격 등에 관한 사항을 사전에 관리하고 법령에 맞게 시행하였는지의 여부를 심사하고 판단하는 것을 말한다. 우리나라의 경우 수출입에 관한 사후관리의 주목적은 수출증대를 통한 국민복지 향상과 국민경제의 안정을 도모하기 위한 차원으로 외화획득용 원료의 수입이나 금융, 외환, 관세 등의 혜택을 부여하고 있다.

〈표 9-6〉 수입승인의 사후관리

| 구 분 | 내 용 |
|---|---|
| 사후관리의 내용 | - 수입한 물품의 내용과 수입대금의 지급이 수입승인을 받은 내용과 동일한지에 관한 내용 파악 및 조사 |
| 사후관리 면제 | - 수입승인을 받은 사람이 갑자기 행방불명되거나 또는 사업의 파산으로 인하여 수입이 불가능한 경우 이를 면제 |
| 수입대금 미지급 처리승인 | - 물품인수 후 거래상대방의 행방불명 등으로 수입대금을 받을 수 없을 때, 거래상대방이 현재의 거래은행 및 상공회의소, 공공기관이 확인한 경우에는 수입대금 미지급<br>- 거래상대방이 수출대금 채권의 전부 혹은 일부를 포기할 경우나 감액할 것을 협의한 경우<br>- 거래당사자간의 분쟁으로 중재기관 등 수입대금 가운데 일부를 감액하기로 결정하거나 그 소요경비로 하기로 확정한 경우 |

〈그림 9-5〉 일반적인 수입업무절차의 흐름도

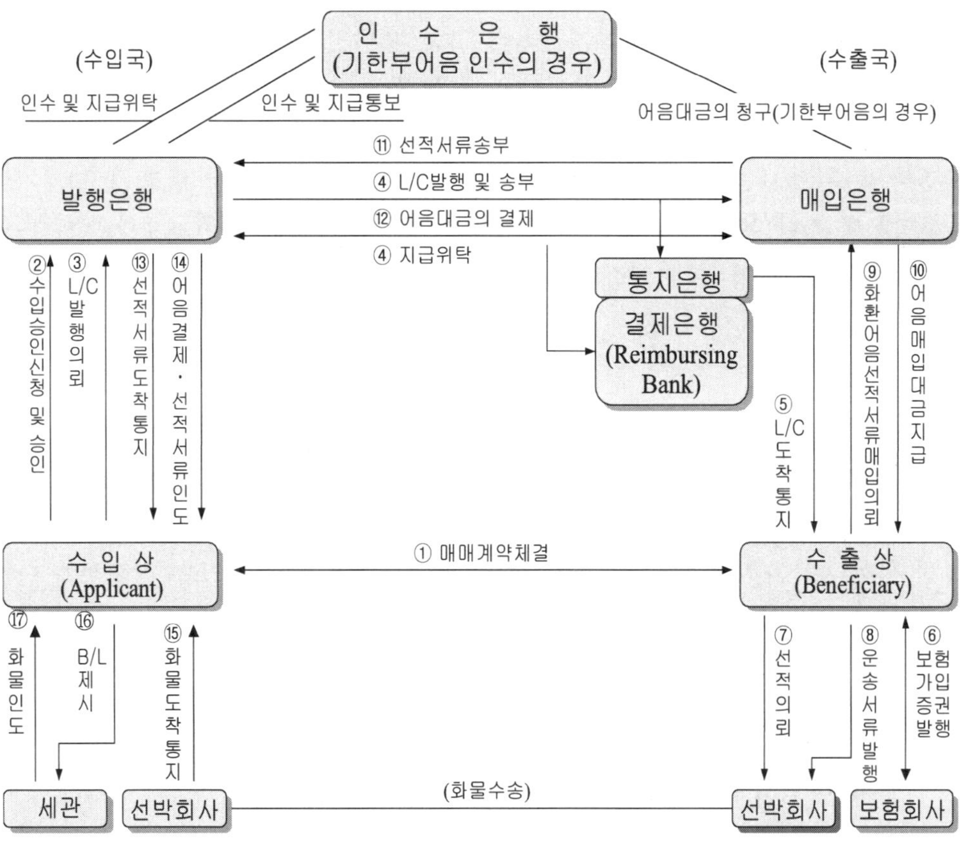

# 제3절 수출입업무의 자동화

## 1. 수출입업무처리의 자동화

### 1) 무역업무 자동화의 의의

#### (1) 무역자동화의 개념

무역자동화(Trade Automation)란 전통적인 서류방식에 의한 수출입의 관리를 종이 없는 방식으로 처리하는 방식으로 종전의 우편, 전화, FAX 등의 업무처리 방식 대신 전자문서교환(EDI: Electronic Data Interchange)에 의한 방식으로 사무실에서 컴퓨터를 이용하여 간편하게 수출입의 각종 행정 및 상거래서식 등을 주고받을 수 있는 전자문서의 형태로 서류없는 무역(Paperless Trade)을 실현하는 것을 말한다.

#### (2) 무역자동화의 정의

무역자동화란 무역업무자동화 촉진에 관한 법률 제2조 1항에 의거하여 무역업자와 무역유관기관이 대외무역법령 및 대외무역법 등의 규정에 의한 통합공고와 관련한 법, 수출보험법령, 외국환 관리법령 등 대통령령이 정하는 법령 및 당사자의 계약서에 정한 무역 업무를 전자문서교환방식으로 행하는 것이라고 정의하고 있다. 과학기술과 정보통신기술의 발달로 인하여 컴퓨터에 의한 처리방식으로 공장자동화(FA: Factory Automation)와 사무자동화(OA: Office Automation)의 처리에 있어 전자문서의 형태로 통신망을 통해 컴퓨터로 교환함으로써 행하는 무역절차이다.

세계화의 영향과 글로벌무역으로 인하여 무역업무자동화는 국제교역량의 증가, 관련분야의 전산화 등으로 인하여 필수적인 사항이 되었으며 EDI방식에 의한 국제적인 무역거래를 행하게 되었다. 이와 같은 무역업무자동화는 선진국을 비롯한 전 세계의 모든 나라들이 거의 동시적인 개념으로 사용하고 있으며, 활성화 단계를 넘어 새로운 형태의 전자무역과 서비스무역의 형태로 발전하고 있다.

### 2) 무역자동화와 EDI와의 관계

세계화와 글로벌무역의 활성화에 따라 전 세계의 시장에 자유롭게 수출입을 이행할 수 있게 되었다. 그 가운데 날로 복잡해지고 다양해지는 소비자들의 욕구에

만족을 전달시키기 위하여 기업들은 세계화와 정보화 및 네트워크화에 따라 신속하게 처리할 수 있는 다양한 장점들을 한데모아 무역거래에 활용하고 있다. 그 가운데 기존의 종이와 서류에 의한 무역(인편, 우편, 전화, FAX)등의 각종 서류들이 정보화, 과학화로 인하여 통합되고 표준화된 종이 없는 문서양식을 취하게 되었는데 이것이 바로 무역자동화(Trade Automation) 또는 전자문서교환(EDI: Electronic Data International)이라고 한다. 특히 EDI는 컴퓨터를 이용하여 각종의 무역서식과 무역 관련의 업무를 신속하게 처리할 수 있게 되었다. 이를 통하여 종이 없는 무역(Paperless Trade)을 가능케 한 것이다.

무역자동화를 통하여 무역업체, 은행, 수출입관련 업무의 각종 단체, 세관 등 무역 관련의 당사자 사이에 교환되는 무역 관련의 서류들을 표준화된 전자문서 양식을 통하여 신속하고 정확하게 처리됨으로써 보관, 정리, 확인 등을 통한 즉시처리의 무역업무 방식이다. 따라서 무역업무 처리시간의 단축 및 비용절감과, 경영혁신의 유발을 시켜 경쟁력을 높이고, 사회간접자본에 대한 투자부담을 완화함으로써, 지방의 균형적 발전에 기여하고 국내연관 산업의 발전을 촉진할 수 있다.

## 2. EDI방식에 의한 수출입관리

무역자동화업무처리 방식에 의한 글로벌무역의 업무처리는 무역계약의 접수 및 수출입승인, 신용장업무, 대금결제, 화물운송관리, 금융업무, 관세관련업무 등 국제무역과 관련한 모든 과정을 한꺼번에 신속하게 전산시스템에 의하여 처리할 수 있게 되었다. 이러한 무역거래의 모든 내용은 EDI서비스에 의해 가능하다.

### 1) EDI방식의 수출입 관리업무

수입국에 위치한 은행 즉, 개설은행에서 신용장을 개설하면 세계은행간 금융통신망(SWIFT: Society for World Interbank Financial Telecommunication)에 의하여 국내의 통지은행으로 자동적으로 통보되어 이를 즉시 전자 문서화하여 동시에 국내의 수출자(수출업자, 수익자)에게 송부하게 된다.

따라서 전자신용장에 의한 무역거래는 계속하여 증가할 전망이다. 현재 국내에서 유통되고 있는 수출신용장은 연간 약 60만 건 이상으로 수출대금 결제방식의 30%를 차지하고 있다. 전자신용장(e-L/C)서비스의 특징은 전산화된 신용장 탓으로 수출업체들은 인터넷에서 신용장 현황과 거래내역 등을 파악함으로써 거래의 투명성이 보장과 위조 및 변조나 분실의 위험이 없다는 것이다.

무역업계는 앞으로 매년 약 80억 원 이상 경비를 절감할 수 있어 전자무역이 활성화되는 2010년에는 절감액이 연간 200억 원에 이를 것으로 추정된다. 특히 수출신용장 통지와 수출승인 및 관련의 보험업무, 수출통관 업무, 선적업무, 대금결제 및 관세 환급의 업무처리를 신속하게 처리할 수 있게 된 셈이다.

〈그림 9-5〉 전자신용장의 업무체계

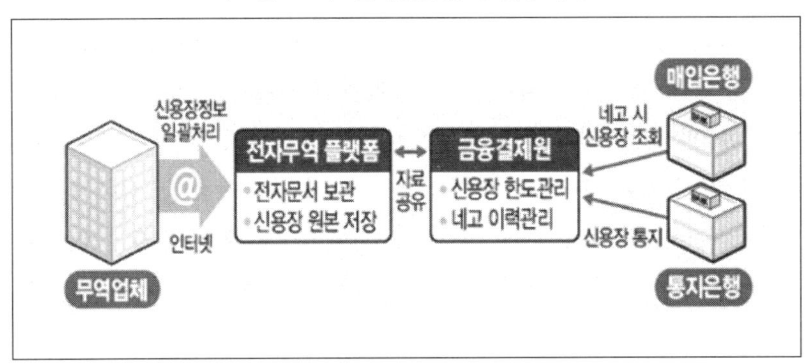


## 2) EDI에 의한 수출업무처리 절차도

① 수출통관 의뢰 ⇒ ② 수출신고 ⇒ ③ 수출신고 오류통보 및 재신고 ⇒ ④ 수출검사 ⇒ ⑤ 수출신고수리 ⇒ ⑥ 관세 환급

### (1) 수출통관 의뢰

수출통관 의뢰는 무역업체가 내국물품을 외국으로 반출하려고 할 때 세관절차로서 관세법에 의한 통관서류를 처리하는 업무 가운데 가장 먼저 시행하는 단계로서 통합 및 표준의 통신망시스템을 통해 거래은행으로부터 신용장이 도착하였음을 인지하고 수출자는 그 신용장을 근거로 하여 수출승인신청을 전자문서로 수출승인기관에 전송한다.

전송 후 승인여부를 통보받으면(수출승인) 선박회사와 적하보험회사에 각각 선적요청(S/R: Shipping Request)및 적하보험부보청약을 위하여 전송, 선하증권 발급통지와 적하보험 발급통지를 받음으로써 수출자는 수출승인문서, 상업송장 등 수출통관 관련 전자문서를 거래관세사에게 전송함으로써 수출통관을 의뢰한다.

### (2) 수출신고

수출자로부터 수출통관 관련의 전자문서를 수신한 관세사는 CEDIX시스템(무역망 관세청통관시스템)에 의해 수출신고를 EDI파일로 전환 후 KTNET(주식회사 한국무역정보통신) 시스템의 관세청 전자사서함으로 전송함으로서 수출신고를 한다. 이때 수신된 시스템상으로 수출신고서의 오류를 검증하여 정상적인 수출신고의 경우에 한하여 수출신고번호를 부여한다.

### (3) 수출신고 오류통보 및 재신고

수출신고 전자문서를 수신한 관세청시스템은 오류를 점검하고 오류가 없는 경우에는 수출신고서와 동일한 번호로 전송하여 신고하게 된다. 만약 오류가 있다면 해당 관세사에게 통보하여 수정, 보완한 후 신고하게 되며, 수출신고의 내용을 변경하고 자 할 때에도 수정 및 변경 후 최초 전송한 수출신고 전자문서와 동일한 제출번호로 수출신고를 하게 된다.

### (4) 수출검사

수출신고 자료가 관세청에 전송되면 통관자동화시스템에 등록되어 있는 우범화물선별기준(C/S: Cargo Selectivity)에 의하여 관세사에게 검사여부를 통보받는다. 이때 세관에서는 수출신고자료 및 검사정보자료를 참고하여 시스템상의 검사생략으로 분류된 경우라도 변경하여 검사를 실시할 수 있고, 검사대상에 포함된 경우에도 검사를 생략할 수 있다.

따라서 시스템상의 사전에 입력된 정보에 따라 우범화물선별기준 운영자는 등록된 검사결과를 분석하여 반영한다.

### (5) 수출신고수리

수출신고수리는 수출검사의 결과를 통관자동화시스템에 의하여 수출신고수리 메시지를 자동으로 생성하여 관세사에게 통보하고, 검사대상으로 분류된 수출신고서의 경우에는 실물검사 후 수출신고 메시지를 통보하게 된다. 이때 수출신고를 수신한 관세사는 시스템을 통해 통관의뢰자인 수출자(수출업자, 수출상) 및 선박회사와 관련의 업체에 통보하게 된다.

### (6) 관세 환급

관세 환급이란 세관에 납부한 관세를 되돌려 받는 것을 말하며 그 종류는 되돌려 받는 이유에 따라 환급특례법에 의한 관세 환급은 수출품에 대한 국제가격경쟁력을 제고시키기 위하여 수출지원제도로 수출원재료를 수입할 때 부과되는 관세를 납부하였을 경우 수출과 동시에 이를 수출자 또는 생산자에게 되돌려 주는 제도이다.

관세 환급을 받으려면 관세 환급을 신청할 수 있는 자가 환급대상 수입물품(원자재)으로 제조, 가공한 생산품을 환급대상수출에 제공하고 수출에 제공된 날로부터 2년 이내에 환급을 신청해야 한다.

관세 환급금을 산출하는 방법은 정부가 수출 금액당 수출품에 소요된 원재료에 대한 수입시 납부세액으로 일정금액을 정하여 지급하는 정액환급제도와 수출품 제조에 소요된 원재료의 납부세액을 소요량제도에 의한 증빙서류에 의거 개개의 원재료별로 확인하여 환급금을 산출하는 개별 환급제도가 있다.

## 3) EDI에 의한 수입업무처리 절차도

① 수입신고 ⇒ ② 수입신고 오류통보 및 재전송 ⇒ ③ 우범화물 선별검사 ⇒ ④ 수입신고수리 ⇒ ⑤관세납부

### (1) 수입신고

수입업자(체)는 수입계약을 체결한 후 표준의 통신망시스템을 통해 수입승인을 받고 수입신용장을 개설한 후 수입승인서, 상업송장 등 수입관련 전자문서를 관세사에게 KTNET를 통해 전송하여 수입신고를 의뢰한다.

수입신고를 의뢰받은 관세사는 CEDIM 시스템(EDI수입통관시스템: Customs EDI for Import)에 의하여 수입신고 전자문서를 EDI파일로 변환 후 KTNET시스템의 관세청 전자사서함으로 전송하여 수입신고 한다.

### (2) 수입신고 오류통보 및 재전송

관세청시스템은 전자문서를 수신한 후 수입신고의 오류 여부를 검사한다. 정상적인 경우에는 수입신고 데이터에 저장 및 처리하고, 오류가 있는 경우에는 수입신고서 수신을 거절함과 동시에 오류항목의 위치 및 내용을 KTNET시스템의 해당

관세사 전자사서함으로 전송하여 처리한다. 이때 오류통보를 받은 관세사는 수입신고서의 오류내용을 정정한 후 수입신고서 전송할시 부여된 수입신고번호로 전송하게 되며, 수입신고 후 신고내용을 변경하고 자 하는 경우라도 동일한 수입신고번호로 재전송하게 된다.

### (3) 우범화물 선별검사

수입신고 자료가 관세청시스템에 접수되면 수입통관시스템에 등록되어 있는 우범화물선별기준에 의해 검사대상 여부가 결정된다. 특히 우범화물선별검사에 있어서도 수출통관에서와 같이 검사대상을 변경할 수 있으며, 실물검사를 실시한 경우에는 검사결과를 시스템에 등록하여 우범화물선별기준에 등록한다.

### (4) 수입신고수리

수입신고는 통관자동화시스템의 자동화 처리기능에 의하여 즉시수리 또는 심사대상으로 분류된다. 즉시수리의 경우는 신고내역의 형식적 요건을 확인 후 신고수리하게 되고, 심사대상물품은 통관자동화시스템에 등록된 심사자 배부기준에 따라 지정된 심사자에 의하여 내부관리자 정보시스템의 수입통관 관련의 분석의뢰현황 등 각종의 통관정보를 조회하여 심사한다. 그리고 심사 완료 후 수입신고 건에 대해서는 통관자동화 시스템에 전자결재로 등록하고, 우범화물선별기준에 의해 선별된 검사대상물품은 검사 후에 수입신고수리 한다.

### (5) 관세납부

관세청시스템에 의하여 수입신고 건에 대하여 이상이 없는 경우 납세고지서번호를 부여하여 납세자로 하여금 국고 수납점에 납부하게 한다. 국고 수납점은 제세수납과 동시에 영수내역을 세관의 시스템에 표기되도록 납입사항을 입력한다. 세관에서는 사전납부 수입신고 건에 대해서 관세청시스템에 의해 수납확인 후 수입신고수리 한다.

# 제10장 해외시장 개척과 해외직접투자

Chapter 10

# 해외시장 개척과 해외직접투자

## 제1절 글로벌투자(International Investment)의 의의

### 1. 국제투자의 개념

세계화의 개념은 2000년대에 들어와 글로벌이란 용어를 사용하기 시작하면서 새롭게 등장하였다. 즉, 기존의 표준화, 통합화의 세계화 개념이 좀 더 구체적인 형태 즉, 글로벌화의 내용으로 변화되었다. 이는 기존의 금융을 배제한 세계화의 개념이었다면 글로벌화의 개념이 도입되면서 새롭게 금융부분까지 국가의 개념이나 국경의 개념을 적용하지 않게 되었다는 점이다. 그러므로 글로벌화라고 할 때 국제투자의 개념인 글로벌기업의 형태인 새로운 수출입의 양상으로 발전하였다. 여기서 경제적 거래란 국가적 개념의 산품이 이동하는 글로벌유통의 개념으로 보아야 할 것이며, 글로벌 유통이란 국가의 범위를 전 세계로 보는 개념으로 유통이란 말 자체가 무역이나 통상의 개념이 아닌 한 나라 안에서 이루어지는 상품거래의 개념으로 보는 것이다.

국제적 경제거래는 재화와 용역 및 생산요소의 거래를 말하며, 이 가운데 생산요소의 거래인 자본의 국제적 거래가 총체적인 국제투자(International Investment)라 할 수 있다. 그러므로 국제투자란 한 나라의 거주자와 비거주자 또는 외국의 거주자 사이에 채권 및 채무관계에 변화를 일으키는 모든 거래이며, 국제투자의 주체는 개인과 법인 및 단체, 정부가 될 수 있다. 심지어 어느 기업이나 은행이 해외자회사 또는 해외지점과의 자본거래를 국제투자로 본다.

거주자의 개념은 거주자란 일국의 경제권 내에 속하는 경제단위로서의 모든 개인과 단체를 의미한다. 비거주자란 거주자 이외의 경제단위를 말하는데 보다 정확히 하자면, 외국 즉, 여타 세계의 거주자를 말한다. 법률상의 국적이 외국에 속해 있는 외국인(Foreigner)이라 하더라도 이익의 중심이 국제수지 작성 국가에 있는 경우에는 거주자로 간주된다. 마찬가지로 내국인이라 하더라도 이익의 중심이 국제수지 작성 국가 밖에 있는 경우 비거주자로 본다. 우리나라 외국환거래법에서 정의하는 거주자란 대한민국 내에 주소 또는 거주를 둔 개인과 대한민국 안에 주된 사무소를 둔 법인을 말한다. 비거주자란 거주자 외의 개인 및 법인을 말한다. 다만 비거주자의 대한민국 안의 지점, 출장소, 기타의 사무소는 법률상 대리권의 유무를 불구하고 거주자로 본다고 정의하고 있다.

따라서 국제투자란 다른 말로 국제자본의 이동을 말하기도 하며, 이때 자본의 이동적인 관계를 통하여 영리적 목적이 없거나 자본도피의 형태의 자본이동을 모두 포함하고 있으며, 투자수익을 목적으로 하는 국제투자의 개념과 차이가 있다. 국제투자는 영리를 목적으로 국가 간의 투자이윤율, 금리, 환율변동의 차익을 이용하여 높은 수익률이 보장되는 국가, 또는 통화로 자본이 전환되며, 국제투자는 자본의 이동이며 자본재의 이동과 다르다. 국제투자에 있어 투자를 하는 나라를 투자국(투자모국, 자본 대출국)이라 하고 자본을 받아들이는 국가는 피투자국(현지국, 자본 차입국)이라 한다. 해외직접투자(Foreign direct investment)와 관련하여 투자모국(Home country), 현지국(host country)이라고 부른다. 세계화의 영향으로 인하여 토지, 자산, 및 자본에 이르기까지 글로벌화 되었다. 즉, 모든 금융자산과 자본이 해외로 또는 국내로 마음대로 반입 및 반출할 수 있게 된 것이다.

## 2. 국제투자의 형태

국제투자 즉, 국제자본이동은 국제수지표 기준에 의해서 구분한다. 이때 실물거래는 경상거래와 자본거래로 구분하고 경상거래는 경상계정 항목의 거래에 따른 결제를 말하며, 자본거래는 기간에 따라 1년 이내의 단기 자본이동과 1년 이상의 장기 자본이동으로 구분한다.

또한 자본의 거래는 민간자본거래와 공공자본거래로 구분한다.

〈그림 10-1〉 국제자본의 이동형태

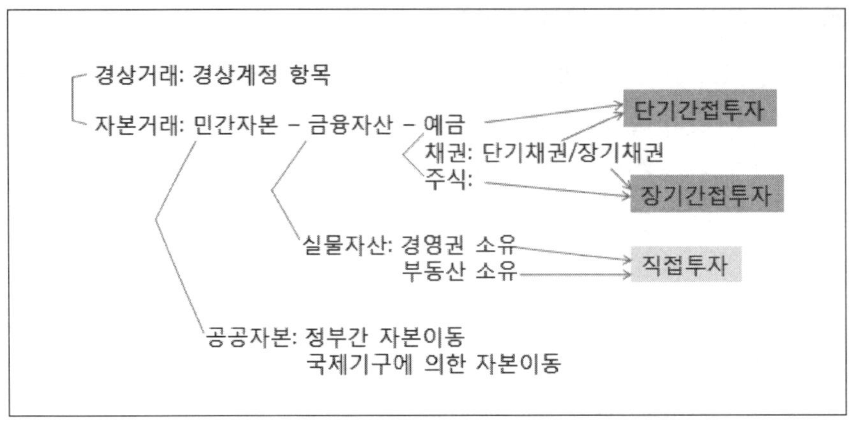


## 1) 국제수지표에 의한 분류

국제수지표에 의한 거래의 분류는 경상거래와 자본거래로 나눈다. 〈표10-1〉에서와 같이 경상거래는 상품과 서비스, 소득 및 경상이전거래를 말하며 이러한 거래는 수출입에 따른 대차결제의 거래들이다. 그리고 경상이전거래는 국제간 어떤 대가를 수반하지 않는 무상의 상품이나 용역 및 자본의 거래, 이민송금, 기부금, 외국정부에 의한 조세납부 등 민간이전거래와 군사 및 경제원조, 재해원조를 포함한다. 그리고 자본거래는 거래주체에 따라 민간자본거래와 공공자본거래로 구분하며 이 가운데 민간자본거래는 장기 및 단기의 자본거래로 나눈다. 그리고 공공자본거래는 장기자본거래로 취급한다. 또한 민간 장기자본거래는 1년 이상의 장기무역신용 및 금융, 상업차관, 은행차관, 장기자본증권투자, 부동산투자, 직접투자 등의 형태이다.

공공자본거래는 정부와 중앙은행, 국제경제기구의 장기차관, 출자, 국공채발생, SDR배분(국제통화기금(IMF)의 특별인출권) 등 국제경제 및 통화협력 차원에서 이루어지는 거래이다. 그리고 국제간의 이동하는 자본은 장기자본과 단기자본으로 나누어진다.

일반적으로 구별하기 쉽게 공급자의 입장에서 볼 때 아무런 손실 없이 수시로 자본을 인출하여 올 수 있는 것은 단기자본으로 1년 이내의 자본을 말하며, 장기자본은 1년 이상을 말한다. 그리고 자본의 수요자 쪽에서 보면, 장기자본은 산업유통을 목적으로 하고 단기자본은 금융의 유통을 목적으로 하고 있다.

〈그림10-1〉에서 단기자본에는 외국 단기증권에 투자하거나 외국 금융시장에서의 은행 인수어음의 매입 또는 콜론, 외국환 어음매입, 외국수입상의 단기신용 공여, 외국은행에 입금, 외국화폐의 보장의 경우이며, 장기자본에는 투자자가 직접 외국에서 영업을 하는 경우의 직접투자와 외국회사의 주식이나 공사채 매매의 형태인 증권투자 즉, 간접투자의 형태가 있다. 또한 장기 및 단기를 구별하지 않고 자본이 이동하는 경우가 있으며 이는 그 주체가 민간 혹은 정부 또는 준정부의 성격인지 아니면 공공단체인지에 따라 민간투자와 정부투자로 구별한다.

## 2) 단기 자본투자

자본투자의 장기 및 단기의 구분은 국제수지 작성의 관행에 따라 대개 1년을 기준으로 하며, 상환기간이 1년 미만의 채권이나 금융대출은 단기투자이며, 1년 이상의 채권, 또는 기간이 정해져 있지 않은 외국의 실물자산, 주식 등의 유가증권 취득은 장기투자로 취급한다.

단기자본투자의 이동은 조정적 이동, 자율적 이동으로 구별하는데, 조정적 이동이란 국제결제수단으로 이용되는 단기자본의 이동을 조정적 이동이라 하고, 자율적 이동은 투자적 단기자본과 투기적 단기자본, 도피적 단기자본으로 나뉜다.

투자적 단기자본은 수익성이 무시되는 것은 아니며, 대외적 금리차가 존재하는 경우를 말하며, 투기적 단기자본은 환율변동의 위험을 대상으로 이익을 얻고 자하는 환투기를 말한다. 그리고 도피적 단기자본은 자산가치의 보전을 목적으로 이동하는 자본도피형태를 말한다. 이러한 단기 자본투자는 국제정세의 불확실성이 증대되어 전쟁발발 가능성이 있거나 국내의 사회적 불안이나 환시세의 급격한 변동을 가치가 하락하는 경우 또는 강력한 외환관리가 실시되는 경우 투자자본의 회수불능 또는 가치상실의 위험을 회피하기 위하여 안정성이 높은 나라로 국제단기자금이 이동되는 현상을 말한다.

단기자본은 환시세와 이자율의 국제적인 불균형, 변동가능성 등에 대응하기 위하여 이동하는 경우와 자본의 안정적인 가치를 유지하기 위하여 자본도피의 형식을 취한다. 이러한 이유는 투자자가 주체적으로 자본을 이동시키는 것이므로 자발적인 자본이동이라 하고, 이에 대응하는 국제수지 이외의 항목 즉, 장기자본이동이나 무역과 관련한 단기자본이동을 유발적 자본이라고 한다.

### 3) 장기 자본투자

장기자본투자는 기간을 1년 이상으로 보고 있으며, 장기자본의 투자목적은 고율의 이자나 이윤을 목적으로 국제적으로 이동하는 자본을 말한다. 특히 민간 장기자본투자의 형태는 해외직접투자(Foreign direct investment)와 국제포트폴리오투자(International portfolio investment)로 구분된다. 국제포트폴리오투자란 금융자산에 투자하여 배당을 목적으로 하는 신규채권(국채, 사채)의 매입, 기존발행채권 및 주식의 매입과 금융기관 등에 의한 중장기 대출이 포트폴리오 투자이며, 해외직접투자는 외국에 현지법인을 설립하고 현지법인의 주식을 소유하여 자회사형태를 유지하는 것이라고 할 수 있다.

따라서 해외직접투자와 국제포트폴리오투자는 해외의 자산 또는 채권의 취득이지만 직접투자의 경우 자본의 국제적 이동이라는 측면이외에 경영, 기술 등 경영지원이 집합체로 이동된다. 그리고 국제적 이동의 경영자원이란 지식과 경험, 특허와 노하우(Know-how)를 비롯한 광범위한 기술적이며 전문적 지식, 판매, 자금의 조달 등 시장에 있어서의 지위, 신용, 정보수집, 연구개발 등을 위한 조직이다. 그러므로 해외직접투자는 단일 국적기업에 해외직접투자를 하는 것이지만 이는 다국적기업의 관계를 나타내게 된다. 장기자본의 경우는 국제간의 이자율, 이윤율의 차이에 따라 저리의 이윤, 저리의 이자율의 국가에서 고율의 이윤이나 고이자율국으로 이동한다.

### 4) 공공자본의 이동

국제수지상에 의한 공공자본 이동은 국제기관을 통한 자금이동형태(중, 장기)와 후진국의 장기 경제개발을 돕기 위한 원조 즉, 후진국에 대한 공공차관, 공공원조 자금이동 형태로서 주로 사회간접자본에 대한 참여가 주를 이루고 있다. 그리고 상품수출대금을 결제하기 위하여 수출국의 공적기관이 수입국의 공적기관 또는 수입업자에게 자금공여 형태인 연불수출 신용자금을 제공하는 형태이다. 이러한 내용은 차입국의 시장 확보, 차입국에 대한 자본재 수출촉진 등이 목표로 하고 있다.

## 3. 국제 자본이동의 원리

### 1) 국제투자의 원리

국제재화의 이동은 국가 간의 가격차 즉, 비교우위에 의해 발생한다. 이러한 비교우위의 원인은 국가 간의 요소부존도의 차이로 나타남을 알 수 있다. 이러한 현상은 제2차 대전이후 국제간의 투자는 증권투자에서 직접투자로의 전환이었으며, 이는 선진국 간 상호투자와 자본이동이 수반되지 않는 투자의 현상이 나타났다.

구체적인 원인은 경영자원은 기업의 실체로서 다른 생산요소를 통하여 생산하기 때문에 이러한 요소가 투자국보다 피 투자국이 저렴한 경우 직접투자가 발생한다. 이때 노동지향형 또는 천연자원지향형으로 나타난다. 또한 특정국 시장이 무역정책의 일환으로 관세 등 수입제한조치에 의해 보호되고 있고 미래수요의 예상이 된다면 시장 확보를 위해 직접투자를 한다. 그러나 경쟁에서 이기려면 경영자원의 우위를 확보해야만 한다.

### 2) 국제 자본이동 원리와 영향

한 나라가 경상수지 흑자를 실현해야 해외투자 또는 해외대출을 할 수 있고, 경상주시 적자인 경우에는 해외로부터 투자를 유인하거나 차입하여야 한다는 것으로써, 대외채권증가가 대외채무증가를 초과한다는 것은 해외투자 능력을 나타내보이는 것으로 수출이 수입보다 초과한 경우이다.

국제자본이동은 자본재의 이동과는 다르다. 실물자본과 화폐자본으로 구분할 경우 화폐자본의 이동을 의미한다. 화폐자본의 형태는 재화와 용역의 이동에 의해 완결되는 실물경제(Real transfer)의 과정을 거친다. 장기자본 차입국(유치국)은 국내투자 증가로 한 경제변수의 변화가 직접 · 간접으로 효과를 순차적으로 파급, 경제체계 전체를 새로운 수준으로 유도할 때 나타나는, 다른 경제변수의 변화에 대한 배수관계)를 통해 국민소득이 높아져 수입을 증가시킨다. 차입국의 수입증대는 다시 대출국(투자국)을 포함한 다른 나라의 수출을 증가시켜 결국 상호간의 수입수요를 증가시키고, 세계경기이 상습파급효과로 인하여 자본의 재화에 의한 이전과정이 나타나는데 이러한 현상을 유동성 파급효과라 한다.

국제자본이동은 당사국 모두의 생산효과를 증대시킬 뿐만 아니라 투자국의 풍부한 다른 생산요소인 노동 및 토지와 결합됨으로써 당사국 모두에게 생산요소의 한계생산력이 높아져 생산의 구조변화를 가져오고 비교생산의 유기적 결합으로 인하여 시장성을 확보하지 못한 경우 보호무역주의를 실시한다면 차입국의 신규산업은 수출산업으로의 전환이 어렵게 되어 국제수지상의 어려움을 당할 수도 있다.

차입자본의 이자 및 원금의 상환과정에서 세계경기에의 역효과가 나타날 수 있다. 이는 투자유치국에서 원리금 상환이 시작되면 해외투자유입의 반대의 경우가 발생한다. 따라서 개도국의 경우 해외자본 차입에 있어 무엇보다 중요한 것은 원리금 상환이 가능하도록 생산효과, 생산성 향상, 기술개발, 수출구조의 변화를 가져올 수 있는 공급능력의 충족이 필요하다. 그리고 원리금을 받아들이는 선진투자국의 경우에도 산업구조의 조정, 수입구조의 조정이 필요하다.

## 제2절 해외직접투자의 개념과 특징

해외직접투자(FID: Foreign Direct investment)는 기업 또는 개인이나 정부가 해외기업의 경영에 직접 참여하여 영업이익을 획득하기 위한 목적으로 기업이 보유하고 있는 생산요소인 기술과 자본 및 경영노하우 등의 경영자원을 종합적으로 현지에 이전하는 경영체제의 국제이전 형태를 말한다. 이는 해외의 신규회사 설립에 지분참여, 현지기업의 지분인수 등을 통해 경영권을 확보함으로써 직접경영하고, 사업경영을 위해 해외에 있는 공장설비, 부동산 등의 사업자산을 취득하는 형태의 투자를 말한다. 이때 현지의 자회사는 모회사와의 종속적인 관계가 형성되며 이러한 기업의 지배적인 구조를 다국적기업의 의미로 설명한다.

따라서 해외직접투자는 기업의 생산요소인 자본과 경영능력, 기술, 상표 등을 해외의 현지국으로 이전하여 현지의 생산요소인 노동, 토지, 원재료 등과 결합하여 제품을 생산, 판매하는 기업 활동을 말한다. 이러한 기업의 직접적인 투자의 유출입으로 자본의 이동을 가져옴으로써 외환 및 금융시장에 영향을 줄 수 있고, 또한 투자, 무역, 물가 등의 실물경제에도 영향을 미치게 된다.

최근에 해외직접투자로 인하여 외환시장과 실물경제에 큰 영향을 주고 있기 때문에 우리나라는 외환수급 조절을 이하여 해외투자를 증대하고 국내투자 부진에 대한 외국인 직접투자를 적극 유치하고 있다. 우리나라의 해외투자는 OECD국가 중 매우 적은 수준이며 안정적인 국제수지, 선진기술, 경영노하우 등을 습득하기

위해서라도 외국인 직접투자를 확대해 나가야 한다. 이러한 외국인 직접투자는 고부가가치 창출과 서비스 산업들을 유치하여 세계화의 영향으로 무한경쟁의 치열한 경쟁대열에서 리스크 관리에 만전을 기하여 경쟁우위를 확보해야 할 것이다.

# 1. 해외직접투자의 개념 및 정의

## 1) 해외직접투자의 개념

해외직접투자는 경영에 직접 참여할 목적으로 자본, 기술, 경영능력, 상표 및 노하우 등 유, 무형의 생산요소들을 해외로 이전하는 것을 말한다. 특히 주식이나 채권 등에 투자하여 배당금 혹은 이윤을 목적으로 하는 해외간접투자(FPI: Foreign Portfolio Investment)와는 달리 기업의 경영에 직접 참여하기 위한 목적으로 투자한다. 그러나 주식의 경우 투자형태상 공통점이 많아 구분하기 어렵기 때문에 경영지배권을 출자비율에 의해 구분하여 일정 수준 이상의 주식투자로 보는 것이 일반적이다.

해외직접투자는 수출이나 라이선싱과 비교하여 단순한 용역의 이동뿐만 아니라 자국 내의 생산요소인 자본, 경영능력, 기술, 인력 등을 해외로 이전하여 투자대상국의 생산요소인 노동, 토지, 등과 결합하여 생산 및 제품의 판매를 한다는 점에서 구별된다.

〈표 10-1〉 해외직접투자의 과정

| FDI의 요인 | FDI의 결정과정 | FDI 결정 및 수행의 목적 |
|---|---|---|
| 소유권 및 경영참여권 | 구체적 참여 이유 | FDI의 수행 |
| 국제화의 요인 | 참여 방법의 전략적 연구 | FDI로 인한 국제화 달성 |
| 기업의 이미지 및 입지조건 | 구체적인 입지장소 선정 | FDI를 통한 입지결정 |

## 2) 해외직접투자의 정의

해외직접투자의 정의는 전통적인 견해에 의하면 국제 자본이동의 한 형태인 직접투자와 간접투자의 형태가 있으며, 경영에 참가할 목적으로 투자하는 것이 해외직접투자이다. 그리고 국제경영학적 관점에서 볼 때, 직접투자를 수출의 상대개념으로 정의하고 있으며, 기업의 국제거래는 완제품의 이동이나 생산요소의 이동에 의하여 구분하지만 자국에서 생산하여 수출입 활동을 하는 것은 수출을 위한 것이며, 자본과 기술을 이동하여 생산요소인 자본과 기술 경영기술, 노동, 토지 등과 결합하여 현지생산 및 판매를 목적으로 하는 것을 해외직접투자라고 한다.

투자활동의 방향에 따르면 투자활동의 주체에 따라 해외직접투자 또는 외국인 직접투자로 구분한다. 그리고 해외직접투자 이론은 다국적 기업 이론으로 인식되고 있다. 그 이유는 다국적 기업이 수행하는 사업은 해외직접투자가 전부라는 전제하에 양자가 같은 이론으로 착각되어 왔기 때문이다. 그러나 다국적기업은 해외직접투자 요인 외에도 무역활동, 기술이전, 해외간접투자 등의 사업 활동을 수행한다. 위와 같은 이유로 인한 해외직접투자의 정의는 학자들마다 구체적인 언급을 달리하고 있다.

Ragazzi는 해외기업에 대한 효율적인 통제권을 갖는 투자지분으로서의 신설투자, 이익금의 재투자, 현지금융을 통한 자금이동, 생산기술, 경영기술 등과 같은 투자를 해외투자로 보았고, Kojima는 해외기업의 경영과 이익에 대한 통제권을 주목적으로 하는 자본이동 및 기타 다양한 형태의 투자라고 하였다. 그리고 Root는 해외기업에 대해 통제권을 갖는 다국적기업의 본사가 해외에서의 기업 활동에 필요한 경영, 자본, 기술을 이전시켜 나가는 기업의 확장으로 보았고, Robock은 해외직접투자가 단순한 포트폴리오 투자와는 달리 경영의사결정에 대해 통제권을 가질 수 있는 자본투자로 정의하였다.

학자들의 이론을 종합해 보면, 해외의 피 투자기업에 대한 통제권을 갖거나 경영에 참가하기 위하여 투자하는 것으로서 자본이동, 기술경영, 경영노하우 등의 복합적으로 이동되는 것으로 요약할 수 있다. 하지만 정확한 통제권의 범위와 내용 및 관련의 지분정도에 대한 명확한 선이 없어 각 정부에서는 임의로 해외직접투자에 대한 기준을 정하고 있다.

예를 들어 미국의 경우 미상무성은 미국인, 미국법인 또는 미국기업의 해외지사가 해외기업 지분의 10%이상을 소유한 경우, 일본의 경우는 자본참여가 10%이상이거나 경영통제를 가능하게 하는 임원파견, 기술, 원자재 제공, 재무적 원조 등이 포함될 때를 직접투자로 정의한다. 우리나라의 경우는 외국환거래법 시행령 제7조에 한국기업의 투자비율 10%이상이거나 10%미만일지라도 임원파견, 1년 이상 원자재 또는 매매계약 체결, 기술제공 및 도입, 해외건설 및 산업설비공사 수주 등의 관계가 있을 때 이를 해외직접투자로 본다고 규정하고 있다.

〈표 10-2〉 해외직접투자의 정의

| 구분 | 해외직접투자의 정의 |
|---|---|
| 대한민국 | 외국환 거래법 제14조(법률 제06316호.2000.12.29)와 외국인투자촉진법(법률 제07039호.2003.12.31)에 명시, 외국의 발행증권을 취득하거나 금전의 대여 등의 거래관계에 있어 대통령령이 정하는 것으로 하며, 주식의 소유비율을 10% 이상. |
| 고지마 | 일본 고지마(K. Kofima)는 해외기업의 경영과 이익에 대한 통제를 주목적으로 하는 자본의 이동 |
| IMF | IMF(국제통화기금: International Monetary Fund)는 해외에서 경영활동을 수반하고 지속적인 투자를 통한 이윤추구를 위한 경영에 참가하는 투자 |
| 로복 시몬즈 | 로복과 시몬즈(S.H Robock and Simmonds)는 해외직접투자를 경영참가에 의해 투자자에게 효율적 통제권을 주는 것 즉, 피투자기업의 주식 지분율이 과반수에 미달하는 경우일지라도 경영참가에 목적을 둔 경우 |
| OECD | 경제개발협력기구(OECD)는 해외기업과 경제적 이해관계를 지속할 목적으로 피투자기업의 경영에 영향력을 행사할 수 있는 투자를 하는 경우 |
| UNCTC | 유엔다국적기업센터(UNCTC)는 특정기업의 경영지배가 계속적이고 해외에 기업의 설립과 확장에 투자하는 경우 |
| 미국 | 미상무성(US. DC)은 미국거주의 기업이나 단순관련 그룹이 10%이상의 주식 소유와 해외 소유의 협동사업체 및 관련의 법인에 투자하는 경우 |
| 독일 | 해외에 기업 및 법인설립이 인수목적으로 투자와 제3국의 경영에 참가 및 인수목적, 또는 자회사나 경영에 참가하기 위한 장기적 대부, 그리고 주식소유비율 25%를 초과할 때 |
| 일본 | 출자자본이 10%이상일 것, 10% 미만인 경우는 파견이나 장기간의 원재료 공급, 제품, 제조기술 등의 제공이나 증권취득의 10% 이상일 때(10% 미만은 간접투자로 취급함) |

### (1) 우리나라의 국내법에 의한 정의

우리나라의 해외투자 관련의 국내법은 외국환거래법 법률 제06312호(2000.12.29)와 외국인투자촉진법 법률 제07039호(2003.12.31)로 구분되어 이다. 해외투자는 해외에서 경영지배, 통제권 행사 등의 목적으로 투자하는 만큼 자본과 기술, 제품, 특허, 경영관리능력 등 각종의 경영자원을 자유롭게 이동할 수 있어 이러한 경영자원의 국제적인 이동은 동시 다발적인 현상으로 일어날 수 있다.

우리나라의 외국환거래법에 의한 해외투자의 정의는 외국환거래법에서 해외직접투자를 외국법령에 의하여 설립된 법인이 발행한 증권 취득과 당해 법인에 대한 금전의 대여 등을 통해 지속적 경제관계 수립을 위하여 거래관계에 있는 것과 외국에 영업소를 설치, 확장하기 위해 행하는 자금의 지급으로 대통령이 정하는 것으로 정의하고 있다. 그리고 출자비율은 외국법인의 발행주식 총수 또는 출자액의 비율이 10/100이상인 투자를 말한다.

특히 해외투자의 경우 외국의 기업에 대한 경영 개입을 목적으로 할 때, 10% 이상의 주식을 소유하여야 하며, 간접투자는 경영참여가 목적이 아니라 배당금, 자본이득을 고려하여 주식소유 비율이 10%미만인 경우를 말한다.

외국인투자촉진법에 의한 정의로는 외국인직접투자촉진법에서 외국인투자란 외국인이 대한민국 법인 또는 설립중인 법인을 포함하여 기업의 경영활동에 참여하는 등 당해 법인 또는 기업과의 경제적 관계를 수립할 목적으로 대통령령이 정하는 바에 따라 당해 법인이나 기업의 주식이나 지분을 소유하는 것을 말하며, 또는 외국인투자기업의 해외 모기업 및 그 모기업과 대통령령이 정하는 자본출자관계가 있는 기업이 당해 외국인투자기업에 대부하는 5년 이상의 차관으로 기록하고 있다.

외국인직접투자(IFDI: Inward Foreign Direct Investment)는 점차적으로 감소추세에 있으며 주요 원인은 경제성장률 둔화와 중국의 흡수적 효과, 비용경쟁력의 강화, 불안한 노사관계, 경쟁국보다 강한 규제인 직접적인 규제를 포함하여, 높은 생활비와 열악한 주거여건의 문제이며, 또한 간접적인 규제로 외국인 투자에 대한 부정적 사고 등의 원인으로 나타나고 있다.

그리고 투자형태에서는 M&A의 감소와 그린플드투자(공장 & 사업장 설치)로 고용창출의 외국인직접투자가 부족한 실정이다. 이러한 문제들을 해결하기 위해서는 첨단고부가가치산업을 유치하고 윈-윈 방식의 국제분업 체제를 구축하여 투자의 활성화를 노려야 할 것이다.

또한 기업이 원하는 최적지에 투자를 할 수 있도록 각종 규제를 완화하여 교육, 의료 등 생활여건과 외국인 투자에 대한 인식변화, 국내기존 상업을 중심으로 기존산업의 경쟁력 강화를 높이는 한편, 고도의 기술력을 갖춘 업체들을 유치하고 R&D센터와 국가 혁신시스템의 연계강화가 절실히 필요하다.

### (2) 국제통화기금의 정의

해외직접투자에 관한 국제통화기금(IMF: International Monetary Fund)의 정의는 자국을 제외한 다른 나라에서의 경영활동을 수행하고 있는 기업이 지속적인 이윤

을 확보하기 위한 투자와 경영참여의 목적으로 유효한 발언권을 획득하기 위한 활동이라고 정의하고 있다.

### (3) 유엔다국적기업센터의 정의

해외직접투자에 대한 정의로 유엔다국적기업센터(UNCTC: UN Center for Transnational Corporation)의 정의에 의하면, 해외직접투자란 특정기업이 경영의 영속적인 지배를 목적으로 외국에 기업을 설립, 또는 기업을 확장하기 위하여 취하는 제반의 활동을 해외직접투자라고 규정하고 있다.

### (4) 경제협력개발기구의 정의

경제협력개발기구(OECD: Organization for Economic Cooperation and Development)에서의 해외직접투자에 대한 정의로는 해외기업과 지속적인 경제적 이해관계를 수립할 목적으로 피 투자기업의 경영에 실질적인 영향력을 행사할 수 있는 투자라고 규정하고 있다. 이는 완전소유회사, 자회사, 지점의 설립 및 확장, 기존기업의 완전한 소유권 인수, 신설, 또는 기존기업에 대한 자본참여, 5년 이상의 대부 등으로 규정하고 있다.

### (5) 미국의 정의

미국의 해외직접투자에 관한 정의는 미상무성(U.S Department of Commerce)에서 규정하고 있는 바, 미국인이거나 미국의 기업 또는 관련그룹이 외국법인의 의결권 주식 10% 이상 소유와 비법인외국자본의 10% 이상을 소유하고 있는 경우의 그 외국기업에 대한 지분을 해외직접투자로 본다는 것이다. 특히 미국 거주자가 해외에 소유하고 있는 단독사업체, 협동사업체 또는 부동산, 미국법인의 해외지점 등에 투자하는 경우를 포함하고 있다.

### (6) 독일의 정의

독일의 경우는 해외기업, 지점의 설립 및 인수를 목적으로 하는 투자나 제3국 기업의 경영에 참여하기 위한 인수 및 이에 대한 추가적인 투자 및 자회사, 또는 거주자가 경영권을 가지고 있는 기업에 대한 장기 대부, 그리고 독일연방은행은 국제수표 작성상의 의결권 주식의 25%이상을 소유를 해외직접투자 보고 있다.

### (7) 일본의 정의

일본은 해외직접투자에 관한 정의를 일본 출자자본의 비율이 10% 이상인 것과 일본 출자자본의 비율이 10% 미만이라도 임원을 파견하거나 장기간에 걸쳐 원재료를 공급하거나 제품을 매매하거나 또는 중요한 제조기술을 제공하고 있는 경우 등을 직접투자로 보고, 주식이나 증권 취득액 10% 이상을 소유한 경우 이를 해외직접투자로 규정하고 있다.

## 2. 해외직접 투자이론

### 1) 거시적 측면의 이론

해외직접투자는 투자유치국보다 투자국의 자본, 기술, 경영능력 등이 비교우위에 있다고 판단될 때 투자를 실시하게 된다는 것으로 거시적 측면에서의 국가수준 차원으로 투자하느냐 아니면 미시적 측면에서 기업이나 산업수준을 바탕으로 투자하느냐에 따라 차이가 있다는 이론이다. 즉, 해외직접투자와 관련된 현상들이 어떤 관점으로 보느냐에 따라 그 이론을 달리하게 된다.

#### (1) 통화지역 이론(Capitalization rate Theory)

통화지역이론은 화폐측면의 우위를 통한 이점을 설명하는 재무관련 이론으로 기존의 외국기업이 매수형태로 이루어지는 해외직접투자를 통화가치의 안정성을 이용하여 설명한 이론이다. 외국의 기업이 현지기업에 대한 우위는 특정 통화지역에 위치하는 모든 기업이 현지 경쟁기업에 대해 공통적으로 누릴 수 있는 우위로, 투자국 기업이 환율이나 통화가치의 차이 등에 의해서 투자유치국의 기업보다 유리한 위치에 있기 때문에 비교우위를 갖는 다는 것이다.

통화지역이론은 해외직접투자의 유형을 자본의 흐름을 통해 설명하였다는 점과 이러한 이론은 1950~1960년대 미국기업들이 유럽의 기업을 인수할 때와 서독과 일본의 기업들이 1960~1970년대에 활용하였던 이론이다. 통화지역이론의 한계점은 통화지역간의 상호투자와 동일한 통화지역 내에서 발생하는 기업들의 투자현상에 관한 한계점과 다양한 형태의 해외직접투자를 환율, 통화가치의 차이로만 설명하려는 점에서 한계점을 드러내고 있다.

### (2) 국민경제적 접근이론(Dynamic comparative advantage Theory)

해외직접투자는 배당금과 이윤추구와 시장점유율확대를 위한 개별기업의 목적이라고 한다면, 투자국과 투자유치국 간의 통상마찰이 일어나 역무역적 현상을 초래할 수 있기 때문에 개별기업이 아닌 투자국과 투자유치국의 국민경제적 차원에서 해외직접투자가 이루어져야 한다는 주장이다. 국민경제적 접근이론은 양국 간의 비교생산비를 기초하여 투자유치국에서는 비교우위에 있는 산업을 유치해야만 한다는 것이며, 반대로 투자국은 비교열위의 산업을 투자하려고 할 것이다. 이러한 상호 균형 하에 통상마찰을 줄일 수 있다는 것이다.

해외직접투자를 국제 분업의 원리에 입각하여 추진해야만 산업구조의 개선과 경제성장 및 국민후생의 향상을 가져올 수 있다고 보았다. 이러한 이론은 일본의 고지마가 해외직접투자 이론으로 제시하였던 것이다. 하지만 투자가 이루어져야 할 거시적인 방향은 제시하고 있으나 투자발생시 투자국 기업이 현지기업에 대해 갖는 우위요인이 무엇인지에 관한 구체적인 설명이 어렵다.

## 2) 미시적 측면의 이론

거시적인 측면의 해외직접투자는 국내에서의 다소 불리한 점을 만회하기 위해서인지 아니면 해외에 투자를 함으로써 현지에서 갖는 불리함이 있음에도 불구하고 외국비용을 예상하여 해외에 진출하려고 할 때, 효과적인 차원에서 현지의 기업보다 경쟁의 우위에 있다고 판단하여 그 비교우위가 무엇인지를 정확하게 판단하기 어렵다는 한계가 있었다. 이러한 한계점에 대하여 미시적 측면에서 그 이론적 대안을 찾을 수 있다.

### (1) 독점적 우위이론(Monopolistic Advantage Theory)

해외직접투자를 시행하는 기업이 현지의 기업보다 비교우위에 있는 요인에 관해서 산업 조직론적 관점, 시장불완전성의 요인으로 독점적 우위이론을 설명하고 있다. 투자기업은 현지기업보다 비교우위를 갖고 충분히 성공적인 투자를 수행할 만한 기업특유의 독점적 우위요소가 있을 때 해외직접투자를 시행하게 된다.

이러한 요인은 기업이 축척된 특화의 생산기술, 경영노하우, 상표, 특허권, 자본조달능력 등이 가능한 경우를 말한다. 하지만 해외직접투자 외에도 수출, 라이선싱 방식을 통한 해외진출이 가능하기 때문에 해외에서의 독점적 우위요소를 갖는다는 것은 정확한 근거가 없으며, 어떤 기업이 갖는 우위요소가 결코 피 투자국에서 반드시 비교열위로 작용한다는 조건적인 이유도 없기 때문이다.

〈표 10-3〉 독점적 우위이론

| 우위요인 | 독점적 우위의 내용(예) |
|---|---|
| 제품시장 | 제품의 차별화, 마케팅의 기술, 재판매가격유지 제도, 관리가격 등 |
| 요소시장 | 특허 및 비공개기술, 기술습득 및 자본조달의 우위, 경영능력의 차이 |
| 규모의 경제 | 수직 및 수평적 통합의 요인 등 |
| 정부의 규제 | 조세, 관세, 금리, 환율, 특정산업의 수출입 규제 등 |

〈표 10-3〉은 기업의 해외직접투자에 관한 내용으로 현지국기업과 비교하여 불리한 입장이지만 이러한 불리한 점을 극복하고 현지국기업과 경쟁에서 이길 수 있는 기업특유의 우위요소를 가지고 있어야 한다는 이론이다(S. H. Hymer & C. P. Kindleberger). 하이머와 켄델버그의 주장은 1960~1969년도에 발표된 이론으로 직접투자를 위해서 기술, 재화 및 요소시장의 불완전성 또는 시장을 분리시키는 정부와 기업의 간섭 등이 존재하지 않으면 안 된다는 이론이다.

산업조직론적 독점우위이론은 각각의 산업조직이 기업의 입장에서 기업 활동 측면의 해외직접투자를 설명하였으나 독점적 우위가 없음에도 불구하고 라이선싱이나 수출을 통하지 않고 해외투자를 하려고 하는 이유에 대한 어느 지역에 투자를 할 것인가에 관한 과점적이론과 내부화이론을 잘 설명하지 못하는 단점이 있다.

### (2) 내부화 이론(Internalization Theory)

내부화이론은 1979~1980년대의 이론으로 P. J. Buckley & M. Casson의 주장으로 국제무역 및 투자활동이 효율적이지 못한 이유를 제품, 요소시장의 불완전으로 파악하려 하였다는 점이다. 즉, 외부적인 요인을 기업내부에서 처리해 보겠다고 하는 내부적 거래의 과정에서 해외직접투자가 발생한다고 본 것이다. 이 이론은 소규모의 해외직접투자와 생산입지 등의 요소를 충족하지 못하고 있다는 단점이 있다.

해외의 투자기업이 해외진출방식을 수출이나 라이선싱을 택하지 않고 투자를 선택하는 이유를 내부화 이론이 말해주고 있다. 내부화 이론은 시장의 불완전성에 기초하여 일반적인 시장거래를 통해 이루어지는 여러 가지 외부시장기능을 기업내에 내부화하여 내부시장을 창출함으로서 이익을 축적하여 다국적기업으로 나타

나게 된다는 것이다.

이러한 내부화의 동기가 불완전시장의 발생요인으로는 미래시장의 부재, 가격 차별화가 불가능한 경우, 경쟁으로 인한 비용증가, 사회적 불안, 정부의 간섭 등으로 시장형성이 어렵기 때문에 시장을 통하지 않고 외부노출을 회피하기 위하여 기업 내부에서 거래를 하게 되고 이러한 거래의 내부화가 해외직접투자의 형태로 나타나게 될 것이라는 이론이다.

내부화 이론은 독점적 우위이론의 다국적기업의 존재이유에 관해 시장 불완전성에 대한 적응에 관한 구체적인 설명을 할 수 없었지만, 내부화 이론이 이를 잘 설명하여 주고 있기 때문에 본질적으로 시장내부화 이론의 하위체계에 있다는 주장이다. 그러나 다국적기업의 생산 활동이 왜 해외에서 이루어져야 하고 특정국가에서 해외생산이 이루어지는 이유에 관한 설명을 하지 못하고 있다.

**① 러그만의 내부화이론**

러그만(A. M. Rugman)의 내부화이론은 다국적기업의 내부에 시장을 만들어 내는 과정으로 다국적기업이 불완전한 시장에 대체하는 내부시장을 만들어 자원배분과 유통의 문제에 있어 경영관리명령을 통해서 연결하려고 할 때, 기업내부가격은 기업의 조직 활동을 원활하게 하고 내부시장은 잠재적 가능성이 있는 시장과 동일한 관리가 된다는 이론이다.

다국적기업이 자회사를 설립할 경우 자산의 시장우위를 방위하기 위해 내부조직화를 이용하게 되는데, 이것은 다국적기업이 기업 특수적 우위를 내포하는 최종생산물의 생산 판매에 대한 통제를 유지함으로서 지식 및 기타 우위가 확산되는 것을 방지하기 위함이다.

**② 버클리와 카슨의 내부화이론**

기업의 다국적화 현상을 설명하기 위한 이론으로 중간재 시장과 시장의 불안정성을 회피하기 위하여 기업은 내부거래를 통하여 안정을 꾀하려 한다. 그러나 거래의 내부화가 국경을 넘어 이루어질 때 해외직접투자로 본다. 경제적 접근법의 초기이론이라 할 수 있는 내부화이론은 시장거래의 불합리성 즉, 시장실패로 인한 시장거래 비용의 증가에 초점을 맞춰 발생이유를 잘 설명하고 있다.

**③ 앤더슨과 개티그논의 거래비용설 이론**

앤드슨과 개티그논은 내부화 이론을 좀 더 확대시킨 이론으로 기업이 어떤 거래를 수행함에 있어 진입방식 및 관리구조의 비용과 수행능력을 상호비교 하여 거래비용을 최소화하는 진입방식을 선택한다는 이론이다. 그리고 기업은 개별 진입방식에 수반되는 거래비용을 분석하기 위해 거래를 완결시키는데 소요되는 각 진입방식의 계획, 적응, 감시에 소요되는 상대적 비용을 비교하게 된다. 진입방식에 있어 통제권의 확보에 중점을 두었으며, 통제권은 소유구조와 비례한다고 보았다.

### (3) 과점이론(Oligopolistic Theory)

과점이론은 켄델버그의 주장(1973년)으로 미국 제조업의 해외직접투자 규모는 과점적 상호의존성에 달려 있다고 보았다. 하지만 이 이론으로도 독점적, 과점적, 내부화 이론을 설명하지 못하는 단점이 있다. 어떤 기업체가 해외투자를 하려고 한다면 이를 따라서 하는 경향이 있기 때문에 완전경쟁으로 나가야 따라하지 못한다는 점이다. 과점에서는 해외투자를 따라 하기 때문에 경쟁우위 확보를 위해 과점적 경쟁을 하게 된다.

과점이론은 과점산업에서는 차별화된 제품이나 동일한 제품을 취급하는 몇몇 소수의 거대기업들이 시장을 완전히 지배하고 있기 때문에 해외직접투자는 작용 및 반작용에 의해서 이루어진다는 것이다. 과점산업에 속한 기업들은 소수이며 경쟁기업의 움직임에 민감한 반응을 보이며, 의사결정에 있어서도 선도 기업을 추종하게 된다.

과점기업들은 해당 산업에 진입하고자 하는 새로운 기업에 대해 진입장벽을 구축하여 독점이윤을 얻으려 한다. 이러한 장벽을 통하여 규모의 경제를 통하여 진입하고자 하는 기업에게 경쟁에서의 우위를 얻으려 한다. 즉, 과도한 자본투자의 부담과 수직적 통합을 통한 원자재 공급에 대한 통제, 차별화된 제품, 특허, 등록상표, 브랜드 등을 내세워 자리를 굳히려 한다는 것이다.

따라서 과점이론은 선진국간의 상호투자와 1960년대의 미국 동일업종내의 기업들이 단기간에 유럽에 위치한 투자 대상국에 직접투자를 하는 현상으로 나타내 보였으나, 선도기업의 최초투자에 대해 설명이 미흡하다.

## 3) 거시 및 미시적측면의 통합적 이론

거시와 미시적 측면의 해외직접투자의 이론에 관해 살펴보았다. 해외직접투자를 하는 구체적인 이유에 관해서 일반적이고 보편적인 필요성에 관한 사항이었으나 미시 및 거시적 차원의 통합적 접근이론을 통하여 좀 더 구체적으로 알아본다.

### (1) 제품수명주기 이론(Product Lift Cycle Theory)

제품수명주기 이론은 선진국과 후진국 간의 제품수명주기의 차이에 따른 기업의 시장진출 변화와 관련한 이론으로 시간이 경과함에 따른 제품의 수명이 점차 쇠퇴해져 국가 간의 무역패턴과 선진국 기업의 해외직접투자를 설명하려는 Vernon에 의해 제시되었다. 제품수명주기 이론은 연구개발요소의 우위에 있는 제품의 수명주기에 따라 순차적으로 선진국에서 후진국으로 이동하여 무역이 발생한다는 것이다.

이러한 이론은 수출의 거점이 이동됨에 따라 무역이론과 해외직접투자이론을 결합시켜 설명한 것으로 개발, 성숙, 표준화의 단계를 거쳐 변화한다는 것이다. 선진국에서 개발한 제품이 수출을 통한 대량생산과 대량판매를 통하여 상용화 된 단계에서 점차 가격이 저렴한 국가로 생산거점을 옮기게 되어 점차 표준화 된다.

그리고 이러한 과정을 거쳐 해외직접투자가 발생하게 된다는 이론이다. 제품수명주기이론은 생산비가 적게 발생하는 지역으로 이동하게 된다는 이론으로 해외직접투자의 필연적 발생조건을 설명하지 못하고 있으며 투자국간 상호투자를 설명하지 못하는 단점이 있다.

### (2) 절충이론(Eclectic Theory)

절충이론은 더닝이 1980년도에 발표한 내용으로 독점적 우위이론은 수출, 라이선싱에 비하여 직접투자의 비교우위요소가 불분명하고 내부화이론은 입지특유의 우위요소 설명이 타당하지 못하다고 지적한 후, 기업특유의 우위요소(독점적 우위이론)와 내부화의 우위요소(내부화 이론), 입지특유의 우위요소(절충이론)로 그 양상을 보이게 되었다.

따라서 더닝의 주장은 기업특유의 우위요소를 외부시장에 판매하지 않고 내부화하여 기업은 수출과 해외직접투자를 하고, 자본과 기술 및 경영기법 등을 해외로 이전하여 입지특유의 우위요소인 현지의 생산요소와 결합하여 현지생산을 통한 유리한 조건의 해외직접투자를 한다는 것이다.

절충이론은 소유특유의 우위(Ownership-specific advantage), 내부화특유의 우위(Internalization-specific advantage), 장소특유의 우위(Location-specific advantage)가 동시에 만족될 때 다국적기업이 된다는 주장이며, 독점적 우위요소를 갖는 기업이 우위요소를 내부화함으로써 이익을 극대화시킨다는 주장이다. 절충이론은 해외직접투자 현상에 관한 체계적인 설명을 하였으나 시간을 고려하지 못한 정태론적인 접근방법으로 판단한 것이다. 후에 Dunning은 시간의 흐름에 따른 이러한 요소들의 변화에 관한 동태론적인 파악을 통하여 투자발전경로의 이론을 제시하였다.

1990년도에 중국에 왜 직접투자를 하였는가? 그 이유는 값싼 노동력과 엄청난 시장을 고려한 것이지만 1970년대 개방이후 투자의 비율이 상승하여 현재 중국경제에 도움을 주지 못한다고 판단되는 기업 즉, 가공산업, 가공무역에 대해서 많은 제재를 가하고 있는 실정이며 법인세나 기타 이율도 상당부분 높게 책정하고 있고 혜택을 줄이는 등 중국 자체에서 투자를 베트남이나 라오스 쪽으로 이동시키는 결과를 초래하고 있다.

### (3) 투자발전 이론

투자발전이론(IDP: Investment Development Path)은 한 국가의 해외직접투자가 순유출단계와 경제발전은 밀접한 관계가 있다고 주장하고 있으며, 이 이론은 한 나라의 경제가 발전함에 따라 국가 및 기업 소유특유의 우위요소, 내부화 우위요소, 입지 우위요소의 변화를 통하여 해외직접투자의 유출과 유입이 일정한 패턴을 보이게 된다는 것이다.

또한 국가의 소유우위요소와 입지우위요소의 구조적 변화가 국제자본의 흐름과 기업의 활동 및 정부의 정책에 관한 포괄적, 구체적인 이론적 접근방법이며 국가의 국제화 단계에 대한 이론적 체계를 제공하고 있다. 이상으로 해외직접투자에 관한 여러 이론들을 살펴보았다. 이를 종합적으로 정리하면 다음과 같다.

첫째, 국제 경영론적 관점으로 본다면, 해외투자는 내부화이론, 절충이론 등으로 대기업이나 다국적기업이 해외진입을 시도하려고 할 때 주로 사용하였다. 즉, 수출계약이나 라이선싱을 통해서 하지 않고 해외의 현지에서 생산하려면 기업에 무리가 오고 이미 진출한 다국적기업들에 있어서는 다소 유리한 입장에 있다고 본다.

둘째, 경제학적 관점에서도 윌리암슨의 거래비용론, 매두갈과 켐프의 이자율 격차이론, 고지마, 오자와 등이 주장한 거시경제적 접근 등이 있었으나 통화강세, 시장불안, 자본이동 등이 비교우위로 진출하여야 한다는 것을 알았다. 이러한 이유는 거래비용을 절약하여 기업내부거래를 통한 방법으로 가능하다고 보았다.

셋째, 발전단계의 관점에서 본다면, 발전단계의 이론은 충분한 해외시장의 경험을 통하여 해외시장에 대한 통제력을 높이겠다는 것이다. 내수지향, 수출과 시장개척, 현지생산 등의 단계를 거친다는 이론이다.

넷째, 버논의 제품수명주기이론으로 국내에서 생산하여 수출을 통한 해외직접

투자가 발생한다고 보았다. 이는 생산거점의 이동을 보았으나 확실한 설명을 하지 못하였다.

그러므로 해외직접투자는 수출에 대한 보완, 대체적인 성격을 띠고 상호발전론적인 차원에서 수출과 해외직접투자는 밀접한 관계가 있음을 알게 되었다. 일반적으로 선진국에서 개도국으로의 해외직접투자의 형태는 현지노동력, 자원을 이용한 생산비 절감과 시장 확보, 기술획득, 무역장벽회피 등의 차원으로 비롯되었으며, 이를 통한 각종 비용절감의 효과를 얻어 수출유발효과를 동시에 가져올 수 있다고 보았다.

## 제3절 해외직접투자의 동기 및 유형

### 1. 해외직접투자의 동기

#### 1) 전략적 동기(Strategic Motives)

해외직접투자의 전략적 동기는 시장지향형(Type of market seekers), 생산효율지향형(Type of production efficiency seekers), 자원지향형(Type of raw material seekers), 지식지향형(Type of knowledge seekers), 위험회피지향형(Type of local risk overcome) 등이 있다. 전략적 동기의 주요내용은 기업이 해외투자의 수출장벽이 높은 국가의 시장을 직접 또는 우회적으로 침투할 목적이거나, 해외의 틈새시장을 공략, 저임금 국가로부터의 경쟁에서 시장을 확보하기 위한 차원으로 활용하게 된다.

기업은 해외생산비용을 절감하고 효율성을 높이기 위하여 해외투자에 임하게 되는데, 보통 선진국의 다국적 기업에 의해 주도된다. 그리고 전략적 차원에서 자원 확보나 기술 확보를 위하여 해외투자를 하는 경우이다.

#### 2) 행태적 동기(Behavioral Motives)

기업의 해외직접투자는 외부의 환경으로부터 강한 자극이나 개인적인 편견과 목표, 개인 또는 집단적인 공약 등에 기초한 조직행동에서 비롯된다고 보는 것으로서, Y. Aharoni는 사업타당성을 위한 검토과정 그 자체가 해외투자의 의사결정에 직접적으로 영향을 미친다고 본다.

외부적 환경요인으로는 거절할 수 없는 외부로부터의 제안(외국의 정부, 자사 제품의 해외 대리점 및 고객 등의 요청)이나 시장의 기회상실에 대한 염려, 국내시장에서의 외국기업들과의 경쟁이 심화될 때 그리고 밴드웨곤 효과로 인한 동행투자의 경우이다. 여기서 밴드웨곤(bandwagon) 효과란 동일한 사업 분야에서 해외투자에 성공한 경쟁 기업의 활동과 이와 관련하여 유사한 특정지역으로의 투자는 필수적이라는 믿음에 의한 동행투자를 말한다.

따라서 이러한 행태적 동기의 보조적인 동기는 생산요소와 외국기업들과의 경쟁의 심화와 노후화된 기계설비의 재활용, 노하우의 자본화 즉, R&D 및 기타 고정투입 비용의 확장, 교역상대국이 제3국과 무역협정을 체결하는 경우 시장상실을 회복하기 위한 제3국에 대한 투자 등이다. 그러므로 해외직접투자는 특정한 동기나 기회가 주어지는 경우 기존의 원칙에 얽매이지 않고 새로운 동기의 발생으로 인한 투자로 나타날 수도 있다.

### 3) 경제적 동기(Economic Motives)

해외직접투자의 의사결정요인으로서 전략적 동기나 행태적 동기가 많이 제시되고 있지만 합리적인 이익추구에 따른 경제적 동기도 중요하다. 경제적 동기로 인한 해외직접투자는 현지의 실물자산, 생산요소, 금융 등의 시장이 불완전한 상태이기 때문에 나타나는 투자형태로 본다. 일반적으로 실물자산 시장이 불완전 하다는 것은 정부의 보호정책이나 독점기업으로 인하여 형성되지만 현지시장이 불완전한 경우 잠재적 수요가 충분하다면 해외경영에 능력이 있는 기업들은 현지시장에 진출하기 위한 직접투자를 행하게 된다. 하지만 해외시장에 관한 충분한 해외비용을 만회할 수 있는 독점적인 우위요소를 갖춰야만 한다.

따라서 투자국에 비해 피투자국은 시장이 불완전한 상태에 있기 때문에 투자가 이루어진다고 보며, 피투자국의 입장에서는 불안전한 상태의 시장이라 할지라도 충분한 잠재수요가 있다면 경영활동의 범위 내에서 해외투자를 실시하게 된다. 이때 투자기업들이 불완전한 현지시장에 진출하여 성공할 수 있는 이유는 규모의 경제(Scale of economy), 전문적 경영관리기법(Higher-classed management system), 제품 및 생산요소시장의 지식(Knowledge of markets), 첨단기술(High & new technology), 자금공급 능력(Capabilities of capital supply)을 보유하고 있기 때문이다.

종합하여 보면, 경제적 동기에 의한 해외투자는 생산비의 절감을 통한 제품가격의 경쟁력을 갖는다는 것이며, 선진기술을 습득하여 현지생산의 체제를 갖추는 것과 안정적인 자원 확보를 위한 원자재의 수급을 위한 차원에서 해외투자를 하거나, 무역규제의 회피동기를 마련하기 위한 수단, 해외시장 개척동기의 여러 목적에서 현지시장을 효율적으로 개척하고 자하는 목적을 갖는다.

### 4) 비경제적 동기(Non-economical motives)

13~18세기 동안의 해외경제활동은 직접, 간접적으로 국가의 개입 하에 이루어졌기 때문에 오늘날과 같이 자본시장, 중간재시장이 형성되지 않았으며, 해외투자는 본국의 정치적, 전략적 목표를 이루기 위한 수단이었다. 우리나라도 이와 같은 이유에서 개발도상국의 지원을 위한 공기업의 해외투자가 이루어지고 있다. 완전한 자유 시장경제라기보다는 정부의 지원 하에 이루어지는 시장이 많다. 즉, 정치적, 전략적 차원이나 조직내부에서 최고경영층의 개인적인 경영철학, 목표에 따라 기업의 조직 및 구성원이나 그룹에 대한 공약 등의 이유에서 행하여지고 있다.

기업의 해외투자 동기는 다양한 이유가 있을 수 있으나 기업의 경쟁력을 높이기 위한 수단으로 활용하고 있다. 기업의 경쟁력은 해외투자의 목적이 달성될 경우 직접적으로 얻을 수 있겠지만 해외투자를 통한 글로벌 경영능력과 기술습득, 글로벌 금융에 접근할 수 있어 경쟁력을 갖추어 나가게 된다. 이러한 경쟁력은 세계시장에서 생존과 성장을 위한 궁극적 목적이 되며 이윤창출을 위한 기본적인 과제가 되는 것이다.

**〈표 10-4〉 FDI와 수출입 및 무역수지의 패턴의 변화**

| 구 분 | 투자초기 → 생산개시단계 → 현지화 전진단계 | | |
|---|---|---|---|
| 수출유발효과<br>자본재, 원부자재 | 크게 증가<br>없습 | 소폭 증가<br>크게 증가 | 거의 변화 없습<br>소폭증가 |
| 수출대체효과 | 없습 | 소폭증가 | 크게 증가 |
| 역수입효과 | 없습 | 소폭 증가 | 크게 증가 |
| 무역수지효과 | 흑자 | 흑자폭 확대 | 흑자 감소 또는 적자전환 |

### 5) 재무적 동기(Financial Motives)

기업의 자산구성을 다변화함으로써 경제 환경의 변화에 따른 자산구성의 위험을 축소하기 위해 해외직접투자를 활용하는 것을 말한다. 이러한 분산투자의 동기를 활용하는 이유는 기업이 국제시장 포트폴리오를 구성하게 되면, 국내시장에서만 포트폴리오를 구성할 때 보다 더 위험분산 효과가 크기 때문이다. 그 이유는 국제적으로 분산된 주식간의 상관관계는 국내주식간의 상관관계보다 낮으며, 경제의존도가 낮은 국가일수록 두 국가 주식간의 상관관계는 낮기 때문이며 상관관계가 낮은 주식에 대한 포트폴리오를 구성하면 체계적인 위험감소를 할 수 있다는 차원이다. 일반적으로 투자의 위험에 대한 보상을 요구하기 때문에 어떤 투자 안에 최저의 필수 수익률을 구성하고 있는 셈이다.

분산투자에 의한 위험감소효과는 분산된 포트폴리오에 대한 개별자산의 체계적 위험(systematic risk)관리로서 그 자산의 총 위험(total risk)보다 작다는 포트폴리오 분산투자효과를 이용하여, 특정 일국의 시장이 가지고 있는 체계적 위험(분산불능 위험)을 다양한 국가에 분산 투자함으로써 그러한 체계적 위험까지도 줄일 수 있다는 것이다. 하지만 분산화 동기에 의한 해외직접투자에 대한 반론이 있기도 하다. 즉, 자본이동에 대한 제한은 비교적 적어서 투자자가 국제적으로 분산된 포트폴리오를 구성할 수 굳이 해외직접투자를 동해 분산투자효과를 확보할 이유가 없다는 것이다.

이밖에도 1960년대의 자본 이동론적 접근이론과 비교 우위론적 접근이론, 거시경제변수 연계론적 접근이론, 개도국 해외직접투자에 대한 접근이론, 기타 정치경제적 접근이론 등으로 나눠 볼 수 있으나 세부적인 언급은 한국의 해외직접투자와 관련한 제4절에서 다루기로 한다.

## 2. 전략적 동기에 따른 유형

### 1) 시장지향형 투자(Market-oriented Investment)

시장지향형 투자란 시장을 개척하기 위하여 비교우위가 있는 산업을 해외에 이전시켜 현지생산 및 판매를 동시에 도모하는 형태의 투자를 의미한다. 즉, 투자기업이 보유하고 있는 자산을 활용하여 현지시장에서 이익을 창출할 목적의 투자를 말한다. 이는 특히 현지시장의 성장성, 수익성이 충분한 경우에 활발하게 진행된다.

또한 교역상대국의 수입 장벽이 강화되어 현지생산, 현지판매를 위한 직접투자로 전환하는 수출대체형 투자도 시장지향형 투자이며, 제3국을 향한 유형의 투자, 특정시장을 침투와 장악 및 유지하기 위한 목적까지도 포함한다. 그러나 직접투자가 정당화될 수 있을 만큼 시장규모가 큰 특정 시장 국 또는 지역시장에 대해서만 시장지향형 투자가 가능하다.

## 2) 천연자원지향형 투자(Natural Resource-oriented Investment)

천연자원지향형 투자는 자원개발을 위한 목적으로 본사 및 해외자회사의 제조활동에 필요한 원자재를 저렴하고 안정적으로 공급하기 위해, 또는 본국의 다른 기업에게 판매하거나 제3국에 판매하기 위하여 투자하는 경우이다. 따라서 자원개발을 위한 투자에 그치지 않고 전 세계 시장을 목표로 개발, 가공, 마케팅 등의 활동을 수직적으로 통합하는데 목적을 두고 있는 경우가 많다.

천연자원지향형 투자는 1970년대 자원 민족주의가 대두된 이래 그 중요성이 심화되었고, 채굴에 따른 고도의 기술을 필요로 하는 자원개발 분야에서 중요성이 부각되었다. 그리고 천연자원지향형 투자는 장기적이며 대규모의 자본이 필요하기 때문에 신규참여가 억제되고 있다.

## 3) 노동지향형 투자(Labor-oriented Investment)

생산요소 가운데 노동력은 국제적 이동에 많은 제한을 받는다. 생산요소 중 노동력은 국제적 이동에 제약이 있기 때문에 국내에서 노동력이 부족하여 임금이 상대적으로 높은 경우에 노동력이 풍부하고 임금이 저렴한 국가로 직접투자를 하게 되는데 이때를 가리켜 노동지향형 투자라고 한다. 우리나라 노동집약적 산업의 기업들이 국내의 높은 임금으로 인한 비교우위 상실을 극복하기 위하여 비교적 임금이 저렴한 동남아시아나 중국에 대한 투자를 확대하고 있는 것도 노동지향형 투자라고 할 수 있다.

특히, 이러한 노동지향형 직접투자는 노동집약적 산업을 노동이 풍부한 국가로 이전함으로써 비교우위를 강화하여 국제 분업을 재편성하게 된다. 그러한 전략으로는 기술적으로 표준화된 제품은 생산 공정전체를 해외를 이전하고, 그 외의 경우에는 노동집약적 생산 공정만을 노동력이 풍부한 해외로 이전하게 된다.

### 4) 무역지향형 투자(Trade-oriented Investment)

국내시장이 협소한 반면 저렴하고 숙련된 노동력, 비교적 풍부한 공업단지, 외국인 투자에 대한 인센티브 제공 등 수출용 제품을 해외의 저가 생산기지로서 적합한 국가가 이에 해당한다. 현지국의 국내시장을 목표로 하는 시장지향형 투자와 대비되는 형태의 투자이다. 무역지향형 투자는 해외 현지국의 비교우위요인과 결합하여 비교우위를 획득하고, 생산된 제품을 투자본국 및 제3국으로 수출하는 것을 목표로 하는 투자형태가 바로 무역지향형 투자 또는 수출지향형 투자(Export-oriented Investment)라고 할 수 있다. 이러한 경우 투자로 인해 투자국과 현지국은 상호 보완관계를 유지하여 국제 분업을 통한 무역 증진을 꾀할 수 있어, 제3국에 대하여 경쟁력을 확보할 수 있기 때문에 수출을 통한 이익을 얻을 수 있기 때문이다.

### 5) 기술지향형 투자(Technology-oriented Investment)

기술지향형 투자는 고도의 첨단기술이나 경영기법을 습득하기 위한 투자로서 기술이 발달한 선진국에 자회사를 설립 및 기존 첨단기술의 기업을 인수하게 된다. 기술에 대한 경쟁이 격화되고 기술상의 우위를 확보하지 못할 경우 세계시장에서 생존에 대한 위협을 받기 때문에 기술을 습득을 위한 방안으로 투자하게 되며, 이러한 투자의 형태는 현지에 연구소, 생산시설을 설립하거나 기존의 신기술을 보유한 기업을 인수하는 형태로 이루어지게 되는데 최근 미국 실리콘밸리(Sillicon Valley)에 한국기업을 비롯한 각국의 기업이 진출하는 경우가 좋은 예이다.

### 6) 글로벌 네트워크형 투자(Global Network-oriented Investment)

세계시장이 글로벌화 되고 현지정부가 외국계기업에 대한 통제력을 강화함에 따라 다국적기업의 계열기업 간 협력관계 구축이 절대적으로 필요하게 되었다. 이에 따라 다국적기업의 네트워크를 구축하기 위한 합작투자나 콘소시엄(정부가 공공기관이 추진하는 대규모사업에 여러 개의 업체가 한 회사의 형태로 참여하는 경우), 또는 전략적 제휴 등이 이용되고 있다. 전략적 제휴(strategic alliance)의 경우 지분참여 하는 직접투자를 행하지 않고서도 글로벌 네트워크 효과를 달성할 수 있다는 장점이 있다. 특히 최근 기술개발 속도가 빠르고 기술개발에 따른 비용이 크기 때문에 이러한 전략적 제휴를 통해 위험을 감소시킬 수 있다.

## 3. 산업 조직론적 관점에 따른 유형

산업조직론적 접근이론은 경제학적인 차원에서의 접근이론이며, 투자국과 현지국의 경제특성을 무시하고 수출의 상대적 개념으로 파악한 것으로 외국에서의 경영에 직접 참가할 목적으로 자본, 경영능력, 기술 등 생산요소를 복합적으로 이전시키는 기업활동의 관점이다.

### 1) 수평적 통합형 투자(Horizontal Integration Investment)

수평적 통합형태의 해외직접투자는 투자 모기업과 동일한 제품을 해외 현지에서 생산, 현지판매를 위하여 투자하는 형태를 말한다. 이러한 형태의 투자요인은 복수공장 운영에 의한 경제성, 잠재적 소비지에 대한 판매력 증대, 제품의 특성을 현지기준에 맞추기 위하여 투자하는 경우이다. 즉, 자사가 보유하고 있는 전문적인 기술이나 노하우 등을 최대한 효율적으로 활용하기 위한 투자의 형태라고 볼 수 있다. 수평적 통합형태의 투자는 현지국의 경제적 효율성 개선효과가 있는 반면 독점적 시장 지배의 경우 반사회적 요인이 될 수 있다.

### 2) 수직적 통합형 투자(Vertically Integration Investment)

수직적 통합형태의 투자는 현지에서의 자원 개발과 원자재를 확보 및 중간재 생산을 위한 후방통합 형태의 투자와 모기업의 제조품을 해외현지에서 판매하기 위하여 진출을 하는 경우의 전방통합 형태의 투자를 말한다. 수직적 통합형태의 투자목적은 규모경제의 이익과 국제적 분업에 따른 이익을 향유하기 위함이다.

### 3) 다각형 통합형 투자(Conglomerate Integration Investment)

다각적 통합형태 투자의 요인은 기업내부에 축적된 경영자원을 통한 광범위한 사업영역을 찾는 경우와 경영분야의 확장 또는 새로운 분야에 투입하는 경우 그리고 대규모 자금과 새로운 경영자원을 투입하여 기존의 경영조직을 지배하는 경우이다. 특히 다각적 통합형태의 투자는 수익성을 다양화하고 위험을 분산시키기 위해 활용되고 있는데, 기업의 지리적인 다각화, 사업의 다각화를 꾀할 때 수익을 극대화시킬 수 있게 된다.

다각적 통합형태의 해외직접투자는 투자모기업의 생산과는 밀접한 관계를 갖지 않는 분야에서의 통합이 이루어지는 형태의 투자를 말한다. 즉, 특정기업이 여러 가지 분야의 사업 활동을 위한 투자로서 사업 분산을 위한 투자형태에서 나타난다.

## 4. 소요형태에 의한 유형

### 1) 단독투자

단독투자는 제품, 기술 등에 대하여 모기업의 강력한 통제가 필요할 때 행하는 투자 형태로서 일반적으로 자회사 의결권 주식의 95% 이상을 모기업이 소유하는 형태이며, 완전소유가 거의 불가능하기 때문에 95% 이상의 소유권으로 경영통제권을 행사하는 경우 단독투자로 볼 수 있다. 단독투자는 기업이 독점적 우위를 확보하였거나 제품생산과정에서 모기업이 자회사에 원자재를 공급한다든지 또는 그 반대의 경우에 주로 활용된다.

단독투자는 해외 현지에 새로운 기업을 설립하여 진출하는 신설투자(new establishment, greenfield)에 의한 방법과 기존기업의 주식을 95% 이상 인수하는 M&A에 의한 방법이 있다.

그러나 투자기업이 합작투자를 원하는 경우에도 단독투자를 해야만 하는 경우가 있다. 가령 현지파트너의 능력이나 성실성이 결여된 경우, 현지파트너의 주식이 제3자에게 양도될 가능성이 있는 경우, 현지 파트너와 모기업간 이해관계 대립 등이며, 현지 국에서 단독투자를 선호하는 경우는 개도국이 자국의 전략산업을 육성할 때, 구조전환이 필요한 때이다.

### 2) 합작투자

합작투자는 2개국 또는 그 이상의 국가에 소속된 기업체, 개인, 정부기관, 또는 정부소유 기업이 현지에 합작 법인을 설립하여, 참여하는 방식으로 전체 참여자가 공동으로 소유권을 갖는 것이다. 공동 소유대상은 주식자본, 채무, 무형고정자산(특허권, 의장권, 상표권, 영업권), 경영노하우, 기술노하우, 유형고정자산(기계, 설비, 토지) 등으로 다양하다. 합작투자의 유형은 투자자본의 유무, 파트너의 대상, 그리고 소유권의 정도에 따라 다르다.

첫째, 계약형 합작투자(contractual joint venture)는 사유재산을 인정하지 않는 사회주의 국가의 경우에 있어 투자기업이 현지 국 정부 또는 현지 출자자에게 자본,

장비, 소유권, 기술지원 및 노하우를 제공하고 그 대가로 로열티를 받는 경우이다.

둘째, 소유형 합작투자(equity joint venture)는 합작투자의 형태로서 둘 또는 그 이상의 출자자가 기존기업의 자본참여와 각 출자자가 자본의 일정비율을 출자하여 새로운 기업을 설립하는 경우 등이 있다.

셋째, 제3국 기업과의 합작투자 형태로 투자기업이 투자대상국 즉, 현지국 이외의 외국기업과 결합함으로써 합작형태를 취하는 경우이다. 이는 대규모 프로젝트나 국가위험이 큰 나라에 투자할 때 위험을 분산시키기 위하여 2개국 또는 그 이상의 국가 자본이 참여하는 복수소유(miltiple ownership) 형태를 취하는 경우이다.

넷째, 투자대상국 기업과의 합작투자로 투자기업이 현지국의 기업체와 합작투자의 형태를 취하는 것으로서 대부분의 합작투자가 이러한 형태를 취하고 있다. 생산시설, 유통구조, 노동력, 경영층 및 대정부관계 등에서 유형무형의 이익을 얻을 수 있고, 투자위험과 투자대상국의 파트너에 대한 불확실성을 감소시킬 수 있다.

다섯째, 투자대상국 정부기관과의 합작투자로는 투자기업이 현지정부 또는 정부소유의 기업과 합작투자의 형태를 취하는 경우이다. 이러한 합작투자는 투자대상국 정부가 경제성장을 위하여 또는 전략적 산업을 육성하기 위한 정책적 목적으로 합작투자에 참여할 때 형성된다.

## 제4절 세계화시대 한국기업의 해외직접투자

### 1. 한국기업의 해외직접투자 배경

기업의 글로벌 활동 중 가장 중요한 것은 수출 즉, 무역의 주된 활동과 해외직접투자 이다. 해외직접투자의 발전모델은 수출을 함으로써 해외에 직접투자하게 됨으로써 다국적기업이 된다.

현재 우리나라의 중소기업들이 여기에 해당되지만, 글로벌기업은 거의 대기업이 차지하고 있는 셈이다. 흔히 글로벌기업을 로컬기업이라고도 하며, 어떤 기업이 수출을 통해 해외직접투자가 시작될 때 다국적 기업으로 나가게 되는 것이 일반적인 것이다. 다국적기업은 대개 1987년~1990년대에 다국적 기업이 성행하였다.

〈그림 10-2〉 글로벌 FDI 흐름과 세계경제 성장률

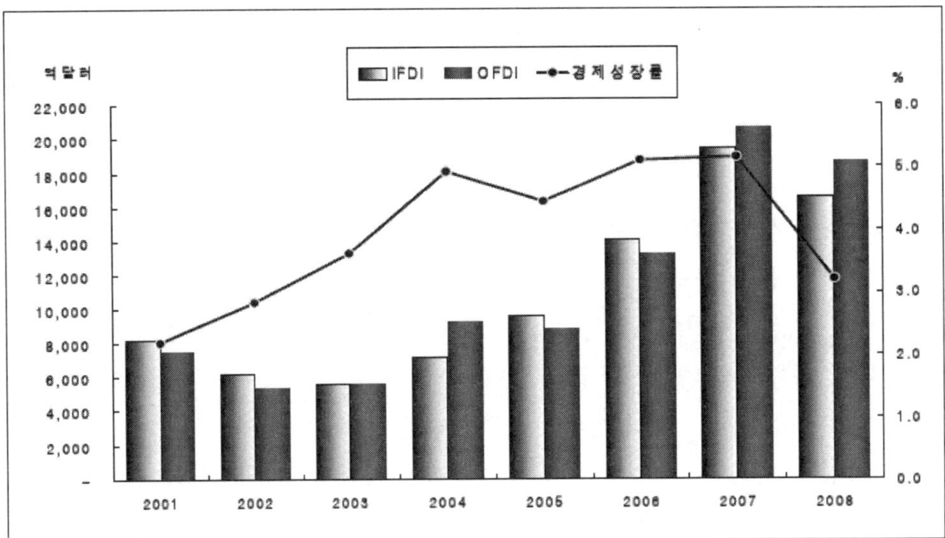


자료: IMF(2009). Economic Outlock: UNCTAD

우리나라는 1987년 장기집권에 반대하는 구마 사태로 인하여 노동자들의 임금이 기존의 배 이상으로 증가하게 되어 국내의 기업들이 임금의 강한 압박을 견디다 못해 노동력이 싸고 부존자원이 풍부한 원료공급지향형의 방향으로 외국에 직접투자를 시작하게 되었다. 흔히 상품 가운데 재료비가 50%, 인건비 30%, 경비 15~20%라고 할 때 여기에 인건비가 60%로 배로 올랐다고 가정할 때, 타산이 맞지 않게 된다. 이를 틈타 중국은 1992년 개방을 선언하였고, 외교관계를 맺게 됨에 따라 자동적으로 1992년 이후에 다국적기업으로 나가게 된 것이다. 그러나 해외직접투자를 함에 있어 꼭 선결해야 할 과제가 있다면 다음과 같다.

첫째, 왜 해외로 투자를 하려 하는가?(Why invest abroad?)

국내에 투자하지 않고 왜 해외로 나가려고 하는가? 해외로 가면 사실 경비(외국경비)가 더 많이 들게 된다. 그러나 독점적 우위를 확보할 수 있다는 이점을 안고 위험부담을 감수하고라도 나가게 되는 것이다. 이러한 이유는 자본이나 기술 등 산업조직론적 접근이 되는 셈이다.

둘째, 친숙한 환경에서의 우위요소가 있음에도 왜 해외로 투자해야 하는가?(How invest abroad?). 입지이론에 있어 절충이론에 충족하지 못한다. 그렇다면 왜 하필 해외투자를 하려고 하는가 하는 것이다. 그 이유는 일반화된 이론은 없는 실정이며, 계속 연구 중이다.

해외직접투자이론은 다국적기업의 발생이론으로 봐도 무난하다. 무역의 이론은 국가와 국가 간에 일어나는 교역에서 출발하는 것이다. 글로벌 금융위기와 세계경제 침체로 2008년 글로벌 FDI는 감소세로 전환하였고, 2009년 회복세를 나타내고 있다. 특히 수요변화가 많지 않은 식료품산업과 자원 확보 및 신생에너지 산업, 개도국의 시장 추구형 FDI를 지원하는 전문서비스 등의 지원 산업 분야에서 증가추세를 보이고 있다.

## 2. 한국기업의 해외직접투자의 동기

한국기업의 해외직접투자 동기는 1968년 12월 31일 외국환관리규정에 의거 대외투자 규정이 신설되면서부터이다. 그 후 계속적인 변화와 발전을 거듭하여 오다가 1970년대 석유파동으로 인하여 자원의 중요성을 인식한 후 해외로부터 안정적인 원재료 확보를 위하여 해외투자를 선별적으로 허용하기 시작하였던 것이다. 그리고 1980년대의 국제수지 흑자와 국내생산요소를 포함한 비용 상승으로 인하여 해외투자를 선호하게 되었고, 1995년 10월 해외투자 자유화 및 건실화 방안을 통하여 더욱 현실화 되었고 자유화 된 셈이다.

해외직접투자와 관련하여 하나의 기업이 해외에 공장을 신설하여 제품을 생산하여 판매한다고 가정할 때, 가령 자동차 모델을 개발하여 자동차를 생산할 시 천만대 이상을 팔아야 투자에 대한 본전을 채운다고 말하고 있다. 이러한 이유는 연구개발이 투자에 대한 규모에 경제를 추구해야 한다. 중국을 세계의 공장이라고 하는 배경도 역시 해외직접투자에 대한 경영참여로 나타나는데, 이는 50%이상을 해외에서 판매하여야 하는 부담도 안고 있다. 그러나 공장을 중국으로 옮긴다면 판매하는 부담도 줄일 수 있기 때문에 해외직접투자를 선호하게 된다는 개념이다.

한국의 자동차 관련의 선적항은 평택 항을 주로 사용하고 있지만 좀 더 자세하게 설명하자면 물류비용의 문제를 고려하여 현지생산 공장에서 생산, 해외직접투자를 통한 시장개척 즉, 시장지향형 투자방식으로 이해하면 된다. 그리고 시장지향형 투자는 인도와 중국의 거대한 인구를 대상으로 투자에 활기를 띠게 되는데, 중국 13억 인구, 인도의 10억 인구는 이들이 바로 시장개척의 대상이 되는 셈이다.

석유파동의 첫 선두주자는 역시 중국이며, 공장을 세워서 경제성장을 가져올 수 있지만 자국에서 생산되는 원료나 공장의 가동원료는 충분치가 않다. 따라서 중국은 해외직접투자를 통해 아프리카 등지에 발을 딛고 있는데, 중국 유전은 거의 5%

수준도 되지 않는다. 그러므로 75% 이상은 해외의 수입에 의존해야 하는 실정이다.

〈그림 10-3〉 한국의 흐름과 세계경제 성장률

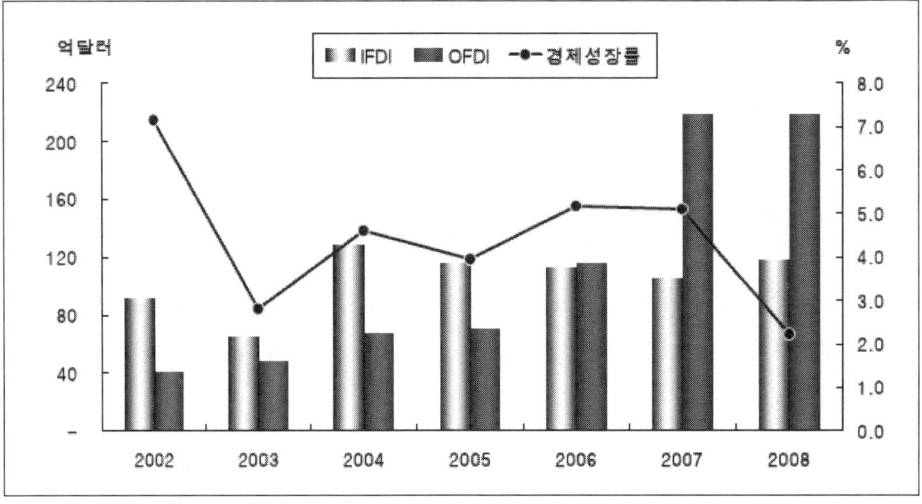


자료: IMF(2009). Economic Outlock: 수출입은행 및 지식경제부

한국기업의 해외직접투자 시초는 1968년 주식회사 한국남방개발이 인도네시아 삼림개발에 참하여 하였고, 1973년 주식회사 미원(대상)이 인도네시아 천연자원지향형 혹은 시장지향형 투자의 형식으로 조미료의 원료인 사탕수수를 통해 현지에서 생산하고자 하였다.

그리고 1971년 삼성의 주력산업이었던 주식회사 제일제당이 제일이란 기업의 이미지를 가지고 지은 이름을 그 다음이 제일모직이었다. 그리고 삼성이 미원에 뛰어들었을 때 1971년 이후 위기를 모면하기 위해 인도네시아 사탕수수(사탕=설탕; 눈처럼 생겼다고 해서 설탕이라고 붙임)의 값싼 노동력을 바탕으로 많은 인구를 대상으로 하여 시장을 확보하게 되었다.

그러나 일본의 아지나모도가 이미 존재하고 있었고(미원), 또한 대만의 사사라는 기업도 이미 진출하여 있었다. 특히 이들 가운데 10% 정도가 인도네시아에 정착한 중국인들이었기 때문에 자리를 굳힌다는 것은 결코 쉬운 일이 아니었다. 이 가운데서 (주) 대상은 해외직접투자를 함으로써 시장을 확보하여 좋은 결과를 낳게 된 것이다. 그리고 금성사(LG)는 1980년대에 IC사업이 있었는데(청주 하이닉스 공장), 이를 현대가 인수하여 하이닉스로 만들었고, 후에 LG는 가전 쪽으로 삼성은 반도체 쪽으로 나가게 되었다.

〈그림 10-3〉에서 2000년 이후 2009년 1/4분기까지 FDI유입액은 전년 동기 대비 53.9%감소추세로 나타났으며, 이는 국내 경기가 회복조짐을 보이는 가운데 외국기업들의 녹색성장과 관련된 신재생에너지 분야, 환경, 부품소재 등의 새로운 성장분야의 투자에 관심이 높아지고 있는 것으로 나타났다. 그러므로 수요 창출과 성장잠재력이 큰 신재생에너지, 환경자원 및 전문서비스 산업에 대한 투자 강화와 이를 활성화해 나갈 것으로 보인다.

## 3. 한국의 해외투자 현황

### 1) 제2차 대전 이후의 해외직접투자

#### (1) 제2차 대전 이후~1960년대

제2차 대전 직후 미국의 대유럽 직접투자를 중심으로 투자분야는 제조, 자원개발, 무역상사 등의 분야에서 진행되었다. 이 시기 미국은 주로 서유럽 중심으로 전개하였고, 그 외에 캐나다, 중남미, 중동 등 지역으로 나갔다. 또한 미국 전체투자의 2/3는 제조업, 무역상사, 해외현지 시장국의 내수산업에 집중 투자되었다. 미국을 제외한 주요 국가들의 경제는 전쟁피해가 심했고, 해외직접투자의 여력이 없었다고 볼 수 있다. 그러나 1950년대 후반에는 전후 경제를 재건하는 데 성공한 서유럽 기업들이 1960년대 초반부터 해외직접투자에 나서게 되었다.

우리나라의 해외투자는 1959년 미국의 뉴욕에 대한중석과업(주)이 임대업을 목적으로 부동산을 취득한 것이 시초이다. 하지만 임대업이 아닌 부동산 투기목적이라는 엇갈리는 반응도 있지만 (주)한국남방개발이 자원개발을 목적으로 1968년 인도네시아에 300만 달러를 투자한 것이 시초라고 보고 있다.

1960년대 전 세계 해외직접투자는 무역의 증가율(연평균 5% 증가)보다 해외직접투자의 증가율(연평균 15% 증가)이 높은 시기였다. 미국 기업의 서유럽, 캐나다, 중남미, 중동, 일본 등에 대한 해외직접투자가 증대되었고, 영국, 캐나다, 서독, 네덜란드, 프랑스 일본 등도 미국에 대한 직접투자를 증가하기 시작하였다. 즉, 1960년대에는 선진국 간 상호투자가 시작된 시기이며, 1966년을 기점으로 연간 미국에 대한 외국의 직접투자가 미국의 해외직접투자를 추월하였다. 투자부문에서는 대개도국의 자원개발 분야에 대한 투자가 위축된 반면, 1차 산품과 식료품 분야에 대한 신규투자는 증대되었고, 화학, 전자 자동차 등 내구성 소비재부문은 현지에서의 판매경쟁 격화 및 무역장벽 회피를 위하여 수출에서 해외직접투자 전략으로 나왔다.

우리나라는 1959년도를 시작으로 해외투자를 시작하게 된 셈이며, 내어놓을 만한 수준은 실적이나 해당사항이 별로 미진한 상태이며, 1970년대에 가서야 비로소 해외투자에 관한 눈을 돌리게 된 것이라 할 수 있다. 그리고 1969년 12월에 외국환관리규정을 통한 대외투자의 관심을 나타내기 시작하였다.

### (2) 1970년~1980년대

1970년대의 해외직접투자는 증가세가 둔화되었지만 선진국 간 직접투자는 균형을 이루어 갔다는 것이다. 즉, 전 세계 해외직접투자에서 미국의 해외직접투자 비중은 줄어든 반면 서독과 일본의 해외직접투자가 상대적으로 크게 증가되었다. 서독의 투자는 유럽과 미주지역에 집중된 반면 일본의 투자는 대개도국 투자 비중이 높았고 자원개발 관련 투자가 많았다.

산유국들은 막대한 석유수출자금을 일부 석유관련 산업에 대한 수직적 분업형태의 직접투자와 부동산투자를 행하기도 하였다. 그러나 오일달러의 대부분은 금융자산에 대한 포트폴리오 투자가 많았다. 또한 선진국기업에 의한 대개도국 직접투자를 바탕으로 개도국은 투자 이윤율이 높고, 저임금이기 때문에 이를 통한 천연자원 조달 및 개도국 국내 판매시장 확보를 목적으로 하는 투자가 증가하였다. 일부 개도국은 자국의 수입대체산업 육성을 위한 수입 장벽강화를 통하여 해외직접투자를 유치하고자 하였다.

우리나라의 해외투자는 1968년~1979년 도입 및 기반조성단계 남방개발을 위한 인도네시아에 진출한 이후부터 해외투자에 관한 관심을 보이기 시작하여 1969년 외국환관리규정을 신설하여 1974년까지 국제수지의 적자로 인한 해외자원개발, 수출촉진 등은 소극적인 정책으로 일관할 수밖에 없었다. 그러나 1975년 이후 제도적 장치를 마련하여 4월에 해외직접투자 허가 및 사후관리 요령이 제정, 1978년 11월 해외투자 허가업무 취급세칙을 통하여 조성단계에 들어서게 되었다. 이시기에 나타난 주요 투자내용으로는 임업, 제조업, 무역업 중심으로 개발자금은 수출입은행을 통하였고, 해외투자 관련의 승인제도의 업무는 한국은행이 주로 담당하였다.

1970년대에 세계경제 침체는 1980년대 들어와서 회복되기 시작하였고, 이에 따라 해외직접투자도 큰 증가세를 나타내었다. 1980년대 해외직접투자의 특징으로는 해외직접투자의 3극화 현상, 즉, 미국 EC, 일본이 해외직접투자의 주요국으로

등장하였으며, 개도국들 중 일부 공업화를 달성하거나 신흥공업국들이 중심으로 해외직접투자를 시도하였다. 투자부문에 있어서는 비제조업분야 즉, 금융관련 서비스분야, 무역관련 서비스분야, 부동산관련 분야의 투자가 증가하였다.

또한 제품시장규모의 둔화 및 신설창업투자의 고비용 등으로 인하여 대선진국 투자는 기업을 인수하는 M&A형태의 직접투자가 증가하기 시작하였다. 특히 1980년대 후반 일본기업들은 강한 엔화를 배경으로 대미 직접투자에서 M&A형태를 통한 진출이 두드러졌다. 1980년~1985년도의 우리나라의 해외투자는 투자 장려정책을 통한 변화를 가져왔다. 무엇보다 해외투자의 제도를 간소화하고 석유, 유연탄 등의 자원개발투자와 해외시장 개척 및 시장 확대를 위한 투자를 늘리기 위하여 사전승인제도를 폐지하고 심의위원회가 설치되었다.

### (3) 1990년대 이후 현재

1990년부터 선진국들의 해외직접투자 규모는 급속히 감소하여 1995년까지 저조한 실적을 나타내었다. 그러나 1995년 이후부터 2000년까지는 주로 미국과 서유럽 국가들의 해외직접투자가 급등하였다. 서유럽과 일본은 미국으로, 유럽 국가들은 영국으로, 아시아국들은 중국으로 투자가 활발하였다. 특히 1997년에 시작된 동아시아의 외환위기로 인한 IMF구제 금융으로 인하여 미국과 EU 및 개도국들로 향한 것은 중남미를 제외하고 전반적으로 크게 감소하였다.

2000년대 이후 급증하기 시작한 해외투자는 현재 국제생산시설을 통한 운영의 다국적기업이 성행하여 그 수는 60,000개를 넘어섰고, 자회사 수는 500,000개를 넘어서고 있다. 투자분야에서는 1995년 WTO의 발족으로 인하여 서비스분야의 시장개방이 확대되어 서비스분야의 직접투자는 전체 직접투자의 50%를 상회하고 있다.

우리나라는 1986년부터 1991년까지 활발한 해외투자 촉진정책을 펴 나갔다. 이 시기에는 임금의 2배 이상의 급격한 상승과 무역에서의 통상마찰 증가 국제수지 흑자전환 등으로 인하여 수출경쟁력이 약화된 부분을 고려하여 경쟁력제고를 위한 시설이전투자를 통한 해외투자를 활성화 하였다. 특히 해외투자의 허가제를 신고제로 변경하였고, 신고대상업종도 확대해 나갔다. 그리고 투자의 규모를 500만 달러 이상으로 완화하였으며, 해외투자에 대한 자격요건을 완화하여 자율규제 기준을 마련하였다.

특히 1992년부터 1996년까지 투자자유화의 제도적 장치를 마련하였다. 그러나 국제수지의 적자와 해외투자로 인한 산업공동화의 우려로 부분적인 재정비체제에 들어갔다. 따라서 기존의 신고제에서 인증제가 도입되었고, 1000만 달러 이상으로 규모를 확대하였으며 자산운용의 목적으로 해외부동산 투자를 확대해 나갔다. 그리고 1996년 6월 해외직접투자 자동허가제를 도입하여 자유화 분위기에서 해외투자를 하게 되었다. 그리고 1997년 이후 우리나라는 OECD가입과 함께 해외투자 관련의 업무는 기업의 자율적인 권한과 책임 강화를 목적으로 민간부분에 대폭 이관하여 시행하게 되었다.

세계화를 통한 한국의 해외직접투자는 도입 및 조성단계(1968~1979년)와 투자장려 단계(1980~1985년), 그리고 활성화 초기 단계(1986년~1991년), 투자자유화 단계(1992년~1996년), 민간주도 단계(1997년 이후)로 구분한다. 특히 우리나라는 1990년도 해외직접투자는 전년대비 17.2%가 감소한 것으로 나타났다. 구체적인 이유는 아시아지역에 대한 투자는 전년대비 28.7%감소하였고, 북미, 유럽에 대한 투자는 25.9% 증가하였다. 지역별 특징을 보면, 아시아지역은 감소(전년대비 28.7% 감소)한 반면 북미와 유럽지역은 증가(25.9%, 40.9% 증가)로 나타났다. 이러한 이유는 투자비중이 큰 아시아 지역에 대한 투자액 감소가 전체 투자의 감소에 큰 영향을 주었다.

**〈표 10-5〉 주요 업종별 해외직접투자 규모(신고기준: 단위 억불, %)**

| 구 분 | 2007년도 | 2008년도 | | | 2009년도 | | |
|---|---|---|---|---|---|---|---|
| | 신고액 | 신고액 | 비중 | 증감률 | 신고액 | 비중 | 증감률 |
| 전체 | 298.0 | 367.4 | 100.0 | 23.3 | 304.2 | 100.0 | 17.2 |
| 광업 | 30.7 | 91.0 | 24.8 | 196.7 | 114.5 | 37.6 | 25.8 |
| 제조업 | 96.4 | 87.3 | 23.8 | 9.4 | 57.3 | 18.8 | 34.4 |
| 부동산임대업 | 41.4 | 39.0 | 10.6 | 5.8 | 34.2 | 11.2 | 12.3 |
| 금융보험업 | 21.3 | 36.1 | 9.8 | 69.5 | 27.4 | 9.0 | 24.1 |
| 도소매업 | 29.9 | 42.3 | 11.5 | 41.3 | 21.0 | 6.9 | 50.3 |
| 전문, 과학기술 및 서비스업 | 30.2 | 30.6 | 8.3 | 1.3 | 18.1 | 6.0 | 40.7 |

주요특징 및 향후대책으로는 2008년 하반기에 시작된 세계경제 침체의 영향으로 2009년도 해외직접투자가 전년대비 감소(17.2%), 그러나 전 세계 해외직접투자 감

소세(전망)보다는 상대적으로 감소율이 적은 수준이다. 해외직접투자 비중이 상대적으로 작은 중동, 중남미아프리카 등 자원부국으로의 진출을 활성화가 필요하다.

또한 장기적 안목에서 에너지, 광물 등 전략자원에 대한 투자를 확대할 수 있도록 자원개발 펀드 조성 등을 통한 자원과 함께 자원부국과의 FTA를 지속적으로 추진해야 할 것이다. 그리고 해외시장 확보를 위한 유통업 및 서비스업의 진출 확대와 함께 녹색기술 등 선진국에 비해 취약한 분야에 대한 기업의 투자를 확대할 필요가 있다.

## 4. 해외직접투자가 투자국에 미치는 영향

### 1) 해외직접투자국과 투자국에 미치는 영향(FDI)

해외직접투자가 투자국에 미치는 영향은 해외에 진출한 기업성과를 통하여 자국의 경제발전과 무한경쟁시장에서의 경쟁력 확보 및 시장개척 등의 효과를 얻을 수 있다. 특히 기업이 새로운 시장에 진출함으로써 저렴한 생산요소 획득함과 동시에 수평, 수직적인 통합을 통한 규모의 경제효과를 얻을 수 있으며 천연자원의 전략적인 접근이 가능하게 된다. 해외직접투자를 함으로써 투자자산의 증대와 효과적인 기업목표를 달성하여 새로운 시장의 기회를 제공받을 수 있을 뿐만 아니라 신기술을 습득할 수 있는 기회도 제공받을 수 있다.

### 2) 해외직접투자가 투자유치국에 미치는 영향(IFDI)

외국인의 의한 투자는 해외투자로 외국으로부터 유입되는 것으로서 투자유치국이 얻을 수 있는 효과는 다양하다. 무엇보다 선진기술 이전과 국내기업과의 연계성 있는 발전효과, 수출증대, 고용창출, 자국 산업의 발전 등을 꾀할 수 있다는 장점이 있다. 그리고 투자유입으로 인한 국내의 금융시장의 활성화와 국내기업의 경쟁력 약화로 인한 시장퇴출, 해외기업에 대한 의존성 증대와 자국 산업의 쇠퇴 등의 악영향을 받을 수 있기 때문에 투자유치국 정부는 해외직접투자를 통하여 발생하는 여러 가지 긍정적 효과를 최대한으로 활용하여 자국의 산업을 발전시켜 나감과 동시에 관련의 부작용과 부정적인 요인을 제거하기 위한 다각도의 노력이 절실히 필요하다.

### 3) 한국기업의 현지화 과제

한국기업의 해외직접투자 현지화 과제는 한국기업의 해외에 진출하려면 무엇보다 본국중심에서 벗어나야 한다. 즉, 현지화를 지연시키고 있는 것 가운데 하나가 한국적 사고방식이나 경영관리시스템의 고집 등으로 인하여 현지에서의 반발이 심하게 일어나고 있다는 점이다. 물론 연구개발과 아이템 등에 있어서는 한국형을 고집할 수도 있겠으나 세계화의 영향으로 이제는 지역중심의 개념까지 통합된 추세에 따라 어느 한 지역에서의 성공적 진출은 그 나라의 세계화에 걸 맞는 현지중심으로 변화되어야 한다. 이러한 사례는 주식회사 대상의 인도네시아 진출과정과 발전과정에서도 찾아보게 된다. 또한 여타 다른 기업들도 많이 있겠으나 현지인을 중심으로 한 현지에 맞는 마케팅과 관련의 정책을 펴야 한다는 것이다.

따라서 현지인에 맞는 제품개발, 디자인, 마케팅을 통한 경영활동을 독자적으로 수행하는 있는 체제와 관리적 차원의 조직을 새롭게 정비해 나가야 할 것이다. 그리고 좀 더 공격적 진출로 글로벌 기회를 선점해야 한다. 주식회사 대상의 경우에서와 같이 해외로 나갈 수밖에 없어 나간다는 것이 아니라, 사전에 해외진출을 위한 충분한 준비와 정보를 바탕으로 미래지향적인 글로벌기업으로 나아가야 한다는 것이다. 글로벌 우위전략을 위해서라도 국제적인 경영과 M&A 등을 통한 다국적 기업을 적극 추진활용하고 글로벌 경쟁에서의 우위를 확보하는 한편, 현지화의 추진으로 인하여 성공적인 추진과 현지화 기업, 현지사회와 함께 상생할 수 있는 체제가 필요하다.

기업의 해외진출은 기업의 생존발전을 위한 문제이지만 무엇보다 국민경제적 차원에서 볼 때, 기업은 신 시장 개척과 선진의 새로운 기술을 도입하고 해외진출을 통한 한국기업의 진출이 점차 확대되어 해외시장에서의 새로운 이미지제고와 전략적 차원에서의 다각화를 이루어 한 차원 높은 글로벌 기업과 세계화에 맞는 기업의 경영을 활성화 해 나가야 할 것으로 본다.

# 제11장 글로벌시장의 지리환경과 무역동향

Chapter 11

# 글로벌시장의 지리환경과 무역동향

## 제1절 글로벌시장의 무역환경

### 1. 글로벌시장의 경제적 환경

글로벌무역환경의 지리연구와 무역동향에 관한 사항에 있어 생산자, 소비자, 서비스 등의 체계적이고 연계성 있는 발전을 꾀할 수 있는 방안이 필요하며, 특히 동남아지역에 대한 새로운 시장개척과 개척시장을 통한 제품생산 및 판매를 위하여 해당 국가의 경제, 문화, 사회, 정치 등의 문제에 관한 환경적 이해가 필요하다. 그 가운데 베트남의 경우 기술거래소를 통한 자국의 기술 축척과 산업발전을 동시에 꾀하고 있어 해외시장개척과 해외시장진출은 곧 바로 역수출의 위험성을 내포하고 있음도 짐작할 수 있다.

따라서 해외시장개척을 통한 자국의 산품이나 해당 기업의 진출 및 무역을 통한 상품의 판매는 글로벌시장에서의 보이지 않는 경쟁적 관계의 위치에 있음을 확인할 수 있다. 해외시장개척을 통한 제품의 수명주기와 해외시장에서의 교두보 마련을 장기적인 전략적 차원에서 보다는 단회적인 전략이나 제품의 판매보다는 기업의 이미지 제고를 위한 노력을 아울러 실시하는 추세에 있음도 글로벌시장의 흐름을 보여주는 좋은 예라 하겠다. 그러므로 글로벌시장에 관한 관련국의 각종 환경이해와 충분한 조사 및 계획아래 기업의 이윤확보를 위한 마케팅활동과 추가적인 활동을 계획해야 할 것이다.

### 1) 세계시장의 글로벌화

세계화의 영향으로 전 세계가 하나의 거대한 국가개념으로 글로벌화를 통한 무한경쟁의 시장으로 발전하였다. 특히 WTO의 탄생과 국가 간의 무역장벽 철폐, 통신의 발달, 수송수단의 발달, 세계 모든 나라의 소비자 기호가 유사해짐에 따라 글로벌화를 추구하게 된 것이다. 그리고 글로벌 전략의 추구는 곧 국경이 없는 무한경쟁에서 비롯되었다. 이는 글로벌화를 촉진한 주원인이 시장의 요인, 비용요인, 정부요인, 경쟁요인으로 나타났다.

시장의 요인은 소비자들의 기호가 날로 동질화됨에 따라 글로벌 브랜드를 선호하게 되었으며, 이를 통한 글로벌 기업들의 생산체제가 다양화되었다. 이러한 다양화 추세에 따라 글로벌 마케팅의 개념이 도입되었다.

비용의 요인은 규모의 경제와 기술혁신, 글로벌 생산방식의 도입으로 가격경쟁에서의 비교우위를 점유하려고 하는 글로벌 기업의 새로운 양상으로 나타났다. 그리고 정부의 요인으로 국가 간의 무역장벽 철폐와 개방적인 시장경제의 확산은 경쟁요인을 더욱 가속화시켰다. 그러므로 글로벌의 새로운 경쟁전략이 필요하게 되었다. 특히 글로벌 고객들의 동질화, 다양화된 전 세계적인 추세에 따라 글로벌기업을 통한 글로벌시장의 확대와 전 세계의 생활권을 하나로 묶어 제품과 서비스 및 내용의 통합화를 추구하게 된 것이다.

### 2) 해외시장의 경제적 환경

해외시장에서의 경제체제는 자본주의 경제체제를 통하여 시장경제, 시장에 의해 자원을 배분하는 거대한 하나의 국가개념으로 나타났다. 그러나 사회주의 경제체제는 계획배분과 마케팅의 부재로 인하여 크게 성장하지 못하였다. 가령 쿠바를 비롯한 북한은 사회주의 체제에서 벗어나지 못할 뿐만 아니라 세계화에 편승하지 못하고 있어 글로벌시장에서의 낙후성을 면치 못하고 있다.

물론 경제체제에서 자본주의, 사회주의 경제체제로 구분하지만 이 가운데 이를 혼합한 혼합경제체제로 나타나고 있는 세계의 공장격인 중국이 있다. 중국은 사회주의 체제를 고수하면서도 시장경제체제를 도입하여 전 세계적인 거대시장으로 발전하고 있다.

글로벌시장의 경제적 환경의 경제체제는 시장경제와 사회주의 시장경제로 구분한다. 물론 정부가 생산과 분배의 과정에 얼마나 관여하느냐에 따라 다소 차이가 있겠으나 중앙계획경제인 경우 정부의 역할도 중요시 되고 있다. 시장은 수요와 공급에 의하여 결정되어지지만 사회주의 체제의 경제하에서는 정부에 의한 중앙 집권체제로 유지된다.

하지만 시장은 자유경쟁체제 하에서의 시장이라도 발전할 수 있을 것이다. 일반적인 거시 경제적 환경 하에서의 시장은 소득의 크기와 안정성 및 경제발전의 단계에 따라 다르게 나타난다. 거시경제의 내용은 총소득이나 국민총생산 등의 경제발전에 대한 판단자료가 되기 때문에 안정된 배분과 시장경제에 의한 발전은 올바른 소비문화와 시장경제의 활성화된 국가의 발전을 꾀할 수 있기 때문이다.

## 2. 글로벌시장의 문화 환경 분석

### 1) 문화의 개념과 구성요소

#### (1) 문화의 개념

문화란 M. J. Herskouite에 의하면 인간이 접하고 있는 환경의 일부이며 이는 한 사회의 구성원으로서 습득한 능력과 습관들의 총체적인 것을 말한다. 즉, 지식, 신념, 예술, 도덕, 법률, 관습 등을 말한다. 또한 A. Hoebel은 사회구성원들에 의해 공유되고 있는 학습의 행위적 총제라고 보았으며, E. T. Hall는 문화의 특징으로 이해하였다. 여기서 문화의 특징이란 선천적인 것이 아니라 학습된 것이며, 여러 가지 요소가 상호관련을 맺고 내제되어 있으며, 사회구성원들에 의해 공유되며 다른 사회구성원들과 구별된다고 하였다.

더 나아가 V. Terpstra & K. David는 경영학적인 해석으로 사회구성원들의 특징을 나타내는 학습, 공유 등의 상호관련의 관계와 사회구성원들의 생존과 관련된 문제의 해결책을 제공하는 것으로 기업의 존속과 발전에 영향을 준다고 하였다. 따라서 문화의 개념은 사회 환경의 구성요소이며, 자신의 행태를 다른 것과 구별하는 것으로서 학습된 인간행위인 사회적 규범과 생활방식이라 할 수 있다.

#### (2) 문화의 구성요소

한 집단이 공유하는 특수한 삶의 양식을 문화라고 한다. 문화를 통하여 공동체의 삶을 영위해 나가거나 집단을 하나로 묶어주는 매개체의 역할을 한다. 하지만 문화는 자연적으로 주어지는 것이 아니라 반복적이고 계속적인 활동 가운데 답습

된 학습의 결과라고 할 수 있다. 그러므로 문화는 선천적인 것이라고 보다는 후천적인 것으로 본다.

따라서 문화는 후천적인 것이요, 학습에 의하여 주어지는 것이라고 한다면 어떤 일정한 행위를 통하여 계속적이고 발전적인 추세로 나아갈 수 있다는 특징을 갖는다. 한 국가의 문화적 요인을 평가하는 목적은 목표시장에 대한 적절한 제품개념을 정립함으로써 마케팅의 효율적인 목표를 달성하고 문화적인 요인을 포함한 전반적인 분석의 지표로 삼아 해외진출을 위한 기업의 경우 문화적인 요인들을 사전에 답사 또는 철저한 준비가 마무리되어야 한다.

### (1) 경제생활의 수준과 문화관계

경제활동과 문화는 한 나라의 기술력과 그 기술을 바탕으로 한 경제활동에 영향을 미친다. 즉, 경제활동의 상태와 기술력은 마케팅의 전략에 영향을 준다. 만약 그 나라에 발전소가 없거나 전기를 생산할 수 없는 상태라면 전자제품을 보급하는 일이나 관련의 일을 진행하자면 적잖은 요소가 작용할 것이다. 그러므로 이러한 경제상태 및 경제활동 기술 등의 수준을 파악하여 마케팅전략에 접목시켜야 한다.

다시 말하면, 그 나라가 관련의 제품을 수입한다 해도 사용할 수 없는 물품이라면 수입을 하지도 않을뿐더러 수출하는 기업과 관련의 국가에서도 적잖은 타격을 입게 될 것이다. 따라서 그 나라의 경제력과 기술력은 마케팅 전략의 기초가 된다고 할 수 있다.

### (2) 언어

언어(language)는 인간의 사고와 의사를 전달할 수 있는 가장 효율적인 수단이 되며 문화권을 구분하는 기준으로 쓰이기도 한다. 언어를 통하여 가치전달체계와 사고방식이 다른 문화를 형성하게 된다. 세계화의 영향으로 글로벌기업들이 대세를 이루고 있지만 아직도 언어의 장벽을 넘지 못하고 있는 실정이어서 그 나라의 언어를 먼저 습득한 후에야 시장개척과 시장진출의 효율성을 가져올 것으로 판단한다. 특히 다양하고 복잡한 언어의 구조로 인하여 광고전략, 제품전략 등에도 큰 영향을 미칠 수 있다.

따라서 의사전달을 하는 과정은 몸짓이나 손짓 발짓 등을 통하여서도 가능하지만 언어를 통하여 상호간의 의사전달을 쉽게 할 수 있으며, 체계적인 과정과 내용으로 할 수 있다는 장점이 있다. 그러므로 비언어적인 관계를 통한 의사소통은 한계가 있을 수 있으므로, 언어를 통한 정확한 의사전달이 필요하다. 왜냐하면 서로 다른 문화 가운데 상대방을 이해시키고 설득시키려고 한다면 언어를 통한 방법이 가장 기초이며 가장 중요한 것이라 할 수 있다.

국제관계에 있어 언어는 의사소통의 기본적인 것으로 문화 간의 차이를 극복하는데 가장 중요한 수단이 될 수도 있다. 예를 들어 선진국과의 거래관계라면 기본적으로 영어와 기타의 언어를 통하여 의사소통이 쉽게 진행될 수 있겠으나 아프리카와 같은 후진국의 경우 서로 다른 문화와 낮은 문맹률로 인한 언어의 차이를 극복하기 쉽지 않을 것이며, 이를 발전시켜 새롭게 접목시켜 나가려 한다면 많은 시간과 경비가 소요될 것이다.

### (3) 미학

미학이란 특정문화가 가지고 있는 것을 말하며, 음악, 그림, 무용 등을 통한 예술적 표현의 미와 풍취에 관한 것이다. 특히 중국과의 관계를 개선하려 한다면 밝은 흰색계통의 다자인 보다는 붉은색 계통의 디자인을 통한 디스플레이 전략을 세워야 할 것이다. 이와 같이 국가와 민족 간의 서로 다른 색체와 색상의 선호 및 인식의 정도에 따라 무역 및 통상에 적잖은 요인으로 작용할 수 있기 때문이다. 물론 세련되고 새로운 미적 감각을 지닌 선진국풍의 새로운 색체감각도 중요하겠으나 그 나라와 시대적 문화 등에 알맞게 맞추어 나가는 것도 중요하다.

미학적인 관계에 있어 해외진출 담당자 및 관련자는 제품의 포장, 광고, 디자인 등에 대한 각국별 및 특징별 문화적 요소와 색체를 고려하는 것도 마케팅전략의 하나라고 할 수 있겠다. 특히 광고인 경우 그 나라의 문화와 색체적인 감각을 더욱 더 높여나가야 할 것이다. 미적 감각은 상표 선정시 많은 영향을 받는다. 현지에서의 미학은 언어를 통한 좀 더 가까운 차원으로 한 발 더 앞당겨 다가갈 수 있다는 장점이 있다.

### (4) 종교

지구상에는 다양한 종족과 다양한 언어 및 문화와 종교를 가진 나라와 민족들이 거주하고 있다. 때로는 이러한 종교적인 색체로 인하여 해외진출에 애로사항을 토로하는 기업들이 많다. 구체적인 이유는 그 나라의 문화와 종교에 관한 무지로 인하여 대처방안을 마련하지 못한 탓이다. 그 나라의 경제생활이나 언어 및 미적 감각 등은 외형적인 요인이라면 종교는 내면적인 요인으로 볼 수 있으며, 내면적인

요인은 그 나라의 생활관, 가치관 등에 많은 영향을 미치고 있음을 알 수 있다.

국가와 시장에 따라 소비자들의 행동패턴이 다양하게 나타나고 있으며, 종교적인 색체가 짙은 경우도 많이 나타나고 있다. 가령 회교국가에서는 여자와 술을 금하고 있다. 그러므로 이러한 나라에 대해서는 술과 여자관계를 통한 가무행위는 삼가야 할 것이다. 반면, 이러한 시장에서는 음료를 비롯한 다양한 마실 거리의 문화가 상당히 발달할 수 있다는 특징을 갖는다.

글로벌기업의 경영자는 각국의 민족종교, 종교지도자, 사회정치적 변화 등에 관한 상세한 사항을 사전에 답습해 두어야 한다. 가령 글로벌기업인 경우 이슬람교의 금식기간에는 생산이 급격하게 줄어들 것이며, 기독교관련 국가에서는 성탄절을 통한 시즌에 판매와 생산의 긍정 및 부정적인 요인들이 교차하여 발생할 것이다.

### (5) 사회제도와 가치체계

사회제도는 한 개인이 다른 한 개인과의 관계를 갖는 것으로서 공식 및 비공식적인 삶의 형태이다. 사회제도의 구성원과 그 구성원들과의 사회적 관계를 통하여 상호관계를 맺어 나간다. 한 개인이 개인과의 관계와 국가와의 관계, 조직과의 관계, 사회적인 제도와의 관계 등을 통하여 사회구성원으로서의 관계를 맺어 나간다. 그러므로 한 개인이 존속하거나 관계성을 통하여 구조를 파악해 나감으로써 시장세분화의 기초적인 자료를 제공받을 수 있다.

또한 가치체계(value structure)란 태도, 가치관 등을 의미하는 것으로서 개인적인 태도와 개인의 직업관 등을 나타낸다. 물론 가치체계는 사회적 관계와 학습을 통하여 얻게 되며 발전하게 된다.

## 제2절 글로벌시장의 무역통상 환경의 변화

## 1. 세계화와 무역통상의 양상변화

### 1) 글로벌시장의 무역환경과 시장변화

세계화의 거센 물결은 선진국으로부터 개발도상국이나 후진국에 이르기까지 모두가 하나의 거대한 국가적 개념으로 통합화와 표준화를 추구하게 되었다. 그러므로 전 세계의 인구는 하나의 거대한 국가의 국민적인 생활이나 문화, 환경 등의 거의 모든 삶을 표준화하기에 이르렀다. 가령 한국의 핸드폰은 전 세계적으로 어디에서나 통용할 수 있는 핸드폰으로 자리매김을 하는 것과 마찬가지이다.

하지만 자국의 산업과 국민경제의 발전에 더욱 목소리를 높이에 되었고, 이에 국제적인 상행위에 대한 거센 압력을 커버해야만 자국의 시장이 생존권을 보장할 수 있기에 이르렀다. 따라서 전 세계적으로 자국 산업과 자국의 시장보존과 국민의 경제적인 삶을 위하여 다각도로 노력을 기울이지 않으면 안 되게 되었다. 실제로 이러한 거센 세계화의 바람을 긍정적으로 받아들이는 국가가 있는가 하면, 반면에 전혀 받아들이지 못한 탓에 후진성을 면하기 어려운 지경에 이르게 된 것이다.

## 2) 무역통상정책의 변화와 영향

세계 경제는 교통과 정보기술의 발달을 통하여 구사회주의 경제권의 시장경제로의 통합, WTO 다자협상에 의한 국제규범의 확산, 국제금융시장 통합, 지역주의 확산 등을 통해 개방화, 글로벌화 되었다. 그러나 갈수록 자원시장의 불안정은 높아만 가고 있다. 석유와 철강에 대한 국제원자재 시장의 불안정으로 인하여 가격이 변동하는 등락을 거듭하고 있으며 통상환경에 매우 불안한 요소로 작용되고 있다.

이와 함께 더 복잡하게 하는 것은 급작스런 중국의 경제성장과 발전이다. 세계화와 지역화의 영향은 전 세계적인 공급과잉을 낳았다. 공급과잉은 국제통상의 환경을 복잡하게 해 주었다. 수요부문이 성숙단계에 들어선 가운데 전 세계적으로 주요업종의 생산능력은 계속 증가해 공급과잉으로 나타나고 말았다.

신흥시장 국가들의 중화학공업 중심의 수출주도형 성장전략으로 공급과잉을 더욱 빠르게 움직이게 되었으며, 선진국에서도 고령화 사회에 따른 구매력이 점차 감소추세로 돌아서게 됨에 따라 공급과잉은 피할 수 없는 일이 되었다. 공급과잉은 수출경쟁심화, 보호무역주의 강화, 환율전쟁, 세계경제 침체와 금융의 불안을 유발시켜 대외무역 환경을 악화시키게 된다.

따라서 자유무역을 지향하는 WTO가 출범하였음에도 불구하고 자국 산업보호를 위한 무역구제 수단은 날로 증가하고 있는 추세이다. 특히 반덤핑 제소가 크게 증가하였을 뿐만 아니라 UR을 비롯한 다자간 무역협상 및 양자 간 자유무역협정으로 인하여 관세인하로 자국 산업보호를 위해 상대적으로 반덤핑, 세이프가드, 상계조치를 최대한 활용하는 추세에 이르렀다.

또한 국내시장과 세계시장에서의 환경오염 유발 제품의 가격이 상승하게 되었으며, 이에 따른 가격의 경쟁력이 낮아져 수출은 물론 국내의 산업도 어렵게 만들고 있다. 이는 환경라운드가 진행됨에 따라 선진국보다 개발도상국이나 후진국에서의 환경기준 마련이 미약한 관계로 생산요인의 공정이나 제품에 이르기까지 환경오염을 유발하는 제품들에 대한 경쟁에서 뒤쳐질 수밖에 없게 되었다. 그리고 블루라운드라고 일컫는 임금협상, 근로시간 조정 등에 관한 기준마련을 서두르고 있어 노동기준이 미비한 국가에서의 임금부분은 상승을 통한 가격상승을 도모하게 됨으로 경쟁에 큰 영향을 미칠 것이다. 여기에 관세율과 기타 시장에서의 제조건을 추가한다면 생산되는 해당 제품에 큰 타격을 입게 될 것으로 보인다.

### 3) 무역통상의 변천

국제통상이란 18세기의 중상주의의 발생을 시작으로 중농주의, 자유주의, 보호주의, 다자주의, 지역주의, 신자유주의, 신보호주의, 중도주의 등으로 시대적 변화에 따라 통상의 이념이 발전하였다. 그러나 국제통상이라고 할 때 국제통상의 기본이념은 16세기 유럽의 중상주의이며, 당시의 화폐급증과 지불수단의 증대로 인하여 중상주의로 태동한 것이다.

이를 위하여 국가의 부는 수출입을 통한 국부 증대를 통하여 무역차액에 의한 정책 발전을 꾀하였다. 이러한 배경 하에서 수출장려, 수입억제, 중계무역, 관세정책 등이 나타났다. 중상주의는 시대적 변천에 따라 중금주의에서 무역차액주의 혹은 산업보호주의로 전화되었으며, 이 시기는 절대왕정시대로 시민혁명의 의회주의적 중상주의, 수공업에서 공장제수공업으로 변화, 상업자본의 지배에 대한 대외무역에 중점을 둔 농공업의 보호정책으로 변화되었다.

하지만 산업발달로 인하여 국제통상의 증가로 말미암아 국부를 금은의 축적으로 보는 관점이 점차 흐려지고 무역차액의 증가에 있는 것이 아님을 아담스미스가 밝혔다. 그는 국민들이 매년 생산해내는 생산물의 양을 기준으로 삼았다. 특히 자유경쟁과 자유무역은 국제 분업을 촉진하여 자연적, 인위적인 생산조건을 달리하는 나라들과의 생산조건에 맞는 생산을 분담함으로써 세계경제 및 자국의 경제에 이익이 된다는 주장이다.

자유주의는 자유무역의 경우 후진국이 선진국의 산업발달을 답습하려면 매우 어렵기 때문에 후진국의 유치산업을 보호하기 위하여 보호주의가 태동한 것이다.

물론 당시 영국의 자유주의에 대항한 독일, 미국이 자국의 공업보호를 위해 보호조성책을 주장하였으나 이를 위해 관세수출입금지 보조금 및 장려금 등의 정책적 수단을 제시하기도 하였다. 국내 산업을 보호할 목적으로 공업화를 통한 산업간 분업의 이익과 상호간 수요창출에 의한 안정된 시장을 갖는 것이라고 보았다.

보호주의는 정부가 상품과 서비스의 국가 간 이동을 통한 자국 산업보호와 국제수지 등을 고려하여 간접조치를 취할 수 있어야 한다는 주장이다. 국내 고용창출과 생산요소의 가격을 국제적으로 균등화시키는 것을 반대하고 관세부과로 인한 수입국에서의 무역이익과 특정 산업의 보호에 힘을 얻을 수 있다고 주장한 것이다.

국가 간 경제발전을 통한 산업구조의 상이함으로 인하여 자유주의 통상정책이 채택되고, 경제발전 단계가 같아서 산업구조가 동질적인 경우라면 보호주의 통상정책이 채택된 것이다. 이러한 변천과정의 특징은 1930년대 세계 제1차 대전 이후 대 공황이 찾아왔고, 이때 각 국은 보호정책을 강화하였을 뿐만 아니라 시장 확보를 강화해 나갔다. 제2차 대전 이후에도 자국중심의 보호주의적 무역이 국제전쟁의 시발점임을 깨달아 각 국의 협의 하에 국제경제기구를 설립하여 무역자유화를 통한 무역확대와 통화가지 안정을 도모하려 하였다. 이러한 경향의 움직임을 다자주의라고 한다.

다자주의는 GATT와 WTO의 생성이후 전 세계적으로 확산되어 국제통상의 뼈대를 형성하였다고 볼 수 있다. 하지만 이러한 통상의 이념에 반대하고 나타난 것이 지역주의이다. 지역주의는 특정지역의 나라들이 협정을 통하여 광역경제권을 형성한 후 무역자유화를 통한 산업구조의 조정과 통화재정 금융상의 상호공조정책을 펴 보자는 것이었다. 특히 다자주의는 상호동등의 자유경쟁을 그리고 지역주의는 역내국가가 상호 협력하여 역외국가에 대항하는 구조이다. 통상정책은 제2차 대전이후 강대국이었던 미국의 주도하에 자유무역의 조짐을 보이기 시작하였다. 1970년 이후 두 차례의 석유파동으로 인하여 국제무역수지적자의 심화로 보호주의적 통상정책은 유럽으로 확대되었고, 이때의 보호주의를 신보호주의라고 하며, 고전적 보호주의보다 강력한 것이었다.

신보호주의의 특징으로는 공정무역을 통한 비관세조치로 무역을 규제하는 것이다. 이러한 신보호주의의 경향 후에 새롭게 WTO의 체제 하에서 시장개방과 세계화를 통한 통합과 표준화로 나타나기 시작하였고, 이러한 통상이념은 1990년대까지 전 세계적으로 자유주의의 경향아래 무역이 성행할 수 있었다. 이를 신자유주의라고 부른다. 그러나 이러한 경향도 얼마가지 못하여 1990년 중후반부터 유럽에

서 중도주의적 통상이념이 발생하였다. 중도주의란 자본주의 시장경제원리와 사회복지를 바탕으로 새로운 미래경제 사회의 개념으로 나타났다.

국제통상 이념의 변천은 그 시대의 요구에 걸맞게 변천하여 왔음을 알 수 있다. 시대적인 흐름을 타고 각 국에서 상업의 중요성을 통한 중상주의 발생과 산업사회로 인한 무역의 증가로 자유무역이 발생하였으며, 산업사회의 발달로 인한 자국의 상황에 맞게 발전시키고자 한 것이 보호주의이며, 또한 국제상황에 맞게 맞추고자 한 것이 자유주의와 보호주의적인 통상정책이었다. 이는 자유주의와 보호주의 사이에서 적당한 색깔을 띠지 않고 자국 산업의 발전을 꾀하기 위한 속내를 감춘 것이라 하겠다. 급변하는 무한경쟁시대의 21세기는 국제상황의 다변화로 인하여 다자주의와 지역주의의 새로운 경향이 대세를 이루고 있다. 유럽에서는 중도주의라고 하는 시대적 흐름의 새로운 무역형태가 자리를 잡아가고 있다.

## 2. 무역통상 환경의 변화와 한국의 통상정책

### 1) 통상정책의 의미와 한국의 통상정책

국가 간의 경제활동을 목표로 이에 따른 제 문제를 해결하기 위한 수단이 국제통상이다. 국제통상이라고 할 때 통상적인 의미는 국제무역상의 장애요인들을 제거하고 무역의 원활화, 효율화를 위한 적극적인 자세의 협상을 말하며, 이러한 활동을 위한 대외 경제활동의 준비 및 활동의 전 과정을 국제통상이라고 한다. 통상의 정책은 대내적으로는 자국의 수출을 증대하여 국민경제생활의 활력을 불어넣고 대외적으로는 수입을 억제하는 정책을 펴 나가는 것인데, 이때 각 국가 간의 무역에 관한 상호 이익의 부분에 관한 이해 조정을 필요로 하게 된다.

이러한 통상을 원만하게 해결하기 위한 정책의 하나가 통상정책이다. 일반적으로 통상이란 말은 무역과 연관된 한 개념으로 수출과 수입에 관한 내용으로 이해하여 왔으나, 통상정책은 통상과 관련된 국가전략이나 대외관계를 포함하는 폭넓은 의미로 사용하고 있다. 그러므로 통상이라 함은 경제정책의 하나이며, 대외정책의 일종으로 상대국과의 관계 개선을 통한 무역 대상국과의 상호연관성을 띤 동시 발전적인 영향아래 있게 된다. 그리고 이러한 통상의 제 문제에 관하여 이해관계의 이해 조정을 위한 외교와 통상의 일상적인 규범을 통한 통상의 정책을 펴 나가고 있다.

따라서 이러한 배경 하에서 한국통상 정책의 목적과 목표는 우선적으로 국민경제생활의 활성화를 위한 것이기 때문에 당연 수출을 증대하고 수입을 억제하는 경향을 띠게 될 것이다. 이러한 수출증대와 관련된 통상의 협정 및 체결, 경제관계의 각종 협정 체결 등을 통하여 정책적인 조치를 바탕으로 수출과 연계되지 않는 조처가 취해질 수 없는 것이다.

수출증대를 위하여 수입을 억제하려고 한다면 무역 상대국과의 관계에서 국내산업의 산품이 무역 교역대상국가에서 얼마나 수입규제조치를 당하느냐 하는 것이다. 이것은 역으로 외국으로부터 수입되어 들어오는 각종 산품에 대하여 보호무역조처를 취한 다면, 비관세장벽에 의한 수입규제조치는 더욱 큰 문제로 나타날 전망이다. 결국 수출을 증대하여 국민경제와 나라 발전에 이바지 하게 됨으로써, 수출과 관련된 해외시장의 개척과 통상확대 및 자원 확보는 좀 더 적극적 자세로 추진될 것으로 보인다.

## 2) 우리나라의 대외통상협력

우리나라의 대외통상협력은 1980년대 이후 세계화의 거센 물결이 자유무역주의와 지역주의를 낳게 되었다. 이는 지역 간 국가 간 경제통합이나 통상협력의 흐름을 강하게 만들어버렸다. 자유무역으로 인한 시장 확대와 대규모 생산의 이익과 생산성의 제고를 도모하기 위한 특정산업부문의 통합이나 양국 간 혹은 다자간 무역협정 형태를 취하게 되었다. 이러한 국가 간의 대외통상협력은 자유무역주의를 기초 바탕으로 하고 있으나 지역주의 경향이 강하며 결국 대외통상협력도 자국의 이익과 산업을 보호하기 위한 보호주의적 경향에서의 경쟁우위 확보에 바탕을 둔 정책이라 할 수 있다.

### (1) 양자 간 무역협정

두 나라간의 교역수행 조건을 설정하기 위해 협정을 체결하는 것이며, WTO회원국으로서 비차별, 시장접근 등의 혜택을 누리고 있는 입장이라면 별도로 양자협정을 체결하여 양자 간 무역촉진 및 무역진흥을 위한 것이다. 물론 양자 간의 협정에는 최혜국대우와 내국민대우의 큰 차원에서 살펴볼 수 있다.

최혜국 대우란 통상 항해조약 등에서 한 나라가 어떤 국가에 부여하고 있는 가장 유리한 조건의 대우를 상대국에도 부여하는 일이지만, 흔히 통상이나 항해조약에 규정되며 이러한 규정조항을 최혜국대우라고 한다. 따라서 사전에 조약에 규정

한 조항대로 통상, 항해, 산업, 거주, 과세, 사법상의 권리 등에 대하여 인정된다. 내국민대우는 국가가 타국의 국민에 대하여 자국민과 차별을 두지 않고 동등한 대우를 하는 것을 말한다.

이러한 대우를 규정하는 조약의 규정을 내국민대우 조항이라고 하며, 특정한 사항에 대한 내외국인의 차별대우를 배제하려는 것이다. 일반 국제법에서는 국가에서 그 영역 내에 거주하는 외국인의 법적지위를 자유롭게 보장한다는 원칙으로 내국민대우 조항을 조약에 규정하는 것으로 어떤 사항에 관한 내국민대우 부여의 조항을 개별의 통상항해조약이나 기타 조약의 규정에 의하여 결정하게 된다.

### (2) 다자간협정

다자간협정은 무역 상대국과의 시장개방과 자유무역을 통한 무역활성화와 국제규범의 정립을 바탕으로 국제교역의 불확실성을 동시에 제거하자는 취지이다. 이를 통하여 GATT의 지속적인 노력으로 관세인하 협상으로 공산품에 대한 관세가 인하되었으며, 특히 1999년 평균 4%미만으로 자리를 잡았다. 이는 제2차 대전이후 처음으로 10년 동안 세계경제 성장률은 연평균 5% 정도였는데, 그와 같은 높은 성장률은 부분적으로 낮은 교역장벽의 결과였다.

상품의 교역량은 1950년도에 비하여 무려 16배가 증가하였고 생산량에 대한 상품수출의 비율은 15%로 약 2배 증가하였다. 최근 세계 각국은 반덤핑조치와 수입긴급제한조치 등을 시행하게 되었으며, 협정상의 무역제한 조치를 남용하고 자국시장을 보호하려는 경향이 짙어졌다. 이러한 자유무역이 보호무역으로 가려는 경향을 막으려는 차원이 다자간무역협정이다.

국내시장의 개방과 국가 간의 무역확대는 기업과 정부의 입장에서 동시에 무역증대를 위한 다각적인 노력이 필요하다. 이를 위해서 세계 무한경쟁에서의 경쟁우위를 차지하기 위한 새로운 차원에서의 노력을 아끼지 않고 있다. 하지만 갈수록 세계화의 영향으로 인한 개방 압력으로 인하여 경쟁은 더욱 가속화 될 것으로 보인다.

### (3) 자유무역협정

자유무역협정은 FTA와 지역주의로 세계화의 영향으로 인한 국제경제의 조류가 되었다. 물론 WTO의 출범으로 인하여 세계화는 더욱 가속화 되었지만 세계무역은 놀라운 발전을 꾀할 수 있었다. 그러나 지역협정의 확산으로 인하여 FTA가 개방을 통해 경쟁을 심화시킴으로써 생산성 향상에 기여한다는 측면에서 무역부문의 중요한 개혁조치로 부상하고 있다.

특히 무역 및 외국인직접투자의 유입이 경제성장에 원동력이 되었으며, FTA체결로 인하여 더욱 더 큰 힘을 불어넣어 주었다. 지역주의의 확산으로 인하여 자유무역협정(FTA: Free Trade Agreement)은 특정 국가 간에 배타적인 무역특혜를 서로 부여하는 협정으로서 가는 느슨한 지역 경제통합 형태이며, 지역무역협정(RTA: Regional Trade Agreement)의 대종을 이루고 있다. 그러므로 FTA는 회원국 간 관세철폐를 바탕으로 자유무역협정(FTA: NAFTA), 회원국 간 자유무역과 역외국에 대한 공동 관세율 적용 즉, 관세동맹(MERCOSUR), 또한 관세동맹에 추가하여 회원국 간 생산요소의 자유로운 이동이 가능한 공동시장(Common Market), 단일통화로 회원국 간 공동의회 설치와 같은 정치, 경제의 통합수준의 단일시장을 꾀하게 되었다.

FTA로 인한 체약국에 따라 매우 상이한 양상을 띠고 있다. 전통적인 FTA와 개도국간의 FTA는 상품분야의 무역자유화 또는 관세인하에 중점을 두고 있는 경우가 많다. 최근 WTO 체제의 출범을 전후하여 FTA의 적용범위도 크게 확대되었다. 이밖에도 지적재산권, 정부조달, 경쟁정책, 무역구제제도 등 정책의 조화부문까지 협정의 대상범위가 확대되었다.

우리나라의 추진현황으로 정부는 FTA 확산에 따라 안정적인 해외시장을 확보하고 개방을 통한 우리나라 경제의 경쟁력을 강화하기 위한 두 가지 목적으로 가진 FTA를 추진한 결과 칠레, 싱가포르, EFTA 6개국과 FTA를 체결완료 하였으며, 미국, ASEAN, 캐나다, 멕시코, 인도 등 14개국과 협상을 진행 중에 있다. 특히 ASEAN과는 상품분야의 경우 이미 협상을 타결하고 현재 서비스와 투자부문 협상을 진행하고 있다.

## 3. 우리나라의 통상정책 변화

우리나라의 통상정책의 법적근거는 1956년 11월 28일의 한국과 미국의 우호통상 및 항해조약과 1960년 2월 19일의 대한민국 정부와 미국 정부 간의 투자보장에 관한 협정에 근거를 두고 있다. 특히 우리나라의 통상정책의 주요목적은 경제 및 무역의 발전에 두고 있음을 알 수 있다. 해방 후 대외원조에 의존할 수밖에 없었던 통상정책은 해외시장과 수출주도형 성장으로 인하여 2000년대에 들어와 세계 11위의 경제대국이요 아울러 세계 12위의 무역대국으로 점차 발전을 거듭하여 나가

고 있다. 또한 양자 간 및 다자간 통상협력과 국제경제기구 가입 및 개발도상국과의 통상협력 등의 노력을 계속하고 있다.

〈표 11-1〉 우리나라 통상정책 변화양상

| 구분 | 정부수립 후 ~ 1950년대 | 1960 ~ 1970년대 | 1980년대 | 1990년대 | 2000년대 |
|---|---|---|---|---|---|
| 통상 정책 기조 | 외자유입 | 무역확대 | 개방화 자유화 | 다자주의추구 | 다자주의. 지역주의 자유화 |
| 통상 정책 기본 방향 | 경제기반구축<br>- 수입 위한 수출<br>- 원조자금 확보 | 중상주의정책<br>- 경쟁위주 통상<br>- 수출지원/ 수입규제 | 자유무역정책<br>- 통상마찰 심화<br>- 소극적 통상 정책 | - 상호이익 추구 (Positive-sum)<br>- 개방화/자유화<br>- 국제정책 조정 | 개방된 양자관계 추구<br>- 경제교류 활성화<br>- 산업간 협력 조성 |
| 통상 정책 세부 방향 | 자원수출을 통한 외자확보<br>- 생필품 수입확대<br>- 다자협상 (무관심) | - 수출을 통한 경제성장전략 추진<br>- 수입규제/ 국내산업보호 정책<br>- 다자협상 수동적 | 무역확대 관심<br>- 수입 적극검토<br>- 통상마찰 노력<br>- 시장개방 확대<br>- APEC 참여<br>- 양자 간 협상 치중 | 무역의 균형 확대<br>- 수출과 투자를 통한IMF극복<br>- 외국인 투자 유치<br>- 다자/지역협상 참여 | 무역액 확대를 통한 IMF체제 극복<br>- 다자관계/자유무역<br>- 국제무역기구의 참여 |
| 통상 정책 목표 | | 국내후생의 극대화 | 국내후생의 극대화 | 국내/세계경제 후생극대화 | 세계화/지역화로 후생강화 |
| 통상 환경 | | - GATT 운영<br>- 케네디라운드 (관세인하)/동경라운드(비관세장벽규범화)<br>- UNCTAD정착<br>- 만성적 국제수지적자국(최빈) | - GATT무력화<br>- UR협상타결 지연<br>- 선진국 보호주의<br>- UNCTAD를 통한 GSP공여지속<br>- 3저 호황: 국제수지흑자<br>- 신흥공업국 지위 | - WTO 출범<br>- 뉴 통상이슈부각<br>- 국가 간 상호의 존심화/세계화 급진전<br>- UNCTAD를 통한 GAP 공여지속<br>- 수혜대상국 제외<br>- OECD 가입국<br>- IMF지원대상국<br>- 무역 세계10위권 | - 지역주의 강화<br>- 신자유무역주의 성행<br>- 다자주의 경향<br>- WTO/GATT 등의 국제무역기구 강화 |

한국 통상정책의 변화양상 〈표11-1〉에서와 같이 1960년대는 수출위주의 무역정책을 펴 나가고 있으며, 이때 수입은 자동적으로 증가할 수밖에 없는 입장이어서 무역 확대형 산업구조의 형식을 띠게 되었다. 이러한 통상에 합당한 자세는 쌍무간 및 다자간 통상관계의 변화에 대처한 것이라 할 수 있다.

1970년대는 보호주의적 무역정책, 1980년대는 개방정책으로 70년대의 공업화 추진과정에서의 수입대체정책과 석유파동 등으로 인하여 보호주의 경향으로 잠시

정책을 강화하였다. 그러나 1980년대 제5공화국의 경제의 개방화, 자율화를 통한 보호조의적 무역정책을 탈피하여 수입자유화가 가속화 되었다. 1990년대 이후 WTO 및 OECD 가입으로 각종 제도와 정책을 국제규범에 맞춰나갔다.

### 1) 정부수립 이후~1950년대의 통상정책

정부수립이후 1950년대 한국의 통상정책 근거는 한일통상협정(1950.6.2)과 한미우호통상 및 항해조약(1956.11.28), 한국과 독일간의 기술원조 협정(1958.10), 한국과 월남간의 관세협정(1958.11.5)이다. 대부분 1940년대와 1950년대는 세계화의 영향으로 인하여 범세계적인 협력기구들이 탄생하게 되었으며, 경제부흥과 무역확대가 주 관심사였다.

특히 1944년 IMF(국제통화기금)와 IBRD(국제부흥개발은행) 및 1948년 GATT(관세 및 무역에 관한 일반협정)의 탄생과 미국과 소련의 동서냉전의 격화로 인한 구호원조 및 개발원조가 활발하게 진행되었다. 게다가 우리나라는 6.25전쟁을 통하여 경제부흥과 대외원조 및 외국의 원조에 치중하게 되었고, 이는 UN을 비롯한 국제기구에 의존하였다. 그 후 1955년 IMF와 IBRD에 가입하게 되었고 우리나라와 세계를 연결하는 통로를 열어 나가게 되었다. 그러나 미국의 원조관계를 벗어나지 못하였고 결국 양자 간의 통상협정으로 1956년 한국과 미국의 우호통상 및 항해조약을 체결하였다.

**〈표 11-2〉 정부수립 후 ~1950년대의 통상정책(요약)**

| 주요일자 | 통상관련 내용 |
|---|---|
| 1945년~1948년 | 미군정기 동안 한국의 자주적 통상정책 암흑기 |
| 1948년 8월 15일 | 대한민국 정부수립 후 통상정책의 황무지 |
| 1950년~1953년 | 6.25 전쟁동안 통상정책 전무 |
| 1950년 6월 2일 | 한일통상협정 |
| 1956년 11월 28일 | 한미우호통상조약 및 항해조약 |
| 1958년 10월 | 한국과 독일간의 기술원조 협정 |
| 1958년 11월 5일 | 한국과 월남간의 관세협정 |
| 1959년 5월 | 필리핀 무역 및 문화친선사절단 내한 통상문제 토의 |

따라서 1950년대의 한국 통상정책은 통상외교활동의 강화, 통상 및 경제관계 조약체결, 해외시장의 개척 등에 중점을 두었다. 통상외교활동을 강화하기 위하여 국제기구와의 경제협력을 추구하여 UN경제사회이사회 산하기구인 ECAFE(아시아태평양 경제사회위원회)의 정회원국으로 참여하였다. 경제협정의 관계에 있어서는 한국과 월남의 관세협정 및 독일과의 기술원조 협정을 체결하였으며 해외시장의 개척을 위한 해외수출시장 조사와 시장개척 방안이 강구되었다. 특히 미국의 외자통제규제(FACR: Foreign Assets Control Regulation)로 인한 교섭을 추진하기도 하였다.

## 2) 1960년대 통상정책

1960년대의 한국 통상정책은 세계화로 인한 자유무역주의와 다자간협상인 케네디라운드(1964~1967년)가 전개되었다. 이때 개도국들은 선진국의 개발협력과 무역장벽 완화를 요구한 결과 1964년 UNCTAD 즉, 유엔무역개발회의가 창설되었다. 이러한 노력으로 1960년 미국과 투자보장협정 체결, 1965년 UNCTAD, 1967년 GATT가입(1967년)의 통상정책을 확대해 나가게 되었다. 특히 1950년대의 미국 일변도의 협력관계에서 탈피하여 다변적 관계를 추구하고자 하였으며, 1970년 말까지 21개국과 통상조약을 체결하고 42개 국제기구에 가입하는 쾌거를 올리게 되었다.

1960년대의 통상정책의 주요방향은 교역상대국과의 무역협정체결 및 통상외교추진, 해외시장 개척 등이었다. 특히 동남아제국과의 교역을 증진시키고 경제적 유대를 강화하기 위하여 무역협정을 체결하는 등 최혜국대우의 무차별원칙에 입각한 교역증진 및 무역균형에 관한 논의가 활발하게 진행되었다. 1962년 수출 진흥을 위한 해외시장 조사와 수출입거래 알선 등을 목적으로 대한무역진흥공사법이 공포되어 수출 진흥의 법제상의 조치가 취해짐에 따라 통상의 틀을 확립하게 되었다.

1963년의 통상정책은 통상지역의 확장에 중점을 두었다. 작년까지 동남아제국과의 교역증진과 경제적 유대관계의 무역협정 체결로 집중하였으나 1963년부터는 유럽국가와 남미국가에까지 확대하였다. 이때 한국과 프랑스, 한국과 태국 등과의 무역협정을 체결하였다. 정부는 국제박람회 참가요강을 제정하여 수출상품의 해외선전을 통한 시장개척과 국제친선 및 국위선양을 도모하였다.

1964년 전 세계적으로 통상외교정책을 확대하여 한인무역협정과 한국과 미얀마 간의 무역협정, 한국과 캄프치아 간의 무역 및 지불협정을 체결하였다. 또한 한국

수출품의 해외선전 등을 위한 국제박람회 참가와 해외무역관을 증설하여 해당지역별 수출목표를 세워나갔고, 특히 중동지역에 해외시장조사단을 파견하였다. 하지만 이때부터 섬유규제가 시작되어 국제장기면직물협정에 가입하였다. 그러나 전 세계적로 통상의 범위를 확대한 결과 한국과 서독간의 재정원조에 관한 협정을 체결하여 국가 발전에 큰 원동력이 될 수 있었다.

1965년의 통상정책은 전 세계와의 통상관계 수립이었다. 이때를 같이하여 수출목표를 1억 7천만 달러로 정하고 한국과 이탈리아, 서독, 오스트레일리아와의 무역협정을 체결하였다. 1966년에는 한미 양국 간의 면직물 수출입에 관한 쌍무협정을 체결하였으며 교역 확대에 중점을 두었다. 그리고 경제발전계획에 의한 공산품 생산량이 증가됨에 따라 공산품의 수출증대를 위하여 지역별 교역확대를 확장시킬 필요가 있었다. 이로 인하여 한일무역협정, 멕시코, 캐나다, 월남, 서독, 태국 등과의 통상문제 해결을 이한 경제 각료회담을 개최하여 성과를 얻었다.

특히 1966년 12월 GATT이사회로부터 정식가입의 수락을 받았으며 71번째 회원국이 되었다. 이로 인하여 한국통상은 GATT의 의무준수와 권리를 행사하면서 무역자유화를 위한 개방경제체제로 나아가게 되었다. GATT 가입으로 인한 케네디라운드 참여로 18개 품목에 관한 관세인하를 양허 받았으며, 이외에도 뉴질랜드, 스웨덴, 파키스탄과의 무역협정을 체결하였다.

1968년 5월 6일 아시아 상공회의소 연합회총회가 서울에서 개최되어 지역협력이 논의, 한일회담개최, 한국과 대만 간의 합동경제협력위원회 개최를 통하여 경제협력과 통상확대 등의 변화와 발전을 꾀하게 되었다. 1969년 통상정책은 수출목표의 달성을 위한 지역별 수출 진흥 확대회의의 개최, 대일무역현안, 미국의 대한면직물수입규제의 저지 등이 주요현안이었다. 이때 수입규제조치의 철폐와 대일보세가공품 수출에 대한 부가가치 관세의 적용교섭이 있었으며, 튀니지, 니제르와의 무역협정을 체결하였다.

이와 같이 1960년대의 한국 통상정책의 주요 특징은 통상정책의 본격적인 추진을 시도하였다는 점이다. 1962년까지의 동남아 중심에서 1963년 유럽과 라틴 아메리카까지 확대하였다. 이때 필리핀, 대만, 태국, 월남, 브라질, 말레이시아, 미얀마 등과 통상협정을 체결하였다. 특히 1960대의 핵심은 GATT가입과 이에 따른 케네디라운드의 다자간협상 참가, UNCTAD총회와 그 특별회의의 참가국이 되었다는 점이다.

### 3) 1970년대 통상정책

1970년대 한국 통상정책의 특징은 전 세계를 대상으로 통상정책이 진전되기 시작했다. 1972년에는 무역거래법이 개정되어 사회주의국가에 대해 수출입이 허용되기 시작하였고, 1973년에는 1980년대의 수출목표인 100억 달러 달성을 위하여 통상외교정책이 활발하게 추진되었다. 그해 6월 23일에는 평화통일외교정책선언이 발표되고 한국의 대 북방 통상외교가 공식적으로 시작되었다는 점이다. 대외적으로는 미국경제의 약화, 일본 및 EU(유럽연합)의 대두로 세계무역이 다원화되었으며, 1970년대는 도쿄 라운드(1973~79년)가 개최되어 다자간 무역협상이 본격적으로 전개되기 시작하였다.

또한 2차례에 걸친 석유파동의 결과로 신보호무역주의가 태동하기 시작하였으며, GATT를 주축으로 한 자유무역체제가 동요하기 시작하였다. 이 시기에 한국에서는 수출주도 성장전략이 본격적으로 성과를 나타냈고, 이를 위한 통상외교도 활발하게 진행하게 되었다. 무엇보다도 GATT, IMF 등 국제경제기구와의 경제협력을 강화하였으며, 교역상대국과의 경제 각료회담, 무역실무회담을 개최하였다. 특히 미국, 유럽, 일본 등 선진국과는 공공차관도입, 기술도입, 투자보장협정, 이중과세방지협정, 기술협력협정 등을 체결함으로써 경제협력을 강화해 나갔다.

이때 주요논의 대상은 자원통상 협력의 본격화 가동이며, 비적성 공산국가 및 비동맹그룹과 실리적인 통상외교를 펼쳐 대외협력의 폭을 넓혔다. 이러한 주원인은 2차례의 석유파동으로 인한 보호주의적 무역의 경향이 짙어졌으며, 이를 해결하기 위한 노력으로 GATT를 주축으로 자유무역체제의 동요가 일기 시작하였다. 특히 석유파동을 이유로 자원통상협력이 본격화되기 시작하여 중동의 오일달러를 활용한 건설에 참여하게 되었다.

1970년대의 통상정책의 기본방향은 수출 진흥을 위한 통상외교의 적극적 추진, 해외시장확대를 위한 무역협정 체결, 수출품목의 확대 및 관세율의 인하를 위한 무역협정체결국과의 통상회담 등이다. 1971년 다양한 국가와의 통상외교정책 추진하여 해외시장의 편중성을 지양함으로써 무역환경의 변화에 대처하였다. 특히 수출시장 및 수출품목의 확대, 관세율 인하 등 경제협력, 기술도입, 해운확대 등을 위한 통상외교관계를 수립하였으며, 교역상대국들과의 통상 회담개최를 통하여, 대미 섬유류 수출규제에 관한 한미 정부 간 쌍무협정을 체결하였다. 그리고 비적성 공산국과의 교역을 추진하기 위하여 공산권 무역 전담기구의 설립을 검토, 유고와 루마니아로부터 무역거래를 정식으로 요청받았다.

1972년에는 일본과 중국 간의 국교수립으로 미국과 중국 간의 경제적 접근이 촉진되었으며, 중국이 UN에 가입함에 따라 동서양 경제권 간의 경제적관계가 강화되었다. 그리고 스미소니언 국제통화제도의 탄생, 미국의 신보호주의 강화, 유럽경제통합체의 확립 등으로 세계경제가 다르게 변해가고 있었다. 이때를 같이하여 한국과 대만간의 경제 각료회담, 한국과 서독의 경제회담, 한일무역회담, 한일각료회담을 개최하였다. 특히 섬유제품의 수출증대를 위하여 한미 간의 인조섬유 및 모직물의 교역에 관한 협정을 체결하였고, 캐나다와의 섬유회담을 개최하였으며, 영국간의 섬유류 협상을 개최하는 한편, 한미 어업 및 패류협정의 체결을 하였다.

1973년이 1980년대 100억 달러 수출을 위한 기반조성의 해로 설정하여 통상정책을 펴 나가게 되었다. 각종 통상관계협정의 체결, 통상관계회담의 개최 등을 통한 경제협력 강화와 GATT, IMF, UNCTAD, IBRD 등 국제경제기구와도 경제협력을 강화하였을 뿐만 아니라, GATT의 다자간무역협상 각료회의에 참석하여 비상호주의를 주장하였으며, 제29차 GATT 총회에 참석해 루마니아의 한국에 대한 GATT 제35조의 특정국에 대한 GATT 비 적용조항 적용의 철폐를 요구하였다. 그리고 장기면직물협정을 대체할 다자간섬유협정의 섬유위원회에서 한국은 섬유류 수입제한조치의 남용방지 등이 반영되도록 교섭활동을 전개하였다.

1974년에는 세계적인 석유파동과 자원파동을 극복하고 수출용 및 내수용 원자재의 안정적 공급을 확보하기 위해 자원 확보를 위한 외교를 중점적으로 전개하였다. 자원학보를 위한 주요 자원보유국과의 협력관계 강화, 자원도입선의 다변화, 자원조사 및 정보수집활동의 강화로 설정하였으며, 이를 위하여 주요 자원보유국과의 협력기반의 조성 및 유대 강화, 자원사절단 등을 추진하였다. 그리고 코스타리카, 페루, 그리스, 인도 등과 통상, 경제, 기술협정 등을 체결했으며, 네덜란드와의 투자보호협정, 벨기에와의 투자보장협정, 튀니지와의 투자증진 및 상호보호협정, 스페인과의 수산협력협정, 서독과의 기술협력약정, 사우디아라비아와의 경제기술협정, 일본과의 대륙붕개발협정 등이 체결되었다.

또한 1차산품 등 자원의 장기적인 안정적 공급을 확보하기 위한 조사단과 통상사절단을 파견하는 한편, 미국을 비롯한 영국, 스페인, 말레이시아, 호주, 캐나다, 우간다, 라오스 등 여러 나라로부터 통상사절단이 들어왔다. 수출시장의 확대를 위한 민간경제협력활동의 적극적인 지원을 하였으며, 통상관계각료회담도 종래 미국, 일본, 대만 등에서 벗어나 서독, 벨기에, 미얀마, 뉴질랜드, 캐나다, 월남 등

으로 확대되었다. 한편 IMF, GATT, ADB, ESCAP, IECOK 등 국제경제기구의 연차총회에 참석하는 한편 통상외교 활동을 강화해 나갔다.

1975년 정부는 통상정책의 목표는 국력신장이었다. 통상정책 면에서 종래 미국과 일본지역에 편중되었던 자본도입선을 유럽제국으로 전환하여 전개하였으며 이를 추진하기 위하여 경제 각료회담의 개최, 민간베이스 경제협력의 강화, 통상사절단 및 조사단의 파견 및 초청, 국제경제기구를 통한 통상외교활동의 강화, 외교망의 확충 등을 추진하였다. 1976년은 제3차 경제개발 5개년 계획의 마무리 해로서 이를 위하여 통상외교 정책면에서 집중적인 힘을 쏟았다. 이를 통하여 통상협정체결국, 국제경제기구 등과 관세장벽 및 비관세장벽의 완화, 쿼터량의 교섭 등을 추진하였으며 새롭게 체결국과의 새로운 내용으로 변경하는 등의 추진활동을 하였다.

1977년은 수출목표 100억 달러를 초과 달성하여 한국의 면모를 세계에 과시한 해였다. 따라서 외국 및 국제경제기구와 경제협력의 기반을 공고히 하기 위해 전 외교 망을 총동원하여 통상 및 경제협력외교를 공고히 하였다. 1978년에도 전년에 이어 수출목표를 달성하고 경제협력기반을 확고히 하기 위해 통상외교 정책을 강화하였으며, 특히 무역환경의 개선과 수출 진흥을 위하여 필리핀과의 무역협정을 체결하였고, 시에라리온 등의 나라와도 협정을 체결하였다. 그리고 통상관계협정국과의 우호관계를 돈독히 하고 통상확대, 기술협력, 기술교류를 증진시키기 위하여, 호주, 뉴질랜드, 노르웨이, 덴마크, 벨기에, 방글라데시 등 여러 나라와의 통상장관회담을 개최하였다. 또한 섬유류 등의 쿼터량을 조정하기 위하여 한미섬유회담을 각각 개최하였으며, 오스트리아, 캐나다와 각각 섬유회담을 개최하였으며 나아가 EC제국과의 철강 재협상회담을 전개해 나갔다.

더 나아가 GATT의 다자간무역협상회의에 적극 참가하여 비관세장벽의 완화 내지 철폐를 위하여 통상외교활동을 추진하였으며, GATT 체제 밖에서도 개발도상국에 대한 무상원조의 공여, 플랜트 수출, 합작투자, 어업 및 기술협력 등 제반 통상관계 외교활동을 적극적으로 추진하였다. 그리고 미국과 일본에 지나치게 편중된 수출시장을 다변화하기 위하여 중남미, 아프리카 등으로의 진출을 도모했으며, 사우디아라비아 제4차 합동위원회가 개최되는 등 지역별 경제협력활동이 활발하게 추진되었다.

1979년 통상활동 중점시책의 기본방향이 급변하는 국제경제 환경에 능동적으로 대처하기 위해 통상외교의 다변화, 수출시장기반의 확충, 신 시장 개척활동의 강화 등으로 설정하고 통상외교활동을 추진하였다. 지역별 경제협력활동이 강화되어, 수출 진흥 강화조치로서 예년처럼 공관별 수출목표가 할당되고 지역별 수출진흥회의가 개최되었다. 한편 정부는 주요 선진국에서 신보호무역주의가 만연되어 선발개도국에 대한 수입규제조치가 강화됨에 따라 국제경제기구와의 협력을 강화해 나갔다. 이때 UNCTAD의 정기선동맹협약에 가입하게 되었다.

### 4) 1980년대 통상정책

1980년대에는 신보호무역주의의 연장선에서 세계 각국 정부가 경쟁적으로 수출입에 대한 개입을 강화하여 다자간 무역체제가 점차 약화되었다. 이러한 보호주의의 확산을 저지하고 자유무역기조를 회복하기 위한 노력으로 우루과이 라운드(UR, 1987~1994년)가 전개되었다. 신흥공업국 중 선두주자로 평가받은 한국에 대해 선진국은 개도국 졸업론(GSP: 일반특혜관세 수혜 배제, GATT 18조 적용 배제)과 함께 세계경제에 대한 국제적 책임을 제기하였다. 한국 수출상품에 대한 선진국의 수입규제가 강화되었고, 공산품과 일부 농산물 뿐 아니라, 금융, 보험, 지적재산권, 통신, 정부조달 분야에 대해서도 시장개방 요구가 크게 확대되었다. 다자차원 협상(UR)에서도 관세, 비관세, 농산물 분야 등 광범위한 분야에 걸쳐 시장접근 확대 요구가 본격화되었다.

이러한 대외무역 환경 속에서 한국의 통상정책은 시장개방과 무역자유화를 기본으로 다자·양자 차원 모두에서 협력기조를 유지하려고 하였다. 통상협력의 수단으로 무역실무회담, 통상장관회담 등 다양한 협의채널을 가동하였으며 정부 또는 민간 주관의 통상사절단과 시장개척단 파견을 크게 늘렸다. 선진국들의 수입규제조치에 대처하기 위하여 통상장관회의, 무역실무회담 및 쿼터회담이 개최되었고 보호무역주의 극복을 위하여 세계 각 지역에 통상사절단이 파견되었고 민간경제위원회가 개최되었다.

1980년에는 통상외교정책은 그 동안의 정책결과로 인하여 획기적인 발전을 꾀하였다. 특히 통상외교정책은 새로운 수출시장을 개척, 각종 수입규제조치를 완화시켜 수출증대에 큰 성과를 얻은 셈이다. 1980년대 통상외교정책의 기본방향은 국제무역환경의 변혁에 따른 대처 방안으로 특성적 통상활동의 적극적 추진, 전략시장진출에 대한 적극적 지원, 통상외교활동의 효율성을 제고하고 자 하였다. 또한 국제경제기구에 대한 통상외교활동으로서 GATT의 다자간 무역협상과 다자간 섬유협정(MFA)에도 참여하였다.

1981년의 통상외교정책의 방향은 동일하였으나 기존과는 달리 대상국을 선진국, 신흥공업국, 개발도상국 등으로 분류하여 특성적 통상외교 활동을 추진하였다. 특히 GATT의 다자간 무역협상에 관세인하협정서, 기술장벽, 보조금 및 상계관세, 관세평가, 무역관행규범 등에 가입하였다. 또한 GATT의 다자간 섬유협정에도 적극적으로 참여하여 MFA Ⅱ가 1981년 종료되고 MFA Ⅲ가 1982년 1월부터 1986년 7월까지 실시될 계획임에 따라 MFA Ⅱ에 입각하여 미국, EC제국 등 7개국과 섬유류에 관한 쌍무협정을 체결하였다. 그리고 UNCTAD 산하 각종 관련회의에 참석하여 석유 및 원자재의 안정적 공급을 위하여 미국, 일본, EC제국 등의 GSP 수혜폭 축소조치에 대비하였다.

1982년에도 국제무역질서는 보호무역주의 경향으로 나타났다. 일부 선진국에서는 산업, 고용, 국제수지 등을 보호하기 위하여 관세장벽, 비관세장벽 등 무역장벽을 강화하여 수입규제조치를 강화시키는 한편 신흥공업국에 대해 시장개방을 압박하였다. 이러한 국제무역질서의 보호추세에 따라 GATT 각료회의에 참석하여 보호무역주의 극복, 분쟁해결절차, 위조 상품문제, 서비스무역 등을 협의하였으며 관련된 각료선언 채택에도 참여하였다. 그리고 MFA Ⅲ 타결에 참여하여 섬유류 쿼터 증가율의 기존 수준유지, 융통성 제한 반대, 수입급증 방지제도의 도입 반대, 역외 섬유류 임가공 무역의 반대 등의 입장을 표명하는 한편, UNCTAD의 GSP의 유지 등과 ESCAP 총회 및 77그룹 아시아지역회의 등에 참석하였다

1983년에도 계속적인 보호주의 강화로 인하여 통상정책의 방향을 대선진국 수입규제의 완화, 무역역조의 시정, 산업기술협력의 증진, 종합적 통상교섭능력의 제고, 정부통상협력과 민간경제협력의 연계 등에 두었다. 그 가운데 선진국의 수입규제조치를 완화시키기 위하여 영국, 프랑스, 네덜란드 등과 통상장관회담을 개최하였으며 섬유, 신발, 철강 등에 관한 쿼터회담을 개최하였고, 통상교섭대책위원회와 업계대표로 구성된 통상교섭대책협의회를 설치하였다. 무역역조를 막기 위하여 GSP 확대와 시장개방을 요청하는 한편 수입선다변화를 적극적으로 추진하였으며, 산업기술협력을 증진시키기 위하여 미국, 유럽제국, 일본 등에 현지투자와 제3국 공동 진출을 확대시키는 한편 기술이전의 촉진을 위한 민간경제협력위원회의를 도모하였다.

1984년에도 계속적인 보호무역주의 상태 하에 있었다. 선진국은 덤핑방지관세, 상계관세 등 전통적 무역정책수단을 통하여 수입규제조치를 강화조치 하였고, 수출자율규제, 시장질서협정 등 회색지대조치를 통해 수입규제조치를 강화해 나갔

다. 특히 개발도상국에 대한 수입규제조치 강화로 인하여 선진국들의 수입규제조치에 적극적으로 대처하기 위해 30차례의 통상장관회담, 22차례의 무역실무회담 및 쿼터회담, 20차례의 GATT 등 국제경제기구 주최의 국제회의에 참석, 14차례에 걸친 전자, 기계, 섬유 등 민간 무역사절단을 세계 각 지역에 파견, 30차례에 걸쳐 민간경제위원회를 개최하였다. 또한 1982년에 설치된 통상교섭대책위원회는 섬유제품, 섬유직물, 타이어, 합성수지, 철강, 전자, 신발, 피혁 등 8개 통상교섭전담반을 조직해 수입규제대책을 강구하였다.

1985년 미국에서 무역수지의 계속적인 적자해소를 위해 수입규제법이 제정되고 수입상품에 대한 덤핑제소가 증가됨에 따라 국제무역환경은 악화되었으며, 보호무역주의는 강세를 보였다. 특히 철강, 섬유, 신발 등 한국의 주력 수출상품은 큰 타격을 입었다. 이때 미국은 한국에 대하여 상품시장 뿐만 아니라 보험, 저작권, 상표권, 물질특허 등 서비스 시장의 개방을 강력히 요구하였을 뿐만 아니라 후발개도국은 연불수출, 정책수입 및 대응무역, 전대차관 및 원조 등을 요구하였다. 그리고 연중에는 1986년에 만료되는 다자간 섬유협정(MFA Ⅲ)의 개정을 둘러싸고 선진 섬유수입국과 개발도상국 섬유수출국이 대립되기도 했고 다자간 무역협상을 놓고 선진국과 브라질, 인도 등의 마찰이 심하였다.

보호무역주의에 대한 대책으로 교역상대국 제조업자와의 수출협조체제의 수립이 추진, 수입규제 사전대처 체제가 강화와 우회수출을 도모, 수입규제 대응체제를 보강으로 통상교섭 요원의 확충, 통상관계정보의 효율적 관리, 로비활동 체제의 강화 등이 추진되었다.

1986년은 한국 무역의 쾌거를 이룩한 해였다. 통상정책의 기본방향은 통상교섭의 강화, 수입규제조치의 사전예방 강화, 특성별 시장관리의 강화, 개발도상국과의 경제협력 강화, 국제무역환경 개선에의 참여 등이었다. 1985년 하반기부터 초래된 달러가치의 하락, 국제금리의 인하, 석유가격의 하락 등으로 다소 불안한 가운데 경상수지가 46억 달러의 흑자를 기록하는 등 획기적으로 개선되어, 대외채무의 잔액이 비로소 감소되기 시작하였다 그러나 한국을 비롯한 대만, 홍콩, 싱가포르 등 신흥공업국에 대한 선진국의 수입규제조치와 상품시장 및 서비스시장의 개방 압력은 더욱 거세게 불어왔다. 또한 다자간 섬유협정 제4기(MFA Ⅳ)의 시작과 우루과이 라운드(Uruguay Round) 다자간 무역협상의 시작으로 인하여 무역자유화에 입각한 본격적인 협상이 추진되기 시작하였다.

개발도상국과의 경제협력을 강화하기 위하여 1986년 12월에 대외협력기금법을

통과시켜 대개발도상국 경제협력을 촉진시키고 남남협력을 강화시키려고 노력하였다. 국제무역환경 개선에 참여하기 위하여 1986년 5월 세계통상장관회의를 처음으로 서울에서 개최하는 등 우루과이 라운드에 적극적으로 참여하였다. 세계통상장관회의는 우루과이 라운드의 쟁점중의 하나인 보호무역주의 철폐 및 동결, GATT 기능강화 등에 의견을 접근시킴으로써 우루과이 라운드 출범의 기반을 조성하였다고 평가되고 있다.

1987년 한국무역은 노사분규, 원화절상, 보호무역주의 등 국내외 경제여건의 악화상태였으나 통상외교정책은 대일무역역조 개선, 개발도상국과의 경제협력 강화 등이었으며, 교역상대국과의 통상 문제를 해결하고 협력을 강화하기 위하여 통상장관회담 등 각종 회담이 개최되었다. 그리고 수출상품 구조가 고도화되고 특정지역에 대한 무역편중 현상을 바로 잡았으며, 국제수지 흑자 관리대책을 발표하였는데, 그 내용은 수입 감시품목의 축소, 수입촉진을 위한 시설재의 도입지원, 특별법에 의한 제한조치 완화 등 수입자유화 확대조치와 더불어 외화관리의 점진적 완화, 대기업에 대한 수출산업설비금융 및 무역금융의 단계적 축소 등의 금융관리조치였다.

**〈표 11-3〉 미국의 수퍼 301조**

| 내용 | 301조 | 행정명령 수퍼 301조 | 스페셜 301조 |
|---|---|---|---|
| 관련 지침 | 교역상대국의 불공정한 무역제도, 법 등의 관행조사 및 협상 | 1994년 3월 행정명령(수퍼 301조를 부활)우선협상대상국관행(PFCP))지정 및 협상 | 매년 4월30일 이전 지적재산권 관련 보호, 시장접근 기회 거부 국가를 PFC로 지정 및 협상 |
| 대상 요건 | 상대국의 불공정 무역제도, 법, 관행 | 불공정무역관행 | 상대국가의 불공정한 지적재산권 보호제도, 법, 관행 |
| 제소자 | 업계청원 및 USTR 자체 발의 | USTR 자체 발의 | USTR에서 연례평가 |
| 조사 절차 / 협상 절차 | USTR 자체발의/업계청원<br>- 조사개시결정(30일내)<br>- 조사실시/협상(12~18월)<br>- 보복조치실시<br>(결정 후 30일내) | USTR의 대의회 국가별 무역장벽보고서(NTE)제출<br>- 우선협상대상국관행지정<br>(30일내)<br>- 협상개시결정(21일내)<br>- 협상개시결정(12~18월)<br>- 보복조치실시<br>(결정후 30일내)<br>*협상기간/보복조치 결정시한은 변동없음 | USTR의 대의회 국가별무역장벽보고서(NTE)제출<br>- 우선협상대상국 지정<br>(30일 이내)<br>- 조사개시결정(30일내)<br>- 조사실시, 협상(6~9월)<br>- 보복조치 실시<br>(결정 후 30일내) |
| 보복 조치 범위 | 조사대장과 상품, 분야 등에 제한 없슴(무제한)<br>(관례: 보복관세 조치) | 변동사항 없슴(좌동) | 변동사항 없슴(좌동) |

자료: 지식백과사전

1988년 통상외교정책의 무역불균형 시정, 수출시장 다변화, 통상마찰 완화, 수입자유화 확대, 선진국의 수입규제조치 극복, 사회주의국가와의 경제협력 추진, 선진국과의 산업기술협력 증진, 통상협력과 민간경제협력 증진이었다. 1989년 통상외교정책 방향은 통상마찰의 완화, 사회주의국가와의 경제협력 추진, 선진국의 수입규제조치의 극복 등이다. 특히 미국이 종전의 통상」 제 301조와 더불어 1988년 종합무역법상의 수퍼 301조를 통해 시장개방 압력을 강화함에 따라 이에 대한 통상외교 활동을 강화할 수밖에 없었다.

미국 통상법의 특징을 보면, 미국은 보호무역주의 수단의 하나인 통상법 301조에서 불공정무역으로 미국산업의 피해를 받을 경우 보복조치를 단행하겠다는 것이다. 이러한 통상법은 수퍼301조와, 스패셜 301조로 나뉜다. 수퍼 301조는 수선협성상대국과 우선협상관행을 지정, 통상협상을 추진 또는 무역보복조치를 단행할 수 있는 강제법이며, 신보호무역주의의 표방이다. 또한 스패셜 301조는 특허권, 상표권, 저작권 등의 지적재산권분야에 관한 불공정무역을 제재하여 자국의 산업을 보호하는 법으로, 매년 미국무역대표부(USTR: Office of the United States Trade Representative))가 각국의 지적재산권 보호내용을 평가하여 우선협상대상국 우선관찰대상국 관찰대상국으로 지정하여 그 나라와 지적재산권보호를 위한 협상을 함을 말하며, 이는 지적재산권 분야에 미흡한 국가가 피해를 입게 되는 것으로 미국의 비교우위산업분야인 지적재산권에 관한 보호를 강화하겠다는 의미이다.

### 5) 1990년대 통상정책

1990년대의 통상정책에 큰 영향을 끼친 사항은 UR의 타결과 함께 WTO 가입(1995년), OECD 가입(1996년), 외환위기 발생(1997년)이었다. 이러한 중요한 통상정책의 결과에 세계화의 영향으로 인하여 한국 경제의 변화와 무역제도의 선진화를 추구하게 되었으며 무엇보다 세계적인 개방 압력을 통한 통상국가로 지향할 수밖에 없었다. 그 가운데 WTO 가입에 따라 새로운 다자규범의 틀 속에서 자유무역의 원칙하에 자유경쟁으로 인한 큰 부담이었다.

또한 환경, 노동, 경쟁정책 등 종전의 국내경제 정책적인 다자차원의 글로벌 경제화가 통상 분야에서 나타나게 된 것이다. 이를 감당키 위하여 1998년 외무부를 외교통상부로 확대, 개편하여 통상교섭 본부를 새롭게 신설하여, 각 주무부처별로 통상교섭권을 분산시켰던 다원체제를 통상교섭본부로 일원화함으로써 통상협력의 추진체계에 커다란 변화를 주었다. 1990년의 통상정책의 기본방향은 1980년도

와 동일한 개념이었다. 중국과는 상호 무역대표부 설치가 합의되었고 구소련과는 서울· 모스크바 간 정기항로 개설, 샌프란시스코 한미정상회담 개최, 대소 자원조사단 파견, 한·러 간 항공·무역·과학기술협정의 가조인, 한.러 외무장관회담 개최 등이 이루어졌다.

중국, 러시아 외의 동유럽 사회주의국가와의 경제협력이 적극적으로 추진하였으며, 주로 국교수립, 통상장관회담 개최, 통상사절단 파견, 무역대표부 상호설치, 박람회 및 상품전시회 참가, 통상 및 경제관계 협정체결 등이다.

1991년은 한국과 북한이 동시에 UN에 가입하여 사회주의국가와의 통상외교에 변화를 주었다. 그 결과 구소련과는 항공협정, 어업협정이 체결되었고, 중국과는 컨테이너 정기 직항로의 추가 개설, 중국 무역전람회의 서울개최가 있었으며, 그 밖에 동유럽 사회주의국가와의 통상외교도 추진되었다. 1991년 통상외교정책의 중점은 EC와의 경제협력 강화였다. EC는 1992년 단일시장으로 통합, 1993년에 EFTA(유럽자유무역연합)와 EEA(유럽경제지역)로 확대, 동유럽 경제권을 통한 유럽 강세로 나타나 통상외교정책이 필요하였다.

우루과이 라운드 다자간 무역협상에서 쌀시장 개방 억제를 위한 통상외교정책이 중점적으로 추진되었다. 이로 인하여 UR 농산물협상 타결 이후 농업부문에 대한 구조개선과 투자가 이루어졌다. 그리고 1994년 6월 농어촌발전대책 및 농정개혁 추진 방안을 확정하고, 1998년까지 완결토록 수정, 1994년 2월 농어촌특별세를 신설하고 이를 재원으로 2004년까지 매년 1조 5천억 원씩 10년간 15조 원을 농어촌발전대책에 추가 지원하는 것으로 결정하였다.

1995년 세계무역기구(WTO: World Trade Organization)의 출범에 따라 상품분야뿐만 아니라 GATT와는 달리 WTO는 상품, 서비스, 지적재산권 등의 광범위한 분야를 총괄하게 되었다. 상품분야에서도 일부 회원국 간에만 적용되었던 과거의 도쿄 라운드 협정 9개 중 5개를 다자화 시키고, 농산물, 섬유 등을 GATT로 복귀시킨 한편, 원산지규정, 선적전 검사, 동식물 위생규정 등 기존의 GATT를 보완할 수 있는 규정들이 새로이 제정되었다. 뿐만 아니라, 상품분야의 무역규범에 대칭되는 서비스분야의 무역규범도 새로이 제정되어 WTO의 한 축을 담당하게 되었으며, 지적재산권분야 역시 3대 분야 중의 하나로 부각되었다. 이러한 WTO 체제의 출범 동기는 자연스럽게 공정무역의 추구가 중요한 목표로 설정되게 하였다.

WTO 체제하의 국내제도의 주요 개편내용은 다음과 같다. 1995년 관세법 및 그 시행령의 개정을 통하여 통관절차가 대폭 간소화되었는데, 수입허가제도를 신고

제로 변경하였다. 이에 따라 위험물과 무역법을 위반하고 있는 제품을 제외하고는 수입검사 없이 신고만으로 수입할 수 있게 되었다. 수입신고 역시 입항 이전에 제출할 수 있도록 허락함으로써 보세지역에 하적하지 않고 곧바로 통관절차를 거칠 수 있게 되었다. 또한 쌀을 제외한 여타 농산물에 대한 비관세장벽을 자유화한다는 계획에 따라 쌀의 경우 최소시장접근을 통하여 부분적으로 개방되었으며 향후 그 비율을 확대하도록 양허하였다. 그리고 WTO 위생 및 검역협정에 입각하여 식물검역법을 개정, 동물전염병예방법을 개정하였다.

또한 세이프가드 협정과 일관성을 위하여 1994년과 1995년 무역법과 그 시행령을 개정하였다. 관세법의 개정 내용은 긴급관세 부과기준의 명료화, 잠정긴급관세 부과를 위한 조항의 설치 등을 포함하고 있다. 이는 1993년과 1994년에 이미 UR 협상 과정에서 협의된 반덤핑 코드에 국내법을 일치시키기 위한 일련의 조치를 실시한 것이다.

1996년 한국은 경제의 양적 성장 함에도 경제체질 및 운영의 전환을 요구받고 있는 상황에 처하게 되면서 OECD 가입을 추진하게 되었고, 수출 주도적 경제성장 전략으로 인한 대외무역의존도가 높아져 주요 선진국과의 정보교환 및 정책협조가 절실히 필요하게 되었다. 뿐만 아니라 1980년대 중반 이후 통상마찰 및 시장개방 압력으로 인하여 OECD를 통하여 회원국의 정책결정과정에 영향력을 행사하고 후진국과의 경제협력을 설립목적으로 하고 있다는 점에서 OECD 가입이 하나의 전략으로 나타났다.

## 6) 2000년대 통상정책

2000년대 FTA 추진정책은 지역주의에 대한 다자주의를 보완함으로써 결과적으로 무역자유화를 촉진시킨다는 인식으로 세계적인 FTA 확산으로 인한 통상환경의 변화를 나타내고 있다. 먼저 WTO를 중심으로 자유무역으로 점차 자리를 굳혀가고 있는 반면, 무역 불균형으로 인한 개방 압력을 이유로 선진국과 개도국의 차별이 없이 자국 산업보호를 위해 반덤핑 등 무역규제 수단을 사용하고 있다. 그리고 계속되는 지역주의의 경향은 자무역무역주의(FTA)와 지역무역협정(RTA)이 계속 늘어갈 전망이다.

특히 WTO 체제하에 새로운 도하 라운드(DDA: Doha Development Agenda)로 인하여 조직적이고 주도적인 무역협상에 대응태세를 높이는 결과를 가져왔다. 또한

FTA의 확산으로 인한 국제무역에 맞춰 나가는 한편, 국제적 책임분담 요구가 더욱 강해짐에 따라 공적개발원조(ODA), 대외경제협력기금(EDCF)지원 등 유·무상원조를 강화하여 개도국과의 협력적 통상관계 유지에 주력하고 있다. 2000년대는 다자체제와 지역주의의 확산으로 인하여 국가 간 무역과 투자 장벽의 완화, 정보통신기술의 발달, 등으로 인하여 지역화의 개념으로 국경지대의 이웃 국가끼리 경제적 혜택을 바탕으로 경제블록화를 만들었다.

그 결과 WTO 회원국 중 거의 모든 나라가 해외 수출시장 확보를 위한 통상전략으로 최소한 1개 이상의 지역무역협정을 체결하였다. 2007년 WTO의 보고에 의하면 지역무역협정은 총 380개로 이미 발효 중인 것은 205개로 나타났으며 이에 따라 향후 관세동맹은 10% 미만에 머물게 될 것으로 보았다.

2001년 WTO 체제하의 첫 번째 다자간 협상인 DDA는 협상환경이 좋아질 때까지 DDA의 모든 분야에 걸쳐 협상을 일시중단 함으로써 협상이 중단되었다. 합의 도출에 실패한 직접적인 원인은 미국이 EU의 농산물 시장과 개도국의 비농산물 시장에서의 개방 확대 폭이 미국의 농업보조금 손실을 보전하기에는 미흡하다고 판단하고, 무역 왜곡적인 농업보조금의 추가 감축을 요구한 데 대해 EU와 브라질, 인도가 미국의 요구를 거부한 데 있다. 그 이후 2008년 협상이 재개되었으나 결렬되고 말았다.

FTA 정책의 기본방향은 1998년 11월 대외경제조정위원회에서 결정되었는데, 칠레와의 FTA를 우선적으로 추진하고 중소형 거점국가와의 FTA는 관련 부처와의 협의를 거쳐 연구를 개시하기로 하였으며, 미국, 일본, 중국 등 거대경제권과의 FTA는 정밀검토를 거쳐 추진여부를 결정하기로 했다. 이미 타결된 한·칠레 FTA 협정안은 국회비준에만 1년 이상이 소요되어 2004년 4월 1일에서야 처음으로 FTA가 탄생되게 되었다. 한·칠레 FTA 협상과정에서의 경험을 바탕으로 농업개방의 부담이 비교적 적은 일본과 싱가포르를 칠레 다음의 FTA 대상국으로 선정하여, 싱가포르와는 큰 이견 없이 협상이 진행돼 2004년 11월 라오스에서 개최된 ASEAN+3 정상회담 기간 중 양국 정상회담을 통해 실질적인 협상타결을 보았으며, 2005년 8월 협정문에 정식 서명하였고, 2006년 3월 2일부터 발효되었다.

하지만 일본과의 FTA는 일본 측의 농업개방 부담과 경제외적인 요인들로 협상이 중단되었다. 2005년에는 서유럽국가 중 EU에 참가하지 않은 스위스, 노르웨이, 아이슬란드, 리히텐슈타인으로 구성된 유럽자유무역연합(EFTA)과 FTA 협상이 타결되어, 2006년 9월 1일부터 협상이 발효되었다. 한·EFTA FTA를 통해 국내 산업구조조정을 최소화하면서 교역자유화의 효과를 거둘 수 있을 것으로 예상되고 있다.

한·아세안 FTA는 2006년 4월 한·아세안 FTA의 상품무역협상이 타결돼 8월 24일 정식 서명되었고, 2007년 6월 1일부터 정식 발효, 아울러 한·아세안 FTA의 서비스협정과 투자협정도 2007년 10월의 제20차 협상에서 실제적으로 협상이 마무리되어 11월 21일 정식 서명되었다. 2006년 2월 미국과의 FTA 협상 개시를 공식 발표한 후 적극적으로 협상을 추진하여 2007년 4월 2일 한미 FTA 협상이 타결되었다. 한미 FTA의 경우 상품무역 자유화 등에 국한되지 않는 경제체질의 변화가 기대되고 있다. 우리나라의 잠재성장률이 저하되고 있는 상황에서 생산성 증대를 통한 성장을 위하여 한미 FTA 체결을 통한 발전은 큰 폭으로 나타날 것이다.

향후 2010년에는 주요국 경제가 플러스 성장률을 나타낼 것이라고 전망하고 있다. 특히 세계무역도 플러스의 요인으로 성장세를 나타낼 것으로 전망하고 있다. IMF 09년 대비 2.5%, OECD는 6.0% 증가할 것으로 전망하고 있다. 선진 경제권에 비해 개도국경제권의 회복세가 두드러질 것으로 전망하고 있다. IMF는 09년 대비 2.5%, OECD는 6.0% 증가할 것으로 전망하고 있다. 글로벌 통상환경 또한 보호무역주의로 나타날 전망이며, 경제위기 하에서 수입규제 조치는 확대될 전망이다. 그리고 기존의 세이프가드 조치가 주요 조치로 부상하고 있음, 탄소배출권 등 기후변화에 대한 규제조치 강화와 환경보호, 에너지 절감 등이 주요항목의 규제조치로 나타날 전망이다. 특히 보호무역의 배격에 대한 국제사회의 공감대 형성과 기술표준, 인증절차, 검사제도 등 간접적인 보호무역적 조치가 증가할 전망이다.

**〈표 11-4〉 세계무역 증가율**

| | 2007년 | 2008년 | 2009년 | 2010년 |
|---|---|---|---|---|
| **무역량**<br>(상품 및 서비스) | 7.3<br>(7.3) | 3.0<br>(3.0) | -11.9<br>(-12.5) | 2.5<br>(6.0) |
| **수입** | | | | |
| 선진경제권 | 4.7 | 0.5 | -13.7 | 1.2 |
| 개도국경제권 | 13.8 | 9.4 | -9.5 | 4.6 |
| **수출** | | | | |
| 선진경제권 | 6.3 | 1.9 | -13.6 | 2.0 |
| 개도국경제권 | 9.8 | 4.6 | -7.2 | 3.6 |

자료: IMF(09.10), 2009년과 2010년도 수치는 추정치(삼성경제연구소 재인용)

## 2. 한국의 통상정책과 협상정책의 문제점

### 1) 한국 통상정책의 변화

정부수립 이후 우리나라의 대외통상관계는 체제정비를 갖추지 못한 상태여서 외국과의 무역거래와 원조를 통한 외국자본의 도입으로 시작되었다. 해방 후 채 5년이 넘어가지도 전에 6.25가 발발하여 피폐된 경제로 인하여 통상정책은 암흑수준이었다. 그러나 1960년대 수출지향 산업을 중심으로 노동집약적 산업중심의 공업화 전략을 시작으로 1970년대에 자본집약적 산업으로 변모하기 시작하였다.

특히 70년대 있어서 주요국과의 경제협력은 호혜적인 관계로 발전하여 80년대에 들어와 성장과 저유가, 저금리, 저환율의 3저 현상에 힘입어 높은 수출성장률을 실현할 수 있었다. 그러나 심한 노사분규와 수출상품의 경쟁력 저하로 인하여 무역규모가 흑자를 기록하면서 통상마찰이 발생하였다. 이때 미국은 자국 산업의 발전을 위하여 신보호주의로 회귀하면서 공격형 대외통상정책을 추진하게 되었다. 그러므로 80년대의 통상정책은 60년대와 70년대의 중상주의적, 보호주의의 성격에서 자유주의 경향을 띤 자유무역으로 나아갔다. 이때 수출의 확대와 자유화 경쟁원리의 도입으로 품질고급화를 통한 체질개선을 도모하는 국내경제의 자원배분 효율성을 제고시키고 값싼 외국제품의 수입으로 국내물가안정과 소비자 후생증대에 기여했다.

1990년대에 있어서 대외경제협력은 더욱 심화되어 통상정책은 개방통상의 지속적 확대와 국제기구 및 지역경제 협력체제의 적극참여를 통해 국익을 확보하면서 국내제도와 관행을 국제규범에 맞도록 투명성 제고에 역점을 두었으며, APEC, ASEM, WTO 등의 국제기구와의 활발한 참여 활동을 전개해 나갔다. 그러나 적극적이고 능동적인 통상정책을 추진하지 못한점이 아쉬움으로 남는다.

### 2) 한국 통상협상 정책의 문제점

한국 통상협상의 문제점은 본격적으로 협상이 시작된 1980년대 후반으로 통상협상의 조직의 변천과 각 조직의 역할 및 정부의 관련자들의 통상 협상형태에서 엿볼 수 있다. 1980년부터 1988년 이전까지의 분야별 협상은 해당부서에서 혹은 경제기획원 장관 주재 하에 해결하였다. 그리고 1998년 이후에는 통상협상조직의 대대적인 개편과 함께 통상협상권을 통상 산업부에서 신설된 통상교섭본부에서 담당하였으며 실질적인 권한은 재정경제원에서 외교통상부 담당하게 있었다.

### (1) 소극적인 대처의 통상정책

우리나라의 통상정책은 세계 경제흐름의 변화에 대한 적극적이지 못한 점이 많다. 국제사회의 변화에 따른 능동적인 대외전략을 구사하지 못한 점이다. 또한 대외개방을 통한 발전적인 자세가 아니라 마지못해 통상에 응할 수밖에 없는 입장인지라 소극적인 자세로 대응할 수밖에 없었다. 이로 인하여 1980년대 후반 국제수지 적자와 선진국의 시장개방 압력의 압박을 받게 되었다. 선진국들의 개방 압력은 국내산업의 경쟁력 약화로 인한 국민경제의 압박을 가할 것으로만 보았으므로, 개방에 관한 부정적인 시각으로만 보게 된 것이다.

통상정책의 미비점으로 인하여 짧은 기간 동안에 우리나라는 전 세계적으로 자유무역의 이점을 동감할 수밖에 없었으며, 세계시장에서의 개방을 통한 자유경쟁의 원리에 입각한 시장의 논리를 펴 나가게 된 것이다. 때문에 부정적이고 반사적인 행동에 의한 개방으로 인하여 세계화의 뒤쳐진 악영향으로 인한 발전은 늦어질 수밖에 없었다는 점이다.

### (2) 통상정책의 대응 미흡과 행정체제의 미비

WTO의 출범으로 인하여 쌍무적 통상마찰이 심화되었으나 당사국의 이해관계를 효과적으로 조정할 수 있는 강력한 힘을 가지지 못한 탓에 쌍무적 통상협상이 주로 이루어졌다. 그리고 모든 국가가 WTO에 의한 다자간 무역협상을 통한 무역 분쟁을 해결하는 것이 최선의 방책임에도 순간의 이익으로 인한 쌍무적 통상에 급급하다는 것이다. 이러한 세계질서를 통하여 볼 때, 미국을 비롯한 선진국의 통상 개방 압력은 더욱 거세질 것이며 이에 대한 조직정비와 통상문제의 전문적 지식을 겸비한 부처와 관련자의 확보가 시급한 형편이다.

통상행정체제 및 조직의 비효율성이 통상에 있어 신뢰성을 떨어뜨리며 통상마찰을 더욱 심화시키는 결과를 초래하게 된 것으로써 통상관계의 일원화된 처리와 관리 및 연구가 필요하다. 특히 통상의 문제를 눈앞의 짧은 시각으로만 처리할 것이 아니라, 장기적 안목과 전략적 차원에서 대응할 수 있는 제도적 장치를 마련하여야 할 것이다. 이는 다양한 통상현안에 대한 조정, 교섭, 법규 등으로 국제통상환경에 걸 맞는 대외적인 통상전문가의 양성 및 관련자들의 효율적인 활용이 더욱 절실하게 필요케 된 것이다.

따라서 한국통상 정책의 문제점은 전문성 결여와 전문가 부재이며, 또한 전문가를 만들어내기 위한 교육시스템의 부재라는 점이다. 더 나아가 정부의 조정능력의 부족으로 인한 내부협상력의 부족으로 나타난 현실들을 감안할 때, 통상정책 관련의 전문가와 이를 통한 아낌없는 지원과 노력만이 성공적인 협상을 이끌어 낼 수 있을 것으로 사료된다.

## 3. 한국의 통상정책과 협상정책의 전망 및 전략

### 1) 한국 통상정책의 향후 전망

앞으로의 한국의 통상정책은 다자간 통상 관계로 나아갈 것이다. 한국의 무역수지 안정을 위하여 대외여건의 변화와 계속되는 수입개방 압력 등에 초점을 맞춰 무역불균형을 해소하고 통상정책의 전략적 수행으로 인한 수출확대와 시장개척 및 통상 분야의 범위확대를 위해 다각도로 노력해야 할 것이다. 이러한 정책적인 일들을 감당하기 위하여 국내적으로는 환율정책, 물가안정을 통한 수출원자재의 확보 및 수입 장벽 완화를 통한 효율적인 통상정책을 실행해 나갈 수 있도록 국제화에 걸 맞는 통상정책의 방향과 전략적인 통상정책의 수행을 겸하여 실시하여야 할 것이다.

향후 통상정책의 방향은 다각도로 변화되어가는 통상활동의 상황 하에서 지역주의와 보호주의의 강한 영향을 통하여 전략적이고 다변화적인 통상정책을 수행해야 하기 때문에 통상의 능력을 강화하고 국제기구를 통한 경제협력을 바탕으로 협력의 관계를 강화해 나가야 할 것이다. 따라서 이러한 통상 체제하에서의 한국은 다자무역체제의 적극참여를 통한 정보교환 및 협상의 틀을 마련해 나가야 한다.

특히 뉴라운드에서 환경과 무역에 관한 새로운 규범의 적용으로 인한 노동자들의 권익보호, 노동조건 등 투자와 경쟁, 환경, 전자상거래, 등의 전반적인 통상 분야에서 OECD의 논의 사항이 잘 반영되도록 추진해야 한다. 그리고 주요 교역시장에서 보다 효과적인 관리와 새로운 시장의 체계적인 차별화를 위한 통상전략을 세우고 선진국과의 끝임 없는 기술인력 교류, 공공기술개발 등 산업기술협력을 추진해 나가야 한다. 또한 APEC에 적극 참여하여 정치, 경제, 사회 등 전반에 걸친 폭넓은 논의의 경제협력문제 협상을 통한 추진을 강화해야 한다.

세계경제 통합이 심화되고 시대적 상황에 적합한 통상정책의 새로운 패러다임은 개방된 상태에서의 통상정책을 추구하게 되었다. 이는 대내외적으로는 세계경제의 개방을 선도함으로써 세계경제질서의 주도적 역할을 수행하고 대내적으로는 자유경쟁, 공정성, 형평성에 근거한 경제구조의 개혁을 선도하는 주체로서의 역할을 할 것이며, 주변 강대국간 통상조정자 역할을 지향하는 통상정책과 대내 개방 및 세계무역의 자유화, 시장 존중의 통상국가로 통상의 정책을 펴 나갈 것이다.

새로운 패러다임의 통상정책은 국민의 이해와 합의에 기초한 통상정책으로 시장경제원리에 입각한 개방적 정책으로 국제규범과 세계를 향한 폭넓은 범위에까지 관련 정보와 관계수립 및 공유체제를 통한 통상의 인프라를 강화해 나갈 것으로 보인다.

## 2) 한국의 통상전략

한국의 통상전략은 2006~2020년까지 장기적 안목의 통상전략을 살펴보면, 무엇보다 양자관계, 다자관계, 남북관계에 중점을 둔 세계를 하나의 시장개념으로 새로운 차원의 접근 전략을 추진할 것으로 보인다. 특히 양자관계에 있어서 미국과는 다양한 현지투자, 현지산업, 협력강화, 소비자 및 고용인의 현지화로 한국과 미국의 자유무역협정 추진 및 검토하는 전략이며, 일본과의 관계에서는 한국과 일본의 상호간 협력 분야를 확대, 공동대처의 Win-Win 전략을 추구할 것으로 보인다.

일본에 대한 투자가 양국 기업 간의 전략적 제휴를 촉진하도록 하는 동시에, 침체된 일본경제를 부양하는 관계로 발전할 것이며, 일본에 대한 투자가 양국 기업의 전략적 제휴를 촉진하도록 하는 동시에 침체된 일본경제를 부양하는 메커니즘을 가능하도록 유도하고 한국과 일본 간의의 자유무역협정 추진 검토해 나갈 것으로 보인다.

반면에 EU에 관하여는 무역 투자관련 협조체제의 제도화, WTO협력, ASEM 체제 공고화, 경제협력 체제발전 도모, 상호투자진출 확대, 전략적 기술제휴, 산업기술 협력강화, 한· EU 상호인정협정(MRA)의 확대로 나아갈 전망이며, 중국과는 자본재 설비 등 새로운 수출상품의 개발을 통한 다양한 현지 투자와 산업협력을 강화하는 한편, 아세안 진출 한국 기업들의 현지경쟁력 제고와 ASEAN이 제공하는 각종 혜택을 높여가는 방안을 강구해 나갈 것이다. 물론 대양주에 관하여는 무역확대와 적극적인 시장개척을 겸한다는 취지이다.

다자관계에 있어서는 WTO의 체제하에서 국내제도 관행의 국제통상규범과의 조

화를 이루어 무역관련 국내법규 및 제도를 WTO 규범 및 기준에 맞추어 재정비하고 투명하게 운영할 것이며, 이는 다자통상의 정책적 실시와 정보기술 산업 및 전자상거래 활성화에 적극 노력할 것이다. 특히 다자통상협력을 제고하여 다자무역체제의 우위를 인정하는 기본입장을 유지하되, 일부 국가와의 FTA체결을 통한 다자무역주의와 지역주의를 적절히 활용한다는 전략이다. 그리고 OECD기구와는 각종 다자규범의 발전가능성 및 국내 경제에 미치는 영향을 사전에 분석하고 다자규범 발전에 필요한 의견을 적극 개진, 논의해 나갈 방침이며 APEC와는 무역자유화 및 개발협력에 대한 회원국 간의 이견을 조정하고, 역외국가와의 관계를 WTO체제와 규모 있게 운영한다는 것이다.

또한 ASEM의 향후 발전을 위하여 아시아와 유럽 간 공통의 새로운 의제들을 제안 및 논의 하고, 무역 투자에 관한 제도적 장치를 마련하는 한편, 세계경제질서에 따른 위험을 최소화하기 위하여 금융협력체제의 개발을 적극 검토해 나갈 것이다. 남북한 관계에 있어서도 정경분리의 원칙에 입각한 지속적이며 일관성 있는 대북정책을 통한 양적, 질적 변화를 추구하고 지속적인 경제성장과 한반도의 평화체제 수립을 위한 남북대화의 실질적 진전을 모색할 것이다. 특히 남북한의 장기 전략으로는 완전한 경제통합 달성을 위한 노력을 가속화 할 방침이며, 북한의 지역경제협력체제 및 국제경제기구에의 적극참여를 유도하여 통일한국에 대비한 통상정책의 비전을 마련한다고 되어 있다. 통일한국의 비전으로는 통일한국의 국제법상 법적 지위 재정립과 경제개전 기간 및 비용의 절감, 국제적 지위 향상을 위해 지역경제협력체제에서의 주도적 역할수행을 모색하여야 할 것이다.

### 3) 한국 통상협상 전략

한국의 통상협상 전략은 협상에 대한 시각의 시작은 부정적인 차원에서 비롯되었다. 1960년대의 수출주도의 경제성장 전략과 함께 협상에 대한 태도는 개방적이며 적극적인 수입에 대해서 수출을 위한 수입의 개념이었다. 그러나 갈수록 통상의 압력은 거세지기 시작하였고 1980년대 중반이후 무역상대국과의 끊임없는 마찰이 발생하였다. 그 가운데 기존의 최대의 무역상대국이었던 미국을 시작으로 한국시장에 대한 개방 압력을 행사하였다. 마침내 1986년 우루과이라운드의 시작으로 다자간 협상을 시작하게 되었고, 양자 협상을 통하여 개방은 계속적으로 확대되어 갔다.

하지만 한국 통상협상 전략의 미비로 인하여 항상 끌려 다니는 입장이었으며, 협상에 대한 태도는 무조건적인 방어자세로만 일관할 수밖에 없었다. 이 시기에 나타난 한국 통상협상의 형태는 좋지 못한 문화적 습관으로 이어졌다. 이른바 협상국과의 협상을 통하여 무조건 개방하지 않는 것으로 협상한 자들에 관하여 관대하게 평가하는 좋지 못한 협상의 태도를 보였다. 이러한 풍조를 타고 한국 통상의 협상은 갈수록 거세지는 외부의 개방 압력에 힘입어 어쩔 수 없이 개방하는 상태로 나타났다. 또한 한국의 권위주의식 발상으로 인하여 관련부처와 관련자들의 업무처리에 있어 한국을 등에 지고 자기 자신의 명성을 얻고 자하는 다툼이 일어났으며, 협상권한을 부여받지 않고 모든 결정권한을 부처의 최고책임자 권한아래 둘 수밖에 없었던 미숙한 점이 있었다.

따라서 한국통상 협상의 전략은 조직편성에 있어서 수평적 조직을 재편하는 한편, 부처간, 부서간의 갈등을 최소화하기 위한 조정기구를 신설하는 것이며, 또한 통상협상을 전담할 부처별 소관업무와 담당 공무원을 통한 효과적인 협상을 위한 관련부처와의 교섭이 필요하다. 이를 원만하게 해결하기 위해서는 관련자 모두에게 통상협상에 관한 주기적인 교육과 관련부처의 모든 담당자들이 한 자리에 모여 서로 협의 및 연구할 수 있는 테이블이 필요할 것이다. 왜냐하면 통상협상이란 분석능력과 문화역량의 배양을 통한 세계화로 나아갈 수 있는 지름길이기 때문이다.

## 제3절 주요국의 무역통상 정책

### 1. 미국의 통상정책

#### 1) 미국의 기본적인 통상정책 배경

통상정책은 대개가 자유주의, 보호주의의 두 부류의 방식으로 해석하는 것이 가장 일반적이다. 통상정책은 무역정책과 구분하기 어려운 만큼 통상법을 무역법으로 해석하는 경우도 있다. 왜냐하면 국제통상이란 말은 국가 간의 재화의 거래 즉, 무역거래를 말하기도 하지만 최근에는 국제투자, 국제금융거래 등을 포함한 국제경제거래를 말하고 있기 때문에 국제무역거래나 무역정책보다는 국제상품거래를 초월한 통상정책으로 이해하는 것이다.

일반적으로 통상정책은 자유주의냐 보호주의냐 하는 거대한 두 가지의 부분으로 나타나고 있지만 미국은 이 두 가지를 동시에 적용하고 있다. 즉, 대외무역을 통하여 소득분배개선과 경제발전을 주장하고 이를 통하여 이익을 보게 되며, 무역의 공정론을 주장한다. 하지만 국제무역으로 인하여 소득재분배과정에서 피해를 보는 쪽의 손실과 불평 등과 관련된 협상의 내용을 방지하기 위하여 부분적인 보호무역을 주장하기도 하는 것이기 때문이다.

미국의 보호주의 통상정책은 1970년대 이전까지는 주로 관세를 주요 수단으로 이용하였으나 1970년 이후에는 비관세제도를 수단으로 활용하고 있다. 비관세제도란 외국의 수출업자나 국내수입업자에게 무역거래상의 비용을 상승시키거나, 수입을 양적으로 제한하는 행위 또는 외국의 수출업자나 국내수입업자에게 수입품의 국내가격을 올리고 수입량을 감소시킬 목적으로 관세 이외의 모든 제도적 장벽을 포함하고 있다. 대표적인 미국의 통상관련법은 1974년 통상법(Trade Act), 1979년 통상협정법(Trade Agrement Act), 1984년 통상관계법(Trade and Tariff Act), 1988년 종합통상 및 경쟁력법(Omnibus trade and Competitiveness Act), 이밖에도 각종 자유무역협정 등이 있다.

## 2) 미국의 통상정책에 관한 시대별 추이

미국의 통상정책 시작은 연방주의자들과 제퍼슨의 공화주의자들이 자유무역을 선호했으며, 1789년의 최초 관세법인 관세율은 평균 8.5%에 달하였다. 그러나 관세가 정치쟁점화 되어 1816년 관세법에서 보호무역주의를 채택하여 평균관세가 15%로 책정되었다. 이러한 이유는 연방세입을 위한 수입원으로 관세가 1910년까지 약 50%를 차지하였기 때문이다. 그 후 1928년 약 45%에 이르는 관세로 보호무역주의로 굳혀갔다. 하지만 19세기 후반의 세계화의 거센 물결로 인하여 영국을 중심으로 무역자유화가 선언되었다.

이때 미국은 1861년 모릴관세법(Morrill Tariff Act of 1861)으로 관세강화, 1875년 관세인상, 1890년 매킨리관세법(McKinley Tariff Act of 1890), 1897년 딩글리관세법(Dingley Tariff Act of 1897)으로 관세율은 49.5%였으나 1930년 스무트-흘리관세법(Smoot-Hawley Tariff Act of 1930)제정으로 59%의 관세를 부과하였다. 따라서 미국은 공화당 정권하에서 관세인상은 고관세율정책으로 보호무역주의였다.

미국의 통상정책은 공화당 집권으로 고관세율정책으로 나아갔다. 그리고 1934

년 상호통상협정법(Reciproca Trade Agreement Act of 1934)과 1947년 관세와 무역에 관한 일반협정(GATT: General Agreement on Tariff and Trade)으로 자유무역정책을 펴 나갔다. 이러한 배경의 주요원인으로는 제2차 세계대전이후 미국은 세계경제의 주도권을 갖고 자국의 생산능력을 통한 자유무역의 경향으로 나갔으며, 1962년 통상확대법(Trade Expansion Act of 1962)를 통한 케네디라운드 선언으로 1967년 미국의 평균관세율은 35%로 낮아졌다.

케네디라운드를 통한 미국의 통상정책은 자유무역주의를 표방하는 것 같이 보였다. 그러나 1960년대 후반부터 미국은 다시 보호무역주의로 나타났다. 그 주원인은 미국의 신발산업과 자동차, 철강, 가전제품 등의 제조업 부문의 수입이 증가하여 상대적으로 수출이 감소하였기 때문에 무역적자로 나타났기 때문이다. 이러한 상태는 1980년에 이르러 최악의 상태를 맞이하게 되지만 이러한 배경 하에서 미국은 통상정책을 강하게 나타내기 시작할 수밖에 없었다. 거센 보호주의의 바탕으로 섬유부문, 철강, 컬러TV 등에 비관세조치를 취하고, GATT의 관세조치를 무산시켜버렸다.

따라서 미국의 통상정책의 변화로 인하여 마침내 1973년~1979년의 도쿄라운드(Tokyo Round)에서 비관세장벽의 완화를 통한 제7차 다자간 무역협상을 추진하게 되었다. 이때 미국은 1979년 통상협정법(Trade Agreement Act of)을 제정하여 반덤핑관세, 상계관세 강화를 위해 301조를 새롭게 신설하여 미국 의회가 동경라운드를 국내법화하기 위해서 제정하였다. 그러나 선진국들이 공산품에 부과한 평균관세율은 5%이하로 대폭 감소추세로 나타났다.

미국의 통상정책은 1980년대에 이르러 공정무역(Fair Trade)의 경향으로 나타났다. 공정무역의 경향으로 고금리, 달러강세, 미국상품의 국제경쟁력 약화 등을 통하여 무역수지의경상수지 적자로 인하여 보호무역주의의 압력이 미국의회로부터 나왔다. 그 결과 통상정책을 무역적자, 실업률 감소, 국내산업의 경쟁력 강화라는 슬로건으로 1984년 무역관세법(Trade and Tariff Act of)을 제정하여 301조를 더욱 강화해 나갔다.

특히 1988년 종합무역경쟁력법(Omnibus Trade and Competitiveness Act of)을 제정하면서 스패설 301조, 통신부문 301조 등 새로운 해외시장개방을 위한 각종 규정을 첨가하였다. 그러므로 미국의 통상정책은 자국기업과 산업보호를 위한 통상정책을 강화해 나가고 있으며 불공정한 무역관행을 사전에 막기 위하여 비관세장벽과 보복조치 등 여러 무역수단을 활용하면서 기존의 무역거래국과의 좋지 못한

마찰을 빚어내고 있으며, 특히 FTA를 통하여 자국의 무역활성화를 꾀하고 있다.

따라서 미국 통상정책의 목표는 해외시장에서 불공정한 보호무역주의의 장벽을 제거하고 자유 시장을 통한 무역확대와 후생복지 향상, 완전고용 추진, 재화 및 서비스의 생산증대 등을 추구하기 위한 노력과 무역장벽 감축을 통한 경제성장과 고용기회 확대 등이 통상정책의 배경 하에 깔려 있음을 알 수 있다. 이러한 무역이익을 확보하기 위하여 다자주의, 지역주의 쌍무주의를 동시에 병행하고 있음을 볼 수 있으며, UR 협상과 GATT규범 강화, 지적재산권을 비롯한 국제투자의 무역규범 강화 등이 반영되고 있다.

미국의 통상정책 변화에 따른 한국의 대응방안은 포괄적이며 실용적인 대외정책 추진, 외교 중심축을 다자주의로 이동하는 등의 정책을 필요로 하고 있다. 포괄적인 대외정책이라 함은 다양한 국제이슈 해결을 위해 기존 동맹국, 신흥공업국 및 국제무역기구 관련 등의 다자기구와의 파트너십 구축과 국제 협력적 관계강화를 말하며, 다자주의로의 이동은 기존의 패권주의에서 벗어나 주요 국가와의 균형적 발전을 위한 상호협력을 바탕으로 공정한 무역협정을 체결함과 동시에 실제적인 협정이 집행될 수 있도록 노력하는 것이다. 이러한 미국의 통상정책에 따른 한국의 대응방안은 한미 FTA에 대한 적극적 입장과 다자기구를 활용한 통상외교 강화 및 동아시아 협력체제에서의 한국 역할을 강화하는 것 등이 통상정책 변화에 대한 대응책이라 할 수 있다.

## 2. 중국의 통상정책

### 1) 중국 통상정책의 배경 및 목표

중국의 통상정책은 사회생산력과 사회분업발전의 필연적 산물로서 대외무역은 중국의 국민경제에 매우 중요한 위치를 차지하고 있다. 중국의 대외무역의 종합적인 기능을 보면, 유무상통으로 국내에서 생산할 수 없는 상품은 교환한다는 취지와 물질전환 즉, 공급이 수요를 초과한 제품은 수출하고, 공급이 부족하여 수요를 채우지 못한 경우는 수입하여 물질의 균형을 이룬다는 방침과 국제 분업의 이용으로 사회노동을 절약한다는 개념이다. 특히 선진국의 기술을 도입 및 외자를 이용한 건설자금축척과 외교협력을 중심으로 대외무역중요성을 인식하고 있다.

중국 통상정책의 목표는 대외통상정책에서 잘 알려진 것과 같이 독립자주, 평화

공존, 반패권주의 , 하나의 중국, 경제건설 등을 목표로 하고 있다. 이러한 원칙하에 1949년 중국 인민정치협상회의 제1차 회의에서 이러한 취지를 밝힌 바 있다. 지금까지 이러한 원칙은 변화가 없었으나 1980년 중앙간부회회의시 반패권주의, 조국통일 및 경제건설에서 잘 드러나고 있다. 무엇보다 경제개혁과 대외개방정책이 본격적으로 추진되기 시작하였다. 구체적인 대외통상정책의 목표를 살펴보면, 국가의 경제적 독립과 주권을 보호하는데 있으며, 중국의 중공업 육성과 발전을 위하여 강력한 국방, 인민복지, 국가 번영을 바탕으로 삼았다. 그리고 경제자립을 달성하기 위하여 경제, 정치적 독립을 달성하려고 힘쓰고 있다. 특히 중국은 대외개방과 대내개방을 통한 국제교류 활성화를 강화하고 선진국의 선진적인 경험과 자금도입을 추진하고 있다.

## 2) 중국 통상정책의 특징

중국의 통상정책은 개혁과 개방으로 나눌 수 있다. 1978년 개혁개방 전에 중국의 대외무역은 경제자립과 자본주의 세력의 경제적 침략으로부터 자국을 보호하는 차원으로 출발하여 사회주의 현대화 건설에 중공업을 육성하고 수출목표를 달성하는 것이었다. 그리고 중국의 대외무역 외교정책의 일환으로 국제정치 투쟁의 한 무기로 국제무역을 활용하였다. 물론 1978년의 등소평 등장 이후 변화가 나타났다. 자력갱생의 원칙으로 자급자족을 통한 현대화를 추진하고 대외무역의 선진시술을 도입하여 수출을 위한 발전을 꾀한다는 것이었다. 이에 따라 중국은 기존의 통제, 보호무역의 틀에서 벗어나 부분적으로 자율적인 경쟁과 사회주의 체제에서 시장경제 체제로의 조화유지를 위해 움직이기 시작하였다.

중국은 개혁과 개방을 통하여 대외통상정책을 펴 나갔다. 특히 중국은 사회주의 체제하에서 시장경제 체제를 도입하였고 이를 도입한 후로는 국가의 전면적 통제 대신에 자율성이 점차 주어졌으며 폭넓은 개방을 추구해 왔다. 최근에는 GATT복귀 및 WTO가입과 동시에 적극적인 국제무역기구에도 동참하고 있다. 이로써 중국의 무역은 체계가 더욱 개방과 개혁으로 크게 발전할 움직임을 보이고 있다. 중국의 통상정책 발전방향은 대외무역 발전전략에 의거 당의 관련문건, 방침 및 정책을 근거로 독립자주, 자력갱생의 기초위에 제정해야 한다고 명시하고 있다. 중국의 이러한 방침은 대외무역 발전전략을 통한 국민경제의 발전과 본국의 국정을 통한 국제경제 요구에 부합된 제정 및 이행, 충분한 과학적인 이론근거를 통한 실

천성을 높여 산업구조를 개선하고 경제적 효과와 이익을 향상시키기 위하여 국력과 조화 있게 속도를 맞춰 나간다는 취지이다.

첫째, 수입대체전략은 중간재는 반제품으로 수입하고, 중간재 혹은 반제품의 생산설비를 생산하여 공업생산품을 중지하고 조립라인을 가공하여 수입을 줄여나간다는 것이다.

둘째, 수출대체 또는 수출주도전략으로 수입 대체의 전략이 부족한 면이 있어 대외경제무역의 새 국면의 막대한 요구에 부합하지 않기 때문에 수입대체의 전략이 수출대체의 전략으로 바꿔야 한다.

셋째, 외향적 발전전략으로 내향적 전략에서 외향적 경제발전 전략으로 전환하여 세계 추세에 순응하는 것이 중국경제발전의 최선의 선택으로 보고, 국제 분업에 참가하여 국내시장과 국외 시장을 이용하여 자원의 전환을 실현하여 국민생활의 향상과 경제발전을 추구한다.

넷째, 외향적 경제발전에 관한 일정한 조건으로 실제 상황에 따른 몇몇 지역의 외향적 경제관계를 맺는다는 것이다. 즉, 전국 범위에서 내향적 경제와 부분지역의 외향적 경제의 구도를 통한 수출을 통한 경제성장을 꾀하고 자 하였다.

다섯째, 대외무역 발전전략의 다원화 전략으로 수출주도와 수입대체를 서로 결합하여 시행한다는 것이다.

여섯째, 국제대순환 전략으로 노동집약형 제품의 수출을 발전시켜 국제시장에서 중공업 발전에 필요한 자금과 기술을 얻기 위해 외화벌이를 통한 중공업 발전에 기여한다는 것이다.

일곱째, 연해지역의 경제발전전략으로 중국 정부의 전략방침 가운데 국제산업구조 조정의 유리한 기회 및 중국 연해지역의 풍부한 노동력 자원 등을 이용하여 외향적 경제발전과 노동집약형 산업과 가공업을 발전시켜 외국기업의 투자유치를 돕는다는 것이다.

여덟째, 내륙의 대외경제무역 발전전략으로 연해 경제발전전략을 통한 새로운 환경조성과 내륙의 발전을 꾀한 중국 일체화 전략으로 구성한다. 즉, 내륙에서 수출대체를 위주로 하여 수출주도를 보충하고, 내륙에서 수출을 발전시키는 전략방침은 본 지역의 상황에 근거하여 자본, 기술, 인재도입을 통한 산업구조를 개선, 수출상품의 구조발전을 통한 대외무역 확대에 중점을 두고 있다.

# 3. EU의 통상정책

## 1) EU의 기본적인 통상정책

EU의 통상정책은 유럽공동체의 형성과 함께 발전하여왔다. 특히 유럽공동체(EC: European Communities)의 형성은 1951년 4월 18일 유럽석탄철강공동체(ECSC: European Coal and Steel Community)를 설립함으로써 시작된다. 그 후 1957년 3월 25일 로마에서 유럽경제공동체(EEC: European Economic Community)와 유럽원자력공동체(Euratom: European Atomic Energy Community)를 창설하는 로마조약을 체결함으로써 6개국으로 유럽공동체가 출발하였다. 그리고 1972년 1월 22일 영국과·아일랜드, 덴마크가 추가 가입하였다. 그 후 그리스, 포르투갈, 스페인이 가입하였다. 유럽연합 15개 회원국은 프랑스, 독일, 이탈리아, 벨기에, 네덜란드, 룩셈부르크, 영국, 아일랜드, 덴마크, 그리스, 스페인, 포르투갈, 오스트리아, 스웨덴, 핀란드 등이다.

유럽연합은 1980년대에 유럽연합운동이 전개되어 1986년 2월 단일유럽법(Single European Act)을 제정하여 내부시장(internal market)을 1992년까지 완료하고 유럽의회를 활성화, 외교정책 및 안보분야의 공동노선 추구 등을 통한 유럽단일화폐의 시행, 유럽중앙은행의 설립, 유럽정치연합의 강화를 유럽연합(European Union)에 관한 Maastricht 조약이 체결되었다. 하지만 EU는 아직도 대외공동 통상정책 분야에 있어 미흡한 점이 많으며, 미완성의 상태에서 수입규제수단과 회원국 간의 이해가 상충되어 일부만 통합된 상태라 할 수 있다.

EU의 통상정책은 역내시장 자유화 조정, 통상 분야의 공동정책수립을 개념으로 회원국 간의 교역을 규율하는 동맹국 간 통상법과 비동맹국과의 통상인 대외통상법으로 구분한다. 따라서 동맹국 간의 통상은 역내교역으로 통상장벽철폐를 통한 무역자유화와 자율무역을 활성화해 나가는 것이며, 대외통상법은 EU회원국들의 비동맹국에 대한 통상규제조치로서 동맹국의 규제조치와 비동맹국의 규제조치 모두를 포함하고 있다. 여기에 해당하는 주요내용은 반덤핑관세와 상계관세, 외국의 불공정무역규제를 위한 긴급수입제한조치, 대외공동관세 등이며 공정성 여부와는 상관없이 발동할 수 있는 법으로 나뉜다.

## 2) EU 통상법 특징

EU의 대외통상규제법은 수출규제법, 수입규제법, 그리고 수량규제와 관세규제로 각각 나누어 볼 수 있다. 또 불공정무역을 규제하는 법과 공정성 여부에 관계없이 발동되는 조치로 구분된다. 이 중 가장 대표적인 통상규제조치로는 반덤핑관세, 상계관세, 긴급수입제한조치, 수출자율규제조치, 신 통상정책수단, EEC조약 제115조에 의한 간접 수입제한조치, COCOM에 의한 수출제한조치 등이 있고 기타 원산지 규정, 관세평가규정 등도 통상보호조치로써 이용된다.

또한 EU의 대외통상규제조치 중에서도 가장 널리 이용되고 중요한 것은 반덤핑규제라고 할 수 있다. 1980년대 말과 1990년대 초에 이르러 EU에서는 우리나라나 일본을 위시한 동 아시아 수출국들의 대 유럽 상품에 대한 덤핑규제를 급격히 증대시키고 있다. EU의 덤핑제소 남발은 경제상황적인 이유 이외에도 다음과 같은 이유가 있다.

EU의 통상법의 발동은 일반적으로 EU역내기업들의 경쟁력이 취약한 철강, 섬유, 가전제품, 전자부품, 사무기기 등에 집중적으로 취해져 왔다. 특히 한국에 대한 수입규제는 한국의 주종 수출품목인 전자제품, 신발류, 섬유류를 주된 대상으로 하고 있으며 이러한 규제의 강도는 한국의 대 EU 수출이 급신장세를 보이기 시작한 지난 1987년 이래 극도로 심화되고 있다. 최근 한국에 대한 EU의 통상규제조치가 급증하고 있는 주요원인은 한국의 대 EU 수출이 급격하게 증가하고 있지만, 수출업체들은 제소를 당하거나 이러한 조치에 관하여 정면대응을 피하고 가격인상약속, 수출자율규제를 제안, 대응하지 않은 자세 등으로 인하여 한국을 쉽게 보는 EU의 좋지 못한 통상습관적인 자세로 나타나고 있다.

# 4. 일본의 통상정책

## 1) 일본의 통상정책 방향

일본의 통상정책 방침은 국경 없는 경제에서 기업 활동의 글로벌화로 인한 해외투자, 기술무역, 지적재산권, 등의 새로운 규범을 형성하고 구 사회주의 국가가 국제경제 시스템을 원활히 참가할 수 있는 기반형성에 참여함과 동시에 선진국과의 정책협조를 통한 환율의 안정을 도모하고 엔화의 국제화를 추진하는 내용을 바탕으로 신 국제경제 질서 형성에 적극 참여하고 자 함과 동시에 국제조화와 민간경제활동 참여 등의 내용을 통한 일본시장에서 외국기업의 활발한 활동을 위한 정책을 강화하였다.

뿐만 아니라 선진국 간 협력강화와 개도국지원을 위한 기업경영의 노하우 제공, 생활개선을 위한 소비재분야, 공해방지, 기술관련 분야 개선을 통한 인력양성 등을 포함한 시장경제의 이념추구와 긴밀한 협조를 바탕으로 한다. 그리고 지역 간 협력을 추진하여 상호의존을 통한 세계 경제 활성화에 기여한다는 방침과 지구환경 및 에너지 문제의 대응과 조화를 위한 개도국 지원과 기술보호주의의 경향을 띤 과학기술의 창조, 유통, 이전에 적극 참여한다는 기본방침을 세웠다.

## 2) 일본의 통상정책 기조

일본은 통상정책의 변화와 발전향상은 1950년대의 수출촉진 및 수입억제 정책에서 1960년대 수출구조 고도화 정책, 1970년대 무역마찰의 회피정책, 1980년대와 1990년대 보호무역주의와 자유무역제체의 유지 및 확대정책을 적극적으로 추진하여 산업조정을 통한 국제 분업을 추진하는 정책으로 변화하였다. 일본의 경제는 제2차 세계대전 이후 1970년대 초 이전까지 세계경제의 호황을 타고 급속한 발전을 꾀할 수 있었으며, 선진국 진입의 자리매김을 하였다. 특히 1950년대 자립경제의 기반을 마련 국제수지의 균형을 이루면서 경제성장에 필요한 공업원료 확보, 시장 확대 정책과 수입억제 정책을 동시에 펴 나갔다.

하지만 1970년대 들어와 일본의 경제에 대한 통상개방 압력으로 말미암아 불가피하게 개방을 통한 무역 및 외환의 자유화를 선언하였다. 그러나 두 차례의 석유파동으로 인하여 마이너스 성장을 기록하였으며, 대외통상 개방의 거센 물결로 말미암아 수출지원에 관한 부분을 대부분 축소하거나 철폐하기에 이르렀다. 1980년대에 있어 일본의 무역흑자 폭이 해소되고 통상압력이 강해지자 자동차를 비롯한 금융, 서비스, 첨단산업 등의 부분으로 확대되어 지속적인 시장개방 확대조치를 취할 수밖에 없었다.

최근의 일본통상 정책은 자국의 경제발전을 위하여 무역과 투자부분에 관한 WTO를 중심으로 무차별적이고 자유로운 다각적 통상체제를 기반으로 하고 있다. 일본의 자국경제 발전에 박차를 가하고 있을 때 전 세계적인 통상의 추세는 보호주의 압력의 대두와 지역주의로 인하여 갈수록 블록화 현상이 심화되었다. 이에 일본은 아시아지역을 중심으로 한 협력체제 강화에 나서게 되었다. 이를 바탕으로

일본은 수출시장 확보와 동아시아 국가들의 시장제도 정비를 지원하면서 기초산업 육성과 인재교육, 자금지원 및 협력과 전문가 파견 등을 통한 협력과 지원을 겸하여 실시하고 있으나 자국의 경제발전과 수출증대를 위한 노력의 자구책으로 보여 진다.

### 3) 일본 통상정책의 특징 및 수단

일본의 통상정책의 특징은 민. 관 협력체제의 통상정책과 문화적 통상장벽 형성 및 국가전략 산업의 적극적 보호 및 육성이다. 특히 일본은 민. 관 협력체제의 통상정책은 소비자와 생산자 그리고 유통을 통한 판매자의 이익을 대면한다는 이점도 있지만 해외상품의 일본시장 진출을 어렵게 만들어 버린다는 불리한 요인으로 작용하기도 한다.

또한 일본의 전반적인 문화적 통상의 형성은 인간적 유대관계와 신뢰를 바탕으로 인간적인 관계의 거래를 중시하는 경향으로 인하여 외국인의 투자와 외국기업의 일본진출을 꺼려하는 경향이 있다. 그리고 외국인에 대한 배타적인 자세는 외국인 투자자들로 하여금 불리한 조건과 이를 받아들일 수 없다는 입장의 태도로 보이기 마련이다. 그러므로 일본의 이러한 문화적 관행은 통상정책 수립에 악 영향을 줄 뿐만 아니라 자국을 앞세워 타 문화를 배척하는 배타주의의 경향으로 인하여 통상정책의 장벽으로 나타나고 있다.

또 하나는 자국의 산업 발전을 위한 집중 보호 및 육성은 어느 나라를 막론하고 높은 장벽으로 나타나기 때문에, 자국의 국가경쟁력의 강화만을 일삼는다면 쉽게 통상에 임하려 하지 않을 뿐만 아니라 일본은 어떤 산업분야가 국제경쟁에서 우위를 확보할 때까지 일본은 국내자원을 적극 동원하여 지원, 육성하려고 하는 경향이 짙은 관계로 통상에 있어 애로점으로 나타나고 있다.

세계화를 통한 모든 나라들이 자유무역과 지역주의의 경향으로 나타나고 있다. 특히 일본은 통상정책의 수단으로 관세 및 비관세 수량제한조치 등을 사용하여 통상정책의 수단으로 삼고 있다. 물론 나라들도 이와 같은 방법으로 통상정책의 수단으로 삼고 있겠으나 특히 일본의 경우 평균양허관세율을 UR이전의 3.9%에서 WTO출범 시 1.7%로 인하였으며 이는 여타 선진국에 비하여 낮은 관세율이다. 일본의 경우 관세율을 낮게 책정하는 것은 일본의 경우 관세율이 무역수지 흑자와 수입규제에 큰 부담요인으로 작용하지 않는다는 점으로 미루어 볼 수 있다. 그러나 일부 품목은 아주 높은 고관세율을 적용하거나 가공의 정도에 따라 차등을 두는 사관세를 적용하고 있다.

비관세의 경우는 실질적인 통상정책의 수단으로 활용하고 있으며, 가시적인 상계관세, 반덤핑관세 등의 일반적인 조치들보다는 비가시적인 수입승인제도, 행정제도, 유통제도 등을 통해서 비관세장벽을 적극적으로 활용하고 있다. 특히 수입승인제도는 수입규제의 조치로서 까다로운 통관절차와 서류제출을 요구하여 수입억제와 지연정책을 펴 나가고 있고, 민간기업에 대해 행정조치나 권고를 통한 실질적인 수입규제를 하고 있다. 그리고 유통제도에 있어서도 비관세장벽을 활용하고 있으며, 제조업자에 대해서 경쟁기업의 제품판매 금지를 요구하고 외국기업의 진입을 자동적으로 막고 있다. 이로 인하여 외국의 기업들은 기존의 유통망이 아닌 새로운 유통망을 통하여 시장에 진출하여야 하는 부담을 안고 있다.

더 나아가 일본은 비관세장벽으로서 수량제한조치를 취하고 있다. 이 수단은 수출 물량을 제한하거나 수출 자율규제를 통하여 수출업자와 수입업자의 통상마찰을 해결하여 왔다. 대부분 일본은 농산물, 공산품의 가죽제품, 신발류 등에 이러한 수량제한 조치를 활용하고 있다. 참고로 일본의 통상정책기구는 대장성과 통상산업성, 외무성이 있다. 이 가운데 전반적인 대외무역을 담당하는 기관은 일본의 외무성이며, 여기서 정치와 경제문제를 다루고 있다. 또한 대장성은 경제정책과 금융기관을 통제하는 정부의 관료기구이며, 통상산업성은 통상행정을 담당하는 주무기관이다.

# 제12장 글로벌시장과 무역통상의 기구

Chapter 12

# 글로벌시장과 무역통상의 기구

## 제1절 글로벌시장과 무역통상

### 1. 무역통상의 개념과 중요성

#### 1) 무역통상의 개념

글로벌무역통상이란 국제적인 상거래를 통한 매매와 교환의 행위를 말한다. 그러나 상품의 매매 즉, 수출입을 통한 자본과 노동을 통한 유, 무형의 재화를 포함한 서비스와 지적재산권을 포함한 국제간의 교역활동으로 국제무역과 동등의 개념을 갖지만 무역을 할 수 있도록 하는 모든 상거래 활동의 지원활동을 국제통상 또는 글로벌무역통상이라고 한다.

국제통상은 한 나라와 다른 나라와의 경제활동을 함에 있어 제반의 문제점을 찾아 통상협상하려는 것을 말한다. 더 쉽게 풀이하자면 두 나라 사이의 무역거래를 원활히 하기 위하여 장벽부분을 제거하고 잘 통할 수 있도록 서로 협의하거나 협상하는 과정을 통하여 주어진 국제무역의 상황을 자유롭게 활동할 수 있도록 만들어가는 활동을 국제통상이라 한다.

하지만 국제통상의 개념은 국제적인 상거래 또는 국제경제활동을 자유롭게 하기 위한 의사결정이라고 할 수 있으나 완전한 자유적 거래는 보장받을 수 없다. 왜냐하면 한 국가에서 다른 국가와의 상거래 개념에서 볼 때, 자원배분과 교환적인 요인이나 정치와 사회 및 문화적인 요인도 함께 작용하고 있기 때문이다.

결론적으로 통상의 개념은 경제주체의 합리적인 의사결정을 통하여 자유로운 상거래 활동을 보장하기 위하여 필요한 제반의 요소들에 관한 활동을 하는 것으로 볼 수 있다. 보다 정확한 국제통상의 개념을 이해하려면 국가와 국가 사이의 경제적 교류에서 비롯되는 제약요인을 제거하기 위한 여러 가지 협상 활동을 말한다고 할 수 있다.

## 2) 글로벌 무역통상의 특성 및 대상

무역통상의 대상은 재화(상품과 서비스 포함의 지적재산권 등)와 서비스의 매매, 교환의 관계가 성립되는 재화의 교환관계라고 할 수 있다. 따라서 국제통상의 대상은 교환적거래 관계가 있는 모든 나라는 국제통상의 주체가 되는 셈이다. 즉, 국제통상기구의 회원국이 될 수 자격이 있다는 말과 같다. 좀 더 세밀하게 말하자면 세계무역기구에서 사용하는 국가와 비국가단위의 회원은 독립된 관세영역을 포함하는 것으로 해석하고 있다.

일반적인 국제무역거래에 있어서도 국제교역 활동을 통한 상거래 관계의 성립과 운송, 보험 등의 여러 서비스 등을 포함하고 있다. 그러므로 국제통상의 주체는 개인과 기업 및 정부와 국제기구를 포함한다. 국제통상은 나라와 나라 간의 국제거래 질서의 확립이지만 국가 간의 통상협상을 통한 장벽제거 노력이다. 그러므로 통상마찰에 있어서 국가의 이익을 전제로 국제적 분쟁이 발생하였다. 이러한 국제적 분쟁을 조정하고 협상하기 위한 조처를 취하는 것이 국제통상이며 국가 정책적 대립으로 국민감정의 대립에 이르기까지 광범위하게 전개된다.

따라서 국제통상의 특징은 자국의 무역보호를 위한 제반의 조치와 국민경제적 차원에서의 활동을 함과 동시에 개별경제정책적인 차원에서의 종합적인 성격을 띠게 되며, 이해관계의 모든 통상에 관여하여 이해조정과 함께 협상조치를 취하는 바, 일종의 외교적, 정책적인 국제적 성격을 띠고 있다. 이러한 국제통상의 본질적인 활동을 자유롭게 하기 위한 제반의 조치사항으로 통상협상과 조약 등을 무역협정이라고 하며, 통상협상의 주 내용은 무역에 관한 수출입 관련의 통상협상이다.

## 2. 무역통상 정책의 변천과정

### 1) 근대의 중상주의와 자유무역주의 통상정책

#### (1) 중상주의 통상정책

16~17세기의 왕권강화로 인한 귀금주의의 탄생은 독립된 권력을 소유하여 중앙집권체제로의 발전과 부국강병, 경제발전 등의 국가존립의 중요한 역할을 하였다. 이때의 무역은 막강한 정부의 개입으로 인한 경제발전 초기단계의 유럽 여러 국가들이 부를 증강시키기 위해 이 방법을 채택하였던 사상, 경제정책을 일컫는 말이다. 중상주의 통상의 특징은 초기에는 중금사상으로 화폐를 금, 은과 동일하게 취급하였으나 후기에는 무역거래를 중시하는 경향을 띠게 되었다. 이러한 중상주의의 상업 자본은 국가의 특권적인 독점체제 아래 국내의 유출을 저지하려는 사상과 정책이었다.

#### (2) 자유무역주의 통상정책

자유무역주의 통상정책은 정부가 국제통상에서는 정부가 개입하지 않은 범위안에서 자유로운 상거래를 통한 상품과 서비스가 국제적으로 이동할 수 있도록 허용하는 것을 말한다. 물론 자유경쟁의 바탕아래 18세기 후반 프랑스에서 중농주의가 일어남으로써 영국 고전학파의 자유무역사상에 입각하고 있음을 알 수 있다.

특하 이러한 사상은 J.B.Say(세이)의 경제사상을 반영한 것으로 보호조치의 정도에 따라 산업발달의 정도가 달라질 것이라고 하였다. 이들은 자유경쟁 하에 기업의 경제체제의 경제주체 능력을 개방하였다. 프랑스, 독일, 미국을 비롯한 영국에서도 학계. 정계에서 일조함으로써 19세기의 세계문명의 장을 열어 나갔다.

자유무역은 상품과 서비스 등이 국가의 인위적인 간섭이나 보호 및 통제를 받지 않는 범위에서 자유롭게 국제무역 거래를 행하는 것을 말한다. 자유무역의 이익은 자유무역을 실시하는 국가와 전 세계의 자원이 최적배분 됨으로 인하여 경제적 후생수준이 향상되어 무역의 이익을 낳게 된다고 보았다. 특히 자유무역을 통한 비교우위산업의 특화는 비교열위의 상품을 수입함으로써 자원의 최적배분을 효율적으로 관리할 수 있어 경제적 후생수준도 향상되거나 높아질 것으로 보는 것이 자유무역 즉, 자유무역의 통상정책이라고 할 수 있다.

## 2) 보호무역주의 통상정책

보호무역은 국제무역 상거래 있어서 정부가 상품과 서비스의 이동에 간섭하는 것을 말한다. 보호무역주의의 통상은 주로 자국의 산업보호, 수출장려 및 수입규제정책, 국제수지의 개선을 위하여 취하여지는 통상정책으로 자국의 산업보호는 국내의 경제활동과 국내시장 및 국내의 제품이 외국제품의 수입으로 인한 타격을 사전에 막는 행위이며, 각종 수입에 대한 규제조치를 취하거나 수출보조금을 지급하는 등의 정책을 펴기도 한다.

그러나 수출장려 및 수입규제의 통상정책은 정부와 지방자치단체가 국내 상품의 수출만을 증대하고 반면에 수입은 억제하는 정책적인 사항이며, 수출을 장려하는 근본적 이유는 국내고용과 물가안정, 국내산업 보호를 통한 국민생활의 향상을 꾀하자는 것이다. 아울러 국제수지의 개선은 수출을 통한 외화획득의 이슈를 수입을 통하여 다시 유출되는 것을 막으려는 것인데 이를 통하여 국내통화의 안정적 가치를 유지하려는 목적에 있다.

## 3) 신보호주의 통상정책

제2차 대전 후 자유무역주의를 바탕으로 국제경제 질서 확립, 관세인하 및 비관세장벽을 낮추는 등 자유무역의 경향을 띤 새로운 보호무역주의가 등장하였다. 근본적인 이유는 1970년대에 발생한 두 차례의 석유파동과 스태그플레이션 현상 등으로 인한 것인데 스태그플레이션이라는 것은 인플레이션과 경기침체가 동시에 일어나는 현상으로, 세계 각국은 이를 해소 완화하기 위하여 산업을 보호하는 보호무역주의를 선회하게 되었던 것이다.

또한 제2차 세계대전 이후 GATT-IMF체제를 주축으로 하는 자유무역주의는 정치, 경제, 군사, 외교에서 강력한 우위를 점하던 미국이 1970년대 들어오면서 국제수지 적자와 재정적자 등으로 인하여 점차 EC, 일본 등의 성장으로 미국이 차지하는 비중이 감소하게 됨으로써, 미국조차도 자국의 산업을 보호하기 위한 보호주의 경향을 띤 국제통상정책을 실시하게 됨으로써 신보호무역주의 경향이 더욱 강화되게 되었던 것이다. 그리고 국제통화제도가 고정환율제도에서 변동환율제도로 이행됨으로써 국제통화제도의 불안이 가중되었으며, 이러한 국제교역의 위축결과를 초래하여 국가 간 보호주의를 강화시키는 요인으로 작용하게 된 것이다.

## 3. 글로벌무역의 통상기구들

### 1) UNCTAD(UN무역개발기구)

제2차 세계대전 이후 경제협력을 위하여 등장한 UNCTAD는 유엔무역개발협회, 국제연합통상개발회의, 국제연합무역개발협의회, UN무역개발기구(UNCTAD: United Nations Conference on Trade and Development)등의 용어로 널리 사용되고 있으며, 약칭 UNCTAD(운크타드)라고도 한다. 국제연합통상개발회의는 제2차 세계대전 이후 아시아 및 아프리카의 크고 작은 나라들이 독립함으로써, 급속한 인구증가, 취약한 경제구조 등의 개선을 위해 설립된 국제연합의 보조기구이다. 그리고 그 당시의 세계무역을 담당하였던 GATT(관세 및 무역에 관한 일반협정)등은 주로 선진국 중심의 경제기구였기 때문에 이에 대한 반발이 거세지면서 남북문제의 근본적인 개선이 시급하였다.

특히 1962년 7월에는 아시아, 아프리카, 중남미의 국가대표가 모여 새로운 무역기구의 설립을 요구하던 때를 같이하여 1964년 3월부터 6월까지 제네바에서 UN 주최 하에 국제경제회의가 개최되었으며, 이 회의가 바로 제1회 유엔무역개발회의였다. 참가국은 121개국으로 선진국시장에 대한 후진국의 접근문제, 저개발국 수출품에 대한 특혜관세 부여문제, 교역조건의 개선문제 등이 주요의제로 논의되었다.

유엔무역개발기구(UNCTAD)의 주요 기능은 선진국과 개발도상국 또는 개발도상국 상호간의 무역 증진을 위할 것과 국제무역 및 경제개발문제에 과한 원칙적인 정책의 결정을 주장하였으며, 그리고 이와 연관된 관련분야에서의 국제연합 조직의 타기관이 행하는 활동에 관한 조정, 검토에 참여할 뿐만 아니라 각국 정부 및 유럽경제공동체(EEC: European Economic Community)등의 지역경제 집단의 무역정책과 관련하여 조화를 이룰 것 등이었다. 그리고 더 나아가 국제연합개발계획(UNDP: United Nations Development Program)의 실행기관으로서 기술협력, 정보교환 등의 업무를 관장하게 되었다.

UNCTAD의 기본성격과 활동성과를 살펴보면, 세계경제 질서를 담당하여 오던 일부 선진국들이 개도국에 불리하게 작용하는 일에 대하여 남쪽의 개발도상국들이 북쪽의 선진국과 직접 협상을 통하여 개도국의 입장을 표명하고 국익을 위하여 새로운 국제무역의 규칙을 필요로 하게 되었다. 이러한 강력한 개발도상국의 요청하에 UNCTAD 즉, UN무역개발기구가 생성되게 된 것이다. UNCTAD는 다소 정치

적인 개념을 띤 국제여론 형성의 장으로 원칙이나 권고는 법적 구속력이 없다. 그러므로 기구 자체가 바로 글로벌리즘 즉, 지역화의 개념에 비롯된 것임을 알 수 있다. 또한 개발도상국들의 문제점들을 수직적 지역주의를 통하여 해결점을 찾고자 함이다.

UNCTAD가 설립된 이래의 주요 성과와 그 활동은 개도국이 GSP(일반특혜관세제도)의 수혜혜택을 얻게 되었다는 것이다. 그리고 선진국들이 일정기간 개발도상국으로부터 수입되는 공산품에 대하여 관세혜택을 부과함으로써 공업 분야를 보호하게 되었다. 또한 NIEO(신국제경제질서)로 교역조건 악화를 보상해 줌으로써 시장개척과 연구개발 및 유통구조의 개선 등을 통한 1차 산업을 마케팅과 생산성 증대를 추구하게 되었다.

## 2) OECD(경제개발협력기구)

경제협력개발기구(OECD: Organization for Economic Cooperation and Development)는 제2차 대전 직후 유럽의 경제부흥을 위하여 미국의 마셜플랜에 따라 1948년에 결성된 유럽경제협력기구(OEEC)를 바탕으로 1961년 9월 30일 발족했다. 처음 18개 유럽국과 미국, 캐나다 등 20개국이 회원국으로 그 후 일본과 호주, 멕시코, 폴란드 등 8개국이 가입과 동시에 우리나는 1996년 7월 6일 심사를 통과, 10월 19일 29번째 회원국이 되었으며 2010년 현재 33개국으로 기록되어 있다.

유럽의 경제적 피폐를 모면하기 위해서 당시 미국의 마샬 국무장관은 1946년 6월 전후 유럽경제재건에 있어서 유럽 전체에 대해 미국이 원조해야 한다는 성명을 발표했다(마샬플랜). 성명에 따라 원조를 받아들이게 된 유럽 각국은 협력체제의 정비가 필요하여 1948년 4월 마샬플랜을 수용하기 위하여 OEEC(Organization for European Economic Co-operation ; 유럽경제협력기구)를 출범시키게 되었다. OEEC는 약 12년에 걸친 활동을 통해 유럽경제의 부흥과 발전, 역내 무역자유화 촉진, 유럽 자유주의국가 간의 경제협력의 큰 공헌을 하였다.

1950년대 후반 OECC는 미국은 유럽의 국가들이 피 원조국이 아닌 대등한 동반자로의 자유주의 경제권의 발전에 대한 공헌을 희망하게 되어 OEEC를 대서양에 걸친 선진 각국의 경제협력기구로 개편하려는 움직임이 나타났다. 그 결과 1960년 12월 OEEC의 18개 회원국에 추가로 미국과 캐나다를 받아들여 20개국 각료와 당시 유럽공동체(EEC(유럽경제공동체)), ECSC(유럽석탄철강공동체), EURATOM(유럽

원자력공동체)의 대표가 한 자리에 모여 경제협력개발기구조약에 서명함으로써 OECD가 탄생하게 된 것이다.

OECD의 주요 목적은 그 설립조약 제 1조에 있는 바와 같이, 재정금융상의 안전을 유지하여 고도의 경제성장 지속 및 고용 증대, 생활수준 향상의 도모하며, 특히 경제발전 과정에 있는 각 지역의 건전한 경제성장에 대한 기여(개발도상국 원조), 그리고 국제적 의무에 따라 다각적이고 무차별적인 기초에 선 세계무역 확대에 대한 기여(자유롭고 다각적인 무역 확대), 등의 3가지로 요약할 수 있다. 또한 최근에는 환경문제, 자원에너지문제, 노동, 사회정책, 과학기술, 교육 등의 분야에 적극적인 활동을 벌이고 있다.

### 3) GATT(관세 및 무역에 관한 일반협정)

GATT(General Agreement on Tariff and Trade : 관세 및 무역에 관한 일반협정)은 세계 제2차 대전 후 상호 약속한 관세인하율과 관세인하의 효과를 확보하는데 필요한 무역에 관한 조약이 GATT규정이다. GATT의 기본원칙은 자유무역주의 원칙, 최혜국대우원칙(무차별주의), 다자주의원칙의 3가지 있다. 자유주의 원칙은 모든 회원 가맹국은 관세 상의 차별대우를 받지 않는다는 규범이며, 최혜국대우원칙(무차별주의)은 각 회원국 간 관세 상의 차별대우를 하지 않는다는 것, 다자주의원칙은 당사국간의 문제 발생 시 당사국간 해결되지 않을 경우 GATT 가맹국이 참여하는 다자주의의 원칙에 따라 해결한다는 것이다.

제2차 세계대전 중부터 경제적인 면에서 각국 간의 협력 체제를 바탕으로 1944년 국제통화기금(IMF), 세계은행(IBRD)이 창설되었고, 이어서 국제무역기구(ITO)의 설립이 예정되었다. GATT는 1945년 세계무역 및 고용의 확대에 관한 제안을 발표한 것이 계기가 되었으며, 1948년 쿠바의 수도 아바나에서 국제무역기구헌장(아바나 헌장)으로 채택되었다. 이 헌장은 국제무역에 관한 제반사항에 대한 각국의 정책기준이 될 수 있는 원칙을 정해 놓았으며, 또한 실시 기관으로서의 국제무역기구의 설립을 규정하고 있었다.

국제무역기구헌장의 기초 작업과 병행해서 1947년에 제네바에서는 미국이 제안한 관세인하 문제를 토의하기 위하여 23개국 대표가 모여 다각적인 관세교섭을 벌여 모든 참가국에게 평등하고 무차별로 적용될 관세양허표를 작성하였는데, 여기에 국제무역기구헌장 중에서 관세와 무역에 관계되는 실현 가능한 조항만을 골라

만든 것이 관세 및 무역에 관한 일반협정(General Agreement on Tariffs and Trade)이다. 특히 관세인하, 수입제한의 완화, 차별대우의 폐지 등, 국제무역기구가 수행하게 되었다. 1993년 우루과이라운드(UR)의 협정으로 제2차 세계대전 이후 국제통상 질서를 지배해 온 GATT체제는 폐지되고 세계무역기구(WTO)가 발족되어 강력한 세계통상의 질서를 세워나가게 된 것이다.

〈표 12-1〉 GATT체제의 주요 역사

| 관련년도 | 주요 협상내용 |
|---|---|
| 1947년 10월 | 제1차 관세협상 타결, 제네바 양허표 작성, GATT조문 합의/출발 |
| 1948년 1월 | GATT발표(가입: 23개국) |
| 1949년 4월 | 제2차 관세협상(참가국: 32개국, 타결 8월) |
| 1950년 11월 | 제3차 관세협상(참가국: 34개국, 1951년 4월 타결) |
| 1956년 1월 | 제4차 관세협상(참가국: 22개국, 5월 타결) |
| 1961년 10월 | 제5차 관세협상(참가국: 23개국, 1962년 6월 타결); 딜론라운드 |
| 1964년 9월 | 케네디라운드 협상 시작 |
| 1967년 6월 | 케네디라운드 협상 타결(참가국: 46개국); 제네바 양허표 작성 |
| 1973년 9월 | GATT도쿄선언 채택(도쿄라운드 협성개시 결정) |
| 1979년 4월 | 도쿄라운드 협상타결(참가국: 유럽공동체 포함 99개국)<br>제네바 양허표에 관세평가, 보조금, 상계관세, 반덤핑협정 등 추가 |
| 1986년 9월 | 우루과이 푼다 델 에스테 각료회의(다자간 new라운드 개시)합의<br>UR협상개시(참가국: 105개국)우루과이라운드 |
| 1989년 4월 | UR협상 타결<br>농협, 섬유, 서비스, 지적재산권, 관련협약 채택 등 추가 |
| 1995년 1월 1일 | WTO 출범 |
| 1995년 12월31일 | GATT 해체 |

GATT가 자유무역체제를 통한 이슈는 보호무역의 철폐였으며, 이러한 배경 하에 다자간 무역 협상과정을 통한 비관세장벽에 주력하였다. 이러한 비관세장벽은 케네디라운드를 제1차는 1963~1967년까지로 별다른 성과를 얻지 못하였고, 이어 1973년~1979년까지 동경라운드에서는 보조금, 기술장벽, 수출허가절차, 정부구매제한, 관세평가, 반덤핑절차 등의 협정이 체결되었다. 특히 1986년~1993년까지의 우루과이라운드에서는 품목별협상방식, 일괄인하방식, 관세조화방식이 채택되었

다. GATT의 기본이념은 다자주의(Multilateralism)였으며, 관세인하와 수입수량제한 철폐를 촉진하는 중요한 역할을 하였다. 하지만 농업, 서비스무역, 지적소유권 등의 새로운 문제에 관한 자유화를 추구하기 위하여 새로운 개념의 WTO를 출범시키게 된 것이다.

따라서 GATT의 한계점은 GATT규정의 구속력이 미흡하였다는 지적이다. 기존의 최혜국대우와 관세인하 및 관세협상 등의 부분에서는 크게 활약을 기대하였지만 수량제한 금지, 무역확대 규정 등에서 국내법보다 우선됨에도 불구하고 GATT의 규정에 맞지 않는 무역행위나 차별조치를 보면서도 특별조치나 권고 등에 그칠 수밖에 없었다. 그리고 GATT규정의 통일성과 체계성에도 문제가 있었다. 왜냐하면 GATT의 규정은 각 국의 주장이 복잡하게 관여되어 있기 때문에 통일성과 체계성이 크게 결여되어 있었다는 지적이다.

### 4) WTO(세계무역기구)

1948년에 출범한 GATT가 몇 차례의 다자간 통상협상을 거치면서 발전하여 온 것이 WTO이다. WTO(WTO: World Trade Organization)는 제8차 다자간 무역협상인 UR협상을 통하여 국제기구로서 설립이 추진되었으며, 1994년 4월 모로코의 마라케쉬에서 111개국이 서명하고 1995년 1월 1일 발효됨으로써 WTO체제가 공식 출범한 것이다. 세계무역기구(WTO)는 제2차 세계대전 이후 국제교역의 주체가 되었던 GATT체제의 한계를 극복하고 1990년대 이후 새로운 국제교역질서의 형성을 위해 추진되었다. WTO는 새로운 무역기구 설립 및 제도적, 절차적 구조를 명시한 핵심적 내용으로 UR협상 결과를 반영하였고, 과거의 GATT가 상품분야에만 치중한 것과는 대조적으로 WTO 및 관련 협정문은 서비스와 함께 발명, 창작, 고안 등 무역관련 지적재산권까지 관장하게 되었다.

세계무역기구는 기존의 GATT체제의 한계를 뛰어넘어 새로운 차원의 국제무역질서를 효과적으로 규율하기 위한 세계무역기구를 창설하게 되었다. 각료회의에서 세계무역기구 설립을 위한 마라케쉬협정(Marrakesh Agreement Establishing the World Trade Organization)과 우루과이라운드 다자간무역협상 결과를 구현하는 최종의정서(Final Act Embodying the Results of the Uruguay Results of the Uruguay Round of Multilateral Trade Negotiations)에 서명함과 동시에 WTO가 출범하게 된 것이다. 그러므로 WTO는 기존의 GATT와 UR(우루과이라운드)의 다자간 무역협상의

결과로 창설된 셈이다.

WTO는 출범함과 동시에 통화, 재정, 외환분야는 국제 통화기금(IMF: International Monetary Fund), 경제개발 분야는 국제부흥개발은행(IBRD: International Bank for Reconstruction and Development)과 함께 50만의 쾌거를 이룬 셈이다. WTO의 출범은 국경 없는 다자간의 경쟁, 무한경쟁시대로의 본격적인 진입, 자유무역주의 이탈에서 다시 자유무역주의로의 회귀, 새로운 통상의제에 대한 다자간 논의 등이다.

따라서 WTO의 기본원칙은 최혜국대우원칙, 내국민대우원칙, 시장접근보장의 원칙, 투명성의 원칙이다. 먼저 최혜국대우원칙(Most-favored nation treatment)으로, 특정국가에 대하여 다른 국가보다 불리한 교역조건을 부여해서는 안 된다는 원칙과 그리고 내국민대우원칙(National Treatment)으로 국산품에 비해 불리한 대우를 받지 않아야 한다는 것, 또한 시장접근보장의 원칙으로 관세나 조세를 제외한 재화용역의 공급에 대한 일체의 제한을 철폐해야 한다는 원칙, 나머지는 투명성의 원칙으로 의사결정, 법률운용, 제도운용이 합리적이며 예측가능 하여야 하고 결정에 관한 이유가 고지되어야하며, 그러한 결정의 자료가 공개되어야 한다는 원칙이다. 그러므로 3대 주요기능은 협상(Forum for trade negotiation), 이행감시(Monitoring national trade policy), 분쟁해결(Handling trade dispute)이다.

WTO 체제란 'WTO 설립협정(마라케쉬 협정)에 부속된 다자간 무역협정들이 UR의 최종협정에 따라 WTO를 중심으로 운영되는 국제무역체제를 말하며, WTO체제의 목표는 각종 무역장벽을 완화 및 · 철폐, 기존의 국제무역규범을 보다 구체화, 명료화, 강화, 농산물 및 서비스 무역 분야 등에 대한 새로운 국제무역규범을 정립하여 공정하고 객관적인 분쟁해결제도를 도입함과 동시에 다자간 무역체제를 개선 및 강화하여 세계경제를 활성화하는 것이다.

따라서 WTO의 의사결정은 GATT체제와 마찬가지로 합의제를 기본원칙으로 하고 있다. 그러나 합의에 의해 규정되지 아니한 합의사항에 관하여는 과반수이상의 다수결의 표결방식을 취한다. 이는 전체 가맹국의 3/4의 동의할시 합의제를 요구하는 내용을 제외하고 수정, 보완, 탈퇴 등을 자유롭게 할 수 있도록 하였으며 의사결정에 있어 단순합의제의 GATT보다 훨씬 신속한 처리가 가능하게 된 것이다.

WTO체제하의 신라운드는 1993년 12월 UR협상이후 환경, 노동, 기술, 경쟁정책 등이 거론되었다가 이들을 통한 그린라운드(GR), 블루라운드(BR), 기술라운드(TR), 경쟁라운드(CR)등이다.

첫째, 환경라운드(GR)는 종전의 국내관할 사항으로 취급하였으나 지구온난화와 대기오염문제의 심각성을 통하여 국제문제화 되었다. 무역과 환경위원회는 다자무역체제의 유지와 환경보존간의 조화를 기본방향으로 다자무역체제와 환경무역의 무역조치 규정과의 관계를 검토하게 되었다. 즉, 환경목적의 부과금 및 세금, 상품표준화 기술적 규제, 포장, 상표부착 및 재활용을 포함한 환경보호 목적상의 요건이다.

둘째, 노동라운드(BR) 혹은 블루라운드라고도 하는 새로운 노동문제로 통상협상 무대에서 사회조항 혹은 노동력덤핑으로 불린다. 이는 저임금의 개도국에서 생산된 제품의 가격경쟁력이 고임금 선진국에 비해 유리한 것은 불공정하기 때문에 시정하는 방안을 모색하여야 한다는 것이다.

셋째, 경쟁라운드(CR)이다. 경쟁라운드는 기업 간 경쟁조건의 통일을 목표로 각국의 제한적 거래행위에 대한 문제를 다자간 협상에서 다루자는 논의를 말한다. 여기서 제한적 거래관행 또는 경쟁정책에 대한 논의는 OECE에서 출발된 사항으로 세계화의 진전으로 인하여 기업관행과 시장구조의 문제가 해결되지 못한 상품의 교역은 통상마찰로 이어질 조짐이어서 이를 포괄적으로 협상의 대상으로 연구되어야 한다는 점이다. 경쟁라운드는 기존 개발도상국들의 핸디캡을 인정하는 상대적 경쟁이 아니라, 선진국과의 경쟁에서 동일한 조건의 싸움이기 때문에 이를 무한 경쟁이라고 보는 것이다.

### 5) 국제지역주의

세계경제의 통합(Economic integration)은 국가 간의 상품, 노동, 자본거래를 통한 경제교류에 작용하고 있는 여러 가지의 장애요인들을 점차 제거해 나감으로써 두 개 이상의 복수국가들이 단일화 경제를 추구해 나가는 과정이다. 그리고 무역의 자유화를 통한 금융, 통화, 재정, 교육, 산업, 문화 등에서 상호보완적인 관계를 통한 경제적인 통합조직체라고 할 수 있다. 무역자유화는 인접국가와의 통합과 협력을 통한 범위를 점차 확대해 나가면 모든 국가와의 경제거래를 자유롭게 할 수 있을 것이라 보고 그 범위를 확대시켜 나가는 것이며 이를 지역주의(Regionalism), 블록화(Blocs)로 경제통합을 이루어 가는 것이다.

미국을 주축으로 제2차 대전직후 탄생한 GATT-IMF체제를 중심으로 세계경제질서를 유지해 왔으나 1970년대 미국의 경제적인 입장이 상당부분 약화되고 그 자리에 독일, 일본을 거쳐 아시아의 신흥공업국가들의 등장으로 인하여 이들 국가의 지위

가 상당부분 높아졌다. 이와 함께 등장한 세계 경제질서가 다자주의(Multilateralism), 글로벌리즘(Globalism), 지역화(Regionalism)가 새롭게 나타나기 시작하였다. 특히 다자간무역협상이 새롭게 인접 국가를 중심으로 블록화 되어 가는 추세를 보였다. 점차 EU, NAFTA, ASEAN, AFTA의 지역경제통합체의 성격을 띠게 되었다.

〈표 12-2〉 경제통합 5단계

| 단 계 | 내 용 |
|---|---|
| 제1단계: 자유무역지역 | 협약국가 간 무역 관세 철폐(역내관세 철폐) |
| 제2단계: 관세동맹 | 자유무역지역, 역외 공동관세 부과 |
| 제3단계: 공동시장 | 관세동맹, 생산요소(노동, 자본)의 자유이동 |
| 제4단계: 경제동맹 | 공동시장, 경제정책 협력 및 공동 경제정책 수행 |
| 5단계: 완전한 경제통합 | 경제동맹, 가맹국 상호 및 초국가적 기구를 설치, 사회 및 경제정책의 조정, 통합, 관리(정치적 통합 포함) |

지역주의는 경제통합이라는 배타적 경제블록을 통한 세계적 양상이 된 것은 1956년 EEC의 결성과 그 성공이 계기가 되었다. 하지만 경제통합은 시대와 상황에 따라 서로 다르게 나타나고 통합의 개념도 견해가 다양하기 때문에 경제통합이 무엇인가를 일관되게 정의하기는 쉽지 않다. Balassa는 경제통합을 각국 경제 간에 각종 차별대우가 존재하지 아니하는 상태 또는 차별대우를 제거하는 과정으로 정의하였다. 특히 차별대우 가운데 무역거래 시에 있어서 경제통합을 형성하는 국가를 우선적으로 무역장벽의 제거에서부터 시작하는 것이 보통이다. 통합되는 경제단위 간 차별제거의 정도에 따라 경제통합의 형태를 자유무역지대, 관세동맹, 공동시장, 경제동맹, 완전경제통합으로 구분한다.

경제통합은 현실적으로 시장규모 확대를 통한 경제적 이익과 자유무역의 이익, 그리고 강력한 무역협상력의 확보를 통한 가맹국의 이익 확보를 목표로 한다. WTO체제하에서 다자간 교역체제 강화로 인해 국가 간에 야기될 수 있는 피해를 선진국들이 경제통합의 강화를 통하여 해결하고자 할 경우 경제통합을 통한 지역주의는 다자주의의 중대한 제약요인으로 작용 할 수도 있다. 경제통합은 통합을 통해 각국의 자원이용 효율화 규모의 경제를 통한 이윤극대화를 위한 무역전화효과를 바탕으로 점차 확대, 복잡화되어 갈 전망이다.

〈표 12-3〉 지역무역협정의 종류와 범위

| 역내 관세철폐 | 역내 공동 관세부과 | 역내 생산요소 자유이동 보장 | 역내 공동 경제정책 수행 | 초국가적 기구설치/운용 |
|---|---|---|---|---|
| 자유무역협정 (NAFTA, EFTA 등) | | | | |
| 관세동맹 (베네룩스 관세동맹) | | | | |
| 공동시장(EEC, CACM, CCM, ANCOM) | | | | |
| 경제동맹(EC) | | | | |
| 완전 경제통맹(EU) | | | | |

국제경제통합 즉, 국제지역주의는 상호협의와 협력을 바탕으로 경제발전을 꾀하고자 하는 목적을 가지고 있다. 국가 간의 경제적 발전을 위하여 지역적 경제통합의 필요성이 대두되었다. 특히 제2차 세계대전 후 사회주의 경제권이 형성되었으며, 자본주의 국가들은 수출시장의 축소와 수출경쟁의 치열함, 무역장벽의 내용으로 나타나기 시작하였다. 여기에 한 몫을 더 한 것은 식민지정책이었다. 제2차 대전 후 저 개발도상국들의 독립으로 인하여 선진국과 저개발국가간의 경제 블럭이 깨어지게 되었다. 선진국들은 수출시장을 잃었으며, 수평적인 경제개발을 통하여 경제적 이익만을 추구하는 경향이 뚜렷하게 나타났다.

전자, 석유화학, 원자력의 발달은 생산기술의 개발을 통한 생산의 규모와 방대하여 국제적 연관성은 더욱 커지게 되었다. 그러므로 자유무역화의 추진은 제2차 세계대전 후의 세계경제에 있어, 중요한 과제로 등장하였으며 무차별, 호혜주의를 원칙으로 자유무역화를 추구하여 왔다. 경제통합이라는 말의 정의는 틴버젠(J. Tinbergen)의 경우 경제가 최적상태로 운영되는 것을 저해하는 인위적 장벽을 제거하는 바람직한 경제구조를 형성하는 것으로 보았고, 뮈르달(G. Myrdal)은 기회균등의 서구적 이상을 실현하는 것으로 보았다. 또한 벨라 발라사(Bela Balassa)는 지역통합 연구에 관한 5가지로 주장하였다. 발라사의 5가지 경제통합의 내용은 자유무역지역, 관세동맹, 공동시장, 경제동맹, 전면적 경제통합이다.

경제통합이란 말은 1949년 10월 31일 폴호프만이 유럽경제협력기구(OEEC에서의 연설에서 비롯되었다. 일반적으로 경제통합이란 지리적으로 인접한 두 개의 국가와 또는 그 이상의 국가들이 서로 대등한 위치선상에서 경제의 이익의 공동추구를

목적으로 동맹관계를 결성하고 가입된 회원국에게는 차별적인 대우를 철폐하여 자유 무역권을 부여하는 것을 말한다.

## 제2절 경제통합체제의 발전

### 1. 경제통합의 현황

#### 1) 유럽연합(EU)

유럽연합은 1951년 유럽석탄철강공동체 설립에서 비롯되었다. 그 당시의 서독(독일)과 프랑스, 이탈리아, 네덜란드, 벨기에, 룩셈부르크 6개국은 유럽석탄철강공동체(ECSC)를 결성, 경제성장에 주요 자원인 석탄과 철강을 공동으로 관리하였다. 1956년 로마조약이 발효되어 유럽경제공동체(EEC)와 유럽원자력공동체(Euratom)를 설립하였다. 이들 경제공동체의 성격은 공동시장을 형성하여 관세를 철폐하고 세제를 통일하는 한편 자본과 노동의 역내 이동을 자유로이 할 것을 협의하였다.

1967년 유럽석탄철강공동체, 유럽경제공동체의 통합 발전하였으며, 1973년 오일파동으로 더욱 통합을 활성화하게 되었다. 그 후 1993년 마스트리히트조약(Maastricht) 발표이후 유럽연합을 공식적으로 발표하게 되었다. 유럽연합은 6개국으로 시작하여 2004년 동유럽 국가를 포함한 총 27개국으로 확대되었으며 유럽대륙을 재통합하는데 이르렀다. 주요기관으로는 집행위원회 이사회, 유럽의회, 유럽사법재판소, 유럽중앙은행 등이 있다. 제1단계로 1951년~1993년까지 회원국 간의 경제정책을 조화시키기 위한 가이드라인을 설정한 후, 제2단계로 1994년~1996년까지 경제통합을 위하여 각국의 중앙은행을 정부로부터 독립시키고 유럽중안은행의 과도기적인 기능을 수행할 수 있는 유럽통화기구를 설립하게 된다. 제3단계로는 1997년~1999년까지 경제 및 통화동맹의 완성을 통하여 유럽중앙은행의 설립하게 되었고, 통일된 금융정책을 실시하게 되었다. 이때 유럽단일 통화를 사용하게 된다.

특히 1991년 12월 마스프리히트조약에서 단일통화를 바탕으로 EMU(European Economic and Monetary Union) 즉, 유럽경제 및 통화통합을 하게 되었다.유러화의 출현은 지난 50여년 간 국제기축통화로서의 자리매김을 해 왔던 미국의 달러화의 위축을 가져다 줄 것이며 향후 미국의 달러화와 같이 기축통화로서의 자리매김을 해 나갈 것으로 전망된다.

### 2) 북미자유무역협정(NAFTA: North American Free Trade Agreement)

제2차 세계대전 이후 세계경제를 주도했던 미국은 1980년대에 소비지향적인 경제구조와 생산성 저하에 따른 제조업 부문의 국제경쟁력 약화로 재정과 무역적자가 확대되면서 전 세계적으로 미국의 지위가 하락하는 추세를 보였다. 이러한 배경 하에서 미국은 지리, 역사, 경제적인 상호의존도가 높은 북미지역의 경제통합을 추진하게 된 것이다. 이미 1988년 미국과 캐나다간의 체결된 자유무역협정을 바탕으로 1990년 미국과 맥시코간의 자유무역협정을 시작으로 캐나다를 포함하여 북미자유무역협정을 체결하게 된 것이다. 북미자유무역협정은 유럽연합과는 달리 문화적 배경이 비슷한 미국과 캐나다를 중심으로 경제통합을 이룬 것이 특징이다. NAFTA는 미국주도 하에 추진되었던 지역경제통합의 형태로 미국은 EU의 출범에 따른 북미지역의 경제를 통합하여 주도적인 위치를 굳건히 하자는 것이었다.

NAFTA의 주요내용으로 상품교역규범, 서비스, 투자, 부속협정, 기타분야로 구별하였으며, 상품교역규범은 관세 및 비관세장벽의 철폐로 A분야에 해당하는 상품은 즉시 관세를 철폐하고, B분야에 해당하는 상품은 5년 내에 점진적으로 철폐를, 그리고 C분야의 상품에 관해서는 10년 이내, C+에 해당하는 부분은 15년 이내에 단계적으로 관세를 철폐하도록 규정하였다. 또한 상품교역규범 가운데 원산지규정을 포함하였다. 원산지규정은 상대국 수입품의 원산지를 규명하여 관세특혜의 적합성 여부를 판정하기 위한 제도이지만 국제적 통일의 규정은 없다.

그리고 서비스 교역규범으로는 금융서비스, 통신, 육상운송 등 부문별 규정을 두고 있다. 서비스 대외무역은 내국민대우, 최혜국대우, 무차별원칙을 적용하고 기존의 무차별적 수량제한에 관하여는 상대국의 요청에 의해 협상할 수 있으며, 서비스교역에 대한 규제나 제한수단으로 서비스교역에 대한 각종 허가, 증명을 요구하지 말 것을 규정하였다.

또한 투자규범으로서 역내국의 투자나 투자조건에 대해 원칙적으로 내국민대우를 부여함과 동시에 역외국의 투자에 관해서는 최혜국대우를 부여하였다. 그리고 투자로 인한 이익발생의 배당금, 수수료 등의 자유로운 이동을 보장하였다. 부속협정으로는 환경협력에 관한 북미협정, 노동협력에 관한 북미협정, 세이프가드(긴

급조치)에 관한 NAFTA 역내국간의 양해사항 등이 포함되어 있다.

### 3) 아시아·태평양경제협력체(APEC: Association of Southeast Asian Nations)

APEC은 1960년대 말 태평양경제협의회(PBEC: Pacific Basin Economic Council)로 시작되어 1970년 이후 일본을 중심으로 아시아·태평양경제협력 구상이 제안되었으며, 1980년 태평양경제협력위원회(PECC: Pacific Economic Cooperation)의 창설과 함께 본격화 되어 의견수렴과 협상의 과정을 통한 협력의 원칙, 정부참여의 중요성에 관하여 언급하였다. 후에 APEC의 발전에 큰 공헌을 한 셈이다.

〈표 12-4〉 주요 경제통합체 현황

| 지역/명칭 | 경제통합체 |
|---|---|
| 유럽지역 | 유럽연합(EU)<br>유럽자유무역연합(EFTA)<br>유럽경제권역(EEA)<br>동구상호경제원조회의(COMECOM) |
| 북미지역 | 북미자유무역협정(NAFTA) |
| 중남미지역 | 라틴아메리카 통합연합(LAFTA)<br>안데안 공동시장(ANCOM)<br>중미 공동시장(CACM)<br>카리브 공동시장(CARICOM)<br>남미 공동시장(MERCOSUR)<br>중미 3국 그룹(G-3) |
| 아시아 지역 | 동남아국가연합(ASEAN) |
| 오세아니아지역 | 호주-뉴질랜드 경제, 무역협정(CERTA) |
| 중동지역 | 아랍경제동맹(AEUC)<br>마그레브제국 연합(UMA)<br>페르시아만 협력위원회(GCC) |
| 아프리카지역 | 서아프리카 경제공동체(ECOWAS)<br>아프리카 통일기구(OAU)<br>남아프라카 개발조정회의(SADDC)<br>동아프리카공동체(EAC)<br>아랍, 마그랩 동맹(AMU)<br>중부아프리카국가경제공동체(ECCAS) |

APEC는 1989년 11월 호주의 켄버라에서 4가지 주요의제를 논의하였다. 주요논의 내용은 첫째, 세계 및 아시아. 태평양지역의 경제발전과 둘째, 세계적인 무역자유화, 셋째는 개별분야에 있어 지역협력의 가능성과 넷째, 아시아·태평양 협력의 향후 방향에 관한 논의 사항이었다. 그 후 1991년 3월 서울선언에서는 아시아. 태평양지역주민 공통의 이익과 지역성장 발전의 지속적인 발전과 세계경제의 공헌 및 지역경제와 세계경제를 위한 재화, 서비스, 자본, 기술 등의 교류를 통한 상호의존적인 관계진전, 그리고 아시아·태평양과 세계경제를 위하여 개방적, 다자간 통상질서를 강화하며, GATT 원칙에 따라 재화와 서비스교역 및 투자에 대한 장애요인을 제거하기로 하였다. 이러한 내용은 1994년 인도네시아의 보고르에서 채택된 무역자유화, 무역투자 원활화, 개발협력을 기하도록 결정하였다.

주요 추진내용은 APEC가 1989년 출범이후 경제협력 사업을 중점으로 추진되어 오다가 1994년 보고르 선언을 계기로 무역과 투자의 자유화, 원활화(TILF)를 통한 경제기술, 협력을 바탕으로 전개하였다. 1965년 오사카 행동지침(OAA)채택 및 1996년 마닐라 실행계획(MAPA)채택으로 본격적인 무역과 투자자유화 및 원활화가 추진되었다.

2003년 제1차 SOM에서는 경제기술협력(EECOTECH: Economic and Technical Cooperation)의 4대 과제를 채택하였으며 이는 세계경제로의 통합, 대 테러 능력배양, 지식기반 경제발전, 세계화의 사회적 측면 고찰이었다. 그리고 2005년에는 SCE(SOM Steering Committee on ECOTECH)로 재편되었으며, 2006년 제3차 SOM에서는 새롭게 목표를 설정, 그 목표는 지속가능한 성장 및 공평한 발전, 역내 국가 간 경제적 격차 감소, 그리고 경제 및 사회복지 증진과 역내 공동체 의식 심화였다. 2010년까지 아시아. 태평양 지역의 자유로운 과학기술 인력의 교류를 위해 공동노력을 아끼지 않아야 할 것이다.

APEC체제의 특징은 시장주도의 통합과 상호보완성의 활용 및 APEC의 기본 골격인 무역 및 투자의 자유화 실현을 위한 노력과 경제, 기술협력을 바탕으로 인적자원의 개발과 산업과학화 기술, 중소기업, 경제적 인프라구축, 에너지와 통신 및 관광, 무역과 투자정보, 무역진흥, 해양자원보존, 수산업과 농협기술의 총 13개 과제를 각 분야별로 제시하였다.

### 4) 동아시아국가 연합(ASEAN: Association of South-East Asian Nations)

동남아시아 국가들은 외부환경에 변화에 공동으로 대처하고 지역 내의 경제협력을 바탕으로 1967년 ASEAN(방콕)을 창설하게 된 것이다. 1960년대 중반부터 본격화된 베트남 전쟁, 인도차이나 공산화, 동남아시아 국내의 문제 등 지역협력체 차원에서 동남아시아를 둘러싼 국제정치적 갈등의 공동대응 필요성이 증대되었다. 이러한 배경 하에서 말레이시아, 싱가포르, 인도네시아, 태국, 필리핀의 5개국을 중심으로 창설되게 되었다. 후에 브루나이(1984년), 베트남(1995년), 라오스(1997년), 미얀마(1997년), 캄보디아(1999년)가 가입하여 10개국이 되었다.

초기에는 역내 외 전쟁방지, 갈등처리 메커니즘 형성이 주류였으나 외교와 안보차원의 문제가 해결된 후 역내협력을 바탕으로 경제성장을 도모하게 되었다. 특히 1993년 ASEAN 6개국은 아세안자유무역지대(AFTA)설립을 추진하여 2008년까지 역내 공산품에 대한 관세율을 5% 이내로 인하하는 것에 합의한 바 있다. ASEAN의 특징 가운데 가장 큰 특징은 회원국간 경제규모 및 발전수준, 정부형태, 사회문화적 배경 등이 매우 상이하다는 것이다.

**〈표 12-5〉 주요 경제통합체 현황**

| | 1967년 | 1984년 | 1995년 | 1997년 | 1999년 | 2002년 | 2008년 | 2010년 | 2015년 |
|---|---|---|---|---|---|---|---|---|---|
| 주요 일지 | 아세안 창설 | 회원국 확대 | | | ASEAN 완성 | AFTA 공식 발효 | ASEAN 헌장 발효 | 관세철폐 | |
| 대상 국가 | ASEAN5 | 브루나이 | 베트남 | 라오스 미얀마 | 캄보디아 | | | ASEAN6 | CLMV |
| 회원국 | 5개국 | 6개국 | 7개국 | 9개국 | 10개국 | | | 인도네시아 말레이시아 싱가포르 태국 필리핀 브루나이 | 캄보디아 라오스 미얀마 베트남 |

자료: ASEAN Secretariate

ASEAN은 지역협력체에서 찾아볼 수 없는 독특한 운영체제인 아세안방식에 의거 국가주권에 대한 존중과 상호내정 불간섭, 회원국의 정책에 대한 공개적 비판

금지, 비공식적이고 유연한 외교, 협의 및 합의에 의한 정책결정 등으로 특징지을 수 있다. 또한 무역적인 측면에서는 전 세계적인 경제적 블록화가 가속화되는 가운데 1992년 ASEAN자유무역지대(AFTA)추진은 세계시장에서의 경쟁력과 역내교역 규모를 확대하는 또 하나의 계기가 되었다.

1994년 공동유효특혜관세(CEPT) 협정발효로 인하여 회원국의 예외품목을 제외한 모든 역내 상품무역 관세가 0~5%로 인하되었다. 마침내 1999년 제3차 비공식적 정상회의에서 결정된 내용에 따라 ASEAN선발 6개국은 2010년 1월부터 모든 적용 품목의 관세를 철폐하는 한편 베트남, 캄보디아, 미얀마, 라오스 4개국은 2015년 1월부터 관세철폐를 시행할 것을 계획하였다.

하지만 ASEAN의 역내교역 비중은 유럽의 1950년 수준에 불과하며 ASEAN 각국의 역내교역 비중은 1990년부터 2008년까지의 인도네시아, 필리핀, 미얀마 3국의 역내교역이 가장 두드러지게 증가추세를 보였다. 이와 같은 ASEAN 경제통합의 원인은 유럽의 경제통합에 비해 ASEAN의 경제통합은 최근에 부각되기 시작하였으며, FTA를 통한 단일시장의 추구는 ASEAN의 내부적, 외부적 환경의 변화에서 원인을 찾아보게 된다. 그리고 ASEAN 국가들 간의 통화협력의 필요성은 1997년~1998년 동아시아 금융위기를 계기로 증대되었다. 향후 경제통합체가 자유무역지대를 넘어서 역내 단일시장으로 가기 위해서는 공동통상정책을 통한 개발과 운용, 역내 협의기구 활성화, 역내 소비시장 확대 등 통화 협력의 경험 축적 등이 선행되어야 할 것이다.

## 2. 세계화와 자유무역협정(FTA)

### 1) FTA의 배경과 의의

FTA(자유무역협정: Free Trade Agreement)는 무역 당사국과의 상거래에 있어서 상품 및 서비스의 이동에 관한 관세와 기타 무역장벽의 철폐를 목적으로 협정된 국제조약이다. FTA는 관세동맹의 지역무역 협정의 하나이며, 경제통합의 형태인 동시에 지역주의의 가장 중요한 수단이다. 자유무역협정의 개념은 지역무역협의 발전단계에 따른 유형분류에 있어서 가장 기초적인 수준으로 대부분 당사국 사이에 무역거래에 있어서 관세철폐가 주목적이다. 자유무역협정은 협정 발효와 동시에 전 품목에 관세를 철폐하는 것이 원칙이지만 당사자 간 협상을 통해 조정이 가능하다.

하지만 회원국으로 가입이 되지 않은 국가에 대해서는 무역자유화가 진행되지 못하고 회원국끼리만 관세와 무역정책을 실시하게 된다. 기존의 WTO 세계무역기구체제의 무역협정은 모든 회원국들에 공통적인 분모를 찾아 무역협정을 맺는 일종의 최혜국대우원칙을 고수하기 때문에 협상자체가 장기간 소요되고, 합의점을 도출하는데 난점이 있다. 또한 협정이 허용하는 범위에서는 관세나 무역제한을 유지할 수 있기 때문에, 각종 무역장벽이 생길 수밖에 없다. FTA는 양자주의 또는 지역주의를 기본으로 하는 특혜무역체제이기 때문에 회원국간합의를 통해 낮은 관세나 관세철폐를 중심으로 수출입제한을 적용하여, 결과적으로 회원국 간의 무역장벽이 축소되어 서비스의 교역투자가 늘어남으로써 회원국의 경제발전과 후생을 증대시키는 특징이 있다.

따라서 WTO는 FTA의 보호무역주의적 색채에도 불구하고 FTA가 지속적으로 확대될 경우에는 궁극적으로 전 세계의 무역 장벽이 제거될 것이라는 이유로 FTA를 예외적으로 인정하고 있다. 자유무역협정은 1960년 창설된 유럽자유무역연합(EFTA)과 1994년 미국 캐나다 멕시코의 3개국의 지역화인 북미자유무역지대(NAFTA), 1992년부터 싱가포르, 말레이시아, 인도네시아, 필리핀, 브루나이, 태국 등 아세안 6개국이 2008년을 목표로 추진 중인 아시아자유무역지대(AFTA) 등이 있다.

FTA의 장점은 회원국 간의 무역장벽이 축소됨으로써 시장이 크게 확대된다는 점이다. 특히 우리나라와 같이 좁은 시장구조에서 큰 효과를 거둘 수 있는 부분이다. 따라서 비교우위 상품의 수출이 촉진되고, 뿐만 아니라 협정대상국은 물론 역외 국가들의 투자를 촉진하는 효과도 거둘 수 있다. FTA의 단점으로는 협정대상국에 비해 현저히 경쟁력이 뒤처진 산업의 경우에는 침체를 초래할 수 있다는 점과, 실질적으로 경쟁력이 없는 상품이 역내 관세철폐만으로 경쟁력을 획득함에 따라 자원배분이 왜곡될 수 있다.

자유무역협정이 체결된 이후 1990년대에 있어서 무역장벽 철폐와 지적재산권, 경쟁정책, 정부조달 등 경제활동에 관한 다양한 분야의 규정을 포함하게 되었다. 최근에는 전자상거래, 노동기준, 환경 등의 새로운 분야에 걸쳐 확대 적용하게 되었다. 특히 FTA의 주요 관심사는 관세와 수량제한 철폐를 중심으로 서비스무역에 관한 내국민대우를 하는 것을 골자로 하여 원산지규정, 긴급수입제한조치, 반덤핑조치, 보조금과 상계조치, 예외와 유보사항, 분쟁해결 등의 규정에 관한 자유무역협정의 핵심적 처리사항이다. 특히 자유무역협정은 투자보장협정, 조세조약, 상호인증협정, 경제협력협정, 통관절차 간소화, 정보공유, 데이터베이스의 정비, 인력과 사회 및 문화의 교류, 무역촉진 원활화 등을 위한 제반의 조치를 첨가하는 자유무역협정의 규정사항이 계속 증가하고 있는 셈이다.

자유무역협정은 특정국가간에 배타적인 무역특혜를 서로 부여하는 협정으로 가장 느슨한 형태의 지역경제통합 형태이다. 지역무역(RTA: Regional Trade Agreement)의 대종을 이루고 있으며 WTO의 통계자료에 의하면 2010년 현재 GATT 및 WTO에 발효 중인 RTA는 총 285건으로 나타났다. 현재 발효 중인 FTA는 276건으로 지역협정을 체결 시기별로 보면, 1947년~1994년까지 91건, 1995년 이후 2010년 4월까지의 통계자료에 의하면 185건이 체결되었고 최근 지역주의의 광범위한 영향아래 있음을 시사하고 있다.

〈그림 12-1〉 연도별 유효한 지역무역 협정 수 변화 추이

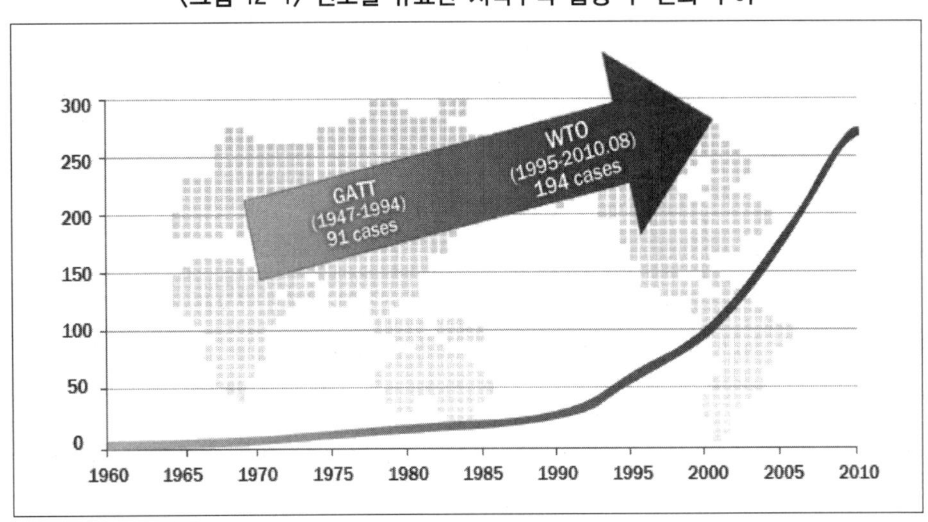


한국의 급속한 경제발전은 대외교역을 통하여 이루어진 것을 부인할 수 없는 현실이다. 한국은 GATT와 WTO의 다자무역체제의 가장 큰 수혜국 중의 하나이다. 그 이유는 한국은 다자간 무역을 통하여 시장의 확대를 가져왔고 이에 따른 경제성장을 이룩한 것이다. 그러므로 지속적인 발전을 위해서는 WTO를 중심으로 한 다자체제와의 지속적인 지역체제와 교역을 통한 다양한 세계시장과의 통합화를 이루어 나가는 일이다.

현재 FTA를 중심으로 지역주의는 더욱 가속화되어 통상환경의 다변화를 추구하고 있다. 특히 각국의 FTA의 체결 경쟁은 날로 심각하여 DDA(도아개발어젠다: Doha Development Agenda)협상이 합의도출의 난항을 겪고 있어 많은 국가들이 양

자 간 지역협정에 의존하는 경향이 뚜렷해졌다.

## 2) FTA의 추진목적

FTA의 추진목적은 우리나라가 GATT와 WTO로 대표되는 다자무역체제의 가장 큰 수혜국가로서 경제발전의 대부분이 대외무역에 의존하고 있는 전형적인 무역국가이다. 그리고 통상의 발전을 통한 교역의 확대는 더욱 절실하다. 최근 FTA 즉, 자유무역협정을 중심으로 한 지역주의(Regionalism)의 가속화 추세로 인하여 GATT와 WTO체제보다 강하게 확산되고 있는 추세이다. 이러한 상황 하에서 한국은 FTA추진을 적극적으로 서두르고 있다. 한국은 1992년 EU출범과 1994년 NAFTA의 발효를 계기로 지역주의가 세계적으로 확산되어 FTA 네트워크 역외국가로서의 피해를 최소화 하는 한편, 새로운 신 시장 개척을 위해 FTA의 확대를 서두르고 있다.

따라서 한국은 적극적인 자세로 시장개방과 시장자유화를 통한 나라 전체의 시스템을 선진화하고 경제체질을 강화하여 양적, 질적 성장을 꾀하여야 할 것이다. 현재 한국정부는 2003년 이래 동시다발적인 FTA를 추진하여왔다. 또한 전략적인 FTA 추진을 위해 상품, 서비스, 투자, 정부조달, 지적재산권, 기술표준 등 광범위한 FTA의 협상을 모색하고 있다.

그리고 현재 FTA의 추진 중인 사항으로는 해외시장에서의 경쟁력 확보를 위하여 칠레, 싱가포르, EFTA(유럽자유무역연합), ASEAN(동남아시아국가연합), 인도, 미국 등 17개국과의 FTA의 발효와 EU와의 협상은 2009년 7월에 종결하였고, 지금 캐나다, 멕시코, GCC(걸프협력회의: Gulf Cooperation Council, 호주, 뉴질랜드, 페루, 콜롬비아, 터키 등 13개국과 협상진행 중이다.

한국의 FTA는 2003년 이후 정부는 적극적이며 본격적인 FTA추진을 해 오고 있다. 한국의 FTA는 발효 중인 국가는 칠레, 싱가포르, ASEAN, 인도이며, 서명 및 협상타결 국가는 미국과 EU, 페루이다. 그리고 현재 협상중인 나라는 캐나다, 멕시코, GCC, 호주, 뉴질랜드, 콜롬비아, 터키이며, 공동연구 및 여건 조성중인 국가는 일본, 중국, MERCOSUR, 러시아, 이스라엘, SACU(남미공동시장), 베트남 등이다. 2008년 5월 기준으로 WTO에 통보된 지역무역협정(RTA)은 총 205개이며 이미 협상중이거나 검토 중인 협정을 고려하면 총 지역무역협정의 수는 크게 늘어날 전망이다. 이 중에서 자유무역협정(FTA)는 121건으로 가장 많은 비중을 차지하고 있으며, 서비스협정이 52건, 개도국간 특혜협정이 13건, 관세동맹이 19건으로 나타나고 있다.

### 3) 한국의 FTA 추진방향 및 결과

한국의 FTA의 효과는 일본보다 더 큰 효과를 거둔 것으로 평가하고 있다. 한국이 체결한 FTA의 국가 중 체결직전 보다 1.2~3.2배로 증가하였고, 수출액은 1.2~4.배로 증가하였다. 실제로 한국이 싱가포르와 FTA체결 후 전체 교역 증가율은 1.5배 상승하였으나 일본은 0.7배에 그쳤으며 칠레와의 전체 교역증가율은 한국은 1.7배였으나 일본에 비하여 0.7배에 그친 것으로 나타났다.

FTA의 체결을 통한 효과는 정태적 효과와 동태적 효과로 구분할 때, 정태적 효과는 무역창출효과, 무역전환효과를 포함하고 있다. 여기서 정태적, 동태적 분석이란 효과(효용, Efficiency)를 예측하는 통계적 기법으로 정태적 분석(static, stationary)이란, 일시적 현상을 분석하는 것이며, 동태적 분석(dynamic)은 장기적이며 발전 지향적 분석을 말한다. 그러므로 정태적 분석은 단순(Simplicity)한 반면, 동태적 분석은 복잡(Complexity)한 분석 구조를 갖는다.

〈표 12-6〉 무역의 정태적, 동태적 효과비교

| 정태적 효과 | | 동태적 효과 | |
|---|---|---|---|
| 무역창출 효과 | - 역내 국가들의 비교우위 (생산특화)<br>- 역내의 효율적 자원배분<br>- 역내 국가들의 후생증대 (긍정적 효과) | 규모의 경제 | - 역내의 관세 철폐/인하<br>- 각국의 수출시장 확대<br>- 생산, 유통규모 증대 |
| 무역전환 효과 | 생산비가 낮은 역외국에서 높은 역내국으로 생산지의 이동효과 | 효율성 증대 | - 역내 국가들의 경쟁촉진 및 역외 국가들의 직접투자 증가<br>- 역내. 외 국가들의 효율성증대를 위한 구조조정<br>- 역내 국가들의 경쟁력제고 |

정태적 효과는 크게 두 가지로 구분한다. 무역창출효과(Trade Creation Effect)는 관세의 철폐에 의한 상품의 생산이 경쟁력이 낮은 국가로부터 경쟁력이 높은 국가로 이동하고, 이에 따른 무역이 신규로 창출되는 효과를 의미한다. 이때 FTA에 의한 무역창출효과는 역내국간 비교우위에 따른 특화가 실현되며, 국내의 자원이 효율적으로 활용되며 역내국의 후생은 증가한다는 결론이다. 특히 역내국간에 서로 유리한 제품을 거래함으로써 산업이 특화되어 역내국의 생산자들과 그에 연관된

종업원 및 제품을 구입하는 소비자들의 후생이 증가된다. 무역창출효과의 예를 들어보면, 한국이 뉴질랜드에서 키위를 수입함에 있어 개당 1,000원씩을 지불하고 수입한다고 가정할 때, 칠레 혹은 미국과 경제통합을 했다면 칠레나 미국에서 수입하는 키위는 뉴질랜드의 1,000원이 아닌 800원이나 혹은 그 보다 더 싼 가격에 키위를 수입해 올 수 있다는 내용이다.

무역전환효과(Trade Diversion Effects)는 FTA체결 이후 역내국가와의 관세가 철폐되고 역외국에 대해 상대적으로 높은 관세가 부과됨에 따라 수입관계는 역외국에서 FTA 체결국으로 전환되는 효과를 말한다. FTA를 통해 특혜관세가 적용됨에 따라 FTA체결 이전보다 효율적으로 생산되고 수입되던 국가의 물품(역외국 물품)이 FTA체결을 통해 비효율적이고 높은 가격으로 생산되는 국가의 물품(역내국 물품)으로 대체되는 부정적인 효과도 나타날 수 있다.

동태적 효과는 자유무역협정을 체결한 이후 어느 정도의 시간이 지남에 따라 서서히 나타나는 현상을 말하는데, 역내 시장규모의 확대에 따라 규모의 경제(Economies of Scale)를 실현함으로써 생산비를 절감하게 되는 것이다. 특히 기술이전 등이 촉진됨에 따라 고용창출, 소비자의 후생 증진 등의 효과가 있고 역내국간 통관절차, 투자제한조치, 기술장벽, 지적재산권 보호 등 불합리한 무역투자 규제가 개선되고 투명성이 강화되어 역내국간 통상 분쟁이 줄어들게 되며 사전에 예방할 수 있게 된다.

동태적 효과란 수역전환효과라고도 하는데 가령 미국에서 청바지를 10,000원에 수입해 온다고 할 때, 한국이 칠레와 경제통합을 한다면 칠레에서 청바지를 15,000원에 판매한다고 가정할 대, 미국대신 칠레와 거래해야 하기 때문에 5천원만큼의 높은 가격을 주고 칠레에서 청바지를 수입해 와야 한다는 결론이다. 따라서 자유무역협정의 결과 장점과 단점 즉, 정태적인 입장과 동태적인 입장이 동시에 존재한다고 보는 것이다.

# 제13장 글로벌 외환시장과 환율의 관리

Chapter 13

# 글로벌 외환시장과 환율의 관리

## 제1절 외환시장 및 환율관리의 이해

### 1. 외환과 외환시장

#### 1) 외환의 개념과 특성

##### (1) 외환의 정의

외환이란 사용목적에 따라 그 의미를 달리한다. 주로 상품을 구입하고 대금을 결제하는 과정에서 발생하는 대금지급의 수단으로 외환(foreign Exchange)이란 말을 사용하게 되는데, 외환은 크게 내국환, 외국환을 모두 포함하여 외환이라고 한다.

특히 나라와 나라사이엔 통화가 서로 다르거나 국가적 제 문제로 인하여 시장에서 거래되고 있는 현금을 보낼 수 없는 위험 부담이나 많은 요인의 제약을 받게 된다. 그러므로 제 3자인 금융기관을 이용하여 위탁하게 된다. 이를 위탁하여 지급하는 제반의 과정을 환이라고 한다. 따라서 환의 거래장소가 국내일 경우를 내국환이라 하고, 외국인 경우 이를 외국환이라고 한다.

또한 나라와 나라사이에 서로 다른 통화를 사용하기 때문에 통용되는 통화인 외환을 사용하는데, 이때 문제가 되는 것은 각 나라의 환율이다. 이것은 자국표시통화로 지급받고, 외화표시채권으로 변제하는 것인데. 이종통화간의 교환과 그 비율이 환율로서 이는 양국 간의 와환시세로 표시된다. 외환의 변천과정을 시대적으로 볼 때, 제 1차 세계대전 이전의 국제금본위시대에는 국제간의 대차를 금으로 사용하였다.

이때 이를 외환어음의 약칭으로 사용되다가 제2차 대전이후 브레튼우즈체제 하에서 외환의 개념을 사용하여 현금수송 없이 채권양도와 지급위탁에 의하여 결제하였다. 그러나 1971년 미국의 금태환이 정지와 1978년 IMF협정의 개정으로 인하여 금의 역할이 약해짐에 따라 국제결제에 사용되지 않았다.

외환에 대한 현대적 의미는 채권양도와 지급위탁의 방법에 의하여 채권과 채무를 상쇄시키고 이종통화의 매매를 통한 교환에 의하여 외국과의 금전적 지급을 행하는 방법 및 수단이다. 우리나라는 외국환거래법 제3조에 의거 대외지급수단(지급위탁방식의 결제수단), 외화증권 및 외화채권으로 정의한다. 그리고 필연적으로 상품수출로 인한 대금결제에 있어 우리나라는 1970년대 이후 변동환율제도를 사용하고 있으며, 외환시장에서의 수요와 공급에 의하여 환율이 변동되게 되는데 이를 관리할 필요성이 발생하게 되어 이를 환관리라고 한다.

### (2) 외환의 종류

외환은 외국통화와 외환어음으로 나뉜다. 그 가운데 외환어음(bill of exchange)은 국내적 입장 즉, 내국환의 입장에서 볼 때, 약속어음이며, 외국환은 외국통화와 외환이라고 할 수 있다. 우선 내국환의 약속어음은 또 다시 진성어음과 문방구어음으로 나뉜다. 진성어음이란 실제로 대금지급의 경우 발생되는 어음으로 어음을 발행하는 실체가 금융기관이다. 예를 들어 신한은행 청주지점에서 약속어음 대금액면가 5천만 원 지급일자, 년 월일 표기(대략 30,60,90일 만기로 표시)를 하게 되는데, 이는 은행으로부터 약속어음 책자를 발급 받아 실제로 진성어음으로 사용한다.

그럼 문방구어름이란 무엇인가 문방구어음은 금융기관이 발행하는 것이 아니고, 문방구에 서 판매하는 약속어음의 양식인 용지를 구입하여 개인이 발행하는 것으로 공신력이 떨어진다. 은행의 발행과는 차이가 있다. 이러한 어음의 해결책은 발행한 어음에 대하여 만기 즉, 결재기간까지 기다리지 않고 자기 거래은행에 가서 어음을 매입해 달라고 의뢰를 한다. 이때 결재기간까지의 선이자와 수수료를 제외한 나머지 금액을 돌려받게 된다. 이를 어음할인이라고 한다.

또한 어음을 소지한 사람(기업)이 어음 만기일이 도래하여 해당 거래은행에 지급을 요청하였지만 지급을 거절당한다. 그 이유는 자기은행이 발행한 것이 아니기 때문이며, 은행은 즉각 해당 거래은행의 변제대상자의 거래은행 계좌에 5천만 원이 입금되어 있어야 한다. 이때 잔고가 없다고 할 때, 통지를 하는데 이에 결제를 위해 돈을 입금하면 되지만 그래도 입금하지 못할 때 그 기업이나(개인)은 부도처리가 되는 것이다.

이러한 개념으로 외국환을 살펴본다면, 이 약속어음과 같은 개념으로 국내에서는 내국환이라고 하지만, 외국에서는 외환어음이라고 부르는데, 상품대금으로 결제를 하려고 할 때 관련의 사항은 이미 신용장에 다 기록이 되어 있다. 선적이후 언제까지 대금을 변제하겠다는 계약과 함께 어음을 받았다면 그 지급되는 기간 동안에 운영자금(유동자금)이 원활하지 못하므로, 이때 정해진 기간 즉, 90일이라고 한다면 곧 바로 선적 후에 신용장은행(거래은행)에 외환어음(선적서류 등)을 매입할 것을 요청한다.

이때 역시 은행에서는 기간의 이자(선수이자)와 취급수수료를 공제한 후 나머지 금액을 지급한다. 이때는 액면금액 이상은 지급받을 수 없고 액면가격이하로 받게 된다. 따라서 이러한 행위를 할인이라고 하며, 할인과 관련된 모든 행위를 네고(negotiation)라고 하는데, 이는 협상이라는 뜻이다. 무역에서는 그냥 네고라고 한다. 이는 실제로 어음 할인을 의미하는 것이다.

〈그림 13-1〉 국제금융센터의 기능

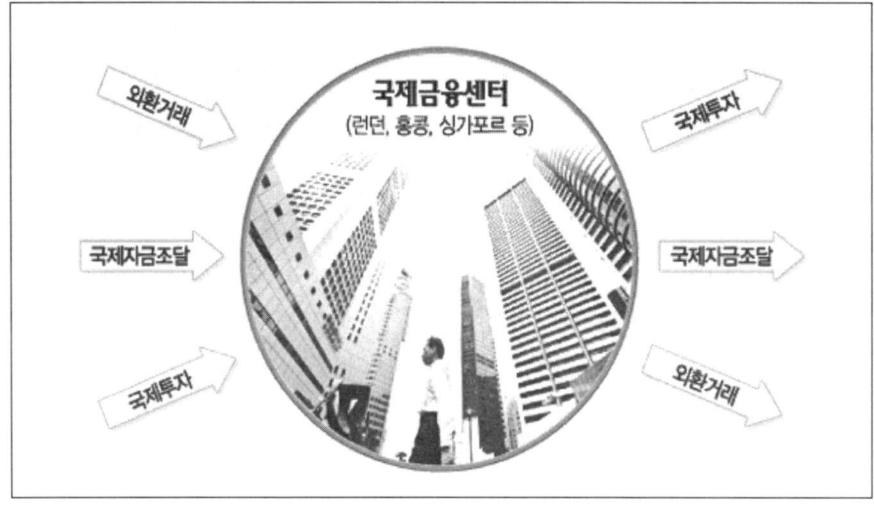


## 2) 세계화와 국제금융

국제금융은 국가와 국가 사이의 거래에 관한 자금조달, 대출 또는 해외직접투자 등이 국제금융시장에서 전개되는 것을 말한다. 국제금융시장은 국가 간 자본의 흐름을 원활히 하고 세계 각국의 경제성장과 기업 활동을 지원하는 것이다. 오늘날

은 국제금융시장의 규모가 커지고 금융기법도 다양해지고 특히 세계화의 영향으로 인하여 각국 금융시장이 통합되어가고 있으며 자금을 조달하는 방식도 채권이나 주식 등 다양한 방법을 통해 이루어지고 있다.

국제금융시장은 각국의 금융시장, 역외금융시장, 외환시장으로 구성되어 있다. 또한 국제금융시장은 국제적 단기금융상품이 거래되는 국제단기금융시장과 만기 1년 이상의 금융상품이 거래되는 국제자본시장과 선물, 옵션 등 파생금융상품이 거래되는 파생금융상품시장 및 외환시장으로 나눌 수가 있다.

국제금융센터로는 북미시장, 서유럽시장, 아시아시장 등으로 구분하며, 북미시장은 뉴욕, 시카고, 토론토, 샌프란시스코 등이고 서유럽시장은 런던, 프랑크푸르트, 취리히 등이 중심이 되며, 아시아시장의 경우 동경, 홍콩, 싱가포르 등이 있다. 최근 아시아금융위기 이후 국제금융시장의 통합이 가속화되면서 선진국을 중심으로 금융위기를 사전에 방지하고 효과적으로 대응하기 위해 국제금융체제의 구축이 시급하다는 주장이 있다. 이러한 이유는 아시아 금융위기의 여파가 러시아 및 중남미국가 등 다른 개발도상국으로 파급될 뿐만 아니라, 선진국 금융시장에도 위험을 줄 수 있다는 것을 감안한 것이다.

국제무역거래에서 주로 이용되는 외환어음에는 화환어음(documentary bill of exchange), 무담보어음(clean bill exchange), 일람불어음 및 기한부어음, 상환청구가능어음과 상환청구불능어음 등이 있다.

## 3) 외환거래와 외환업무

### (1) 외환거래

외환거래는 글로벌무역에서 재화와 용역을 매매하거나 자본거래를 하는 국가의 은행들이 글로벌거래를 통하여 결제를 위해 외환을 발행하고 지급하는 것을 말한다. 그러나 좁은 의미로는 외국통화의 매매를 말한다. 외환거래의 목적은 주로 외국통화에 대한 교환과 통화의 가치를 헤지(hedge)하거나 외환매매차익을 얻기 위하여 거래가 발생하게 된다.

외환거래의 장점은 전 세계시장의 단일화, 24시간 거래 가능, 선진국 중심의 주요 통화위주의 거래, 양방향거래 가능, 풍부한 유동성 등의 장점이 있다. 하지만 외환거래시의 주의할 점은 항상 큰 위험을 내포하고 있다는 점이다. 그러므로 전문성을 띤 체계적인 시장분석과 교육 및 실시간 지원 프로그램의 운영을 통한 리스크관리, 충분한 연습계좌운영(demo trading)이 필요하다.

외환거래는 세계적 추세이며 외환시장에서 개인, 기업, 은행, 각국중앙은행, 외환 중개 브로커, 투기자본 등이 참여한다. 개인과 기업 중심의 자본거래 실수요자와 은행을 중심으로 한 기업과 개인과의 외환거래의 중개와 외환거래의 실수요자로서 직접 거래당사자가 되기도 한다. 또한 외환 브로커들에 의한 투기자본이 대거 시장에 참여하고 있다. 특히 인터넷을 통한 매체의 발달로 개인이 인터넷을 통하여 직접 외환을 자유롭게 거래할 수 있게 되어 우리나라에서도 시장 참여가 급속도로 늘어나고 있는 추세이다.

### (2) 외환업무

외환업무란 외국통화와 외국통화표시의 수표, 환어음, 약속어음, 우편환, 신용장 및 기타의 지급지시서를 매매 또는 발행하여 국내와 외국 간에 발생한 금전대차에 대한 대외지급수단의 지급과 추심에 따른 업무를 처리하는 것을 말한다. 그리고 외환업무는 주로 외화 환전업무, 외환송금(당발 및 타발 송금), 내국신용장, 구매승인서, 무역금융, 관세환급, 수출입업무, 통관업무 등을 주로 다룬다.

### (3) 외환거래의 형태

#### ① 대고객 및 은행 간 거래

외국환은행의 대고객거래는 외국환은행과 개인 또는 기업 간의 거래를 말한다. 대고객거래는 수출업자가 발행한 수출환어음매입, 수입어음결제를 위한 환전업무, 외화송금, 여행자수표 매도, 외화수표 매입업무 등이며, 대고객거래의 특징은 외국환은행이 외국환거래에 대하여 항상 고객의 요구에 따라 수동적인 입장이어서 이때 발생하는 외환의 과부족으로 외국환은행은 외환포지션을 갖는다. 따라서 대고객거래와 은행 간 거래에서 발생하는 외국환의 과부족을 해소하기 위하여 외환시장에서 외국환은행간에 외환포지션 조정거래를 하게 된다.

#### ② 현물환 및 선물환 거래(Spot & Forward Transaction)

외환거래는 국가와 국가 간의 거래이기 때문에 현물거래가 아닌 관계로 선물환거래에서는 계약에 대한 결제가 2영업일 안에 결제가 이루어진다. 그러므로 2영업일 이후의 거래는 선도환거래가 되는 것이다. 하지만 계약과 동시에 결제가 이루어지는 현물환거래와 계약은 지금 이루어지나 결제는 차후시점에서 이루어지는

선물환거래로 구분한다. 이는 경제거래를 말한다.

경제거래는 현물거래(spot transaction)와 선도거래(forward transaction)로 구분한다. 현물거래는 실물거래 또는 금융거래라고 하며 선도거래와 구별된다. 이러한 두 거래를 합하여 현물환거래, 선도환거래라고 한다. 선물환거래는 외환거래 당사자 간에 장래의 외환결제에 적용할 환율을 거래시점에서 미리 약정함으로써, 계약일로부터 결제일 사이의 환율변동에서 초래되어 환위험을 회피할 수 있다. 선물환거래는 외환차익을 노린 투기수단으로 이용된다.

#### ③ 스왑거래(Swap Transactions)

스왑거래(swap transactions)는 상계관세의 차원으로 생각해 볼 수 있다. 즉, 외화자금의 현물매도와 같은 금액의 선물매입을 동시에 계약하는 거래를 말한다. 스왑거래는 외화자금의 차입시 환위험 회피를 위하여 활용하며, 환위험 회피수단 이외에도 특정 통화를 여타국 통화로 전환하여 운용함으로써 일정기간 외화자금의 조절수단으로 이용할 수 있다는 점이다. 스왑거래의 기능은 외환위험을 회피하고 운용, 조달하는 자금의 통화를 변경하는 것이지만 혼합스왑(cocktail swap)등으로 확대하여 다국적기업 및 은행의 유동성확보의 다목적으로도 활용한다.

## 2. 글로벌시장과 외환시장

### 1) 외환시장의 의의

외환시장이란(Foreign exchange market) 좁은 의미에서 외환의 수요와 공급을 조절하는 정소를 말하며, 넓은 의미로는 장소적 개념을 포함하여 외환거래의 형성, 유통, 결제 등 외한거래와 관련된 결제메커니즘을 포함한다. 외환시장은 이종통화간의 매매가 이루어지는 시장이므로 환율이 매개변수가 된다는 점에서 금리를 통한 대차관계의 외환거래는 외환자금시장(Foreign money market)과는 구별된다.

외환시장의 최근동향은 정기적이고 일정한 장소의 개념에서 스크린마켓(screen market), 텔레폰 마켓(telephone market),이 성행하고 있다. 이러한 외환시장은 한 나라의 경제에 통화의 구매력을 이전하게 되는데, 가령 수출대금의 외화를 국내통화로 환전하면 구매력이 국내통화형태로 바뀌게 된다. 그리고 외환시장은 무역 등 대외거래에서 발생하는 외환의 수요와 공급을 조절하는 역할을 한다. 또한 변동환율제도에서는 외환시장에서 결정되는 환율이 외환의 수급사정에 따라 변동함으로써 국제수지 조절의 기능도 하게 된다.

외환시장의 형태는 오픈마켓(open market)과 외환거래소가 있으며, 오픈마켓 형태는 주로 런던, 뉴욕, 동경의 외환거래소에서 거래되는 일반적인 외환시장을 말하며, 외환딜러에 의하여 전화, 텔렉스, 등의 외환거래 시장을 말한다. 또한 외환거래소는 스위스를 제외한 유럽대륙의 전통적인 외환거래소를 일부 병행하여 활용하고 있다.

그러므로 외환거래소의 역할은 거래량보다는 대고객환율의 가격결정기능을 감당하게 되며, 결정된 중앙값이 그날의 대고객환율이 된다. 외환시장은 외환거래소(bourse)의 개념이 세계화와 글로벌무역의 성행으로 인하여 장소적인 개념에서 거래내용과 내용이 점차 확대되어 추상적거래 매커니즘으로서의 기능을 담당하게 되었다.

### 2) 외환시장의 참여자

외환시장의 참여자는 개인과 기업, 외국환은행 등의 금융기관과 각국의 정부에 이르기까지 다양하다. 기업과 개인은 외환매매거래소를 통하여 환차익을 얻고 자 함이며, 외국환은행은 정보망과 조직력을 통한 외환포지션의 불균형을 조정하여 환위험으로 커버하게 된다. 특히 외국환을 전문적으로 매매하는 외환 딜링을 통한 환리스크를 피하고 기회수익을 얻고 자 하는 것이다. 그리고 은행 간 외환거래를 중개하는 자를 외환브로커라고 한다.

또한 외환의 원활한 관리와 자국통화를 관리하기 위하여 정부가 개입하여 환율을 조정하기도 한다. 우리나라는 중앙은행이 은행들 간에 직접 개입하여 딜링의 방법으로 조정하기도 한다. 우리나라의 외환시장은 다른 신흥 시장국가에 비하여 규모는 크지만 선진국과 비교 할 때 일일평균 거래량이 작은 편이며 파생외환거래와 은행 간의 거래비중이 낮다.

서울외환시장은 국내은행, 외국계은행의 서울지점 등 외환거래를 위해 한국은행, 서울외국환중개, 한국자금중개가 참여하고 있으며, 1970년 9월 14일 금융결제원 외환 교환실이 설치된 이후 중개기간을 통한 정보망을 이용하여 시장기능을 다하고 있다.

# 3. 환율결정의 요인과 변동에 관한 접근방법

## 1) 환율의 개념

환율은 한 나라의 통화 즉, 자국의 통화와 다른 나라의 통화와의 교환비율을 말한다. 그러므로 환율(exchange rate)은 한 나라의 통화가치를 다른 나라의 통화가치와 비교하여 표시한 것이다. 환율은 통화의 가격을 표시하는 것이므로 환율이 없이는 경제거래가 불가능하며 양국 간의 교환비율을 통하여 구매력을 행사하게 된다. 따라서 환율은 자국통화의 입장에서 볼 때 자국통화의 대외가치가 되고 외국통화의 입장에서 보면 외국통화의 국내시장가치가 되는 셈이다.

## 2) 환율표시방법과 환율시세표 읽기

환율을 표시하는 방법은 외국의 통화를 기준으로 표시하는 외화기준시세 혹은 수취계정 기준시세와 우리나라 통화를 기준으로 표시하는 자국화 기준시세 혹은 지급계정 기준시세로 나눈다. 우리나라는 외화기준시세를 기준으로 사용하고 있다.

**〈표 13-2〉 환율변동에 따른 통화가치변화**

| | | |
|---|---|---|
| **외국통화기준** | 1달러=1,000원→1달러=1,200원 | 1달러의 외화가 1,000원에서 1,200원이면 원화가치 하락, 외화가치 상승 |
| **자국통화기준** | 1,000원=1달러→1달러=1,200원 | 1,000원에 1달러가 1,200원으로 오르면 원화가치가 상승, 외화가치 하락 |

현행 우리나라의 환율제도는 자유변동환율제도이며 외환시장에서 외환의 수요와 공급에 의해 자율적으로 결정되게 되며 이에 따라 금융기관들은 외환시장에서 형성된 환율을 기준으로 대고객거래 등 외환거래 시에 적용할 환율을 그날그날 자율적으로 결정하게 된다.

### (1) 환율표시방법

#### ① 자국통화표시법, 직접표시법, 지급계정표시법

자국통화표시법(rate in home currency), 직접표시법(direct quotation), 지급계정표시법(giving quotation)은 외국통화의 국내가격 즉, 외국통화 1단위와 교환될 수 있는 자국통화 단위수로서의 환율표시방법으로 자국통화표시법에서 환율이 상승(가치하락)할 경우 변동환율제도에서 이를 자국통화가 절하(절상)되었다고 표현한다. 예를 들어 U$1=110.48￥ 또는 ￥/U$=110.48이라고 직접표시법 또는 자국통화표시법으로 European terms라고 말한다.

### ② 외국통화표시법, 간접표시법, 수취인계정표시법

외국통화표시법(rate in foreign currency), 간접표시법(indirect quotation), 수취인계정표시법(receiving quotation)은 자국통화 1단위와 교환될 수 있는 외국통화의 단위수로서의 환율표시법이다. 국제외환시장에서 외국통화 1단위에 대한 미국 달러의 교환비율은 1=U$0.9380 또는 U$-0.9380으로 표기하는 것은 외국통화표시법으로서 American terms라고 말한다.

## (2) 환율시세표 읽기

국내의 신한은행 2008년 3월 5일자의 환율시세표에 의한 환율을 읽어보면 다음과 같다. 〈표 13-4〉에서 고객이 외국통화 1단위를 매입하고 자 할 때 필요한 원화의 단위수(은행의 매도율)와 외국통화 1단위를 판매 하려고 할 때 받게 되는 원화의 단위수(은행의 매입율)를 표시한다.

〈표 13-4〉에서 환율계산과 읽는 내용에 대하여 예를 들어보면, 일본의 경우에서 우리나라의 경우를 보면 다음과 같다. 우선 대미 환산율을 보면 100￥=0.9674 $(USD) 이므로 가령 1,076,000엔은 $로 계산할 때 얼마가 되겠는가? 라고 생각해 본다면 계산식은 다음과 같다.

> **[계산식]**
> 1,076,000￥은 100:0.9674=1,076,000:X
> X=10,760× 0.9674= 10,409.224$(USD)

100￥은 대미달러 환산율에서와 같이 0.9674$이다. 이를 계산하면 1,076,000에 대한(가정)계산에서 10,409.224$로 나타났다고 말할 수 있다.

〈표 13-3〉 환율시세표

| 국가 | 통화명 | 통화표시 | 수취(받음) | 송금(보냄) | 매매기준 | 현찰판매 | 현찰구입 | 대미환산율 |
|---|---|---|---|---|---|---|---|---|
| 미국 | 달러 | USD | 937.9 | 955.9 | 946.9 | 930.33 | 963.47 | 1.0000 |
| 일본 | 100엔 | JPY | 907.2 | 924.78 | 915.99 | 899.97 | 932.01 | 0.9674 |
| EU | 유로 | EUR | 1426.03 | 1454.25 | 1440.14 | 1411.63 | 1468.65 | 1.5209 |
| 영국 | 파운드 | GBP | 1862.21 | 1899.07 | 1880.64 | 1843.41 | 1917.87 | 1.9861 |
| 카나다 | 달러 | CAD | 943.14 | 961.8 | 952.47 | 933.62 | 971.32 | 1.0059 |
| 스위스 | 프랑 | CHF | 901.87 | 919.71 | 910.79 | 892.76 | 928.82 | 0.9619 |
| 홍콩 | 달러 | HKD | 120.45 | 122.83 | 121.64 | 119.24 | 124.04 | 0.1285 |
| 스웨덴 | 크로네 | SEK | 152.46 | 155.54 | 154 | 150.15 | 157.85 | 0.1626 |
| 호주 | 달러 | AUD | 868.1 | 885.28 | 876.69 | 859.34 | 894.04 | 0.9259 |
| 덴마크 | 크로네 | DKK | 191.37 | 195.23 | 193.3 | 188.47 | 198.13 | 0.2041 |
| 노르웨이 | 크로네 | NOK | 181.72 | 185.38 | 183.55 | 178.97 | 188.13 | 0.1938 |
| 사우디 | 리얄 | SAR | 250.08 | 255.12 | 252.6 | 246.29 | 258.91 | 0.2668 |
| 쿠웨이트 | 디나르 | KWD | 3443.91 | 3513.47 | 3478.69 | 3391.73 | 3565.65 | 3.6738 |
| 바레인 | 디나르 | BHD | 2487.22 | 2537.46 | 2512.34 | 2449.54 | 2575.14 | 2.6532 |
| UAE | 디히람 | AED | 255.27 | 260.41 | 257.84 | 251.4 | 264.28 | 0.2723 |
| 싱가폴 | 달러 | SGD | 674.85 | 688.19 | 681.52 | 668.03 | 695.01 | 0.7197 |
| 말레이지아 | 링키트 | MYR | 294.33 | 300.27 | 297.3 | 279.47 | 315.13 | 0.3140 |
| 뉴질랜드 | 달러 | NZD | 749.35 | 764.17 | 756.76 | 741.78 | 771.74 | 0.7992 |
| 중국 | 위안 | CNY | 131.92 | 134.58 | 133.25 | 125.26 | 141.24 | 0.1407 |
| 태국 | 바트 | THB | 29.71 | 30.31 | 30.01 | 28.21 | 31.81 | 0.0317 |
| 대만 | 타이완달러 | TWD | 30.34 | 30.94 | 30.64 | 28.81 | 32.47 | 0.0324 |
| 인도네시아 | 100루피아 | IDR | 10.29 | 10.49 | 10.39 | 9.77 | 11.01 | 0.0110 |
| 필리핀 | 페소 | PHP | 23.18 | 23.64 | 23.41 | 22.01 | 24.81 | 0.0247 |

자료: 신한은행(2008년 3월 5일, 단위: 원)

〈표 13-4〉의 환율시세표에서 나온 바와 같이 송금매매, 현찰에 따라 환전수수료가 다르게 나타난다. 환율시세표를 보면 이를 잘 찾아보게 된다. 그러나 최근에는 이러한 환전의 수수료를 절약하기 위하여 인터넷을 통한 환전을 하는 경향도 나타나고 있다.

환율의 시세에 따라 예를 들어 읽어보면 다음과 같다.

① 송금 받을 때: 10,760 x 907.2 = 9,761,472

② 송금 보낼 때: 10,760 x 924.78 = 9,950,632.8

①과 ②에서 송금을 받을 때 10,076,000￥은 송금을 받을 때는 9,761,472의 달러를 송금하게 되는 것이며, 또한 송금을 받을 때는 이보다 -189,160.8달러 정도를 덜 받게 되는 것이다. 차이가 있는 이유는 자국의 통화량, 경제 등과 관련이 있겠으나 자국의 통화량이 상대국에서의 신뢰도와 영향력을 끼치며 자국의 경제 전반에 걸친 힘에 의한 작용으로 나타날 것이다.

또한 런던과 미국의 금융시장 등에서 결정된 달러화의 가치가 상승되면 우리 경제의 부담은 커질 것이며, 이는 일몰일가의 법칙에 의한 것이 당연하다는 것이며, 다만 원화의 가치가 높아진다면 자국의 경제는 든든하겠으나 수출 면에서는 다소 경쟁에 시달리는 어려운 면이 있을 것이다. 그러므로 환율의 안정세를 통한 물가조절, 경제발전을 꾀하여 나간다면 세계화와 글로벌시대의 무한경쟁에서 영향력을 행사할 수 있을 것이다.

### 3) 환율변동의 요인

환율변동은 외환시장의 수요와 공급에 의하여 변동되는 것으로 개인과 기업 및 금융기관, 수출입의 거래 등으로 외환이 필요하게 됨에 따라 그 수준이 결정되게 된다. 일반적으로 외국과의 거래결과를 나타내는 국제수지가 흑자일 경우 외환의 공급이 수요보다 많아지게 되고 환율은 하락하게 된다. 그러나 국제수지가 적자일 경우에 외환의 수요가 공급보다 많아져 환율이 상승하게 된다. 외환의 수요와 공급은 단기적으로 외환거래자의 예상이나 중앙은행의 외환시장 개입에 의해서도 영향을 받게 되지만 장기적으로 물가와 나라간의 금리차 등에 의해 영향을 받는다.

구체적으로 환율변동의 요인은 경제적요인, 정치적요인, 기술적요인, 중앙은행의 정책, 시장참여자들의 예측과 기대에 따라 변화한다. 이 가운데 경제적 요인으로 그 나라의 경제 성장률이 높아지면 그 나라의 통화는 강세를 보이게 되며, 이는 정책의 신뢰도가 높은 나라에서는 금리인상 가능성으로 단기적으로 강세를 보이는 경향을 띠게 된다.

또한 정치적 요인으로 그 나라의 정치와 경제가 불안할 경우 안정된 통화로 투자대상을 바꾸려는 경향을 띠게 된다. 기술적 요인으로는 환율이 한쪽 방향으로

과도하게 움직일 경우 자율적으로 단기적인 반등 또는 반락이 있을 수 있으며, 이는 환율변동 그 자체의 작용에 의해 환율이 변화되는 것이다. 물론 중앙은행의 개입으로 강력하게 힘을 발휘하여 변동의 요인으로 작용하기도 하며, 시장참여자들의 예측과 기대로 인하여도 환율변화에 영향을 미치게 된다. 환율변동으로 인하여 경제에 미치는 영향으로는 경상수지와 물가, 경제성장률, 대외채권 및 채무와 환차손 우려로 인한 외국인 주식투자자금 등 해외자본이 유출됨에 따라 주식시장에도 그 영향을 줄 수 있다.

## 제2절 환율제도의 변천

### 1. 환율제도의 변천

국제환율제도의 시작은 금본위제도로 영국이 1819년에 도입하였다. 그 후 미국은 1879년 도입하게 된다. 하지만 제1차 대전으로 시행되지 못하고, 1925년 영국이 금본위제도로 복귀하였다가 1931년 이 정책을 포기하였다. 영국 투자가들은 파운드화를 팔고 금을 사들임에 영국은행은 파운드화를 사고 금을 팔았다. 이로써 금보유량이 급격히 줄어들었고 이러한 이유로 인하여 정책을 포기 할 수밖에 없었다.

제2차 대전 후 브레튼우즈체제를 채택하여 20년간을 유지하였다. 브제튼우즈체제란 달러화가 금값을 결정하고 파운드, 마르크, 엔화 등이 연결되어있는 체제이다. IMF체제가 현실적으로 기능하기 시작했던 1958년에 유로통화가 자유교환성을 갖게 되자마자 미국은 달러위기를 맞이하게 되었다. 1960년대를 통하여 달러본위제의 형성과 유로달러 시장의 성장으로 나타났다.

이때 선진국의 자본주의 상호간에 있어서 경제의 성장, 발전과 침체 방지, 미국 거대기업의 대유럽진출 다국적 기업화, 서독을 중심으로 한 주요 국가들에 의한 경상수지 흑자경향, 미국 경상적자 경향 등 자본주의 세계경제에 있어서 미국정책의 상대적인 지위 저하와 국제경쟁력이 저하되었으나 고정환율제도는 계속 실시되었다.

미국은 자국의 경제회복을 위해 달러화 공급을 늘리기 시작하였고, 이에 다른 나라들도 환율유지를 위해 통화 공급량을 늘렸다. 이에 따라 1971년1년 8월 태환

정지. 71년 12월 스미소니언 체제, 조정 후 BW체제로 복귀, 1973년 2월 환투기재발 등으로 인하여 1973년 3월 고정환율제를 포기하였다. 그리고 1973년 10월 제1차 Oil Shock 발생, 1976년 Jamaica체제채택하게 되었다. 이로써 IMF의 공식적인 변동환율제를 실시하게 된 것이다.

## 2. 우리나라 환율제도의 변천

우리나라는 정부수립이후 고정환율제도를 채택하여 오다가 1964년 5월에 단일변동환율제도로 바꾸었다. 주요원인은 미국에 대한 환율고정과 두 차례의 석유파동, 물가상승, 원화가치하락 등의 원인이었다. 1973년 초 세계의 환율제도가 변동환율제도로 바뀜에 따라 자동적으로 변동하게 되었다. 이에 주요 상대국들과 SDR 바스켓과 주요 교역 상대국 통화 바스켓을 결합한 복수통화 바스켓 방식에 의해 환율의 유동화를 실시하였다. 1990년 3월 이후 시장평균 환율제도를 도입하였으나 외환위기로 인하여 1997년 12월부터 자유변동환율제도를 이행하였다.

### 1) 고정환율제도(1945년～1964년)

1945년 10월 미군정 당국이 최초로 1달러당 15원의 환율을 지정하였다. 그리고 1949년에 정부보유의 외환을 환금할 때 적용하는 공정 환금율과 일반 수요자가 외환을 환금할 때 적용하는 일반 환금율 등 두 가지 환율을 사용하는 복수환율제도를 채택하였다. 그러나 1961년에 기존의 복수환율이 단일환율로 통합하고 말았다.

### 2) 단일변동환율제도(1964년~1980년)

우리나라가 단일변동환율제도를 채택한 것은 1964년 5월로 이때 1달러당 255원을 하한하여 이 제도를 채택하였다. 그러나 한국은행이 계속해서 외환시장에 개입함에 따라 실질적으로는 고정환율제도의 형태로 운영되었다.

### 3) 복수통화바스켓제도(1980년~1990년)

복수통화 바스켓제도는 1980년 2월 본격적으로 변동환율제도가 운영되기 시작하였다. 이때부터 우리나라는 변동환율제도로 바꾸었으며, 그 주된 이유는 1970년대 이후의 석유위기와 경기침체 심화, 수출부진, 국내물가의 상승률이 주요 교역

상대국들의 물가상승률보다 높아 원화의 과대평가로 대외경쟁력이 악화되었다. 또한 환율고정화로 인하여 운용상의 애로와 시장상황에 대처능력이 미미하였다.

복수통화 바스켓제 하에서의 환율조정은 시장실세의 반영장치라는 정책조정변수 때문에 환율이 의도적으로 조작되고 있다는 의혹을 받아 미국 등으로부터 원화절상압력을 받기도 하였다. 이러한 문제점으로 인하여 1990년 3월 2일 정부는 시장평균환율제도를 도입하였다.

### 4) 자유변동환율제도

1997년 11월 20일 일일 변동허용폭이 2.25%에서 10%로 확대되었으나 한 달도 못되어 시장평균환율제도가 12월 16일 전면폐지 하고 자율변동환율제도가 시행되었다. 이유는 정부가 환율제도의 제한폭을 두는 것이 외환시장의 안정보다는 환율결정을 시장기능에 맡기는 것이 바람직하다는 의견을 받아들였기 때문이다.

자율변동환율제도에서는 환율변동은 자유로우나 환위험의 증대로 대외거래 위축의 부작용이 나타날 수도 있다. 반면 환투기를 억제하는 긍정적 효과를 가져다준다. 하지만 하루 동안 거래량을 금액대별로 가중 평균하여 다음날의 매매기준율을 정하였으나 환율변동제한폭이 폐지됨으로 인하여 시장평균환율의 의미가 없다. 원/달러의 매매기준율은 전일의 장내 익일결제현물환 은행 간 매매율을 거래량으로 가중 평균하여 사용하고 있다.

### 5) 시장평균환율제도(1990년~현재)

복수통화 바스켓제도의 문제점을 시정하고 환율이 시장가격을 반영하여 결정되도록 도입, 시장평균환율제도는 환율이 은행 간 시장에서의 거래를 통해서만 결정되므로 복수통화 바스켓제도의 경우와 같은 인위적이 조정은 할 수 없다. 시장평균환율제도는 매일의 미국 달러화에 대한 원화의 환율을 전일 금융결제원의 자금 중개실을 경유하여 은행 간 시장에서 거래된 현물환율을 외환거래량으로 가중평균하여 산출하는 제도를 말한다. 이는 한국은행이 매일 고시하는 달러화의 매매기준율이 된다.

미국 달러화 이외의 기타 통화에 대한 환율은 국제금융시장에서 형성된 각 통화의 미국 달러화에 대한 환율을 사용하여 교차환율로 산정한다. 환율의 1일 변동의 폭은 매매기준율을 중심으로 상하 0.4%(1990년 3월), 1.5%(1994년 11월), 2.25%(1995

년 12월 ), 10%(1997년 11월20일)로 계속 확대되어 오다가 1997년 12월 16일에 1일 변동의 폭이 완전히 폐지되었다.

## 제3절 외국환의 관리와 외국환노출의 이해

### 1. 외환위험과 외환노출의 관리

#### 1) 외환위험과 외환노출의 개념

##### (1) 외환위험(Foreign exchange risk)의 개념

외환위험이란(Foreign exchange risk) 미래에 예상치 못한 환율변동으로부터 기업을 비롯한 모든 경제주체의 가치가 변동할 것을 예상하는 것으로 경제주체가 자국통화가 아닌 다른 통화로 표시된 자산과 부채 또는 손익과 관련하여 보유하고 있을 때, 보유하고 있는 자산과 부채로 인한 위험이 외환위험이며 이를 줄여서 환위험이라고 한다.

좁은 의미의 환위험은 환율변동에 따라 손실을 입을 경우이며, 넓은 의미의 환위험은 환위험의 손실과 이익을 포함한 개념으로 본다. 따라서 이러한 환율변동에 따른 보유분의 자산, 부채의 노출정도가 다르게 나타난다. 이것은 위험의 정도가 다르기 때문이며 이를 외환노출이라고 한다. 그러므로 외환위험 즉, 환위험관리라고 하는 말은 환 노출을 관리한다고 하는 말과 같다.

##### (2) 외환노출(Foreign exchange exposure)의 개념

외환노출이란 환율변동이 기업의 가치에 미치는 정도를 사전에 측정하여 이를 수량화한 개념이며, 외환노출이란 기업, 은행 등에서 자국통화이외의 통화로 표시된 외환포지션이 자산, 부채 등의 현금흐름을 보유하고 있는 상태를 말한다. 그러므로 환율변동에 의하여 영향을 받게 되는 이것을 환위험이라고 한다.

그렇다면 외환노출이냐 아니면 환위험이냐 하는 말들은 같은 의미로 받아들일 수 있다. 그러나 엄밀히 따지자면 외환위험보다 외환노출이라고 하는 말이 훨씬 가깝게 들릴 것이다. 그 이유는 환율변동에 대해여 환위험이 기업에 미치는 영향

은 환 노출의 상태를 사전에 파악해야 한다는 점이다. 결국 순노출=노출된 외화자산-노출된 외화부채의 등식이 성립한다.

## 2) 외환노출의 유형

외환노출은 경제적환노출, 거래적환노출, 환산환노출로 구분한다. 경제적환노출(economic exposure) 환율변동의 결과로 초래되는 기업판매량, 판매가격, 원가의 변동 등에 관한 실질적인 영업노출을 말한다. 이러한 경제적 환 노출은 기업의 경영 전략적 성격을 갖는다. 그리고 경제적환노출에 대한 계획은 재무, 마케팅, 생산 등의 관리부문에 대한 전략들이 상호연결 된 상태에서 추진되어야 하므로 전사적 경영관리에 대한 경제적 노출의 측정이 필요하다.

거래적환노출(transaction exposure)은 외화표시 무역거래나 금융거래 등 외화수수를 수반하는 거래에서 발생한다. 거래적환노출은 이미 체결된 외화표시의 거래를 미래에 결제함으로서 얻는 외화차익, 외화차손의 발생 가능성을 말하는 것이다. 이는 환율변동 이전에 거래가 발생하였으나 환율변동 이후에 결제가 이루어질 때 나타나는 결제의 가변성을 말한다.

환산환노출(translation exposure)은 외화로 표시된 자산, 부채와 수익, 비용 등의 재무제표 항목을 자국통화 또는 특정기준통화로 환산하게 될 때 발생하는 가치의 변동을 말한다. 일반적으로 해외자회사의 재무제표를 자국통화로 평가하고 자 할 때 재무제표의 각 항목에 대하여 일정한 환산환율을 적용하게 되는데 이를 회계적 환노출이라고도 한다.

# 제14장 국제수지의 이해와 통화제도

Chapter 14

# 국제수지의 이해와 통화제도

## 제1절 해외시장과 국제수지의 이해

### 1. 국제수지의 개념과 구성

#### 1) 국제수지(Balance of Payments)의 개념

세계화와 글로벌경제로 인한 국가 간의 경제거래의 활동은 글로벌무역을 통한 수입과 지출을 발생시킨다. 이러한 수출입을 통한 수취액과 지급액의 차이를 기록하여 표로 만든 것이 국제수지(Balance of Payment)이다. 국제수지의 기록은 한 나라의 경제실상을 평가하는 정확한 자료로서 정부가 통화와 재정에 대한 정책운영의 판단자료가 된다.

따라서 국제수지는 그 나라의 국민소득, 고용의 정조, 물가수준, 환율 등에 이르기까지 다양한 거시경제변수에 영향을 미치게 된다. 이러한 영향을 받은 기업, 정부, 또는 직접적인 투자자나 소비자에 이르기까지 글로벌거래와 관계를 통하여 그 나라의 경제상태가 유지되어 가는 것이다.

또한 국제수지는 기업의 무역과 해외투자에 대한 의사결정에도 영향을 미치게 되며, 관련의 정보들은 글로벌무역과 금융, 기업, 개인의 의사결정에도 도움을 준다. 그러므로 국제수지란 일정기간 동안 한 나라의 거주자와 비거주자(외국의 거주자)사이에 발생한 모든 경제적 거래 즉, 이익의 중심(a center of economic interest)을 체계적으로 기록한 통계표이며, 일정기간이란 국제수지의 개념이 기업회계의 개

념과 동일한 의미이며, 하나의 기업이 일정기간 동안 자산, 부채, 자본의 증감변화를 기록, 정리, 회계하는 방식의 복식부기(Double-entry System)에서 나온 것이다.

따라서 국제수지표 역시 기업에서와 같이 월간, 주간, 분기 또는 년 단위로 기록할 수 있다. 국제수지표는 국가 간에 비교가 가능하도록 IMF가 정한 국제수지통계의 포괄범위, 분류, 평가 등에 관한 국제기준(IMF BOP Manual)을 통해 기록한다.

## 2) 국제수지의 특징

국제수지는 잔액(Stock)의 개념이 아닌 흐름(Flow)의 통계개념이며, 일정기간 동안 이루어진 글로벌거래에 대한 총량의 개념으로 외환수지로 구분하여 파악하는 것이다. 그리고 모든 거래형태를 재화 및 용역의 거래, 국가 간의 이전거래, 자본거래 등 일체의 거래를 포함하고 있다. 또한 거주자의 구분은 자국민이 일시적인 목적으로 관광이나 기타의 목적으로 체류하고 있거나 비록 국적이 외국인이라 할지라도 1년 이상 한 나라에서 거주하면서 경제적 근거지가 그 나라 안에 있으면 거주자로 취급한다.

또한 경제적 거래라고 할 때, 한 나라의 국민경제에 영향을 미치는 대외거래를 총괄하여 이르는 말이며, 단순의 유상거래, 또는 증여, 원조의 성격을 띤 무상거래를 모두 포함한다. 그러므로 체계적 기록에 있어서도 복식부기의 개념으로 분류하고 기록한다. 결국 대차평균의 원리나 정산표 작성의 원리에서 보는 바와 같이 국제수지를 분석하여 균형 또는 불균형을 파악하는 것이다.

## 3) 국제수지의 구성

국제수지의 구성내용은 경상계정으로 상품수지, 서비스수지, 소득수지, 경상이전수지로 구분하고, 자본계정으로 투자수지, 기타자본수지, 준비자산 증감, 오차 및 누락을 나타낸다.

### (1) 경상수지(Current Account)

#### ① 상품수지

상품수지는 가공용 상품과 운수조달상품 및 상품수리, 비화폐용금, 일반상품의 항목이다. 즉, 상품의 수출입과 관련된 기록이다.

② **서비스수지**

서비스수지는 운수, 여행, 통신서비스, 보험서비스, 특허권 등의 사용료, 사업서비스, 정부서비스, 기타서비스로 금융, 오락, 정보, 건설 등 8개 항목으로 세분한다. 거주자가 외국에 투자하여 받은 배당금, 이자와 비거주자의 국내투자 대가로 지급한 배당금, 이자의 차이인 투자소득수지를 포함한다.

③ **소득수지**

소득수지는 외국인 노동자에게 지급하였거나 내국인 해외근로자에게 지급한 급료, 임금, 금융자산 또는 부채에 관련된 배당, 이장 등의 투자소득(Investment income)의 수입 및 지급과 관련한 내용이다. 여기서 거주자가 외국에서 단기간 동안 받은 고용임금과 국내에 단기간 체류한 비거주자에게 지급한 대금의 차이를 나타내는 급료 및 임금수지를 기록한다.

④ **경상이전수지**

경상이전수지는 수혜자에게 아무런 조건 없이 제공되는 송금, 구호식량, 의약품 등의 무상원조와 국제기구 출연금 등의 무상거래 내역을 기록한다.

### (2) 자본수지(Capital and financial Account)

① **투자수지**

투자수지는 직접투자(Direct investment), 증권투자(Portfolio investment), 기타투자(Other investment)로 구분한다.

② **기타 자본수지**

기타자본수지는 해외이주비, 투자보조금지급 등 고정자산 취득을 목적으로 지출된 자본이전수지와 특허권, 저작권, 상표권 등 비생산무형자산 및 토지, 지하자원 등의 처분과 취득에 따른 기타자산거래를 계상하는 특허권 등이다.

### (3) 준비자산 증감(Changes in reserve assets)

통화당국이 국제수지 불균형을 직접 또는 간접적으로 조정하기 위하여 계상한다. 특히 직접 외환시장에 개입하거나 간접적으로 조정하기위한 것이다. 또한 준비자산에는 화폐금융, 국제준비통화(SDR: Special Drawing Rights), IMF 리저브포지션(Reserve Trandche Position; IMF에 가입하고 출자금을 납입함에 따라 조건 없이

일정액의 외화를 인출할 수 있는 권리), 외화자산 등이 포함된다.

〈그림 14-1〉 국제수지표 구성

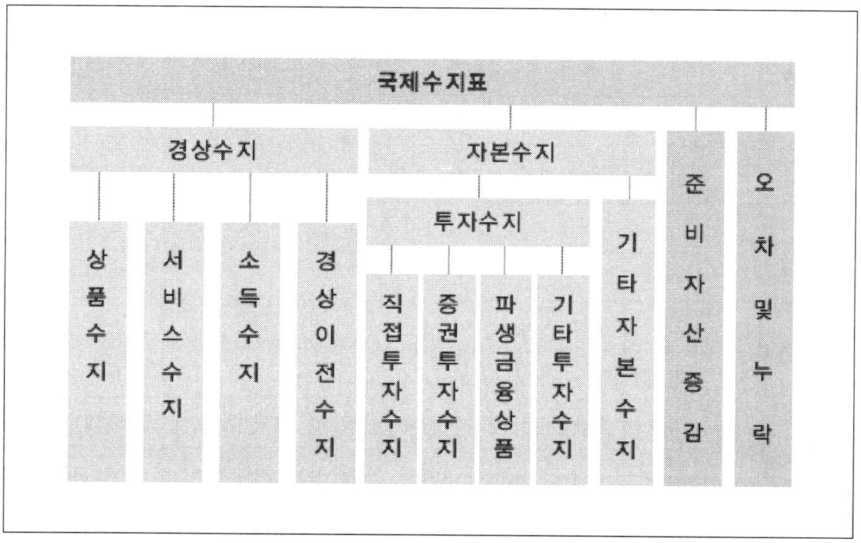

- 국제수지표
  - 경상수지
    - 상품수지
    - 서비스수지
    - 소득수지
    - 경상이전수지
  - 자본수지
    - 투자수지
      - 직접투자수지
      - 증권투자수지
      - 파생금융상품
      - 기타투자수지
    - 기타자본수지
  - 준비자산증감
  - 오차 및 누락

자료: 한국은행

## 2. 국제수지의 조정

### 1) 경제적 요인

국제수지의 조정은 교역재의 상대가격의 변화에 따라 외환시장의 가격조정기능에 의하여 불균형을 해소해 나간다. 즉, 교역재의 상대가격이 하락할 경우 수출의 증가와 수입은 감소현상을 나타낼 것이며, 국제수지 개선효과를 얻게 된다. 반대로 교역재의 상대가격이 상승하면 수출이 감소하고 수입은 증가함으로써 국제수지의 악화를 가져온다는 것이다.

그리고 소득의 변화에 따른 조정으로는 소득이 증가하면 수입이 증가하여 경상수지 악화를 가져오고, 소득이 감소하면 수입이 감소하여 경상수지 개선을 가져올 것이다. 또한 이자율의 변화에 있어서도 이자율을 인상하면 자본유입이 많아 자본수지의 개선효과를 얻을 수 있으나 이자율을 인하하면 자본유출로 인하여 자본수지의 악화를 가져올 것이다.

따라서 교역재의 상대가격 변화와, 소득의 변화, 이자율의 변화 및 환율의 변화와 통화량의 변화에 따라 국제수지에 영향을 미치는 경제적 요인을 개선해 나갈 수 있다.

〈표 14-1〉 국제수지 조정표

| 변화요인 | 국제수지 조정 | | 조정결과 |
|---|---|---|---|
| 교역재의 상대가격변화 | 하락 | 수출 증가, 수입 감소 | 국제수지 개선 |
| | 상승 | 수출 감소, 수입 증가 | 국제수지 악화 |
| 소득변화 | 수입 증가 | | 경상수지 악화 |
| | 수입 감소 | | 경상수지 개선 |
| 이자율 변화 | 인상 | 자본 유입 | 자본수지 개선 |
| | 인하 | 자본 유출 | 자본수지 악화 |
| 환율의 변화 | 상승 | 수출재 상대가격하락, 수입재 가격상승 | 무역수지 개선 |
| | 하락 | 수출재 상대가격상승, 수입재의 가격하락 | 무역수지 악화 |
| 통화량의 변화 | 화폐시장 초과공급에 의한 지출증대 | | 수지악화 |

## 2) 국제수지 조정정책

국제수지의 불균형일 경우 시장기구의 조절미흡이나 조정속도가 완만한 경우 정부가 적절한 수지조정 정책을 통하여 균형수지로 조정한다. 그리고 무역정책은 재화의 수출입을 직접통제하게 되며, 지출조정 정책으로 재정, 금융정책을 사용하여 조정하고, 지출전환 정책으로는 외환 즉, 환율을 조정하는 정책을 사용한다.

가령 원화에 대한 달러가치(₩ /$)가 1,000원이라고 가정한다면, ₩ /$=1,000이라고 표기한다. 그리고 이에 대한 가치가 ₩ /$=1,000에서 1,100원으로 100원 상승하였다고 한다면, 원화가치가 100원 정도 하락하였으며 환율은 반대로 상승하였다고 말하는 것이다. 이때 달러에 대한 원화의 가치는 당연히 100만큼 자동적으로 내린 것으로 본다. 환율을 올린다는 것은 원화가치를 떨어뜨린다는 것이다.

# 제2절 국제통화제도의 변천과 기능

## 1. 국제통화제도의 개념과 변천

### 1) 국제통화와 국제통화제도의 개념

국제통화(international currency)란 무역과 투자 등의 국제거래에 이용되는 화폐, 또는 정부와 기업의 유동성 준비로서 사용되는 화폐를 말한다. 구체적으로는 미국 달러화, 영국 파운드화, 일본 엔화, 유로화 등의 통화를 의미하며, 그밖에 국제통화기금(IMF)의 특별인출권(SDR)도 국제통화로 사용되고 있다.

현재의 국제통화체제에서 국제통화는 약 10여개이나 실제 국제금융시장에서 국제통화로 이용되는 것은 5~6개의 통화에 불과하다. 국제통화는 국제통화제도의 변천에 따라 그 형태를 달리하여 왔다. 국제금본위제도하에서는 금이 국제통화의 역할을 수행하였으며 금환본위제도하에서는 금과 함께 미국의 달러화와 영국의 파운드화가 국제통화로 사용된 바 있다.

국제통화제도(international monetary system)란 복수의 국민통화가 존재하는 세계경제에서 국제거래를 행하기 위한 통화결제 및 그 운영방식을 가리킨다. 이를 국제통화체제라고도 부른다. 여기에는 사용통화와 국민통화 간의 교환비율, 국제수지 조정, 정책협조의 방법 등이 그 구체적인 내용으로 포함된다. 달리 말하면 국제통화제도는 국제무역의 균형적 확대와 국제자본의 원활한 이동을 지원하는 국제적인 통화제도와 결제 메커니즘을 의미한다.

### 2) 국제통화제도의 변천

#### (1) 국제금본위제도의 시대(1876년~1913년)

국제통화제도로서의 금본위제도는 1870년대에 서유럽에서 등장하였다. 그 후 1816년에 영국이 금을 본위화폐(Standard money)로 하는 금본위제를 채용하게 되면서부터 19세기후반까지는 세계의 주요 국가들이 금본위제를 채용하였다. 금본위제도하에서 금과 자국통화(지폐이든 주화이든 간에) 가치 간에는 일정한 교환비율이 설정된다.

예를 들면 미국은 1차 세계대전이 일어나기 전까지 금 1온스에 대하여 $20.67

의 비율로 미국달러화를 금과 바꿀 수 있었다. 영국은 금 1온스에 대하여 ￡4.2474의 교환비율을 설정하였다. 영국은 당시 가장 발달한 공업국으로서 세계의 무역을 지배하였고 파운드는 1717년 이후 일정한 금 가격을 유지하였기 때문에 국제무역에 진출한 후발 국가들은 영국의 금본위제를 모방하면서 외환시세의 안정을 도모하였다.

국제금본위제도는 1차 세계대전이 일어난 1914년까지 유지되었다. 1차 대전의 발발은 무역의 흐름과 금의 자유로운 이동을 위축시켰기 때문이다. 국제금본위제도하에서는 자국 통화가치를 지탱하기 위하여 금의 적정한 보유가 매우 중요한 과제이다.

또한 각 국가는 자국의 통화 공급량을 확대할 수 있는 금과의 교환비율을 제한시키는 것도 중요하다. 추가적인 금 보유가 확보될 경우에 통화량이 증가될 수가 있다.

### (2) 국제통화제도의 혼란기(1914년~1944년)

제1차 세계대전에 이르기까지 약 200년간 영국 파운드화는 금본위제의 기본이었으며 국제통화로서 안정적인 기능을 수행하였다. 제1차 세계대전이 끝나고 주요국은 잇달아 국제금본위제도로 복귀하였으나, 전후의 국제금본위제도는 여기에 참여한 국가의 수가 최고에 달하였을 때 때마침 불어 닥친 경제대공황에 의해 붕괴되었다.

그 원인은 전후의 금본위 복귀를 구 평가로 한 국가가 많아 이것이 미국 이외의 국가로서는 통화가치의 과대평가가 되었다는 점, 또한 국제수지 적자 국으로서 금 상실에 따른 디플레 정책이 국내적으로도 한계를 넘어섰다는 점, 그리고 흑자 국에 의한 금의 불태화정책 즉, 금 보유량과 통화량과의 연동을 끊은 정책의 채택 등이 지적된다.

또한 보다 큰 배경으로는 전체 국제금본위제의 시스템을 뒷받침하였던 영국의 국력이 쇄락하였다는 점을 지적할 수 있다. 한편, 1차 세계대전 이후 국제금환본위제도가 등장하였는데, 금환본위제도가 1차 세계대전 이후 대두된 배경은 각국의 국제수지 불균형에 따른 금 준비의 국제적 편재현상과 금의 부족현상이다.

국제금환본위제도는 금을 다량 보유한 국가가 금본위제도를 채택하고 여타 국가들은 금 및 금 태환이 보장된 국가의 통화를 화폐발행 준비로 보유함으로써 자국통화 단위와 금의 일정량 사이에 간접적인 등가관계를 유지할 수 있도록 하는

제도이다. 여기에서 금환(gold exchange)이란 금 태환이 가능한 금본위국가의 교환성 통화나 환어음 및 예금 등의 채권을 말한다. 금환본위제도하에서 금본위국은 자국 보유금을 준비로 하여 통화를 발행하고, 금환본위국은 금본위국의 통화를 준비로 하여 자국통화인 금환을 발행하기 때문에 금 부족 문제는 해결이 되었다.

국제금환본위제도는 국제수지자동조절 기능면에서 취약점을 가져 1929년 세계공황을 계기로 1931년 9월에 붕괴되었다. 국제금본위제도가 붕괴된 후의 1930년대는 환율의 혼란기였다. 주요국은 외환평형기금을 창설하여 시장개입에 의한 환율의 안정을 도모하였으며, 한편으로는 환율의 절하경쟁으로 불릴 만한 상황도 발생하였고, 또한 경제적인 대응으로서 무역의 블록화가 진행되었다.

### (3) 브레튼우즈 체제와 IMF 고정환율제도(1945~1973년)

제1차세계대전후 국제통화제도로서 고전적인 금본위제도가 부활하였으나 1931년에 다시 정지되었다. 그 후 각국이 수출을 늘리기 위하여 통화가치하락 경쟁에 나서고 외환관리의 강화를 도모하고, 국제분쟁 등이 잇달아 일어나 세계의 무역이 축소하고 최종적으로는 블록경제의 대립을 초래하게 되었다. 이것이 제 2차세계대전발발의 경제적 요인이었다는 반성에서 1944년에 연합국의 대표에 의하여 미국의 뉴 헴프셔 주에 있는 브레튼우즈에서 국제통화기금 협정 등이 맺어져 안정된 환율을 기초로한 다각적 자유무역의 발전을 추진하기로 하였다. 이에 의하여 발족된 것이 국제통화기금(IMF)이다.

IMF는 금만을 국제통화로 하는 금본위제를 채용하지 않고 미국달러를 기축통화로 금과 함께 국제통화로 하는 제도를 만들었다. IMF의 가맹국들은 그 평가(平價)를 고정하고 이것을 금 또는 달러에 의하여 표시하였으며, 환율변동은 평가의 상하 1% 이내로 억제하는 의무를 부과하였다. 이 때 결정된 금과 달러의 교환비율은 금 1온스= 35달러였다. 이러한 새로운 국제통화제도를 브레튼우즈체제 또는 IMF 체제라고 부르며 환율변동의 관점에서는 고정환율제로 불렀다.

제2차 세계대전 중 및 전후에 걸쳐 압도적인 위력을 과시한 미국경제에도 1950년대와 1960년대를 통하여 국제수지의 역조가 계속되었다. 군사비 지출 등 거액의 정부부문 적자에 더하여 주로 해외직접투자에 의한 장기자본의 유출, 그리고 무역수지의 흑자폭 축소에 의해 1960년대를 통해 외국의 공적 부문과 민간 부문이 보유한 미국 달러화 잔고가 누증하였다. 또한 유로금융시장의 확대에 의하여 달러차입의 용이성도 있었으며, 달러화의 신인도에 영향을 미칠 일들이 있을 때마다 외환시장에서는 달러화 매도 투기가 발생하였다. 이처럼 달러화의 가치에 대한 불신이 증폭되어 과연 미국이 1온스 당 35달러의 금 평가를 언제까지 유지할 것인가 하는 의문이 제기되었다. 이에 따라 투기자들은 달러화보다는 금을 사들이기 시작하였다. 이것이 이른바 골드 러시였다.

상황 하에서 고정환율을 유지하기 위해 평형개입을 한 결과, 주요국 통화당국의 수중에는 달러화 잔고가 더욱 누적되고 마침내 1967년에는 이들 달러화 잔고가 미국이 보유한 금 준비를 넘어서고 말았다. 1971년 8월 미국의 닉슨 대통령이 각국의 공적기관이 보유한 달러의 금에 대한 교환성을 정식으로 정지시켰을 때 국제통화체제는 새로운 국면으로 들어서게 되었다. 이것이 소위 닉슨 쇼크이다.

주요 통화국은 달러화의 매입지원을 포기하고 대 달러 변동폭(평가의 상하 1%)의 제약을 이탈하여 변동환율제로 이행하였으며 과대평가된 달러화는 평가절하되었다. 다만, 이 시점에서는 아직 고정환율제로의 복귀가 주요 각국의 공통된 인식이었으며, 변동환율제는 새로운 평가가 정해질 때까지의 잠정적인 조치로 생각하였었다.

1971년 12월 미국 워싱턴의 스미소니언 박물관에서 선진 10개국의 국제통화회의가 열려 격렬한 논의 끝에 각 주요통화의 달러에 대해 중심환율로 불리는 새로운 고정환율이 정해졌다. 달러는 금에 대해 절하되고 주요국 통화는 달러화에 대해 절상되었다. 그러나 달러의 금에 대한 교환성은 정지되었기 때문에, 달러화가 금에 대해 절하되더라도 이는 명목적인 것에 불과하였다. 각 통화는 중심환율의 상하 각 2.25%까지 환율변동을 허가하였는데, 이로 인하여 보다 넓은 변동폭(wide margin)을 가진 고정환율제로의 복귀가 이루어지게 되었다. 스미소니언 체제는 금이 뒷받침되지 않는 달러화에 대한 고정환율의 설정이었기 때문에 실질적으로는 달러본위제인 셈이었다.

한편, 환율변동의 폭은 이전보다 넓어졌으며, 금이 뒷받침되지 않는 달러, 국제수지 적자의 진행에 의하여 과잉된 달러는 항상 매도 압력을 받았고, 개입에 의한 매입 지지에도 한계가 있었다. 유럽 각국 및 일본의 입장에서 볼 때 이처럼 개입에 의해 매입된 달러에는 가치의 보증이 없는데다 대규모적인 매입에 의해 국내에서는 과잉유동성의 문제가 심화되었다.

결국 스미소니언 체제는 브레튼우즈 체제의 문제점을 근본적으로 해결하지 못한 일시적인 조치에 불과하였다. 이후 각국은 자국의 경제사정에 적합한 환율제도를 채택하게 됨에 따라, 1976년 1월 변동환율제도를 인정한 킹스턴 체제가 새로이

출범하게 되었다.

### 4) 절충 통화협정과 변동환율제도로의 이행(1973년~현재)

1971년 미국의 금 태환 정지가 선언된 이후 국제통화제도에 대한 개혁 논의가 계속되어 오던 중 1976년 1월 자메이카의 킹스턴에서 열린 IMF 제5차 잠정위원회에서 국제통화제도 개혁에 관련된 현안문제들이 일괄 타결되었다. 동 합의에 따라 IMF 협정문 개정안이 1978년 4월 정식으로 발효됨으로써 새로운 국제통화제도인 킹스턴체제가 출범하여 오늘에 이르고 있다. 킹스턴 체제하에서는 IMF 가맹국이 각국의 경제여건에 적합한 변동환율제도를 자유로이 선택할 수 있게 함으로써 변동환율제도를 공식화시켰다. 또한 금을 폐화시키고 준비자산으로서의 SDR의 기능을 강화시켰다.

1970년대 중반 이후 미국의 경상수지 적자폭은 확대되었으나, 미국의 고금리에 의해 미국으로의 자본 유입의 중지되지 않은 상태에서 달러 강세 기조가 계속되었다. 이러한 달러강세를 시정하기 위하여 미국·일본·서독·영국 및 프랑스의 5개국의 재무장관 및 중앙은행 총재들은 1985년 9월 22일 뉴욕의 플라자 호텔에서 회의를 개최하였다.

동 회의에서는 미국달러를 제외한 주요 통화의 대미달러 환율을 상승시키는 것이 바람직하다는 것과 이를 위하여 주요국들이 보다 밀접하게 협력해 간다는 것들에 대해 합의하였다. 이것이 이른바 '플라자 합의'이다. 플라자 합의는 주요 통화 환율의 면에서 괄목할 만한 성과를 거두었다. 이 합의를 받아들여 각국 통화 당국의 협조개입 결과 플라자 합의 일에 달러당 238엔이던 엔화의 환율이 1987년 2월에는 150엔대로 떨어졌다.

한편, 제 2차 세계대전 이후 유럽 국가들은 유럽을 단일경제권으로 통합하려는 노력을 지속해 왔다. 이러한 노력이 결실을 맺어 유럽연합 15개국 중 독일, 프랑스 등 12개국의 참여로 1999년 1월부터 유럽경제통화연맹(EMU)이 출범하였고 단일통화인 유로화가 도입되었다. EMU 출범은 1970년대 초 브레튼우즈 체제붕괴 이후 국제통화질서에 변화를 가져올 수 있는 가장 중요한 사건이다.

미국의 화폐금융사가인 글린 데이비스는 '화폐의 역사'에서 알렉산더제국, 로마, 원나라 등 대제국의 출현과 맞먹는 단일통화제국이 탄생하는 것이라고 강조하였다. 유로화는 국제금융시장에 상당한 영향을 미치고 있다.

## 2. 국제금융시장의 구조와 기능

금융의 문자적 정의는 '돈의 융통'을 의미한다. 즉, 돈을 빌리고 빌려주는 것을 말하는 것으로서 흑자경제주체로부터 적자경제주체로 돈이 이전되는 것을 의미한다. 금융시장이란 이러한 금융이 이루어지는 장소를 말하는데, 금융시장은 물리적으로 존재하는 시장뿐만 아니라 금융거래가 발생할 수 있는 가상적인 공간까지 모두 포함한다.

금융시장은 자금의 공급자와 자금의 수요자, 금융수단 및 금융기관으로 구성되며, 자금의 융통이 금융 중개기관을 경유하는가의 여부에 따라 직접금융방식에 의한 직접금융시장과 간접금융방식에 의한 간접금융시장으로 구분된다. 직접금융방식은 자금수요자가 금융시장을 통하여 자신이 발행한 주식이나 채권 등 증권을 팔아 자금을 조달하는 것이며, 간접금융방식은 은행 등 금융 중개기관을 통하여 자금의 이전이 이루어지는 것을 의미한다.

국제금융은 국제무역, 해외투자 및 국제간 자금의 대차 등에 수반하여 금융자산과 금융부채가 국제간에 거래되는 것을 말한다. 여기에서 '국제간에'라는 의미는 국가와 국가 간이라는 뜻도 되나, 거주자와 비거주자 간 또는 비거주자간의 의미를 가진다. 국제금융시장은 이러한 금융거래가 국제적으로 이루어지는 장소를 의미하며, 이들 금융거래가 국가 간에 이루어지는 점에서 국내금융시장에 대한 대칭적인 개념이다.

최근 각국의 금융시장과 외환시장에서 규제가 크게 완화되고 통신기술이 발전하여 금융시장의 세계적인 통합현상이 가속화됨에 따라 국제금융시장은 각국의 국내금융시장과 유로금융시장, 국제외환시장을 포괄하는 총체적인 거래메커니즘으로 이해되고 있다.

국제금융시장은 지난 17세기 영국이 무역대국의 지위를 누리면서부터 런던을 중심으로 발달하였는데 오늘날에는 뉴욕, 동경, 싱가포르, 홍콩, 프랑크푸르트, 파리 등 세계적으로 확산되어 발전하고 있다. 이러한 국제금융시장은 구체적인 장소개념의 시장과 추상적 개념의 시장 두 가지가 존재한다. 전자에는 미국, 유럽 등의 주요 금융 중심지나 그 지역에서 운영되는 증권거래소, 선물거래소 등이 있으며, 후자는 국제자금의 수요와 공급을 연결하여 주는 기능, 거래내용 등을 포함하는 추상적인 개념이다.

국제금융시장을 분류하는 통일된 기준은 없다. 그러나 대체적으로 보면 국제금

융시장은 5개의 시장으로 구성되어 있다. 각국의 국내금융시장, 외국금융시장, 국제외환시장, 유로금융시장, 역외금융시장이 그것이다. 국내금융시장은 단기자금시장, 장기자본시장, 외환시장, 그리고 파생금융상품시장을 포함하고 있다. 이들 국내금융시장은 해당 정부의 정책에 따라서 국가별 규제와 경제적 틀 속에서 기능하고 있다. 외국금융시장은 단일통화표시에 의하여 두 나라의 거주자들 간에 차입과 투자거래가 이루어지는 시장이다. 이들 거래는 두 나라에 의하여 부과된 규제의 적용을 받는다.

국제외환시장은 뉴욕, 런던, 동경외환시장 등과 같이 주요 금융시장에서 주요 국제통화가 매매되는 시장이다. 유로금융시장은 유로커런시시장, 유로크레디트시장, 유로본드시장, 유로달러선물 및 옵션시장, 통화스왑시장 및 금리스왑시장을 포함하는 시장이다. 역외금융시장은 자국내에 소재하는 금융기관에 조세와 외환관리측면에서 특혜를 부여하여 비거주자 상호간의 금융거래를 원활하게 할 수 있도록 한 시장이다. 국제외환시장은 국제금융시장에서 독특한 역할을 수행한다. 유로커런시시장이 대출과 예금을 위한 시장이라고 하면, 국제외환시장은 결제의 기본적인 지급수단을 제공한다.

유로금융시장은 지급준비금과 예금 보험료와 같은 국별 규제를 받지 않는다. 이 때문에 유로은행들은 국내은행들보다 낮은 비용으로 보다 효율적으로 영업활동을 할 수가 있다. 유로은행과 국내은행은 서로 치열한 경쟁을 하고 있는데, 이러한 경쟁은 금리 면에서 국내자금시장의 금리를 유로금융시장의 금리와 서로 연계시키고 있다. 예를 들면 미국 국내의 CD금리가 유로달러CD금리보다 높다고 하면, 미국 국내은행들은 그들의 해외지점을 통하여 유로금융시장에서 자금을 차입하려고 할 것이다.

금융시장은 대내시장(internal market)과 대외시장(external market)으로 분류할 수도 있다. 그 가운데 대내시장은 국내시장(domestic market)과 외국시장(foreign market)을 말하며, 이는 국내시장에서 국내거주자가 증권을 발행하고 이 증권이 국내에서 거래되는 시장을 말한다. 외국시장은 그 반대의 개념이 된다.

세계자본시장의 흐름은 개별 국가마다 차이는 있으나 국제화단계를 거쳐 통합화로 가고 있는 단계에 있다. 국내 금융시장은 외국투자자, 해외자산, 외국금융기관 및 해외경제의 변화에 점점 더 영향을 받게 되었으며 개별국가의 금융시장을 분리해 온 장벽의 붕괴를 의미하는 통합화가 유로금융시장의 발전과 더불어 가속화되고 있다. 개별국가 정부들은 자본통제를 완화하고 국내 금융시장에 대한 규제 및 금융관련 조세를 철폐하는 등 금융자유화와 규제완화를 지속적으로 추진하고 있으며 민간 금융기관들은 다양한 금융상품을 도입하는 금융혁신을 추구하고 있다. 국제금융시장의 범위를 구분하는 기준이 필요하다.

거래발생지의 통화가 아닌 외국통화로 표시된 금융거래를 유로거래라고 하며 거래가 일어나는 시장을 유로금융시장이라고 한다.

## 3. 파생금융상품의 이해

파생금융상품)이란 기초금융자산(주식, 채권, 통화 등)의 가격변동에 따른 가치의 변동을 결정하게 되는데, 종류로는 상품의 계약 형태에 따라 크게 선물, 옵션, 스왑 등으로 나눈다. 또한 통화와 관련한 파생금융상품으로는 통화선물, 통화옵션, 통화스왑 등으로 나뉜다. 이러한 기초자산에 의한 파생금융상품 이외에도 파생금융상품의 조합으로 이루어진 파생금융상품이 많이 있다. 예로 캡(cap), 훌로어(floor), 칼라(collar), 스왑션(swaption), 선물옵션 등이다.

파생금융이 나타난 시기는 1970년대 이후 1980년대 후반부터이다. 1970년대 이후 변동환율제로의 전환, 각국의 금리자유화, 외환 및 자본거래에 대한 규제의 철폐 등으로 금리 및 환율관련 금융상품의 가격변동의 크게 확대되었다. 상품개발능력과 위험관리기법이 미흡하고 정보처리기술의 부족으로 파생금융상품거래는 주로 장외거래에 한정되었으나, 1980년대 초 이후 정보처리기술의 발달과 함께 옵션, 스왑 등과 같은 복잡한 구조를 가진 장외거래도 널리 퍼지게 되었다.

현물거래와 돈을 주고 매매하는 거래를 말하며, 선물거래는 계약은 지금 하고 대금결제는 약정된 일정시점에 하겠다는 것이다. 이러한 거래는 당장에 가격을 확정해서 계약을 체결하고 일정 기간이후의 시점에서 계약대로 대금을 지불하고 물건을 받는 경우이다. 이러한 거래방식을 선도거래라고 한다. 선도거래의 발전된 형태로 거래소라는 특정한 장소에서 다수의 거래자가 모여 규정과 절차에 따라 거래하고 거래소가 보증하는 방식을 선물거래라고 한다.

옵션(option)이란 계약대상의 특정자산을 약정된 조건으로 사고팔 수 있는 권리이다. 옵션거래는 계약 당사자가 정한 기간 내에 미리 정해진 가격으로 기초자산인 상품을 사거나 팔 수 있는 권리 즉 선택권을 거래소에서 규정한 정형화된 방법으로 거래하는 것이다. 옵션거래는 가격이 상승할 것으로 예상되면 미래시점에서 살 수 있는 권리를, 하락할 것으로 예상되면 팔 수 있는 권리를 사고파는 거래이

다. 따라서 옵션거래의 경우 상승을 예상했다면 사전에 정한 가격을 살 권리(call option)를 사 두었다가 미래 시점에 가서 상품의 시장가격이 상승하지 않았다면 살 권리를 포기하는 거래방법이다.

반면에 스왑거래는 채무의 교환을 의미한다. 각 금융자산은 통화, 금리, 기간 등에 대하여 조건이 특정금융자산 간에 서로 교환하는 것을 말한다. 특히 양 당사자가 서로 다른 금융상품을 교환하거나 서로 다른 두 시점에 하는 거래를 말한다. 스왑금융은 통화스왑, 금리스왑 및 이 두 가지가 혼합된 통화금리스왑으로 나눈다.

# 찾아보기


**가**

가격 / 191
가격결정 / 56
가격기구 / 57
가격상승 / 291
가격의 동향조사 / 110
가격조정기능 / 377
가격차별화 / 261
가공용 상품 / 375
가상공간 / 139
가상의 공동체 / 48
가치체계 / 289
간이정액환급 / 231
간접조사 / 104
간접투자 / 109
간접표시법 / 364
갑류무역대리업자 / 166
개발가격전략 / 208
개발도상국 / 267
개별 환급 / 231
개별거래 / 214
개별경제정책적 / 331
개별계약 / 153, 180
개별국가 / 194
개인수요 / 60
개척광고 / 210
거래 일반약정 / 154
거래관계 / 31
거래대상국 / 103
거래동향 / 131
거래메커니즘 / 384
거래비용론 / 264
거래선 발굴 / 123
거래선의 관리 / 131
거래적환노출 / 371
거래제의 / 136
거래조건 / 222
거래형태 / 375
거시경제변수 / 374
거시적 환경 분석 / 26
거주자 / 374
검사증명 / 222
견본주문(sample order) / 31
결재기간 / 357
결제방법 / 218, 220
경로 커버리지 / 213
경로목표 / 213
경상계정 / 375
경상수지 흑자 / 251
경상의 원칙 / 174
경상이전거래 / 248
경상이전수지 / 375
경영 장벽 / 26
경영관리시스템 / 282
경영노하우 / 252
경영자원 / 250
경영지배권 / 253
경영체제 / 252
경쟁광고 / 210
경쟁라운드 / 339
경쟁력 약화 / 314
경쟁요인 / 27
경쟁우위 확보 / 16
경쟁의 동향조사 / 110
경쟁적 가격전략 / 208
경쟁적 포지셔닝 / 96
경제거래 / 374
경제구조 / 43
경제대공황 / 380
경제발전계획 / 300
경제적 환경 / 87
경제적 환경요인 / 33, 34
경제적요인 / 366
경제적환노출 / 371

경제주체 / 43
경제지역화 / 18
경제통합 / 341
경제협력개발기구 / 257, 335
경제효과 / 281
계약기간 만료 / 221
계약불이행 / 158
계약서 / 218
계약위반 / 157, 158, 221
계약이행의 지체 / 157
계약종료 / 152
계약형 합작투자 / 272
고객감동 / 30
고객과의 관계 / 52
고객관계 조사 / 107
고객관리 / 52
고객인지도 / 89
고객조사 / 87
고관세율정책 / 319
고용창출 / 281
고전학파 / 332
고정환율 / 382
고정환율제도 / 368
골드 러시 / 382
공공기술개발 / 315
공공자본거래 / 247
공급 가능한 수량 / 164
공급가능선 / 107
공급계획 / 70
공급곡선 / 69
공급량 / 59
공급량 변화율 / 76
공급의 변동 / 69
공급자와 소비자 / 42
공급처의 조사 / 107
공급탄력성 / 75
공동투자 / 109
공법상의 제한 / 161
공법상의 효력 / 161
공익광고 / 210
공장자동화 / 238
공적인 정보원천 / 86
과세품목 / 223
과점적이론 / 260
관세 및 무역에 관한 일반협정 / 336
관세 환급 / 231
관세동맹 / 296
관세법 / 225
관세영역 / 331
관세인하 / 333
관세조화방식 / 337
관세철폐 / 349
관세청시스템 / 243
관찰조사 / 106
광고매체 / 89
광범위한 포지셔닝 / 99
교역상대국 / 266
교역증가율 / 352
교역투자 / 349
교차환율 / 369
교환비율 / 363
교환성 통화 / 381
교환적거래 / 331
교환적인 요인 / 330
구매력 / 21
구매습관 / 21
구매확인서 / 228
구호식량 / 376
국가부채 / 18
국내금융시장 / 385
국내마케팅 믹스 / 198
국내바잉오피스 / 124
국내발행 / 166
국내시장 / 23
국내시장가치 / 363
국민경제 / 375
국민소득 / 374
국민소비 / 33
국민총생산 / 33
국민총지출 / 33
국외발행 / 166
국제 분업 / 291
국제경제기구 / 292
국제경제활동 / 330
국제계약 / 155
국제금본위제도 / 380

국제금융시장 / 379
국제금환본위제도 / 380
국제기구 출연금 / 376
국제기준 / 375
국제대순환 전략 / 323
국제마케팅 / 190
국제무역 / 384
국제무역거래 / 318
국제무역수지적자 / 292
국제무역질서 / 305
국제물품거래 / 153
국제부흥개발은행 / 339
국제상거래계약 / 157
국제상관습 / 156, 225
국제생산시설 / 279
국제수지 / 374
국제수지 적자 / 380
국제수지자동조절 / 381
국제수지표 / 375
국제연합무역개발협의회 / 334
국제연합통상개발회의 / 334
국제외환시장 / 385
국제유가 / 17
국제장기면직물협정 / 300
국제준비통화 / 376
국제통상 / 330
국제통화 / 379
국제통화기금 / 379
국제투자 / 246
국제포트폴리오투자 / 250
권유장 / 125
규격 / 162
규모의 경제 / 266
균형가격 / 72, 73, 77
균형량 / 73
균형수지 / 378
그린라운드 / 339
글로벌 / 246
글로벌 광고 / 210
글로벌 기회 / 282
글로벌 마케팅 / 190
글로벌 유통 / 246
글로벌 전자무역 / 144
글로벌가격전략 / 206
글로벌거래 / 374
글로벌경제 / 374
글로벌광고 전략 / 212
글로벌리즘 / 341
글로벌마케팅 / 192, 196
글로벌마케팅 믹스전략 / 204
글로벌무역통상 / 330
글로벌무역환경 / 284
글로벌시장 / 35, 284
글로벌유통 / 109
글로벌유통전략 / 212
글로벌전자무역 / 138
글로벌표준화 전략 / 200
글로벌화 / 19, 196, 285
금 태환 / 383
금리스왑 / 387
금리스왑시장 / 385
금본위제도 / 379
금융부채 / 384
금융시스템 / 147
금융시장 / 384
금융자유화 / 386
금융정책 / 378
금전대차 / 360
금환 / 381
금환본위제도 / 379
기대효과 / 56
기본 정보보고서 / 111
기술 확보 / 265
기술라운드 / 339
기술보호주의 / 326
기술적요인 / 366
기술지향형 투자 / 270
기술혁신 / 196
기업경영상의 문제 / 82
기업광고 / 210
기업내부거래 / 264
기업성과 / 281
기업의 환경분석 / 27
기업특유의 우위요소 / 260
기타서비스 / 376
기타자본수지 / 375

기타투자 / 376
기한부어음 / 359
기호식품 / 63
기회수익 / 362
기획활동 / 83
긴급수입제한조치 / 325, 349

**나**

낙성계약 / 154
내구성 / 30
내구성 소비재부문 / 277
내국민대우원칙 / 339
내국신용장 / 228
내국인 해외근로자 / 376
내국환 / 358
내면적인 요인 / 288
내부화이론 / 260
내수산업 / 277
내용상의 일치 / 159
네고 / 358
네고은행 / 221
네고은행(매입은행) / 222
네트워크 / 40
네트워크 효과 / 270
노동조건 / 315
노동지향형 / 251
노동지향형 투자 / 269
닉슨 쇼크 / 382

**다**

다각적 통상체제 / 326
다각적 통합형태 / 271
다국적 마케팅 / 191
다국적광고 / 211
다국적기업 / 254
다국적마케팅 / 193, 195
다자간 무역협상 / 338
다자간무역협정 / 295
다자간협정 / 295
다자관계 / 316
다자주의 / 341
다자주의원칙 / 336
단기투자 / 249
단독투자 / 272
단독해외진출 / 23
단일 국적기업 / 250
단일변동환율제도 / 368
단일시장 / 34
단일통화표시 / 385
달러가치 / 378
대고객거래 / 360
대고객환율 / 362
대금결제 / 31
대금결제(환계약) / 155
대금지급 / 356
대금회수 / 93
대내시장 / 385
대륙붕개발협정 / 302
대외개방정책 / 322
대외경제조정위원회 / 311
대외무역법 / 225
대외무역의존도 / 310
대외시장 / 385
대외원조 / 296
대외적 금리차 / 249
대외정책기관 / 103
대외지급수단 / 360
대외통상정책 / 321
대외통상협력 / 294
대외협력기금법 / 306
대응전략 / 97
대한무역투자진흥공사 / 125
대한상공회의소 / 125
덤핑방지관세 / 305
데이터통신 / 48
도달주의 / 176
도입기 / 201
도쿄 라운드 / 301
도피적 단기자본 / 249
도하 라운드 / 310
독점계약 / 154, 180
독점이윤 / 262
독점적 우위요소 / 259
독점적 우위이론 / 259
돈의 융통 / 384
동아시아국가 연합 / 347

동업자조회 / 134
동일한 제품 / 46
동태적 효과 / 352
디지털 정보기술 / 38
디지털경제 / 38
디지털경제보고서 / 39
디지털기술의 활용 / 50
디지털혁명 / 42
디플레 정책 / 380
딩글리관세법 / 319

**라**

라이선싱 / 253
레피런스 / 135
리먼쇼크 / 18
리스크 관리 / 253

**마**

마라케쉬협정 / 338
마샬 / 76
마스트리히트조약 / 343
마케팅 / 190
마케팅목표의 설정 / 115
마케팅믹스의 표준화 / 198
마케팅믹스전략 / 209
마케팅전략 / 202, 287
마케팅조사 / 80
마케팅조사의 절차 / 119
만기일 / 357
매도청약(Selling Offer) / 165
매매 / 360
매매계약 / 158
매매계약서 / 227
매몰비용 / 45
매수(매입)청약(Buying Offer) / 165
매킨리관세법 / 319
메일링리스트 / 142
명세서 / 222
모릴관세법 / 319
목표시장 / 87, 125, 287
무담보어음 / 359
무상원조 / 376
무역 상대국 / 106
무역 확대형 산업구조 / 297
무역거래 / 162
무역계약 / 152, 219
무역구제제도 / 296
무역서류 / 235
무역시스템, / 147
무역실무회담 / 301
무역업무자동화 / 238
무역유관기관 / 126
무역이익 / 292
무역자동화 / 238
무역자동화법 / 138
무역자동화촉진에 관한 법률 / 225
무역장벽 / 342
무역장벽회피 / 265
무역전쟁 / 22
무역전환효과 / 352, 353
무역정보사이트 / 116
무역제한 / 349
무역조건 / 227
무역지향형 투자 / 270
무역차액 / 291
무역창출효과 / 352
무역통상 / 331
무역패턴 / 263
무역프로세스 / 141
무역협정체결 / 299
무체물 / 225
무한경쟁 / 198
문방구어음 / 357
문화 / 286
문화적 환경 / 34
물가수준 / 374
물품대금의 회수 / 218
물품매매계약 / 152, 219
물품운송 / 218
물품인도지시서 / 223
미국마케팅협회 / 190
미국무역대표부 / 308
미국통일상법전 / 156
미상무성 / 257
미학 / 288
민간자본거래 / 247, 248

**바**

바이어의 신용조사 / 133
바잉오피스디렉토리 / 124
반덤핑 제소 / 290
반덤핑조치 / 349
반패권주의 / 322
발신주의 / 176
발행 / 360
방송매체 / 210
배당금 / 256, 376
밴드웨곤 / 266
범세계화 / 195
법인당사자 / 154
별도공고 / 227
보고서 작성 / 92
보고서의 작성방법 / 115
보조금 및 장려금 / 292
보험계약 / 229
보험관계 / 218
보험료포함가격 / 229
보험서비스 / 376
보험증권 / 222
보험증명서 / 222
보호무역 / 333
보호무역주의 / 252
보호무역주의 강화 / 290
복수소유 / 273
복수통화 바스켓 방식 / 368
복수통화바스켓제도 / 368
복수환율제도 / 368
복식부기 / 375
본위화폐 / 379
볼레로 프로젝트 / 149
부가적 가치 / 52
북미시장 / 359
북미지역 / 344
분권화 / 212
분산투자 / 268
분석방법 / 90
분쟁해결 / 339
분할결제방식 / 220
불완전시장 / 261
불요식계약 / 155
브랜드 전략 / 205
브레튼우즈체제 / 381
블록화 / 381
블록화 현상 / 326
블루라운드 / 339
비거주자 / 374
비관세조치 / 292
비교생산비 / 259
비교열위 / 332
비교우위 / 251
비교우위산업 / 332
비생산무형자산 / 376
비선호 / 63
비엔나 협약 / 157
비용문제 / 35
비제조업분야 / 279
비화폐용금 / 375

**사**

사무자동화 / 238
사적인 정보원천 / 86
사전조사 / 84
사전홍보 / 117
사회, 문화적 환경 / 34
사회제도 / 289
산업 환경분석 / 27
산업구조조정 / 311
산업유통 / 248
산업의 보호 / 292
산업조직론적 독점우위이론 / 260
상계관세 / 361
상계조치 / 290, 349
상공인 명부 / 124
상관관계 / 114, 268
상관습 / 219
상대가격 / 377
상대가격 변화 / 377
상대적 비용 / 262
상업 자본 / 332
상업송장 / 222
상업자본의 지배 / 291
상업차관 / 248
상표권 / 376

상품개발능력 / 386
상품거래 / 246
상품규격 / 164
상품무역 자유화 / 312
상품선별과 상품준비 / 117
상품수리 / 375
상품수지 / 375
상품조사 / 107
상호공조정책 / 292
상호의존도 / 344
상호의존성 / 18
상호인정협정(MRA) / 316
상호인증협정 / 349
상호투자 / 262, 277
상환청구가능어음 / 359
상환청구불능어음 / 359
상황파악 / 102
생산거점 / 265
생산량 / 59
생산요소의 가격 / 70
생산의 디지털화 / 48
생산효과 / 251
생산효율지향형 / 265
서비스무역 / 338
서비스수지 / 375
서유럽시장 / 359
석유수출자금 / 278
석유파동 / 302
선도거래 / 361, 386
선도시장 포지셔닝 / 98
선도환거래 / 361
선물거래 / 386
선물옵션 / 386
선수이자 / 358
선적서류 / 230
선적요청 / 240
선적일 / 163
선점전략 / 96
선정절차 / 93
선진투자국 / 252
선택활동 / 83
선하증권 / 222
선화증권 / 231
설문조사 / 106
섬유협정 / 304
성숙기 / 201, 202
성장기 / 201, 202
세계무역기구 / 309, 338
세계은행(IBRD) / 336
세계은행간 금융통신망 / 239
세계의 공장 / 275
세계자본시장 / 385
세계화 / 16
소득수지 / 375
소득의 변화 / 377
소득탄력성 / 75
소비심리의 위축 / 18
소비자 포지셔닝 / 96
소비자 환경 분석 / 27
소비자광고 / 210
소비활동 / 56
소액투자 / 214
소유권이전 / 155
소유우위요소 / 264
소유형 합작투자 / 273
소프트웨어 / 41
손익 / 370
손해배상 / 158
손해배상의 의무 / 159
송금 / 376
송금결제 / 234
쇠퇴기 / 201, 202
수권자본금 / 134
수송수단 / 229
수수료(환가료) / 222
수역전환효과 / 353
수요 잠재력 / 85
수요곡선 / 68
수요동향자료 / 114
수요량 / 60
수요의 동질화 / 16
수요의 법칙 / 61
수요탄력 / 74
수요표 / 66
수요함수 / 66
수입 감시품목 / 307

수입관리제도 / 111
수입규제 / 333
수입규제조치 / 294, 304
수입대금 / 223
수입대체전략 / 323
수입승인 / 234
수입신고서 / 223
수입억제 / 291
수입절차 / 233
수입제한조치 / 251
수입통계자료 / 109
수입통관절차 / 236
수입허가제도 / 309
수직적 통합형태 / 271
수집정보 / 84
수출계약체결 / 123
수출광고 / 211
수출금융 / 228
수출대체형 투자 / 269
수출마케팅 / 191, 192, 195
수출물품 / 221
수출산업설비금융 / 307
수출상품 구조 / 307
수출승인제도 / 227
수출신고 / 241
수출신고 필증 / 230
수출신고서 / 221
수출신고필증(수출면장) / 222
수출신용장 / 230
수출입 동향조사 / 110
수출입공고 / 227
수출입동향자료 / 114
수출입별도 공고 / 227
수출입의 계약 / 227
수출입절차 / 21
수출자율규제조치 / 325
수출장려 / 333
수출절차 / 225
수출제한 물품 / 227
수출주도전략 / 323
수출주도형 / 290
수출품목 / 225
수출협조체제 / 306
수출화물 / 229
수취액 / 374
수취인계정표시법 / 364
수평적 통합형태 / 271
수확체증의 법칙 / 46, 50
스무트-흘리관세법 / 319
스왑션 / 386
스크린마켓 / 361
승낙 / 227
승낙(acceptance by silence) / 174
승낙(acceptance) / 159
승낙의 방법 / 174
승낙의 효력발생시기 / 176
시너지효과 / 204
시장 점유율 / 25
시장 추구형 / 24
시장 확보 / 23
시장가격 / 54, 57
시장개방 / 304
시장개척 / 299
시장개척단 / 304
시장경제원리 / 293
시장경제의 원리 / 54, 58
시장경제체제 / 285
시장관리 / 203
시장규모 / 34
시장동향 / 104
시장동향자료 / 113
시장분석 / 359
시장세분화(Market Segmentation) / 29
시장우위 / 261
시장잠재력 / 88
시장점유율 / 202
시장점유율확대 / 259
시장접근 / 88
시장조사 / 20
시장지향형 / 265
시장지향형 투자 / 268
시장지향형 투자방식 / 275
시장진입 / 102
시장청산가격 / 77
시장퇴출 / 281
시장평균환율제도 / 369

시험주문(trial order) / 31
신보호무역주의 경향 / 333
신설창업투자 / 279
신설투자 / 272
신용상태 / 218
신용장 개설 / 221
신용장발행신청서 / 235
신용장은행 / 358
신용조사 / 108, 123
신제품개발 / 203
신제품개발전략 / 204
신흥공업국 / 304
실물경제 / 251
실물자본 / 251
실물자산 / 266
실시간 정보 / 45
쌍무계약 / 155, 158
쌍무적 통상마찰 / 314
쌍방의 계약 / 152
쌍방향 통신 / 142

**아**

아날로그 신호 / 40
아시아시장 / 359
약속어음 / 357
양적완화 / 17
양적조사 / 214
언어 / 287
에너지 절감 / 312
역무역적 현상 / 259
역외국가 / 292, 317
역외금융시장 / 385
역자동화 / 144
연습계좌운영 / 360
열등재 / 62
영국물품매매법 / 156
영사송장 / 222
영업권 / 134
오차 및 누락 / 375
오픈마켓 / 362
온라인 기법 / 89
옵션 / 386
옵션거래 / 386
옵션시장 / 385
완재 / 62
완전경쟁 / 55
완전균형시장 / 40
외국금융시장 / 385
외국마케팅 / 193
외국인 주식투자자금 / 367
외국인직접투자 / 256
외국인투자촉진법 / 256
외국통화 / 357
외국통화표시법 / 364
외국환 / 356
외국환거래법 / 225, 357
외국환관리규정 / 275
외부성의 경제 원리 / 45
외부적 환경요인 / 266
외부조사 / 214
외화기준시세 / 363
외화자산 / 377
외화증권 / 357
외화차익 / 371
외화채권 / 357
외화표시채권 / 356
외화획득 / 236
외환 / 356
외환 교환실 / 362
외환 브로커 / 360
외환관리 / 381
외환노출 / 370
외환매매거래소 / 362
외환시세 / 356, 380
외환시장 / 361, 376
외환어음 / 357
외환업무 / 360
외환위기 발생 / 308
외환위험 / 361
외환자금시장 / 361
외환평형기금 / 381
외환포지션 / 360, 362
요량 / 67
요소부존도 / 251
요지주의 / 176
용역수출 / 228

우루과이라운드 / 338
우범화물선별기준 / 241
우위확보 / 26, 207
우편조사 / 106
운송계약 / 220
운송계약체결 / 229
운송방법 / 229
운송인 / 220
운수조달상품 / 375
운영자금 / 358
원료공급지향형 / 274
원리금 상환 / 252
원산지규정 / 344
원산지의 표시 / 162
원산지증명 / 222
원화가치 / 378
원화절상 / 307
위법한 계약 / 160
위생증명 / 222
위험감소효과 / 268
위험관리기법 / 386
위험부담 / 161, 274
위험분산 효과 / 268
위험회피지향형 / 265
유동성확보 / 361
유럽경제공동체 / 324, 334
유럽경제통화연맹 / 383
유럽석탄철강공동체 / 324
유럽연합 / 324, 343
유로금융시장 / 381, 385
유로달러선물 / 385
유로본드시장 / 385
유로커런시시장 / 385
유로크레디트시장 / 385
유상거래 / 375
유상계약 / 155
유엔무역개발협회 / 334
유인계약 / 155
유치산업 / 291
유통 / 191
유통경로의 선택 / 34
유통과정 / 45
유통구조의 조사 / 111
유통비용 / 20
유통업자 광고 / 210
유통제도 / 328
유효기간 / 162
유효조건 / 160
은행차관 / 248
의결권 주식 / 257
의사결정 / 83, 374
의사표시 / 159
의약품 / 376
1차 자료 / 85
1차 정보 / 113
이권침해 / 227
이자율의 변화 / 377
이종통화 / 356
2차 자료 / 85
이해관계 / 220, 293
이행감시 / 339
이행거절 / 158
이행불능 / 157
인과관계 / 159
인도지시서 / 223
인적담보 / 134
인적판매 / 211
인터넷마케팅 / 214
인터넷마케팅의 조사방법 / 215
인프라 / 145
인플레이션 / 209
일괄인하방식 / 337
일람불어음 / 359
일람출급 환어음 / 220
일반거래조건 / 182
일반거래조건협정 / 154
일반거래협정서 / 180, 182
일반상품 / 375
일반적인 계약서(sales contract, contract sheer) / 181
임금구조 / 106
임금수지 / 376
입지우위요소 / 264
입지이론 / 274

**자**


자국 산업의 발전 / 281
자국통화표시법 / 363
자금공급 능력 / 266
자기은행 / 357
자동승인지급 / 148
자료의 해석 / 91
자무역무역주의 / 310
자본계정 / 375
자본도피형태 / 249
자본유입 / 377
자본이득 / 256
자본통제 / 385
자산과 부채 / 370
자산구성의 위험 / 268
자원 추구형 / 24
자원배분 / 330
자원부국 / 281
자원지향형 / 265
자원통상협력 / 301
자유경쟁 / 22
자유경쟁시장체제하 / 47
자유교환성 / 367
자유무역주의 / 332
자유무역주의 원칙 / 336
자유무역협정 / 295, 344
자유변동환율제도 / 363
자유시장기구 / 68
자율변동환율제도 / 369
잠재시장 / 87
잠재적 수요 / 266
장기자본증권투자 / 248
장수요 / 60
재무제표 / 371
재해원조 / 248
재확인광고 / 210
저렴한 비용 / 46
저작권 / 376
적소전략 / 97
적응화 / 204
전략과 정책 / 27
전략적 의사결정 / 83
전략적 자산 추구형 / 24
전략적 제휴 / 270
전문서비스 산업 / 277
전문적 경영관리기법 / 266
전방통합 형태 / 271
전사적 경영관리 / 371
전자결재 / 122
전자무역 / 136
전자무역 프로세스 / 141
전자무역결제 / 148
전자무역결제시스템 / 147
전자무역계약 / 181
전자무역의 의사표시 / 181
전자무역활성화 / 146
전자문서 / 148
전자문서교환 / 238
전자문서교환방식 / 136, 229
전자보안거래 / 149
전자상거래(e-commerce) / 51
전자수표형시스템 / 149
전자시장 / 46
전자신용장 / 239
전자자금이체 / 136
전자자료교환 / 140
전자적 무역거래의 업무 / 143
전자적인 사이트 / 137
전자처리 / 122
전자체계 / 38
전자카탈로고 / 124
전자화된 시스템 / 138
전자화폐시스템 / 149
절충이론 / 263
절충전략 / 201
접근방법 / 264
정밀시장 조사 / 30
정보교환 / 196
정보사회 / 51
정보통신기술 / 39
정보활동 / 83
정부서비스 / 376
정부의 정책 / 32
정부통상협력 / 305
정상재 / 62
정치, 법률 환경 / 32

정치적요인 / 366
정태론적 / 263
정태적 효과 / 352
정형계약서 / 181
정형무역거래조건 / 156
제3국수출 / 213
제품 / 191
제품 표지셔닝 / 201
제품개발 / 282
제품광고 / 210
제품수명주기 / 92
제품수명주기 이론 / 263
제품영역 / 20
제품잠재력 / 89
제품전략 / 199
제품표준화 / 200
조사결과 / 115
조사과정 / 29
조사문제 / 82
조사범주 / 112
조사비용 / 103
조사주체 / 102
조사항목 / 112
조성단계 / 280
종교 / 288
종합무역경쟁력법 / 320
주문서 / 161
준거법 / 156, 227
준비자산 / 383
준비자산 증감 / 375
중간매체 / 46
중간재 시장 / 261
중간재시장 / 267
중개기관 / 384
중량용적증명서 / 222
중상주의 / 332
중앙값 / 362
중앙은행의 정책 / 366
중재 / 225
증권투자 / 251, 376
지급계정표시법 / 363
지급보증 / 220
지급위탁 / 357
지급준비금 / 385
지급지시서 / 360
지리적 환경요인 / 32
지식기반 경제 / 42
지식지향형 / 26, 265
지역무역 / 350
지역무역협정 / 296, 310
지역무역협정(RTA) / 351
지역시장 / 269
지역주의 / 340
지역화 / 341
지적소유권 / 338
지적재산권 / 330
직접 서비스 / 205
직접금융시장 / 384
직접조사 / 103
직접투자 / 253, 376
직접표시법 / 363
질적조사 / 214
집중세분시장 포지셔닝 / 98
집중화 / 212

‖ 차 ‖
차별화 / 205
차입자본 / 252
창출효과 / 18
채권양도 / 357
천연자원지향형 / 251
천연자원지향형 투자 / 269
철회통지 / 174
첨단고부가가치산업 / 256
첨단기술 / 266
청약 / 161, 227
청약(offer) / 159
청약유인 / 168
청약의 철회 / 169
청약의 통지방법 / 169
청약의 효력 / 169
청약의 효력 상실 / 169
청약의 효력발생 시기 / 175
청약자(Offeror) / 161
체결할 능력 / 160
체크리스트 활용 / 119

초기 고가격전략 / 207
초기비용 / 45
촉진 / 191
촉진전략 / 210
촉진활동 / 210
총한계비용 / 65
총효용 / 65
최고경영층 / 267
최혜국대우원칙 / 336, 339
추심결제 / 164
추심의뢰은행 / 220
추종형 / 97
출자액 / 256
취소불능신용장 / 164

**‖ 카 ‖**

칼라 / 386
캡(cap) / 386
커뮤니케이션 / 139
케네디라운드 / 300
쿼터량의 교섭 / 303

**‖ 타 ‖**

탄력성 / 74
태평양경제협력위원회 / 345
태평양경제협의회 / 345
텔레폰 마켓 / 361
통계개념 / 375
통계자료 / 104
통관의뢰자 / 241
통상교섭대책협의회 / 305
통상마찰 / 259, 313
통상외교활동 / 299
통상행정체제 / 314
통상협상 / 16, 330
통상협상권 / 313
통신서비스 / 376
통합과 표준화 / 18
통합된 시장체제 / 35
통합적구축망 / 49
통합현상 / 384
통합화 / 246
통화 바스켓 / 368
통화가치하락 / 381
통화당국 / 376
통화량의 변화 / 378
통화스왑 / 387
통화스왑시장 / 385
통화지역이론 / 258
통화협력 / 248
투명한 거래 / 40
투자 장려 단계 / 280
투자모국 / 247
투자모기업 / 271
투자발전이론 / 264
투자보조금지급 / 376
투자소득 / 376
투자소득수지 / 376
투자수지 / 375
투자이윤율 / 247
트레이드 카드 / 149
트레이드카드시스템 / 148
특별인출권 / 379
특별효력 / 161
특정산업부문 / 294
특정시장 / 269
특정이행 / 158
특허권 / 376
틈새시장 / 265

**‖ 파 ‖**

파급효과 / 45, 251
파생금융상품 / 386
파생금융상품시장 / 385
판매가능성 / 92
판매경로조사 / 107
판매망 확보 / 23
판매조사 / 108
팩토링 / 220
평균관세 / 319
평균양허관세율 / 327
평형개입 / 382
포괄계약 / 153
포괄계약서 / 180
포장방법 / 163
포장상태 / 163

포트폴리오 / 268
표본추출 / 105
표준화 / 246
표준화 전략 / 199
품명 / 162
품목별협상방식 / 337
프리미엄 가격전략 / 208
플라자 합의 / 383
플랜트 수출 / 303
피 청약자(Offeree) / 161
피 투자기업 / 254

‖ 하 ‖

하향산업 / 26
한계량 / 65
한계비중 / 43
한계효용 / 64
한계효용체감의 법칙 / 65
한국무역정보통신 / 136
한국무역협회 / 88, 125
한국수출공사 / 135
한일통상협정 / 298
할인 / 358
합동경제협력위원회 / 300
합리적인 소비 / 26
합작투자 / 109, 272
합작해외진출 / 23
항만설비 / 229
항해조약 / 294
해외거래처 / 127
해외광고 / 211
해외기업 / 254
해외마케팅 / 147, 191
해외생산 / 23
해외생산비용 / 265
해외소비자분석 / 34
해외시장 / 80, 102
해외시장 조사 / 104, 226
해외시장 포지셔닝 / 95
해외시장개척 / 109, 119, 284
해외시장선택 / 93
해외시장조사(Overseas Market Research) / 20, 28, 80, 92, 95
해외의 신용조사 / 132
해외이주비 / 376
해외전시회 / 90
해외지점 / 246
해외직접투자 / 358
해외진출 담당자 / 288
해외진출방식 / 260
해외투자 / 374, 384
해외홍보 / 89
행위능력의 하자 / 161
행태적 동기 / 266
허위계약 / 160
헤지 / 359
현물거래 / 360, 386
현장운영 / 118
현지국 / 247
현지생산 / 254
현지시장 / 116, 201
현지적응전략 / 200
현지화 포지셔닝 / 98
협상 / 339
홍보계획 / 117
화물운송관리 / 239
화인 / 221
화폐금융 / 376
화폐의 역사 / 383
화폐자본 / 251
확인조건부 청약 / 168
확정적인 의사표시 / 161
환거래계약체결은행 / 135
환거래은행 / 221
환경라운드 / 339
환경보호 / 312
환경조사 / 106
환산환노출 / 371
환시세 / 249
환위험 / 370
환율 / 356, 374, 378
환율변동 / 366, 370
환율시세표 / 365
환율의 변화 / 377
환율표시방법 / 363
환전 / 365

활성화 초기 단계 / 280
효용 / 63
효율 추구형 / 24
효율성제고 / 20
훌로어 / 386

**기타**

3C's / 132
ASEAN(동남아시아국가연합) / 351
ASEAN자유무역지대 / 348
CEDIM 시스템 / 242
CFR(운임포함조건) / 222
CIF(운임보험료포함조건) / 222
e-비즈니스 / 137
EEA(유럽경제지역) / 309
EFTA(유럽자유무역연합) / 351
EPRG모형 / 197
E마켓플레이스 / 122
FTA(자유무역협정) / 348
GATT(General Agreement on Tariff and Trade) / 336
GCC(걸프협력회의) / 351
KTNET시스템 / 242
OECD국가 / 252
Pull전략 / 89
Push전략 / 89
UN무역개발기구 / 334
Win-Win 전략 / 316

저자약력

## 박승락(Park Seung-Lak, 朴承洛)

청주대학교 경제통상학부 무역학전공 교수
중앙대학교 무역학과 졸업(상학사, 경영학석사)
영국 웨일즈대학원 국제운송학부 졸업(Ph.D)
한국통상정보학회 회장 역임
한국무역학회 감사
한국항만경제학회 부회장
한국국제지역학회 부회장
한국국제상학회 이사
한국관세학회 이사
한국무역보험학회 이사
한국e-비즈니스학회 이사
관세사시험 출제위원
행정고등고시 출제위원 역임
민간 전자무역추진위원회 위원

저자약력

## 성옥석(Ok-Suk SUNG, 成玉錫)

청주대학교 경제통상학부 무역학과 교수(겸임)
광운대학교 경영대학원 창업컨설팅학과 교수(지도)
우송대학교 국제경영학과 외래교수
청주대학교 대학원 졸업(Ph.D)
글로벌경영경제연구소 소장
국제다슬기연구소 소장
에파타전략개발원 기획본부장
희망대안학교 교장
미리내학교·은하수야학 교장 겸 교수
중소기업청 시장경영진흥원 책임교수
한국산학혁신전략연구소 책임연구원 역임
충북경제포럼 전임연구원 역임
한국국제상학회 평생회원
한국유통정보학회 이사
한국물류학회 회원
한국통상정보학회 회원
한국중소기업학회 회원
대한경영학회 회원

**해외시장개척론 : 개정판**

초 판 1쇄 발행 —— 2012년 3월 5일
초 판 2쇄 발행 —— 2013년 1월 30일
개정판 1쇄 발행 —— 2016년 8월 25일
개정판 2쇄 발행 —— 2018년 8월 30일
지은이 —— 박 승 락 · 성 옥 석
펴낸이 —— 전 두 표
펴낸곳 —— 도서출판 두남
서울시 강동구 성내로6길 34-16 두남빌딩
신 고 : 제25100-1988-9호
TEL : 02) 478-2065~7, 2311
FAX : 02) 478-2068
E-mail : dunam1@unitel.co.kr
http://www.dunam.co.kr

**정가 25,000원**

ISBN 978-89-6414-701-6 93320